Bibliografía crítica
de
Miguel de Unamuno

(1888-1975)

por

PELAYO H. FERNANDEZ

EDICIONES
JOSE PORRUA TURANZAS, S. A.
MADRID

Dep. legal M. 29.964.-1976

I. S. B. N. 84-7317-004-0

PRINTED IN SPAIN
IMPRESO EN ESPAÑA

Ediciones José Porrúa Turanzas, S. A.
Cea Bermúdez, 10.-Madrid-3

TALLERES GRÁFICOS PORRÚA, S. A.
JOSÉ, 10.-MADRID-29

A la memoria de don Manuel García Blanco,
unamunista máximo y recordado maestro.

INDICE

PROLOGO

¡Cuando yo ya no sea
serás tú, canto mío!
¡Tú, voz atada a tinta,
aire encarnado en tierra,
doble milagro,
portento sin igual de la palabra,
portento de la letra,
tú nos abrumas!
¡Y que vivas tú más que yo, mi canto!

(Miguel de Unamuno, *Poesías*, 1907.)

Quien a estas alturas osa enfrentarse con la tarea de recopilar una Bibliografía crítica de Miguel de Unamuno, ha de resolverse a poner en juego toda la dimensión de su paciencia y de su conformidad, en tanto las impregna de una finísima capa de escepticismo, pues es tal la proporción de títulos y tal el índice de crecimiento que difícilmente podrá liberarse de esta acuciante y a la vez insidiosa pregunta: ¿Cuántos títulos habrán rehuido mi pesquisa?

En esta empresa de años, en que he utilizado y revisado cuanto ha caído en mis manos, he perseguido, entre otros, dos objetivos fundamentales: primero, traer un poco de orden a tan copiosa bibliografía; luego, facilitarles la labor a los futuros investigadores. En otras palabras, he aspirado a crear una *Guía del estudioso de Unamuno.* Y es tal la variedad temática que irradia su contenido que, sin ánimo de exagerar, bien pudiera convertirse en libro de consulta para iniciar estudios de otros autores.

Un peligro evidente que amenaza en la actualidad a la obra unamuniana, es que el crítico se desmoralice ante la selva de títulos que la circunda y que, a fin de sobrevivir, se limite a consultar tan sólo cierto número de estudios que, dado el cúmulo existente, puede resultar demasiado reducido, con lo que la cuestión de la originalidad queda asentada inevitablemente sobre arenas movedizas, en tanto que la potencialidad vital del legado de don Miguel se asfixia de estancamiento. En este sentido, creo firmemente que la presente bibliografía habrá de ayudar a la criba tanto de lo que se ha dicho como de lo que se vaya a decir.

A quienes hubieran preferido una bibliografía selectiva más bien que acumulativa, he de responderles respetuosamente con las palabras de don Manuel García Blanco: «... citaré cuanto a nuestro autor y a su obra se refiera, aunque su importancia no sea decisiva», *CCMU,* V, p. 186. Dejo de consignar, no obstante, las Historias y Tratados de Literatura que, en breve contenido, ofrecen únicamente lugares comunes; las conferencias no publicadas ni reseñadas; las tesis no doctorales; las reediciones de libros de crítica que no engendren nuevas reseñas o comentarios; las ediciones de cartas de Unamuno carentes de prólogo o introducción, pues figuran en las *Obras completas* (con excepción de algunas sueltas que pudieran no haber sido recogidas aún), y las colecciones de escritos unamunianos que no lleven presentación alguna.

Procedimiento:

He adoptado el MÉTODO CRONOLÓGICO-ALFABÉTICO CON INDICE ONOMÁSTICO. El orden cronológico presenta las siguientes ventajas:

1.—Fácil acceso al material crítico precedente y esclarecimiento de la cuestión de la originalidad —a lo que coadyuva inmensamente el Indice onomástico.

2.—Muestra gráfica y barométricamente las ondulaciones de la crítica año tras año —si crece o decrece el entusiasmo por el autor y qué obras de éste o de la misma crítica despiertan mayor interés.

3.—En caso de lagunas o errores, el consultante puede hacer su propia aportación rellenando o corrigiendo oportunamente con la máxima comodidad.

4.—El año clasificador que sirve de encabezamiento, economiza tiempo y espacio y evita el tener que repetirlo detrás de cada título.

El INDICE ONOMÁSTICO, colocado al final, facilita la consulta rápida y se explica así: 1) las cifras que siguen a los nombres corresponden al año de clasificación, 2) figura entre paréntesis el número de veces que aparece el autor en ese año, 3) las abreviaturas subrayadas equivalen a las utilizadas en la bibliografía.

Las RESEÑAS, los COMENTARIOS y las REFERENCIAS, van agrupados alfabéticamente con su fecha correspondiente bajo el libro o estudio a que pertenecen, lográndose así el propósito de clasificarlos por separado, pues en las bibliografías al uso se confunden con los trabajos de otra índole.

Prescindo de los títulos originales por razones de espacio y economía y por creer que habrán de ser fácilmente identificables al ir colocados al pie del estudio debido. A veces se encontrarán reseñas sueltas que representan conferencias no publicadas. En casos de anonimidad, figuran las siglas de la publicación y se incluyen en el Indice.

Los Cuadernos de la Cátedra Miguel de Unamuno así como las ediciones-homenaje o dedicadas, tanto de revistas y diarios como de libros, aparecen clasificados individualmente y al pie los colaboradores por orden alfabético. Esta otra variante de las bibliografías al uso, beneficia de esta manera:

1.—Permite que el investigador obtenga una perspectiva histórica y cultural más exacta, para luego formular también un juicio más certero.

2.—Señala la originalidad por orden de procedencia, pues el simple orden alfabético de las bibliografías comunes mezcla confusamente nombres, títulos y fechas.

La interrogante del final de un título (?), denota imposibilidad de comprobar el dato que falta.

BIBLIOGRAFIAS PRECEDENTES QUE HAN SIDO
UTILIZADAS:

Rosenbaum, Sidonia C. «Bibliografía de Unamuno», *Revista Hispánica Moderna*, I, 1934-35.

García Blanco, Manuel. *Cuadernos de la Cátedra Miguel de Unamuno, 1948-72.*

— *Miguel de Unamuno. Obras completas.* Madrid, Afrodisio Aguado, XVI tomos.

Onís, Federico de. «Bibliografía de Miguel de Unamuno», *La Torre*, Puerto Rico, núms. 35-36, julio-dic., 1961.

Foster, David W. «Adiciones y suplemento a la bibliografía de Unamuno», *La Torre*, Puerto Rico, núm. 48, oct-dic., 1964.

Chaves, Julio César. «Bibliografía», *Unamuno y América*. Madrid, Ediciones Cultura Hispánica, 1964.

García Morejón, Julio. «Bibliografía», *Unamuno y Portugal*. Madrid, Ediciones Cultura Hispánica, 1964.

Boletín de la Real Academia Española. Madrid, 1914-74.

MLA International Bibliography. Nueva York, The Modern Language Association of America, 1921-73.

Nueva Revista de Filología Hispánica. México, 1947-72.

Revista de Literatura. Madrid, 1952-70.

Indice Histórico Español. Barcelona, 1953-74.

Simón Díaz, José. *Bibliografía de la literatura española*. Madrid, Consejo Superior de Investigaciones Científicas, 1960-72.

COMPUTO

En el cómputo figura solamente la primera edición de cada libro; si se reedita o traduce —aunque contenga ampliaciones o modificaciones— se cuentan únicamente las reseñas o comentarios que origine.

Constan como libros aquellas publicaciones que recogen artículos o estudios aparecidos anteriormente, aunque ello implique repetición, pues en este sentido todo libro forma de por sí una unidad aparte. Igualmente, se cuentan como tal los libros-homenaje y, por separado, las colaboraciones.

Sin embargo, figuran como estudio y no como libro las publicaciones que se componen de colecciones de escritos unamunianos —antologías, textos inéditos, selecciones de ensayos, poemas, etc.—, a no ser que el estudio que las acompaña posea, por su extensión y relevancia, carácter de libro. Omito, naturalmente, las colecciones que carecen de prólogo o presentación.

COMPUTO

AÑO	Reseñas, comentarios, referencias	Artículos, entrevistas, poemas dedicados, otros estudios	Tesis doctorales	Libros	TOTAL
1888		1			
1896		1			
1897	1	1			
1898		1			
1899		3			
1900		3			
1901		3			
1902	6	1			
1903	4	2			
1904		5			
1905	2	3			
1906		7			
1907	19	11			
1908	13	9			
1909	4	10			
1910	2	5			
TOTALES:	51	66			117

Suma y sigue 117

AÑO	Reseñas, comentarios, referencias	Artículos, entrevistas, poemas dedicados, otros estudios	Tesis doctorales	Libros	TOTAL
1911	17				117
1912	1	3			
1913	4	5			
1914	1	8			
1915		1			
1916		7			
1917	2	4		1	
1918	3	10	1		
1919		2		2	
1920	6	7			
TOTALES:	34	47	1	3	85
1921	35	6			
1922	8	19			
1923	6	19			
1924	6	53			
1925	29	26	1		
1926	8	26	2		
1927	7	12	3		
1928	6	29	3	1	
1929		18	1		
1930	6	70		1	
TOTALES:	111	278	10	2	401

Suma y sigue ... ...　603

AÑO	Reseñas, comentarios, referencias	Artículos, entrevistas, poemas dedicados, otros estudios	Tesis doctorales	Libros	TOTAL
1931	5	17		1	603
1932	10	24	3		
1933	13	16			
1934	20	45	5		
1935		29	1	1	
1936		18	2		
1937	2	66	1		
1938	2	25	2	1	
1939	1	13	1		
1940		28	1		
TOTALES:	53	281	16	3	353
1941	7	26		2	
1942	2	18	1		
1943	16	32	2	4	
1944	9	35	2	1	
1945	2	28	2		
1946	4	25	1		
1947	4	39	4	1	
1948	3	57		1	
1949	22	41	4	2	
1950	6	39	4	1	
TOTALES:	75	340	20	12	447

Suma y sigue 1.403

AÑO	Reseñas, comentarios, referencias	Artículos, entrevistas, poemas dedicados, otros estudios	Tesis doctorales	Libros	TOTAL
1951	36	63	8		1.403
1952	16	76	11	2	
1953	77	83	6	4	
1954	91	59	9	2	
1955	39	86	5	2	
1956	17	87	6		
1957	72	76	6	1	
1958	27	61	7	3	
1959	55	74	7	4	
1960	46	73	7	5	
TOTALES:	476	738	72	23	1.309
1961	24	158	4	1	
1962	61	109	4	3	
1963	37	87	4	5	
1964	189	564	3	21	
1965	42	151	6	8	
1966	44	117	8	8	
1967	23	94	14	9	
1968	38	54	5	9	
1969	5	61	1	2	
1970	20	72	10	7	
TOTALES:	483	1.467	59	73	2.082

Suma y sigue **4.794**

AÑO	Reseñas, comentarios, referencias	Artículos, entrevistas, poemas dedicados, otros estudios	Tesis doctorales	Libros	TOTAL
1971	19	79	1	4	4.794
1972	10	59	1	2	
1973	4	52	4	2	
1974	6	19	6	7	
1975	1	15		2	
TOTALES:	40	224	12	17	293

SUMA DE TOTALES

	51	66			117
	34	47	1	3	85
	111	278	10	2	401
	53	281	16	3	353
	75	340	20	12	447
	476	738	72	23	1.309
	483	1.467	59	73	2.082
	40	224	12	17	293
TOTALES:	1.323	3.441	190	133	5.087

PELAYO H. FERNÁNDEZ

Universidad de Nuevo Méjico

Albuquerque, diciembre de 1975

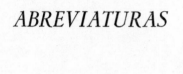

ABREVIATURAS

A

A.—Atenea. Concepción, Chile.
AA.—Alcor. Asunción, Paraguay.
AAM.—Azada y Asta. Madrid.
Ab.—Abside. México.
AC.—Acento Cultural. Madrid.
Ac.—Accent. Urbana, Illinois.
Acad.—Accademia. Roma.
ACal. — Analecta Calasanctiana. Madrid. (Revista Calasancia.)
ACF.—Annali di Ca' Foscari. Venecia.
ACFS.—Anales de la Cátedra Francisco Suárez. Universidad de Granada.
Act.—La Actualidad Española. Madrid.
Ad.—El Adelanto. Salamanca.
AEA.—Anuario de Estudios Atlánticos. Madrid-Las Palmas.
AEAS.—Anuario de Estudios Americanos. Sevilla.
AES.—Anales de la Enseñanza Secundaria. Montevideo.
AESC.—Annales, Economíes, Societés, Civilizations. París.
AEsp.—Alma Española. Madrid.
AFDCS.—Anales de la Facultad de Derecho y Ciencias Sociales. Buenos Aires.
AFLA.—Annales de la Faculté des Lettres d'Aix (Francia).
AFLT.—Annales Publiées par la Faculté des Lettres de Toulouse.
AFP.—The Aberdeen Free Press. Londres.
Agon.—Agón. Montevideo.

Ah.—Ahora. Madrid.
AHMex.—Actas del Tercer Congreso Internacional de Hispanistas. (Celebrado en México, D.F., del 26 al 31 de agosto de 1968). México, El Colegio de México, 1970.
AIt.—L'Avvenire d'Italia. Turín-Florencia.
AIUO.—Annali dell'Istituto Universitario Orientali. Nápoles.
AJ.—The Aberdeen Journal. Londres.
Al.—Alamo. Salamanca.
AL.—Atlante. Londres.
Alb.—Albacete (Feria de 1962).
ALBA.—Argentina Libre. Buenos Aires.
AlC.—Alcántara. Cáceres.
Alc.—El Alcázar. Madrid.
Alcala.—Alcalá. Madrid.
ALet.—L'Approdeo Lette r a r i o. Roma.
Alfar.—Alfar. La Coruña.
AlH.—Alerta. La Habana.
Aliados.—Los Aliados. Madrid.
AlM.—Alcántara. Madrid.
ALMex.—Anuario de Letras. México.
ALPR.—Alma Latina. San Juan de Puerto Rico.
AllaB.—Alla Bottega. Brianza.
Am.—The Americas. Washington, D.C.
AM.—Ateneo. Madrid.
Amb.—L'Ambrosiano. Milán.
AMex.—Abside. México.
AMo.—Acción. Montevideo.

AMon.—The Atlantic Monthly. Boston.
An.—Anaya. Salamanca.
Ann.—Annali. Nápoles.
AO.—Archivum. Oviedo.
AOr.—L'Ane d'Or. ?
AP.—A Aguia. Porto.
Apost.—Apostólicamente. Río de Janeiro.
APR.—Athenea. Universidad de Puerto Rico.
AQ.—Arlington Quarterly. Tejas.
AR.—Anales Romanics. Barcelona.
Ara.—Aramo. Madrid.
ARB.—Academie Royale de Langue et de Littérature de Belgique. Bruselas.
Arbor.—Arbor. Madrid.
ArbV.—Arbeiterzeitung. Viena.
Arg.—Argensola. Huesca.
ArQ.—Arizona Quarterly. Tucson.
Arr.—Arriba. Madrid.
Ars.—Ars. San Salvador.
ARS.—Archiv für Rechts und Socialphilosophie. Berlín.
AS.—Amici della Spagna. Nápoles.
ASal.—Acta Salmanticensia. Salamanca.
Asom.—Asomante. Revista de la Universidad de Puerto Rico.
ASS.—Archiv für das Studium der Neueren Sprachen. Freiburg, Br. und München.
AT.—Annalen van her Thijmgenootschap. Utrech.
Ata.—Atalaya. Lesaca (Navarra).
Atl.—Atlántida. Madrid.
AtlH.—Atlántida. La Habana.
AtM.—Atlántico. Madrid.
Au.—Aulas. Puebla, México.
AUCh.—Anales de Universidad de Chile. Santiago.
AUG.—Annales de l'Université de Grenoble.
Aug.—Augustinus. Madrid.
AUM.—Anales de la Universidad de Murcia.
Aun.—Aún. Madrid.
Aut.—Autoclub. Buenos Aires.

AV.—Ateneo. Valladolid.
AyH.—Arte y Hogar. Barcelona.
AyL.—Arte y Letras. Madrid.
Azor.—Azor. Barcelona.
Azul.—Azul. República Argentina.
AzulMo.—Azul. Montevideo.

B

BA.—Books Abroad. Norman (Oklahoma).
BAAC.—Boletín de la Academia de Artes y Ciencias de Puerto Rico. San Juan.
BAE.—Boletín de la Real Academia Española. Madrid.
BAEESET.—Bulletin des Anciens Eléves de l'Ecole Superieure de l'Enseignement Technique. ?
BAGB.—Bulletin de l'Association Guillaume Budé. París.
BALit.—Buenos Aires Literaria. Buenos Aires.
BANH.—Boletín de la Academia Nacional de la Historia. Caracas.
BAS.—Boletín de la Academia Salvadoreña.
BBL.—Boletín Bibliográfico. Lima.
BBMP.—Boletín de la Biblioteca Menéndez y Pelayo. Santander.
BC.—Bulletin of the Comediantes. Madison, Wisconsin.
BCB.—Boletín Cultural y Bibliográfico. Bogotá.
BCGCM.—Boletín del Consejo General de Colegios Médicos. Madrid.
BCOCI.—Boletín de la Cámara Oficial de Comercio e Industria. Salamanca.
BDLLH.—Boletín del Departamento de Lengua y Literatura Hispánica. Universidad de La Habana.
BDM.—Bolletino del Domus Mazziniana. ?
BEG.—Boletín de Estudios Germánicos. Mendoza, Argentina.

BEIE.—Boletín de Edificación e Instrucción Evangélica. París.
Belf.—Belfagor. Messina-Florencia.
BFCh.—Boletín de Filología. Santiago de Chile.
BH.—Bulletin Hispanique. Burdeos.
BHS.—Bulletin of Hispanic Studies. Liverpool.
BIAEV.—Boletín del Instituto Americano de Estudios Vascos. Buenos Aires.
BIEH.—Boletín del Instituto de las Españas. ?
BIFE.—Bulletin de l'Institute Française en Espagne. Madrid.
BILE.—Boletín de la Institución Libre de Enseñanza. Madrid.
BIN.—Boletín del Instituto Nacional. Santiago de Chile.
BIRA.—Boletín del Instituto Riva Agüero. Lima.
BISDP.—Boletín Informativo del Seminario de Derecho Político. Salamanca.
BL.—The Bookman. Londres.
BLMN.—Bolletino di Letteratura Moderne. Milán.
BMex.—Boletín de la Biblioteca Nacional. México.
Boh.—Bohemia. La Habana.
Bol.—Bolivia. Nueva York.
BolBo.—Bolívar. Bogotá.
BOOB.—Boletín Oficial del Obispado de Bilbao.
BP.—Brasil-Portugal. Río de Janeiro.
BPLV.—Le Bloc-notes des Professeurs de Langues Vivantes. ?
BPost.—The Birmingham Post. Londres.
BPR.—Brújula. San Juan de Puerto Rico.
Br.—Brecha. San José de Costa Rica.
Brot.—Brotéria. Lisboa.
BRSVAP.—Boletín de la Real Sociedad Vascongada de Amigos del País. San Sebastián.

BSCC.—Boletín de la Sociedad Castellonense de Cultura. Castellón de la Plana.
BSEE.—Boletín de la Sociedad Española de Exposiciones. Madrid.
BSFP.—Bulletin de la Societé Française de Philosophie. París.
BSS.—Bulletin of Spanish Studies. Liverpool.
BSEPLM.—Bulletin de la Societé d'Etudes des Professeurs de Langues Meridionales. ?
BSPSR.—Le Bulletin de la Semaine Politique, Sociale et Religieuse. París.
BT.—Berliner Tageblatt. Berlín.
BUC.—Boletín de la Universidad Compostelana. Santiago.
BUT.—Bulletin de l'Université de Toulouse.
ByN.—Blanco y Negro. Madrid.

C

C.—Cuadernos. París.
CA.—Cuadernos Americanos. México.
CABA.—Correo de Asturias. Buenos Aires.
CALA.—IV Congreso de Academias de la Lengua Española (celebrado en Buenos Aires del 30 de nov. al 10 de dic. de 1964). B. A. Academia Argentina de Letras, 1966.
CAO.—El Correo de Asturias. Oviedo.
Cap.—La Capital. Rosario, República Argentina.
CapeT.—The Cape Times. South Africa.
Car.—La Carovana. Roma.
Cara.—Caravelle. Toulouse.
Cas.—Cátedra. Salamanca.
CASD.—La Cuna de América. Santo Domingo.
CasM.—¡Castilla! Madrid.
Cast.—Castilla. Valladolid.
Castellana.—Castellana. Madrid.

Castellano.—En Castellano. Madrid.
Cat.—Cataluña. Barcelona.
CB.—Cadernos Brasileiros. Río de Janeiro.
CBA.—Criterio. Buenos Aires.
CBN.—Catholic Book Notes. Londres.
CC.—Cronache Culturali. Madrid.
CCat.—El Correo Catalán. Barcelona.
CCBA.—Caras y Caretas. Buenos Aires.
CCH.—Cultura Cubana. La Habana.
CCLC.—Cuadernos del Congreso por la Libertad de la Cultura. París (véase arriba *C*).
CCMU.—Cuadernos de la Cátedra Miguel de Unamuno. Salamanca.
CCR.—La Civiltà Cattolica. Roma.
CCV.—La Crónica de Campos. Medina de Rioseco, Valladolid.
CD.—Cuadernos para el Diálogo. Madrid.
CDC. — Cuadernos dominicanos de cultura. Ciudad Trujillo.
CE.—La Conquista del Estado. Madrid.
CEM.—Cuadernos de Estudios Manchegos. Ciudad Real.
Cen.—Cenobio. ?
CEPV.—El Correo Español - El Pueblo Vasco. Bilbao.
CerH.—Cervantes. La Habana.
CEsp.—La Correspondencia de España. Madrid.
CF. — Cuadernos de Filología. Universidad de Cuyo, Mendoza (Argentina).
CFS.—La crisis de fin de siglo. Ideología y Literatura. Estudios en memoria de R. Pérez de la Dehesa. Barcelona, Ariel, 1975.
CG.—El Correo Gallego. Santiago.
CH.—Cuadernos Hispanoamericanos. Madrid.

CHM.—Current History Magazine. Nueva York.
CI.—Cuadernos del Idioma. Buenos Aires.
Ciclon.—Ciclón. La Habana.
CiD.—La Ciudad de Dios. El Escorial.
Cie.—Las Ciencias. Madrid.
CIELB.—*IV* Coloquio Internacional de Estudios-Luso-Brasileiros. Boletín Informativo número 5, 1959-60. Bahía (Brasil).
Ciervo.—El Ciervo. Barcelona.
CIR.—Civiltà Itálica. Roma.
Cis.—Cisneros. Madrid.
CIt.—Comédie Italienne. París.
Cit.—Le Citoyen. Ginebra.
Ciu.—La Ciudad. Las Palmas.
Ciudad.—Ciudad. Buenos Aires-México-Medellín (Colombia).
Cla.—Claridad. Madrid.
CLALH.—Correo Literario. Artes y Letras Hispanoamericanas. Madrid.
Clarin.—El Clarín. Liverpool.
Clav.—Clavileño. Madrid.
CLC.—Cuadernos de Literatura Contemporánea. Madrid.
CLing.—Cahiers Linguistiques. ?
CLit.—Cuadernos de Literatura. Madrid.
CLM.—Correo Literario. Madrid.
CLS.—Cuadernos Literarios. El Salvador.
Club.—Club. Barcelona.
CM.—Il Corriere Mercantile. Génova.
CMex.—Cuadrivio. México.
CoBA.—Comentario. Buenos Aires.
Col.—Colosseum. Londres.
Coloquio.—Colóquio. Lisboa.
CoLS.—Comparative Literature Studies. Universidad de Illinois.
Colum.—Columna. Buenos Aires.
Com.—El Comercio. Gijón.
ComL.—El Comercio. Lima.
Comm. — The Commonwealth. Nueva York.

DI.—El Diario Ilustrado. Santiago de Chile.
Dial.—Dialoghi. Roma-Nápoles.
DiaM.—El Día. Madrid.
DiaMo.—El Día. Montevideo.
DiaST.—El Día. Santa Cruz de Tenerife.
Dice.—Dicebamus. Salamanca.
Dig.—Dígame. Madrid.
Dil.—El Diluvio. Barcelona.
Dina.—Dinamarca. Buenos Aires.
DL.—Diario de Lisboa.
DM.—Diario de Madrid.
DMail.—The Daily Mail. Londres.
DMex.—Diálogos. México.
DMH.—Diario de la Marina. La Habana.
DMS.—El Diario Montañés. Santander.
DN.—The Dayly News. Londres.
DNL.—Diario de Noticias. Lisboa.
DNN.—Dresdner Neueste Nachrichten. Dresden.
DNY.—El Diario de Nueva York.
DOBo.—Diario Oficial. Bogotá.
Dom.—Domingo. Madrid.
DomSS.—Domingo. San Sebastián.
DP.—Diario de Las Palmas. Gran Canaria.
DPL.—Diario Popular. Lisboa.
DPMo.—Diario del Plata. Montevideo.
DPont.—Diario de Pontevedra.
DPR.—Diálogos. Universidad de Puerto Rico.
DRL.—The Dublin Review. Londres.
DSP.—Diario de Sâo Paulo (Brasil).
DUM.—Diario Universal. Madrid.
DV.—Diario Vasco. San Sebastián.

E

EA.—Estudios Americanos. Sevilla.
EAg.—Estudio Agustiniano. Valladolid.

EBa.—Espíritu. Barcelona.
EBo.—Espiral. Bogotá.
Ec.—Ecclesia. Madrid.
EC.—Estudios Clásicos. Madrid.
ECA.—Estudios Centroamericanos. San Salvador.
ECB.—Estudios de Castelo Branco. Castelo Branco.
Eckart.—Eckart. Berlín.
Eco.—Eco. Madrid.
EcoB.—L'eco di Bergamo.
ECu.—El Evangelista Cubano. La Habana.
Echo.—L'Echo de París.
ED.—Estudios de Deusto. Bilbao.
EdBo.—Educación. Bogotá.
EDPa.—Estudios. Duquesne, Pennsylvania.
EE.—Euskal-Erria. San Sebastián.
EEsp.—El Ejército Español. Madrid.
EF.—Estudios Filosóficos. Caldas de Besaya.
EFCh.—Estudios Filológicos. Chile.
EFHLLI.—Homenaje. Estudios de Filología e Historia Literaria Lusohispanas e Iberoamericanas. La Haya, Universidad de Utrecht, 1966.
EG.—Euzko Gogoa. Guatemala.
Egan.—Egan. San Sebastián.
EGPR.—Estudios generales. San Juan de Puerto Rico.
EL.—La Estafeta Literaria. Madrid.
EM.—La Epoca. Madrid.
EMM.—Enseñanza Media. Madrid.
EMo.—Esfuerzo. Montevideo.
Eng.—English. Londres.
Ens.—Ensayo. Madrid.
EP.—Ecrits de Paris.
EPh.—Etudes Philosophiques. Marsella.
EPR.—Educación. Revista de la Universidad de Puerto Rico.
EPy.—Eclair-Pyrennées. ?
Era.—Erasmus. Basel.

ERBa.—Estudis Romànics. Barcelona.
ES.—Enlace Sindical. Madrid.
EsBa.—Estilo. Barcelona.
Esc.—Escorial. Madrid.
Esf.—La Esfera. Madrid.
ESP.—O Estado de Sâo Paulo (Brasil).
Esp.—España. Madrid.
EspBA.—España. Buenos Aires.
EspC.—El Español. Caracas.
Espect.—El Espectador. Bogotá.
EspM.—El Español. Madrid.
EspMex.—Las Españas. México.
EspMod.—La España Moderna. Madrid.
EspN.—España Nueva. Madrid.
EspP.—España Peregrina. México.
EspR.—España Republicana. La Plata, Argentina.
Esprit.—Esprit. París.
EspT.—España. Tánger.
Est.—El Estudiante. Madrid.
EstF.—Estudios Filosóficos. Madrid.
EstM.—Estudios. Madrid.
EstP.—Estudios Políticos. ?
EstS.—Estudios Segovianos. Segovia.
Et.—Etudes. París.
Ethics.—Ethics. The University of Chicago Press.
Eu.—Europe. París.
Eur.—Europa. Londres.
Eut.—Euterpe. Argentina.
EvA.—The Evening Argus. Londres.
EvS.—The Evening Standard. Londres.
EW.—Elseviers Weekblad. Amsterdam.
Ex.—Extremadura. Cáceres.
ExMex.—Excelsior. México.
ExNY.—Exilio. Nueva York.
ExT.—The Expository Times. Londres.
Extra.—Extramuros. Universidad de Puerto Rico, Río Piedras.

F

F.—Filosofia. Turín.
FB.—Le Flambeau. Bruselas.
FC.—Filosoficky Casopis. Bratislava.
Fe.—Festschriften. Viena.
FE.—Falange Española. Sevilla.
Fena.—Fenarete. ?
Fenix.—Fénix. Madrid.
FEsp.—Familia Española. Madrid.
FH.—Folia Humanística. Barcelona.
Fi.—Filología. Buenos Aires.
Ficción.—Ficción. Buenos Aires.
Fig.—Le Figaro. París.
FigL.—Figaro Littéraire. París.
Finis.—Finisterre. Madrid.
FinisCh.—Finis Terrae. Santiago de Chile.
FJS.—Fu Jen Studies. República de la China.
FK.—Filológiai Közlöny. Budapest.
FL.—La Fiera Letteraria. Roma.
FLCR.—Filosofía y Letras. Costa Rica.
FLMex.—Filosofía y Letras. México.
FM.—Filología Moderna. Madrid.
FMLS.—Forum for Modern Language Studies. Universidad de St. Andrews, Escocia.
FNY.—The Freeman. Nueva York.
Fo.—Fonseca. Salamanca.
FoL.—Forum der Letterea. ?
Fort.—The Fortnightly. Londres.
Fotos.—Fotos. Madrid.
FV.—Faro de Vigo.

G

Ga.—El Gallo. Salamanca.
GBA.—Gernika. Buenos Aires.
Ger.—Germen. San Sebastián.
GernF.—Gernika. Sare, Francia.
GH.—The Glasgow Herald. Inglaterra.

GHSP.—Gaceta Hispana. Sâo Paulo (Brasil).
GI.—Gaceta Ilustrada. Barcelona.
Gids.—De Gids. Amsterdam.
GiN.—Il Giornale. Nápoles.
GIt.—Il Giornale d'Italia. Roma.
GL.—La Gaceta Literaria. Madrid.
Globo.—El Globo. Suplemento de Arte y Hogar. Barcelona.
GLSP.—Gazeta Leteraria. Sâo Paulo (Brasil).
GM.—Giornale di Metafisica. Turín.
GME.—Gaceta Médica Española. Madrid.
GMex.—La Gaceta. México.
GN.—La Gaceta del Norte. Bilbao.
GPE.—Gaceta de la Prensa Española. Madrid.
GR.—La Gaceta Regional. Salamanca.
Gral.—Der Gral. Ravensburg.
Greg.—Gregorianum. Roma.
Grial.—Grial. Vigo.
GRM.—Germanische-Romanische-Monatschrift. Heidelberg.
GRP.—La Grande Revue. París.
GS.—Giornale della Sera. Nápoles.
Gu.—The Guardian. Londres.
GureH.—Gure-Herria. Bayona.
GZ.—Geist der Zeit. Berlín.

H

H.—Hispania. Syracuse, Nueva York.
HA.—Heraldo de Aragón. Zaragoza.
HAB. — Humanities Association Bulletin (Canadá).
HAHR.—The Hispanic American Historical Review. Durham, North Carolina.
HAl.—Homenaje al P r o f e s o r Alarcos. Universidad de Valladolid, 1966.
HanC. — Hannovercher Courier. Hannover.

HAR.—Homenaje a Angel del Río. *Revista Hispánica Moderna*, núms. 1-4, 1965.
Haz.—Haz. Madrid.
HBA.—Hispania. Buenos Aires.
HBa.—La Humanitat. Barcelona.
HBalt.—Hispania. Baltimore.
HBi.—Hierro. Bilbao.
HBr.—Humanitas. Brescia.
HC.—Humanidades. C o m i l l a s (Santander).
HCal.—Hispania. California.
HD.—Hechos y Dichos. Zaragoza.
He.—Helios. Madrid.
HEA.—Homenaje a Emilio Alarcos García. Universidad de Valladolid, 1965-67.
HEsp.—Hora de España. Valencia.
HF.—Das Heilige Feuer. ?
HH.—Homenaje a A r c h e r M. Huntington. Wellesley College, Massachusets, 1952.
Hilfe.—Die Hilfe. Berlín.
Hipo.—Hipocampo. San José de Costa Rica.
Hispano.—Hispanófila. The University of North Carolina.
HJ.—The Hibbert Journal. Londres.
HL.—Hispania. Londres.
HLM.—Hoja Literaria. Madrid.
HLMS.—Homenaje a Luis Maldonado (1860-1960). Salamanca, Centro de Estudios Salmantinos.
HLS.—Hoja del Lunes. Salamanca.
HM.—Heraldo de Madrid.
HMex.—Horizontes. México.
HMP.—Homenaje a Menéndez Pidal. Madrid, 1925.
Hoch.—Hochland. Munich.
Hogar.—El Hogar. Buenos Aires.
HoM.—Horizonte. Madrid.
Hoy.—Hoy. Badajoz.
HP.—Hispania. París.
HPMex.—El Hijo Pródigo. México.
HPR.—Horizontes. Ponce, Puerto Rico.

LBa.—El Liberal. Barcelona.
LD.—The Literary Digest. Nueva York.
LDeu.—Letras de Deusto. Bilbao.
LE.—Letras del Ecuador. Quito.
LEA.—Letras de España y América. Toulouse.
Leo.—Leonardo. Florencia.
LeoM.—Leonardo. Madrid.
LEsp.—El Libro Español. Madrid.
Let.—Le Lettere. Roma.
LetMex.—Letras. México.
Letture.—Letture. Milán.
Lev.—Levante. Valencia.
Leviatan.—Leviatán. Madrid.
LF.—Lettres Françaises. Toulouse.
LFIt.—Legioni i Falangi. Milán.
LFS.—Liceo Franciscano. Santiago de Compostela.
LG.—Libri del Giorno. Milán.
LGRP.—Literaturblatt für Germanische und Romanische Philologie. Leipzig.
Li.—Litoral. Aveiro (Lusitania, Portugal).
LibBi.—El Liberal. Bilbao.
LibBo.—El Liberal. Bogotá.
LiberM.—La Libertad. Madrid.
LiberV.—La Libertad. Valladolid.
LibM.—El Liberal. Madrid.
LImp.—Los Lunes de El Imparcial. Madrid.
Linea.—Línea. Murcia.
Lit.—Die Literatur. Stuttgart.
LitR.—The Literary Review. Londres.
LJGG.—Literatur wissenschaftliches Jahrbuch der Görres-Gesellschaft. Berlín.
LMerc.—The London Mercury. Londres.
LMex.—Lectura. México.
LM.—Les Langues Modernes. París.
LMex.—Luminar. México.
LMI.—Larousse Mensuel Illustré. París.
LN.—Lidove Noviny. Praga.

LNL.—Les Langues Néo-Latines. París.
LNP.—Les Lettres Nouvelles. París.
Logos.—Logos. Buenos Aires.
LP.—Les Lettres. París.
LQR.—London Quarterly Review. Londres.
LR.—Les Lettres Romanes. Lovaina.
LSMex.—Libros Selectos. México.
LT.—Levende Talen. Groningen-Batavia.
Luch.—El Luchador. Alicante.
Lucha.—La Lucha. La Habana.
Lume.—Lumen. Vitoria.
Luz.—Luz. Madrid.
LW.—Die Literarische Welt. Berlín.
Lyra.—Lyra. Buenos Aires.
LL.—Letras. Lima.

M

M.—Mapocho. Chile.
MA.—Monte Agudo. Murcia.
Ma.—Madrid. Madrid.
MaMo.—La Mañana. Montevideo.
MaP.—La Mañana. Las Palmas.
Mar.—La Marina. Denia (Alicante).
May.—Mayurga. Palma de Mallorca.
MAzul.—El Mono Azul. Madrid.
MBA.—El Mundo. Buenos Aires.
MC.—Medicina Clínica. Madrid.
MCh.—El Mercurio. Santiago de Chile.
ME.—Monitor Ecclesiasticus. Roma.
MeCh.—Mensaje. Santiago de Chile.
Med.—Medicamenta. Madrid.
MedH.—Mediodía. La Habana.
MEJC.—Miscelánea de Estudios a Joaquim de Carvalho. Figueira da Foz. Portugal.
Men.—Menighedsbl a d c t. Dinamarca.
Merk.—Merkur. Stuttgar.

MethR.—The Methodist Recorder. Londres.
MF.—Mercure de France. París.
MFi.—Il Marzocco. Florencia.
MG.—El Monasterio de Guadalupe. Cáceres.
MGB.—Manuel García Blanco.
MH.—Mundo Hispánico. Madrid.
MHa.—El mundo. La Habana.
Mij.—Mijares. Castellón de la Plana.
MisC.—Miscelánea Comillas. Comillas (Santander).
MisE.—Miscelánea Erudita. Madrid.
MisS.—Miscelánea segovianista. Segovia.
MisU.—Miscelánea Universitaria. Sorocaba.
ML.—O Mundo. Lisboa.
MLF.—Modern Language Forum. Los Angeles.
MLJ.—Modern Language Journal. Manasha, Wisconsin.
MLL.—Modern Languages. Londres.
MLN.—Modern Language Notes. Baltimore.
MLR.—Modern Language Review. Liverpool.
MM.—Música. Madrid.
MMo.—Marcha. Montevideo.
MN.—Mundo Nuevo. París.
MoA.—Modern Age. Chicago.
MOb.—Mundo Obrero. París.
MoCh.—Modern C h u r c h m a n. Londres.
Monde.—Le Monde. París.
Mont.—Monterrey. Salamanca.
Montes.—Montes. Madrid.
Month.—The Month. Londres.
Morq.—Morqunbladid. Reykjavik (Islandia).
MP.—Mercurio Peruano. Lima.
MPR.—El Mundo. Puerto Rico.
MPWNN.—Maint Post, Würzburger N e u e s t e Nachrichten. Würzburg.
MR.—Il Mondo. Roma.
MRom.—Marche Romane. Lieja.

MSI.—Miscellane di Studi Ispanici. Pisa.
MSL.—Mar del Sur. Lima.
MuC.—El Museo Canario. Las Palmas.
MUOC.—Miguel de U n a m u n o. Obras Completas.
MV.—El Mercantil Valenciano. Valencia.
My.—Myricae. Ferrara.
MyC.—Mysterium. Manizales, Colombia.

N

NA.—The Nation and The Athaeneum. Londres.
NaC.—El Nacional. Caracas.
NAm.—Norte. Amsterdam.
NaMex.—El Nacional. México.
NAnt.—Nuova Antologia. Roma.
NAR.—Idem.
Nat.—Nation. Nueva York.
Naz.—La Nazione. Florencia.
NB.—Negro sobre Blanco. Buenos Aires.
NBA.—La Nación. Buenos Aires.
NBi.—El Nervión. Bilbao.
NCast.—El Norte de Castilla. Valladolid.
NCh.—La Nación. Santiago de Chile.
NCL.—Nineteenth Century. Londres.
NCR.—Nuovo Convegno. Roma.
ND.—La Nueva Democracia. Nueva York.
NDA.—Nya Dagligt Allehanda. Estocolmo.
NDR.—Die Neue Deutsche Rundschau. Berlín.
NE.—Nueva Etapa. Madrid.
NEsp.—Nuestra España. La Habana.
NEu.—Nueva Europa. Yugoeslavia.
NFS.—Nottingham French Studies. Cambridge, Inglaterra.
NG.—Noticias Gráficas. Buenos Aires.

NiMex.—Nivel. Gaceta de Cultura. México.
NL.—Les Nouvelles Littéraires. París.
NM.—Nuevo Mundo. Madrid.
NMex.—El Norte. Monterrey, México.
NMP.—Nuevo Mercurio. París.
NMQ.—The New Mexico Quarterly. Albuquerque.
NMWP.—Neusprachliche Mitteilungen aus Wissenschaft und Praxis. Berlín.
NN.—Neueste Nachrichten. Dresden.
NNY.—The Nation. Nueva York.
No.—La Noche. S a n t i a g o de Compostela.
NoBa.—La Noche. Barcelona.
NOBA.—Norte. Buenos Aires.
Noche.—La Noche. Santiago de Compostela.
Norma.—Norma. Granada.
Nos.—Nosotros. Buenos Aires.
Not.—Noticias. Lourenço Marques (Mozambique).
Nota.—La Nota. Buenos Aires.
NotBa.—Las Noticias. Barcelona.
NotT.—Noticias. Tucumán (Argentina).
Nov.—Novedades. Managua.
NovMex.—Novedades. México.
NQM.—Nuovi Quaderni del Meridione. Palermo.
NR.—The New Republic. Nueva York.
NRC.—La Nouvelle Revue Critique. París.
NRCR.—Nieuwe Rotterdamsche Courant. Rotterdam.
NRFH.—Nueva Revista de Filología Hispánica. México.
NRFP.—La Nouvelle Revue Française. París.
NRP.—Nueva Revista Peruana. Lima.
NRT.—Nouvelle Revue Théologique. Lovaina.
NRVU.—Nuova Revista di Varia Umanitá. Verona.

NS.—The New Statestman. Londres.
NScho.—The New Scholasticism. Baltimore-Washington.
NSp.—Die Neueren Sprachen. Frankfurt-Berlín-Bonn.
NT.—Nuestro Tiempo. Madrid.
NU.—El N o t i c i e r o Universal. Barcelona.
NuD.—Nuevo Diario. Madrid.
NuEsp.—La Nueva España. Oviedo.
Num.—Número. Montevideo.
NVH.—The New Vida Hispánica. Londres.
NYHT.—The New York Herald Tribune.
NYT.—The New York Times.
NZZ.—Neue Zürcher Zeitung. Zürich.

O

OC.—Obras Completas.
OCh.—Oxford Chronicle. Londres.
OFl.—Orbis. Florencia.
OL.—Ocidente. Lisboa.
ONY.—Occidental. Messapequa, Nueva York.
OP.—Occident. París.
OpA.—La Opinión. Los Angeles (California).
OPL.—L'Osservatore Politico Letterario. Roma.
OR.—L'Osservatore Romano. Roma.
Orbe.—Orbe. La Habana.
Orbis C.—Orbis Catholicus. Barcelona
Orig.—Orígenes. La Habana.
Out.—Outlook. Nueva York.

P

P.—Pueblo. Madrid.
PA.—Primer Acto. Madrid.
PACh.—Pro Arte. Santiago de Chile.
Paid.—Paideia. Turín.
PaisM.—El País. Madrid.

PaisMo.—El País. Montevideo.
Pano.—Panorama. Asunción (Paraguay).
Pax.—Pax. Madrid.
PB.—Le Peuple. Bruselas.
PBA.—La Prensa. Buenos Aires.
PBi.—El Pueblo. Bilbao.
PBMex.—Pont Blau. México.
PCh.—Presente. S a n t i a g o de Chile.
Ped.—Pedagogía. Puerto Rico.
Pens.—Pensamiento. Madrid.
PenS.—Pensiero e Scuola. ?
Perf.—Perficit. Salamanca.
Perso.—The Personalist. Los Angeles.
PEsp.—Poesía Española (Poesía Hispánica en 1972). Madrid.
PEu.—Punta Europa. Madrid.
PF.—Paragone. Florencia.
PH.—La palabra y el hombre. Revista de la Universidad Veracruzana, Xalapa.
PhP.—La Phalange. París.
PJ.—O Primeiro de Janeiro. Porto (Portugal).
Pl.—Plana. Madrid.
PLL.—Papers on Language and Literature. Southern Illinois University.
PLPR.—P r e n s a Literaria. San Juan de Puerto Rico.
PLR.—Il Paese del Lunedi. Roma.
Pluma.—La Pluma. Madrid.
PM.—Philosofía. Mendoza (Argentina).
PMLA.—Publications of the Modern Language Association of America.
PMo.—El Plata. Montevideo.
PN.—Poe Newsletter. Washington State University.
PNa.—Pensamiento N a v a r r o. Pamplona.
PNY.—La Prensa. Nueva York.
PoCh.—Pomaire. S a n t i a g o de Chile.
Pol.—Política. Madrid.
Pop.—Le Populaire. Nantes.
PopMo.—El Popular. Montevideo.

PP.—Preuves. París.
PPR.—Philosophy and Phenomenology Research. Buffalo, Nueva York.
PR.—Puerto Rico. San Juan.
PQ.—Philological Quarterly. Iowa.
PreCh.—Presente. Santiago de Chile.
PreG.—Presencia de G a l i c i a. Vigo.
PreP.—Presencia. París.
Prim.—Les Primaires. París.
Prog.—El Progreso. Lugo.
Proh.—Prohemio. Madrid-P i s a-Barcelona.
Prov.—Las Provincias. Valencia.
PS.—The Pacific Spectator. Standford University, California.
PSA.—Papeles de Son Armadans. Madrid-Palma de Mallorca.
PSera.—Il Piccolo della Sera. ?
PT.—La Prensa. Santa Cruz de Tenerife.
PU.—Perspectivas de la Unesco. París.
Pub.—La Publicidad. Barcelona.
PV.—Príncipe de Viana. Pamplona.

Q

QAL.—La Quinzaine artistique et Litteraire. Neuchâtel.
QAS.—Quaderni degli Amici della Spagna. Nápoles.
QIA.—Quaderni Ibero-Americani. Turín.

R

R.—Romania. Nápoles.
RA.—Repertorio Americano. Costa Rica.
RAAL.—Revista de Actualidades, Artes y Letras. Barcelona.
RaBA.—La Razón. Buenos Aires.
RABo.—Revista de América. Bogotá.
RaCh.—La Razón. Santiago de Chile.

RAE.—Revista Agustiniana de Espiritualidad. Madrid.

RAF.—Revista de Antropología Filosófica. Universidad de Sofía. Tokyo, Japón.

RAJ.—Revista del Ateneo. Jerez de la Frontera.

RAPE.—Revista de la Asociación Patriótica Española. Buenos Aires.

RB.—La Revista Blanca. Madrid-Barcelona.

RBa.—Revista. Barcelona.

RBAM.—Revista de la Biblioteca, Archivo y Museo del Ayuntamiento de Madrid.

RBC.—Revista Bimestre Cubana. La Habana.

RBF.—Revista Brasileira de Folclore. Río de Janeiro.

RBFi.—Revista Brasileira de Filosofía. Sâo Paulo.

RBPH.—Revue Belge de Philologie et d'Histoire. Bruselas.

RCal.—Revista Calasancia. Madrid.

RCat.—R e v i s t a de Catalunya. Barcelona.

RCB.—Revista del Colegio Mayor de Nuestra Señora del Rosario. Bogotá.

RCF.—Revista Cubana de Filosofía. La Habana.

RCub.—Revista Cubana. La Habana.

RCh.—Revista Chilena. Santiago de Chile.

RCHA.—Revista Crítica Hispano-Americana. Madrid.

RDC.—R e v i s t a Dominicana de Cultura. Ciudad Trujillo.

RDM.—Revue des Deux Mondes. París.

RDTP.—Revista de Dialectología y Tradiciones Populares. Madrid.

RE.—Revista de Espiritualidad. Madrid.

RECh.—Revista Ercilla. Santiago de Chile.

REE.—Revista de Estudios Extremeños. Badajoz.

Ref.—Reflexión 2. Ottawa. Canadá.

REH.—Revista de Estudios Hispánicos. Puerto Rico.

REHA.—Revista de Estudios Hispánicos. University of Alabama Press.

REIt.—Revue des Etudes Italiennes. París.

RELV.—Revue de l'Enseignement des Langues Vivantes. París.

REM.—Revista de Enseñanza Media. Madrid.

Ren.—Renascence. Indiana.

Rena.—Renacimiento. Madrid.

RenaO.—La Renaissance d'Occident. Bruselas.

ReO.—Región. Orense.

REP.—Revista de Educación. La Plata (Argentina).

REPM.—Revista de Estudios Políticos. Madrid.

Res.—Reseña. Madrid.

REsp.—Revista de las Españas. Madrid.

Reu.—La Revue Européenne. París.

RevP.—La Revue. París.

RF.—Revue de France. París.

RFBA.—R e v i s t a de Filosofía. Buenos Aires.

RFBo.—Razón y Fábula. Bogotá.

RFC.—Revista Filosófica. Coimbra.

RFE.—Revue Franco-Espagnole. París.

RFEsp.—Revista de Filología Española. Madrid.

RFEV.—Revista de la Federación de Estudiantes de Venezuela. Caracas.

RFLE.—Revista de la Facultad de Lenguas Extranjeras. Universidad de Sofía. Tokyo, Japón.

RFM.—Revista de Filosofía. Madrid.

RFP.—Revista de Filosofía. La Plata (Argentina).

RFUCR.—Revista de Filosofía de la Universidad de Costa Rica.
RG.—Revista de Guatemala. Guatemala.
RH.—Revue Hispanique. París.
RHC.—Revista de Historia Canaria. La Laguna de Tenerife.
RHeb.—R e v u e Hebdomedaire. París.
RHM.—Revista Hispánica Moderna. Nueva York.
RHSP.—Revista de Historia. Sâo Paulo (Brasil).
RIb.—Re v i s t a Iberoamericana. México.
RIB.—Revista Interamericana de Bibliografía. Washington, D.C.
RIBo.—Revista de las Indias. Bogotá.
RIE.—Revista de Ideas Estéticas. Madrid.
RIM.—Revista de Indias. Madrid.
Rio.—Río Piedras. Universidad de Puerto Rico.
RIp.—Rice Institute Pamphlets. Houston, Tejas.
RIPB.—Revue Internationale de Philosophie. Bruselas.
Risoo.—Tokyo, Japón.
RJ.—Romanistisches Jahrbuch. Hamburgo.
RJBo.—R e v i s t a Javeriana. Bogotá.
RL.—Revista Latina. Madrid.
RLC.—Revue de Litterature Comparée. París.
RLit.—Revista de Literatura. Madrid.
RLivro.—Revista do Livro. Río de Janeiro.
RLM.—La República de las Letras. Madrid.
RLMC.—Rivista di Letterature Moderne e Comparate. Florencia.
RLMM.—Revista de Literaturas Modernas. Mendoza, Argentina.
RLP.—La Revue Litteraire. París.
RLR.—Rivista Latina. Roma.
RLSP.—Revista de Letras. Sâo Paulo, Brasil.

RM.—Recensiones. Maracaibo.
RME.—Revista del Ministerio de Educación. Managua.
RMex.—Romance. México.
RMM.—Revue de Métaphysique et de Morale. París.
RMMex.—Revista Moderna. México.
RN.—Romance Notes. University of North Carolina.
RNB.—Revue Nouvelle. Bruselas.
RNC.—Revista Nacional de Cultura. Caracas.
RNM.—Revista Nueva. Madrid.
RNMo.—Revista Nacional. Montevideo.
RNP.—La Revue Nouvelle. París.
RO.—Revista de Occidente. Madrid.
ROB.—Revue de l'Occident. Bruselas.
Roc.—Rocamador. Palencia.
Roeping.—Roeping. Tilberg-Eindhoven.
RoF.—Romanische Forschungen. Colonia.
Roma.—Romanica. Halle, Niemeyer.
RP.—Revue de París. París.
RPF.—Revista Portuguesa de Filosofía. Braga.
RPh.—Romance Philology. Berkeley, California.
RPLP.—La Revue Politique et Littéraire. París.
RQ.—Revista Quincenal. Barcelona.
RR.—Rivista di Roma. Roma.
RRMex.—R e v i s t a de Revistas. México.
RRNY.—The Romanic Review. Columbia University P r e s s, Nueva York.
RRSS.—Revue R o u m a n e de Sciences Sociales. Bucarest.
RSEB.—Revista de la Sociedad Española de Beneficencia. Buenos Aires.
RSP.—Revue des Sciences Politiques. París.
RTP.—Revue Thomiste. París.

RU.—Revista de la Universidad. La Plata (Argentina).
RUA.—Revista de la Universidad de los Andes. Bogotá.
RUAy.—Revista de la Universidad de Ayoama. Tokyo, Japón.
RUB.—Revue de l'Université de Bruxelles. Bruselas.
RUBA.—Revista de la Universidad de Buenos Aires.
RUCR.—Revista de la Universidad de Costa Rica.
Ruedo.—El Ruedo. Madrid.
RUH.—Revista de la Universidad de La Habana.
RUL.—Revista de la Universidad. Lima.
RUM.—Revista de la Universidad de Madrid.
RUni.—Revista Universitaria. Loja.
RUNP.—Revista de la Universidad Nacional de La Plata (Argentina).
RUP.—Revista Universidad. Panamá.
RUT.—Revista Universitaria. Trujillo (Perú).
RVF.—Revista Valenciana de Filología. Valencia.
RyC.—Religión y Cultura. Madrid.
RyF.—Razón y Fe. Madrid.

S

Sa.—Sarrico. Bilbao.
Sait.—Saitabi. Valencia.
Sal.—Salmanticensis. Salamanca.
Salv.—Salvador. Bahía (Brasil).
Sap.—Sapienza. Pisa.
SAQ.—South Atlantic Quarterly. Durham, North Carolina.
SARD.—Seminario Archivo Rubén Darío. Madrid.
SB.—De Standaard. Bruselas.
SBA.—Sapientia. Buenos Aires.
SBMex.—Summa Bibliográfica. México.
SC.—Santa Cruz. Valladolid.

SCF.—Scuola e Cultura. Florencia.
SClub.—Stendhal Club. Lausanne.
Scot.—The Scottsman. Londres.
Scri.—Scrinium. Friburgo.
SchR.—Schweizer Rundschau. Einsiedeln.
Seg.—Segismundo. Madrid.
Seiki.—Seiki. Tokyo, Japón.
Sem.—Semana. Madrid.
SemE.—La Semana. Guayaquil (Ecuador).
SeMex.—Los Sesenta. México.
SHB.—Studies in Honor of Mair José Benardete. Nueva York, Las Américas, 1965.
Shell.—Revista Shell. Caracas.
SI.—Settimana Ilustrata. Milán.
Si.—Sí, Suplemento de Arriba. Madrid.
SIF.—Scena Ilustrata. Florencia.
SIHF.—Studia Iberica. Festschrift für Hans Flasche, Francke Verlag Bern und München (Suiza), 1973.
Sil.—Siluetas. Madrid.
SinN.—Sin Nombre. San Juan de Puerto Rico.
Sint.—Síntesis. Buenos Aires.
Sistema.—Sistema. Madrid.
SJ.—San Jorge. Barcelona.
SL.—Suplemento Literario. Sâo Paulo (Brasil).
SLP.—Solidaridad Literaria. París.
SM.—Il Secolo. Milán.
SMex.—Siempre. México.
SMSLA.—Studies in Modern Spanish Literature and Art. Presented to Helen F. Grant. Ed. by Nigel Glendinning. Londres, Támesis Books Limited, 1972.
SN.—Spes Nostra. Barcelona.
SNL.—Seara Nova. Lisboa.
SO.—Serra d'Or. Barcelona.
SOC.—El Socialista. Madrid.
SoirB.—Le Soir. Bruselas.
Sol.—El Sol. Madrid.
SoM.—Socialistische. Monatshefte. Berlín.

SOP.—Solidaridad Obrera. París.

Sophia.—Sophia. Padua.

SP.—Studia Philologica. Madrid (Homenaje a Dámaso Alonso, 1960).

Spect.—Spectator. Londres.

SPh.—Studies in Philology. Chapel Hill, North Carolina.

Sphinx.—Sphinx. Lima.

SPM.—Santanyí. Palma de Mallorca.

SR.—Salesianum. Roma.

SRL.—The Saturday R e v i e w. Londres.

SRLit.—The Saturday Review of Literature. Nueva York.

SS.—Santo y Seña. Madrid.

SSF.—Studies in Short Fiction. Newberry College, South Carolina.

SSNY.—School and Society. Nueva York.

St.—La Stampa. Turín.

StP.—Studia Patavina. Padua.

Strenae.—S t r e n a e. Salamanca (Homenaje a Manuel García Blanco, 1962).

Stu.—Studium. Berlín.

Sur.—Sur. Buenos Aires.

SV.—Saber Vivir. Buenos Aires.

SVU.—S y m p o s i u m Vanderbilt University, 1964 (Véase Pensamiento y Letras en la España del Siglo XX, 1966).

Sy.—Symposium. Syracuse, Nueva York.

Synt.—Synthèses. Bruselas-París.

SZ.—Schoenere Zukunft. Viena.

T

T.—Le Temps. París.

TA.—La Tribuna. Asunción (Paraguay).

Ta.—La Tarde. Santa Cruz de Tenerife.

Tab.—The Tablet. Londres.

Tajo.—Tajo. Madrid.

Tau.—Tau, Suplemento de Signo. Madrid.

TB.—Der Tagespiegel. Berlín.

TBA.—El Tiempo. Buenos Aires.

TBo.—El Tiempo. Bogotá.

Temas.—Temas. Nueva York.

TEsp.—Tiempo de España. Madrid.

TEV.—Teología Espiritual. Valencia.

TG.—La Tribune de Genève. Ginebra.

TGP.—Toko-Ginecología Práctica. Madrid.

Thes.—Thesaurus. Bogotá.

TI.—Tribuna Israelita. México.

Tierra.—La T i e r r a. Cartagena (Murcia).

Tijd.—De Tijd. Amsterdam.

TL.—The Times Literary Supplement. Londres.

TLB.—Terres Latines. Bruselas.

TLM.—A Tribuna. Lourenço Marques (Mozambique).

TM.—La Tribuna. Madrid.

TMo.—Tribuna. Montevideo.

TNY.—Time. Nueva York.

Torre.—La Torre. Río Piedras, Puerto Rico.

TP.—Tempo Presente. Lisboa.

TPh.—Tijdschrift voor Philosophie. Amsterdam-Lovaina.

TPR.—Terzo Programma. Roma.

TQ.—T e x a s Quarterly. Austin, University of Texas Press.

TR.—Tempo. Roma.

TR.—La Tribuna. Roma.

Tr.—Triunfo. Madrid-Barcelona.

Trae.—T r a e t h o d y d d. Nueva York.

TriQ.—Tri-Quarterly. Evanston, Illinois.

TRonde.—La Table Ronde. París.

TRP.—Idem.

TSB.—A Tribuna. Santos (Brasil).

TT.—Tijdschrift voor Teologie. Amsterdam.

TyD.—Trabajos y D í a s. Salamanca.

U

U.—Umanitarismul. Bucarest.
UA.—Universidad de Antioquía. Medellín, Colombia.
UCB.—Universidad Católica Bolivariana. Medellín, Colombia.
UCh.—La U n i ó n. Valparaíso, Chile.
UH.—Universidad de La Habana.
Ulens.—Ulenspiegel. Amberes.
Ultra.—Ultra. La Habana.
UM.—La Unión Mercantil. Málaga.
UMex.—Universidad de México.
Un.—Unidad. San Sebastián.
UNC.—Universidad Nacional de Colombia. Bogotá.
UniC.—El Universal. Caracas.
Unitas.—Unitas (Manila).
UnivMex.—Universidad. México.
UNL.—Universidad Nacional del Litoral. Santa Fe, Argentina.
UnMex.—El Universal. México.
UNT.—Upsala Nya Tidning. Suecia.
UP.—Umbral. París.
UPR.—Universidad. Puerto Rico.
URA.—Universidad. República Argentina.
USC.—Universidad de San Carlos. Guatemala.
USP.—Unitas. Sâo Paulo, Brasil.
UTQ.—University of T o r o n t o Quarterly (Canadá).
UZ.—Universidad. Zaragoza.

V

V.—Viernes. Caracas.
VA.—La Voce Adriática. Roma.
VBA.—La Vanguardia. B u e n o s Aires.
VE.—La Vanguardia Española. Barcelona.
Ver.—Ver. ?
Verba.—Verba, Gijón (Asturias).
Verbo.—Verbo. Alicante.

Verbum.—Verbum. Río de Janeiro.
Veritas.—Veritas. Granada.
VEsp.—La Voz de España. San Sebastián.
VG.—La Voz de Galicia. La Coruña.
Vert.—Vértice. Coimbra.
VH.—Vida Hispánica. Londres.
VI.—Vida Intelectual. Madrid.
Vin.—Vinduet. Amsterdam.
VIP.—La Vie Intellectualle. París.
VL.—Virtud y Letras. Bogotá.
VM.—Variaciones. Madrid.
VNY.—La Voz. Nueva York.
Volk.—De Volkskrant. Amsterdam.
Voz.—La Voz. Madrid.
VozG.—La V o z de Guipúzcoa. San Sebastián.
VP.—Vie des Peuples. París.
VPB.—Voz de Portugal. Río de Janeiro.
VPM.—Vita e Pensiero. Milán.
VR.—Vox Romanica. Zurich.
VRB.—Viata Romineasca. Bucarest.
VS.—La Voz de Soria.
VTR.—Voci del Tempo. Roma.
VU.—Vida Universitaria. Monterrey, México.
VV.—Verdad y Vida. Madrid.
VZ.—Vossische Zeitung. Berlín.

W

W.—Die Welt. Berlín.
WL.—Wissen und Leben. Leipzig.
WP.—Washington Post.
WS.—Welt-Stimmen. Stuttgart.
WV.—Weg zur Vollendung. Darmstadt.
WW.—Walt Whitman. Detroit, Wayne State University Press.
WWG.—The Weekly Westminster Gazette. Londres.
WWV.—Wort und W a h r h e i t. Viena.
WZR.—Wissenschaftliche Zeitschrift der Universität. Rostock.

Y

Ya.—Ya. Madrid.
Yermo.—Yermo. Madrid.
YR.—The Yale Review. New Haven, Connecticut.

Z

ZA.—Zerucko Argia. San Sebastián.

Zara.—Zaragoza.
ZFEU.—Zeitschrift für Franzosischen und Englischen Unterricht. Berlín.
ZPF.—Zeitschrift für Philosophische Forschung. Meisenheim.
ZRPh.—Zeitschrift für Romanische Philologie. Tübingen (Alemania).

BIBLIOGRAFIA CRITICA DE

MIGUEL DE UNAMUNO

1888

ARANA GOIRI, G. *Pliegos euskarófilos.* Barcelona (réplica a «De Ortografía», de Unamuno. *OC*, VI, 1958).

1896

AZORÍN. *PaisM*, 5 diciembre.

1897

LANDEUER, G. «Die Anarquismus in Spanien. Eine Kleine Ergänzung zum Sozialismus in Spanien des Prof. Miguel de Unamuno», *SoM*, septiembre.

UNAMUNO, MIGUEL DE. *Paz en la guerra.* Madrid, Fernando Fe.
Reseña:
Azorín. *PaisM*, 16 y 19 enero.

1898

AZORÍN. «Charivari en casa de Unamuno», *CP*, 26 febrero.

1899

GOMILA, S. «Enseñando la oreja», *RB*, núm. 30, 15 septiembre.

MAEZTU, RAMIRO DE. «El separatismo peninsular y la hegemonía vasco-catalana», *Hacia otra España.* Bilbao-Madrid, pág. 219.

RUEDA, SALVADOR. «Dos palabras sobre la técnica literaria», *RNM*, año I, núm. 16, 15 julio, págs. 729-34.

1900

ALAS, LEOPOLDO («CLARÍN»). «Crítica a los *Tres ensayos* de Unamuno», *LImp*, 7 mayo. Reproducido por M. García Blanco en «Clarín y Unamuno», *AO*, 1952; y en *I*, números 105-106, 1957, págs. 8-9.

CROTONTILO [GONZÁLEZ CASTRO]. «Unamuno», *Ad*, 6 noviembre (sobre la crisis unamuniana de 1897).

OVEJERO, ANDRÉS. «Unamuno», *DBi*, 26 octubre (por el nombramiento de Rector).

1901

DARÍO, RUBÉN. «Un artículo de Unamuno», *La España contemporánea*. París, Garnier. Incluido en *OC*, III, páginas 153-56.

LAFITTE, A. «Dinguistica [unamuniana]», *EE*, XLV, páginas 505-506.

MAEZTU, R. DE. «Comentario al discurso de Unamuno», *Imp*, 30 agosto. Incluido en *MUOC*, VI, 1958, págs. 344-47. (Discurso pronunciado con motivo de los primeros Juegos Florales de Bilbao.)

1902

BUNGE, CARLOS O. «Miguel de Unamuno, rector de la Universidad de Salamanca», *AFDCS*, ?

UNAMUNO, MIGUEL DE. *Paisajes*. Salamanca.

Reseñas:

Fernández Villegas, F. («Zeda»). *L*, I, enero 1903, páginas 127-28.
Mérimée, E. *BH*, V, 1903, págs. 197-98.
NT, núm. 39, 1904, págs. 445-47.
— *En torno al casticismo*. Madrid, Fernando Fe.

Reseñas:

Girot, G. *BH*, V, 1903, pág. 198.

Gómez de Baquero, E. *EspMod*, 180, marzo, páginas 145-54.

Nervo, A. *RMMex*, VI, 13, julio 1903, págs. 206-208.

1903

DÍAZ MONTERO, E. Sobre la reseña que hizo Unamuno de *Las crónicas del Bulevard*, *MF*, 48, noviembre, página 557.

NERVO, A. «Españoles nuevos», *RMMex*, I, núm. 1, septiembre, pág. 31.

UNAMUNO, MIGUEL DE. *De mi país*. Madrid, Fernando Fe.

Reseñas:

Fernández Villegas, F. *EM*, 10 agosto.

Gómez de Baquero, E. *LImp*, 17 agosto.

Palacios Olmedo, M. *He*, II, septiembre, págs. 249-50.

Xiarcas. *DBA*, 7 agosto.

1904

BLANCO FOMBONA, R. «La cuestión del neo-español», recogido en *Letras y letrados de Hispano-américa*. París, 1908 (véase abajo Gourmont, Remy de).

GÓMEZ CARRILLO, E. «El porvenir de la literatura española; la opinión de un pesimista. Una visita a Miguel de Unamuno», *NBA*, 6 enero (entrevista fingida). Y en *MF*, 49, febrero, págs. 554-62 (disputa lingüística con Unamuno, provocada por los comentarios de éste sobre los jóvenes).

— Respuesta al artículo de Unamuno «Almas de jóvenes», *NT*, mayo 1904, aparecida en *MF*, septiembre.

GOURMONT, REMY DE. «L'Espagne et l'Evolution linguistique de l'Amérique espagnole», *MF*, 49, marzo, pág. 734 (respuesta al ataque que le había hecho Unamuno al reseñar *Las sombras de Hellas,* de L. Díaz, en cuyo prólogo Gourmont opina sobre el español de América sin ningún rigor científico).

MACHADO, ANTONIO. «Luz» (poema). *AEsp,* núm. 16, 21 febrero.

PARDO BAZÁN, E. «La nueva generación de novelistas y cuentistas en España», *He,* III, págs. 258 y sgs.

1905

FERNÁNDEZ VILLEGAS, F. «Vida literaria. Salamanca y su Universidad. Miguel de Unamuno. Alrededor de sus escritos», *DEsp,* 29 octubre.

MÁRQUEZ STERLING, M. «Una opinión de Unamuno», *DMH,* 18 marzo (sobre la protesta del homenaje a Echegaray).

PÉREZ, DIONISIO. «Con motivo del homenaje. De los jóvenes y de los viejos», *DUM,* 21 febrero (a favor del homenaje a Echegaray).

UNAMUNO, MIGUEL DE. *Vida de Don Quijote y Sancho.* Madrid, Fernando Fe.
Reseñas:
Machado, Antonio. *RLM,* núm. 14, 9 septiembre. Incluida en la edición de A. Sánchez Barbudo de 1974.
Mérimée, E. *BH,* VII, págs. 212-13.

1906

AZORÍN. «Unamuno», *ABC,* 13 septiembre. Reproducido en *Escritores.* Madrid, 1956, págs. 17-19.
— «El maestro Unamuno» y «La conferencia de Unamuno», *OC,* VIII, 1945, págs. 118-22.

«FARFARELLO». «Crónicas diablesas. La revelación. La lectura. Unamuno, poeta. Ultimas palabras», *Pub,* 19 octubre.

GARCÍA MORENTE, M. «Miguel de Unamuno. El hombre», *Pub,* 25 agosto.

JORI, ROMÁN. «*Vox clamantis*. Unamuno en Cataluña», *Pub*, 10 octubre.

OLIVER, MIQUEL DELS SANTS. «El culto a la tristeza», *La literatura del Desastre*. Barcelona, Ed. Península, 1974, págs. 61-64 (por «Sobre la europeización»).

PAPINI, GIOVANI. «Miguel de Unamuno», *Leo*, oct-dic., páginas 364-66.

1907

GONZÁLEZ-BLANCO, A. *Los contemporáneos*, 1.ª serie. París, Garnier, págs. 74-145.

GRILLO, MAX. «Breves apuntes acerca de don Miguel de Unamuno y de su influencia en las letras hispanoamericanas», *Tro*, 1 febrero. Reproducido en *Nos*, año I, núm. 3, octubre).
— «La influencia de Unamuno en América», *NMP*, año I, núm. 10, octubre, págs. 1166-79.

MAEZTU, RAMIRO DE. «Sobre el egotismo. Para don Miguel de Unamuno», *CEsp*, 30 agosto-24 septiembre.
— «El optimismo de Cataluña», *CEsp*, 1 mayo.
— «Los poetas, la vida y el catalanismo», *Ibíd.*, 17 mayo.
— «El camino para imponerse», *Ibíd.*, 18 mayo.
— «La rosa y la flor del cerezo», *Ibíd.*, 3 junio.
— «Los japoneses y Unamuno», *Ibíd.*, 28 agosto.
— «Cataluña y sus críticos», *Ibíd.*, 5 diciembre.

OLIVER, MIQUEL DELS SANTS. «Unamuno y Ganivet», *VE*, del 17 agosto al 26 octubre. Reproducido en *La literatura del Desastre*. Barcelona, Ed. Península, 1974, páginas 93-117.

UNAMUNO, MIGUEL DE. *Poesías*. Bilbao, Rojas.
Reseñas:
Antón, F. *AM*, año II, núm. 18, junio, págs. 485-88.
CCV, 5 mayo.
ComL, 10 junio.
Cortón, A. *LibM*, 7 mayo.
Fernández García, A. *UM*, 3 mayo.

Gómez de Baquero, E. *LImp*, 10 junio.
González Blanco, A. *Los contemporáneos.* París, Gar·
nier, 2.ª serie.
González Blanco, P. *LImp*, 27 mayo.
Henríquez Ureña, P. *RMMex, ?* Reproducido en
CASD, 2 febrero.
Johannet, René. *BSPSR*, 18 septiembre.
Marfil, Mariano, *EEsp*, 25 abril.
Martínez Sierra, G. *EspN*, 26 junio.
Más y Pí, Juan. *DEsp*, 26 mayo.
Mourlane Michelena, P. *Ger*, 17 mayo.
Rubio, A. *NT*, año VII, núm. 103, junio, págs. 108-109.
Sánchez Rojas, J. *VI*, año I, núm. 2, junio, pági-
nas 146-52.
— *ABC*, 2 mayo. Reproducido en *Sil*, año I, núm. 7,
agosto (número dedicado a Unamuno).
Urbano, R. «El cardo silvestre. (La teoría mística del
poeta)», lectura en el Ateneo de Madrid el 25 de
mayo. Texto reproducido en *Rena*, núm. 5, julio,
páginas 37-55.
Vivero, Augusto. *RL*, núm. 1, septiembre.

1908

BOBADILLA, EMILIO. «Desplantes de Unamuno», *Muecas,
crítica y sátira.* París, P. Ollendorf, págs. 215-222.

ELLIS, HAVELOCK. «Spanish Ideals of Today», *The Soul
of Spain.* Boston-N. Y., H. Mifflin, págs. 401 y ss.

JUNCAL, MATÍAS. «La Iglesia Católica independiente y la
religión de Unamuno», *CCBA*, núm. 484, 11 enero.

ORTEGA Y GASSET, J. «Sobre una apología de la inexactitud»,
OC, I, págs. 117-18.

ROJAS, RICARDO. «Retrato de Unamuno con Salamanca al
fondo», *Retablo español.* Buenos Aires. (Reproducido en *HBA*, año XXVI, núm. 277, enero-febrero, 1955,
páginas 8-10.)

ROSS MÚJICA, LUIS. «Don Miguel de Unamuno» ? (Reproducido en *UCh*, 5 enero, 1937.)

SOIZA REILLY, J. J. «Una visita al rector de la Universidad de Salamanca», *CCBA*, febrero.

UNAMUNO, MIGUEL DE. *Recuerdos de niñez y de mocedad.* Madrid, Fernando Fe.

Reseñas:

Antón, Francisco. *AM*, V, págs. 276-78.
Basterra, Ramón. *NBi*, 8 abril.
Farfarello. *Pub*, 11 mayo.
García Mercadal, J. *DAZ*, 20 marzo.
Gutiérrez Abascal, R. («Juan de la Encina»). *LibBi*, 4 mayo.
Ipiña, Luis. *Nos*, año II, núms. 10-11, mayo-junio, páginas 320-21.
Maeztu, R. de. *NM*, 10 diciembre.
Más y Pí, J. *DEsp*, 12 abril.
Morote, Luis. *HM*, 5 mayo.
Piquer, C. *CoV*, 4 mayo.
Pupil. *Tierra*, 20 junio.
Terán, Luis de. *NT*, núm. 112, abril, págs. 119-21.
VozG, 5 abril.

VALMADA, A. DE. «Miguel de Unamuno», *Los voceros del Modernismo.* Barcelona, Luis Gili, págs. 35-37.

ZULUETA, LUIS DE. «Unamuno y Grandmontagne. El Evangelio y el Atlántico», *Pub*, 7 octubre.

1909

ARGENTE, B. «Del espíritu español. Un error grave», *NM*, 23 diciembre (rechaza la visión de España de Unamuno y Maeztu).

DARÍO, RUBÉN. «Unamuno, poeta», *NBA*, 2 mayo. Y en *OC*, II, págs. 787-95.

GÁLVEZ, P. L. DE. «Portugal ante a Europa. Uma entrevisya com Miguel de Unamuno», *ML*, 13 julio.

GÓMEZ DE BAQUERO, E. «Maeztu y Unamuno. El problema español», *NM*, 16 diciembre.

GONZÁLEZ-BLANCO, A. *Historia de la novela en España. Desde el Romanticismo*. Madrid, Sáenz de Jubera, páginas 713-46.

MAEZTU, RAMIRO DE. «Europa y los europeístas», *NM*, 21 octubre.
— «¿De o en?», *Ibíd.*, 2 diciembre.

MAXWELL, W. «The Soul of a Spaniard», *DMail*, 11 noviembre.

ORTEGA Y GASSET, J. «Unamuno y Europa, fábula», *LImp*, 27 septiembre. Y en *OC*, I, págs. 128-32.

SÁNCHEZ ROJAS, J. «Hablando con Unamuno. ¡Este Madrid!», *NM*, 11 marzo.

UNAMUNO, MIGUEL DE. *La Esfinge*. Drama estrenado en Las Palmas de Gran Canaria, el 24 de febrero.
Reseñas:
DP, 2 marzo.
González Díaz, F. *DP*, 2 marzo.
Macías Casanova, M. *Ciu*, 25 febrero.
Morales, T. *MaP*, 26 febrero.

1910

AZORÍN. «Dos generaciones», *ABC*, ?

MAEZTU, R. DE. «Teoría y práctica», *NM*, 27 enero.
— «El 'unamunismo' y la ética española», *CEsp*, 1 febrero.
— «La muerte», *NM*, 11 agosto (sobre el protestantismo de Unamuno).

UNAMUNO, MIGUEL DE. *Mi religión y otros ensayos*. Madrid, Renacimiento.
Reseñas:
Azorín. *ABC*, 28 mayo.
Pardo Bazán, E. *NBA*, 22 julio.

VAL, MARIANO M. DE. «El idealismo español contemporáneo. El idealismo místico: Miguel de Unamuno», *AM*, IX, núm. 3, marzo, págs. 142-58.

1911

Unamuno, Miguel de. *Rosario de sonetos líricos*. Madrid, Fernando Fe.

Reseñas:

Cortón, A. *LibM*, 2 julio.

Díez-Canedo, E. *L*, III, págs. 57-59.

Garriga, F. J. *CAO*, 8 julio. Reproducido en *Pub*, 20 julio.

Giusti, R. F. *Nos*, VI, págs. 239-41. Reproducido en *CyP*, 1917, págs. 85-88.

Gómez de Baquero, E. *LImp*, 18 septiembre.

Herrero, M. A. *NCast*, 14 julio.

Iscar-Peyra, F. *Ad*, 5 julio.

Jordé. *Def*, octubre. Incluido en *Al margen de la vida y de los libros*. Las Palmas, 1914, págs. 149-55.

Llorca, F. *LibBi*, 30 junio.

Marfil, M. *EM*, ?

Marín, Abel. *LibBi*, 8 julio.

Martí y Sabat, J. *Cat*, año V, núm. 201, 12 agosto, páginas 506-507.

Mérimée, E. *BH*, XIII, págs. 502-503.

Olmstead, E. W. *NNY*, 94, 1912, págs. 104-106.

Terán, L. de. *NT*, año XI, núm. 151, julio, páginas 136-38.

— *Por tierras de Portugal y de España*. Madrid, Renacimiento.

Reseñas:

Fantasio. *DUM*, 19 marzo.

Teixeira de Pascoaes. *AP*, núm. 8, abril, págs. 14-16.

1912

Bilbao, E. de. «Unamuno y los republicanos», *DPMo*, 22 octubre.

— «Del ambiente español. El pedagogo y la jauría. La unamunofobia», *Ibíd.*, 1 noviembre.

Machado, A. «A Don Miguel de Unamuno» (poema), *OC*, 1957, pág. 855 (por el libro *Vida de Don Quijote y Sancho*).

UNAMUNO, MIGUEL DE. *Contra esto y aquello.* Madrid, Renacimiento.

Reseña:
Machado, A. *L,* año XIII, núm. 151, julio, páginas 260-65.

1913

AZORÍN. «La generación de 1898», *ABC,* febrero.

MAEZTU, R. DE. «El alma del 98», *NM,* 6 julio (réplica a Azorín).
— «La obra del 98», *Ibíd.,* 15 julio.
— «Unamuno el europeo», *Ibíd.,* 18 diciembre.

TESTA, C. «Le Poesie di Miguel de Unamuno», *RR,* IV, números 3-5, págs. 193-99.

UNAMUNO, MIGUEL DE. *Del sentimiento trágico de la vida en los hombres y en los pueblos.* Madrid, Renacimiento.

Reseñas:
Blanco Torres, R. *Boh,* año V, núm. 6, 8 febrero.
Cossío, F. de. *AV,* año I, núm. 5, septiembre, páginas 169-87.
Llorca, F. de. *AM,* págs. 180-85. Y en *Nos,* XVI, páginas 278-83.
Vallis, M. *MF,* 1 mayo, págs. 47-60.

1914

ARAQUISTÁIN, L. «Unamuno y el europeísmo» (Carta al Director), *HL,* año III, núm. 30, págs. 1108-10.

AZORÍN. «Aquella generación», *Esf,* 25 abril.

COSSÍO, F. DE. «El porvenir de España (Miguel de Unamuno y Angel Ganivet)», *AM,* I, núm. 3, págs. 89-100.

DONOSO, A. «La destitución de don Miguel de Unamuno», *MCh,* ?

FLORENCE, JEAN. «Le moins du philosophie. Miguel de Unamuno et le quichotisme», *PhP,* núm. 93, págs. 208-23.

Ors, E. d'. *La filosofía del hombre que trabaja y que juega.* Barcelona, págs. 206-12.

Ortega y Gasset, J. «La destitución de Unamuno», *PaisM,* 17 septiembre.

Salaverría, J. M. *A lo lejos. España vista desde América.* Madrid, págs. 159-64.

Unamuno, Miguel de. *Del sentimento tragico della vita negli nomini e nei popoli,* introducción y traducción de Gilberto Beccari. Milán, parte I.
Reseña:
Bellincioni, G. *My,* núm. 23, 5 diciembre.

1915

Pérez de Ayala, Ramón. «Sobre los escritores universales. Tabla rasa», *NM,* 3 y 17 julio. (Sobre Unamuno y Valle-Inclán.)

1916

Aguilar, Mario. «Cartas catalanas. Don Miguel de Unamuno entre nosotros», *Imp,* 15 agosto. (Véase *MGB, MUOC,* XIII, 186.)

Benlliure y Tuero, M. *El ansia de inmortalidad.* Madrid, V. Rico, págs. 57-61.

Carner, José. «La visita de un trágico», *Esp,* núm. 82, 17 agosto.

Lantier, R. «L'attitude des intellectuelles espagnols dans le conflict européen. L'information at la litterature de guerre», *MF,* 16 julio.

Papini, Giovanni. «Miguel de Unamuno», *Stroncature.* Florencia, págs. 335-43.

Pérez Goyena, A. «Equivocaciones históricas de Unamuno», *RyF,* tomo 44, págs. 315-25.

Sánchez Rojas, J. *Paisajes y cosas de Castilla.* Madrid, ?

1917

ARAQUISTÁIN, L. DE. «Nuestro Miguel de Unamuno», *Pub,* 13 diciembre.

SALAVERRÍA, J. M. *La afirmación española.* ? (sobre la generación del 98).

SOREL, JULIÁN. *Los hombres del 98: Unamuno.* Madrid, R. Caro Raggio, 158 págs.

UNAMUNO, MIGUEL DE. *Le sentiment tragique de la vie,* traducción y prólogo de M. Faure-Beaulieu. París, Nouvelle Revue Française.
— *Abel Sánchez. Una historia de pasión.* Madrid, Renacimiento.

Comentario y reseña:

Casares, J. Recogido en *Crítica efímera,* II. Madrid, Espasa-Calpe, 1944, págs. 72-77 (comentario).
Pitollet, C. *HP,* III, 1920, págs. 376-81.

1918

BUENO, M. «Galdós, Cavia, Unamuno», *Aliados,* 12 octubre.

Esp, «Otro desagravio a Unamuno», núm. 184, 17 octubre, página 9 (véase *MGB, MUOC,* X, pág. 1077).

GÓMEZ DE BAQUERO, E. *Novelas y novelistas.* Madrid, Calleja, págs. 271-80.

LANTIER, R. «Quelques points de vue espagnoles sur la guerre», *MF,* 1 julio.

LEGENDRE, MAURICE. «El sentimiento religioso en la España de nuestros días según Miguel de Unamuno», *RQ,* IV, números 28-30, págs. 301-14 y 502-13.
— «La religión de Miguel de Unamuno», *Ibíd.,* V, páginas 19-36.

MACKAY, JOHN A. «Don Miguel de Unamuno: su personalidad, obra e influencia», *RUL,* XIII, vol. 2, páginas 404-31. Tesis doctoral publicada en el mismo año.

MURGA, G. DE. «Unamuno, poeta. Charla sin trascendencia», *Conferencia.* México, J. Aguilar Vera, págs. 45-79.

PÉREZ DE AYALA, R. «Ideas de Unamuno sobre el teatro», *Sol*, 3 y 19 marzo.

SALDAÑA, QUINTILIANO. «Los *Ensayos* de Miguel de Unamuno», *RCHA*, IV, págs. 33-46 y 60-88.

SÁNCHEZ ROJAS, J. «La francofilia de Unamuno», *IbBa*, número 147, págs. 6 y ss.

UNAMUNO, MIGUEL DE. *Fedra*. Estrenada en el Ateneo de Madrid el 28 de marzo.
Reseñas:
Cejador y Frauca, J. *TM*, 30 marzo y 4 abril.
«Critilo». *Esp*, 28 marzo.
IEA, 8 abril.

1919

CEJADOR Y FRAUCA, J. *Historia de la lengua y literatura castellana*. Madrid, XI, págs. 128-36.

GONZÁLEZ GARCÍA, T. «La primera y la última autonomía», *Esp*, núm. 195.

MACKAY, JOHN. *Don Miguel de Unamuno*. Lima, ?

SALDAÑA, Q. *Mentalidades españolas, I: Miguel de Unamuno*. Madrid, López de Horno, 160 págs.

1920

BARROETAVEÑA, F. A. «Civilización española. ¡Unamuno a presidio!», *Nota*, 24 septiembre.

DA, «Mensaje a Unamuno», 25 septiembre.

ENDÉRIZ, E. «Unamuno y Galdós», *VE*, 26 febrero.

NM, «La figura de la semana: Unamuno», 24 septiembre (véase *MGB*, *MUOC*, pág. 1077).

LORENZO, LEOCADIO. En la revista *El Iris de Paz*, sept.-oct.

PÉREZ DE AYALA, R. «Apostillas», *Sol*, 28 octubre.

REZZO, ELVIRA. «Don Miguel de Unamuno e il suo pensiero filosofico», *NCR*, año V, núm. 2, 2 noviembre, páginas 62-65.

UNAMUNO, MIGUEL DE. *Tres novelas ejemplares y un prólogo.* Madrid, Calpe.

Reseñas:

Casares, J. Recogido en *Crítica efímera,* II. Madrid, Espasa-Calpe, 1944, págs. 78-88. (comentario).

Cassou, J. *MF,* 15 junio, págs. 819-21.

Pitollet, C. *HP,* IV, págs. 186-89.

Rivas Cherif, C. *Pluma,* II, núm. 14, julio, págs. 56-58.

Trend, J. B. *NA,* 19 noviembre (incluye *La tía Tula*).

— *El Cristo de Velázquez.* Madrid, Espasa-Calpe.

Reseña:

Vallis, M. *RF,* IV, 1922, págs. 426-32.

1921

CASSOU, J. «Miguel de Unamuno, Miguel de Cervantes et Don Quijote», *HP,* IV, págs. 254-56.

COLIN, E. *Siete cabezas.* Bogotá, págs. 79-88. (J. Laforgue, E. Verhaeren, Eça de Queiroz, C. Farrère, Unamuno, Valle-Inclán y Azorín).

GARCÍA CALDERÓN, V. *En la verbena de Madrid.* París, páginas 48-56.

LEVI, E. «Il romanzo d'un filosofo: *Nebbia,* di Miguel de Unamuno», *NAnt,* 221, págs. 332-39.

UNAMUNO, MIGUEL DE. *Fedra.* Madrid, La pluma.

Reseña:

Reyes, A. *Simpatías y diferencias,* 2.ª serie. Madrid, páginas 61-69.

— *La venda.* Drama estrenado en el teatro Bretón de Salamanca el 7 de enero.

Reseñas:

Cossío, F. de. *NCast,* 13 junio.

Grandmontagne, F. *TBA,* 11 mayo.

Sánchez Gómez, J. *Ad,* 6 y 8 enero.

— *The Tragic Sense of Life in Men and in Peoples,* introducción de S. de Madariaga y traducción de J. E. Crawford-Flitch. Londres.

Reseñas:

AFP, 3 marzo 1922.
AJ, 6 febrero 1922.
BPost, 30 diciembre.
Boyd, E. *LitR*, 5 noviembre.
CapeT, 19 enero 1922.
CBN, abril 1922.
CR, 10 marzo 1922.
Egan, M. F. *NYT*, 19 marzo 1922.
Elliot, S. H. *ShT*, 12 enero 1922.
Eva, 8 febrero.
EvS, 29 diciembre.
ExT, marzo 1922.
F. W. *BPost*, 4 enero 1922.
GH, 29 diciembre.
Gu, 5 abril.
Harwood, H. C. *LMerc*, abril 1922.
ICh, 9 marzo 1922.
JE, 10 abril 1922.
MethR, 19 enero 1922.
Month, abril 1922.
NA, 14 enero 1922.
NS, 4 marzo 1922.
OCh, 27 enero 1922.
Relton, M. *ChQR*, abril 1922.
Scot, 9 enero 1922.
Tab, 29 abril 1922.
TL, 5 enero 1922.
Underhill, E. *WWG*, 15 abril 1922.
— *DN*, 19 enero 1922.
Van Doren. *NNY*, CXIV, núm. 2967, 1922, pág. 600.
Walker, L. *DRL*, 172, 1922, págs. 32-43.

VALLIS, M. «Miguel de Unamuno», *RP*, 28, págs. 850-69.

1922

ARAQUISTÁIN, L. «Apología de Unamuno», *Esp*, núm. 316, 15 abril, págs. 5 y 6.
— «En el Ateneo de Madrid Unamuno explica su visita a Palacio», *Sol*, abril (reproducido en *RA*, 14 agosto).

Dos Passos, John. *Rosinante to the road again.* Nueva York, G. H. Doran Co., págs. 219-29.

Elmore, E. «Tres apuntes sobre la figuración de Unamuno en la inquietud política e intelectual de nuestros días», *Nos*, XLI, págs. 556-61 (reproducido en *MP*, núm. 47, mayo, págs. 827-34).

Gómez de la Serna, R. «Unamuno, Venegas y la cocotología», *VM*, págs. 188-200.

Legendre, M. «Don Miguel de Unamuno», *RDM*, IX, páginas 667-84.

Levi, E. *Letteratura spagnola contemporanea.* Florencia, páginas 1-12.

Machado, A. «Leyendo a Unamuno», *VS*, 1 septiembre.

Madariaga, S. de. «Miguel de Unamuno», *Nos*, XL, páginas 264-70.

Maeztu, R. de. «La misión insentida», *Sol*, 30 abril.
— «Unamuno y el Rey», *CEsp*, 8 mayo.
— «Unamuno en Palacio», *MHa*, 14 mayo.

Paláu, G. «*Por donde se ve...*» Réplica de un jesuita español a don Miguel de Unamuno. Buenos Aires, Ed. Bayardo, ? (2.ª edición en 1932).

Papini, G. «Unamuno», *RCh*, XV, págs. 110-15, traducción de A. E. Caronno. Y en *CV*, VII, 1924, págs. 170-76.

RPLP, «Une visite au vieux poète», IX, págs. 605-608.

Unamuno, Miguel de. *Fedra*, traducción italiana hecha por G. Beccari, con introducción de F. Carlesi. Lanciano, R. Carabba.
— *La Sfinge*, traducción de G. Beccari e introducción de F. Carlesi. Lanciano, R. Carabba.

Reseña:

Tilgher, A. *St*, 29 diciembre.
— *Deux méres*, traducción e introducción por M. Pomés, *VP*, año VI, núm. 24, 10 abril, págs. 641-864.
— *Del sentimento tragico della vita negli nomini e nei*

popoli. Parte II, introducción y traducción de G. Beccari. Florencia.

Reseñas:

Consc, 1 diciembre.

Zini, Z. *St,* 13 diciembre.

— *Andanzas y visiones españolas.* Madrid, J. Pueyo.

Reseñas:

Azorín. *Los Quintero y otras páginas.* Madrid, 1925, páginas 177-89.

Candela Ortells, V. *MV,* 16 octubre.

Crespo Salazar, J. *Ad,* agosto.

García Mercadal, J. *Inf,* 14 julio (incluido en *Propios y extraños.* Madrid, 1929, pág. 35).

Zuazagoitia, J. de. *LibBi,* 12 enero.

1923

BARGA, CORPUS. «La revancha de Unamuno», *RA,* 3 septiembre.

BAY, E. «Unamuno and Pirandello», *NYHT,* 21 enero.

BERTRÁN, FERNANDO. «*Paz en la guerra,* de don Miguel de Unamuno», ?, 31 julio.

BORGES, JORGE LUIS. «Acerca de Unamuno, poeta», *Nos,* número 175, diciembre, págs. 405-10.

CALZA, ARTURO. L'anima della Spagna nell'anima del suo poeta», *GIt,* 20 noviembre.

CARAYON, MARCEL. «Unamuno et l'esprit de l'Espagne», *RHeb,* VII, 21 julio, págs. 368-86.

COSSÍO, FRANCISCO. «Ensayos. Glosa a una lectura», *NCast,* mayo. (La que hizo Unamuno de sus poesías en el Ateneo.)

DIEGO, GERARDO. «Poetas del Norte (Miguel de Unamuno, Basterra, Río Sáinz)», *RO,* II, págs. 128-32.

ELMORE, EDWIN. «Unamuno en Yanquilandia. (Hacia una verdadera compenetración de culturas)», *RA,* 30 julio. (Reproducido en *MP.*)

FLETCHER, J. G. «Knight-errant of the Spirit», *FNY*, 18 marzo.

GÓMEZ ORTEGA, R. «Don Miguel de Unamuno y su ensayo 'El sepulcro de don Quijote'», *BSS*, I, págs. 43-48.

MADARIAGA, SALVADOR DE. *The genius of Spain and the other essays on Spanish contemporary literature.* Londres, Oxford University Press, págs. 87-110. (Versión española en 1924.)

MALDONADO DE GUEVARA, FRANCISCO. *Prólogo a una lectura de poesías inéditas de don Miguel de Unamuno.* Valladolid, Ateneo, 29 págs. (La que hizo Unamuno en el Ateneo de dicha ciudad.)

PICCHIANTI, GIOVANNI. «Un poeta filósofo», *GS*, 10 febrero.

PITOLLET, CAMILE. «A propos d'Unamuno», *ROB*, VIII, páginas 708-18.
— «Les deux oeuvres dramatiques de don Miguel de Unamuno», *RenaO*, VIII, págs. 1549-51.

REYES, ALFONSO. «Unamuno, dibujante», *RRMex*, XIV, 16 diciembre, págs. 40-41.

Sil, I, núm. 7, agosto. Número monográfico dedicado a Unamuno, 16 págs.

TILGHER, A. «Miguel de Unamuno», *VTR*, págs. 69-80.

UNAMUNO, MIGUEL DE. *Fedra.* Representación en el teatro delle Gemme, Roma, el 6 de enero.
Reseñas:
Cardinali, Vittorio. *Let*, año III, núm. 20, 18 enero.
Martini, Fausto F. *TR*, 7 enero.
Tilgher, Adriano. *MR*, 6 enero.

UNAMUNO, MIGUEL DE. *L'essence de l'Espagne.* Traducción francesa de *En torno al casticismo*, hecha por Marcel Bataillon. París, Plon-Nourrit.
Reseñas:
Pitollet, C. *RenaO*, VII, págs. 1038-44.
Hytier, J. *LMI*, VI, págs. 559-60.
S. G. *RFEsp*, XI, pág. 329.

Vinardell, Santiago. «Notas salmantinas. Unamuno y Maragall», *VE*, 22 abril.

Ybarra, T. R. «Unamuno tells why he fights Alfonso», *NYT*, 13 julio.

Zulen, P. S. «Hombres e ideas. Don Quijote en Salamanca», *BBL*, I, págs. 1 y ss.

1924

Azorín. «La actitud del profesor», *PBA*, abril. (Sobre el confinamiento de Unamuno.)
— «El destierro de Unamuno», *PBA*. (Reproducido en *RA*, 26 mayo.)

Carayon, Marcel. «Sur une renaissance littéraire espagnole. Essai et mise au point», *AOr*, págs. 399-440.

Cassou, Jean. «Unamuno deporté», *MF*, CLXXI, págs. 245-52.
— «Lettres espagnoles. Miguel de Unamuno en France», *MF*, 1 septiembre, págs. 541-42.

Castro, A. «Carta al director de *La Prensa*», *PNY*, 4 abril.

Cervesato, Arnaldo. «Un innovatore in esilio. Miguel de Unamuno», *TR*, 7 marzo.

Clyne, Anthony. «Miguel de Unamuno», *LQR*, CXLI, páginas 205-14.

Corthis, André. «Avec Miguel de Unamuno à Salamanque», *RDM*, XXI, págs. 168-88.

Curtius, E. R. «Spanische Perspektiven», *NDR*, II, páginas 1229-48.

Donoso, Armando. «La destitución de don Miguel de Unamuno», *MCh*, 24 febrero.

Edwards Bello, J. «Destierro de Unamuno y clausura del Ateneo», *NCh*, 24 febrero.

García Boiza, Antonio. «Cómo *posa* don Miguel», *Medallones salmantinos*. Salamanca, págs. 128-30.

Goll, Ivan. «Don Miguel de Unamuno», *KHH*, 31 diciembre, y *DNN*, 18 enero, 1925.

GÓMEZ DE BAQUERO, E. («Andrenio»). *El renacimiento de la novela en el siglo XIX.* Madrid, págs. 155-58.
— «La lección de Salamanca», *RA*, 14 enero.

GORKIN, J. «La tragedie de don Miguel», *RLP*, diciembre (sobre el soneto LXXI del libro *De Fuerteventura a París*, aparecido en *NM*, 24 septiembre).

JIMÉNEZ, J. R. «Miguel de Unamuno», *Esp*, 5 enero.

KILBRICK, LEÓN. *«Crítica* entrevista a Unamuno», *Crítica,* 30 agosto (durante la huida de Fuerteventura hacia Francia).

LA, «Banishing a Spanish Scholar», 321, págs. 823-24.
— «Interviewing Unamuno», 322, págs. 663-64.
— «Unamuno's Letter», 321, 681-82.

LAPI, FERNANDO DE. «Tres estampas para la historia. Don Miguel en su ínsula», *IV*, I, núm. 8, 29 junio (por Fuerteventura).

LÁZARO, ANGEL. «Temas. Guerra Junqueiro y Unamuno», *LiberM,* 4 agosto.

LD, «Why Spain deports Unamuno», 81, págs. 28-29.

LiberM, «La cátedra de Unamuno», ?

Lucha, «Notas españolas», 20 octubre.

MADARIAGA, SALVADOR DE. «Miguel de Unamuno», *Semblanzas literarias contemporáneas.* Barcelona, Cervantes, páginas 127-59. (Versión inglesa en 1923.)

MAEZTU, R. DE. «Juicio sobre el caso de don Miguel de Unamuno», *CEsp*, 14 marzo, y en *PBA,* abril.
— «El destierro del señor Unamuno», *MHa,* 28 marzo.
— «Palos de ciego», *Sol,* 29 julio.

MANEGAT, LUIS G. «De nuestro cercado. Miguel de Unamuno», *NU,* 11 septiembre.

MARSHALL, E. L. «Unamuno y el sentimiento de la inmortalidad», *A*, I, abril, págs. 6-22.

MONTENEGRO, E. «Miguel de Unamuno's Banishment from Spain», *CHM,* XX, págs. 428-29.
NNY, «Unamuno», 118, págs. 595-96.

O'Leary, J. E. «Voltaire y Unamuno. Don Quijote y San Ignacio de Loyola», *RA*, VIII, págs. 377-80.

Pérez de Ayala, R. «Unamuno», *PBA*, 4 junio.

Pomés, Mathilde. «L'exil de Miguel de Unamuno», *VP*, número 51, julio, págs. 441-43.

Prieto, Indalecio. «Al pasar por París», *LibBi*, 6 septiembre.

Puccini, M. «Unamuno, uomo», *SM*, 4 octubre.

Quijano, C. «Don Miguel de Unamuno», *PaisMo*, 24 octubre (declaraciones que Unamuno le hizo en París). Reproducido en *MMo*, diciembre, 1953.

Rosende Gigirey, L. *El destierro de Unamuno visto desde Montevideo*. Montevideo, 58 págs.

Sánchez Rojas, J. «Unamuno, profesor», *Hogar*, 16 mayo.

SSNY, «Banishing a Spanish Professor», XIX, pág. 604.

Torraca, F. «Leopardi e la letteratura spagnola», *NAnt*, serie VI, 238, pág. 113 y ss.

Tsanoff, R. A. *The Problem of Inmortality*. Nueva York, Macmillan, págs. 322, 358 y 362.

Unamuno, Miguel de. *Fedra*. Madrid.

Reseñas:

Díez-Canedo, E. *Sol* (por la representación en Madrid el mes de abril).
Geers, G. J. *NRCR*, 21 junio (por la edición suelta).
Insúa, A. *Voz*, ? (por la edición suelta).
Mori, A. *Inf*, ? (por la representación).
— *Tre romanzi esemplari*, traducción italiana e introducción de M. Puccini. Milán, La Celerissimma.

Reseñas:

Boselli, C. *LG*, noviembre, pág. 601.
Titta Rosa, G. *Amb*, 7 octubre.

Valery Larbaud. «Au nom des ecrivains français. Proteste contre l'exil du grand ecrivain espagnol Miguel de Unamuno», *NL*, 1 marzo.

VALLI, LUIGI. «Miguel de Unamuno e la moral eroica», *Scriti e discorsi della grande vigilia*. Bologna, Zanichelli, págs. 111-42.

VAN LOON, H. W. «For Unamuno», *NNY*, CXVIII, pág. 431.

VEGA, L. A. de. «Unamuno y el separatismo europeo», *DEsp*, 13 febrero.

VICENTE VIQUEIRA, J. «La filosofía de Unamuno», *Alfar*, IV, número 45, págs. 4-5. (Repetido en *BILE*, XLIV, páginas 47-49, 1925.)

VILLA, PEDRO [JORGE GUILLÉN]. «Correo Literario: La poesía en 1923», *LiberV*, 16 enero.

1925

BAELEN, J. «Politique et polémiques espagnoles... d'aprés des ouvrages récents», *RSP*, XLVIII, págs. 282-294.

BEARDSLEY, W. A. «Don Miguel de Unamuno: A World Quixote», *MLJ*, IX, págs. 353-62.

BELL, A. F. G. «Unamuno», *Contemporary Spanish Literature*. Nueva York, págs. 233-44.

BENCO, SILVIO. «Da Unamuno alla latinitá», *PSera*, 14 junio.

BORGES, JORGE LUIS. *Inquisiciones*. Buenos Aires, págs. 100-108.

BOYD, E. *Studies from ten literatures*. Nueva York, Scribners, págs. 61-71.
Reseña:
Balseiro, José A. *CCH*, XLI, 1926, págs. 238-43 y 365-72.

BUCKNER, J. R. *Unamuno and His Interpretation of Certain Phases of Spanish Life and Literature*. Tesis Univ. de Columbia.

CANSINOS-ASSÉNS, R. *La nueva literatura*, I. Madrid, Ed. Páez, páginas 49-70.

CHEVALIER, J. «Miguel de Unamuno et la civilisation moderne», *LP*, I, núm. 6, junio, págs. 757-79.

DONOSO, A. «Don Miguel de Unamuno habla para *El Mercurio*», *MCh*, 1 noviembre.

ESTERLICH, J. *Entre la vida y els llivres*. Barcelona, páginas 203-10.

FERNÁNDEZ ALMAGRO, M. *Vida y obra de Angel Ganivet*. Valencia, Sempere, págs. 69-71.

GARCÍA CALDERÓN, V. «Don Miguel de Unamuno en la intimidad», *RaBa*, 5 julio.

GARCÍA Y GARCÍA CASTRO, R. *Los intelectuales y la iglesia*. Madrid, ?

GOLL, IVAN. «Miguel de Unamuno in Paris», *NZZ*, 5 enero.

MACCARI, CÉSAR. «Miguel de Unamuno a la Comédie Italienne» (entrevista), *CIt*, I, núm. 1, 11 noviembre.

MADARIAGA, SALVADOR DE. «L'eouvre et la figure de Miguel de Unamuno», *Eu*, VIII, págs. 465-82.

MALDONADO, LUIS. «El dialecto charruno», *HMP*, I, páginas 155 y ss.

SCANLON, CHARLES. «Introducing the modern Don Quixote», *LD*, mayo, págs. 417 y ss.

TILGHER, ADRIANO. «Michele di Unamuno», *La Scena e la Vita. Nuovi Studi sul Teatro Contemporaneo*. Roma, ?

UNAMUNO, MIGUEL DE. *De Fuerteventura a París*. París, Excelsior.

Reseñas:

Beardsley, Wilfred A. *SRLit*, 5 septiembre.
Bianchi, Alfredo A. *Nos*, págs. 249-252.
Brion, Marcel. *CS*, diciembre, págs. 862-67.
— *L'agonie du christianisme*, traducción y prólogo de Jean Cassou. París, F. Rieder.

Reseñas:
Beardsley, W. A. *SRLit,* 27 febrero.
Brion, M. *CS,* diciembre, págs. 862-67.
Cepeda, J. A. *Verba,* año I, núm. 2, febrero 1926.
Gómez de Baquero, E. *Pirandello y Compañía.* Madrid, Mundo Latino, 1927, págs. 261-67.
Magnat, G. E. *Cit,* núm. 83, 12 noviembre.
Montoro, A. *Luch,* 14 febrero.
Rieder. *Prim,* marzo.
Vivas, E. *NNY,* CXXIV, págs. 481-82, 1927.
Zulueta, Luis de. *RO,* IV, mayo, 1926, págs. 239-42.
— *Todo un hombre.* Adaptación escénica de Julio de Hoyos; estreno en el teatro Infanta Beatriz de Madrid el 19 de diciembre.

Reseñas:
Díez-Canedo, E. *Sol,* 20 diciembre.
J. de F. *DL,* 22 mayo 1926.
Pinto, M. *Nos,* LX, 1928, págs. 424-30.
Salado, J. L. *Voz,* 4 marzo 1935.
Salazar y Chapela, E. *Sol,* 20 mayo 1931 (por la edidición de la adaptación).
— *Den tragiske' Livsfölelse hos Mennesker og Folkkerslag.* Köbenhavn, P. Haase & Söns Forlag. (Versión danesa de *Del sentimiento trágico.*)

Reseña:
R. P. R. *Men,* ?, pág. 787.
— *L'Agonia del Cristianesimo.* Milán.

Reseña:
Bounaiuti, E. *MR,* 4 noviembre.
— *Essays and Soliloquies,* traducción inglesa e introducción de J. E. Crawford-Flitch. Nueva York, A. A. Knopf.

Reseñas:
Beardsley, W. A. *YR,* XVI, págs. 192-93.
Fite, W. *NNY,* 18 noviembre.
Vivas, E. *NNY,* 23 septiembre.
— *Das Tragische Lebensgefühl,* traducción alemana de R. Friese e introducción de E. R. Curtius. München, Meyer & Jessen.

Reseñas:

Curtius, E. R. *HanC*, 4 octubre.

Pfandl, L. *LGRP*, 47, 1926, págs. 111-13.

— *De Markies van Lumbría*, versión holandesa e introducción de G. J. Geers. Amsterdam.

— *Trois nouvelles exemplaires et un prologue*, traducción de J. Cassou y M. Pomés, con una introducción de Valery Larbaud. París, Simon Kra.

Reseñas:

Brion, M. *CS*, diciembre, págs. 862-67.

Denis, F. *PB*, 17 abril.

Legendre, M. *JD*, 32, págs. 350-52.

Tallendeau, J. *Pop*, 17 abril.

VERDAD, M. *Miguel de Unamuno.* Roma, Librería Política Moderna, 37 págs.

VOGEL, E. «Miguel de Unamuno, ein spanischer Publizist und Philosoph», *Hoch*, págs. 20-30, ?

1926

ARAQUISTÁIN, LUIS DE. «La universalidad de Unamuno», *El arca de Noé.* Valencia, págs. 3-19.

AZORÍN. «De Unamuno a Ruskin», *RA*, 11 enero.

BAHR, HERMANN. «Zu Unamuno Roman *Nebel*», *LW*, 17 diciembre.

— *Notizen zur neueren spanischen.* Berlín, ?

BALBONTÍN, JOSÉ A. «En busca de un ideal. La religión del porvenir», *Est*, año II, 2.ª época, núm. 5, 3 enero, página 1.

CASSOU, JEAN. «Portrait d'Unamuno», *MF*, CLXXXVIII, páginas 5-12.

CURTIUS, E. R. «Über Unamuno», *NDR*, febrero, págs. 163-81. (Incluido en *Kritische Essays zur europäischen Literatur.* Bern, A. Franke, 1950, capítulo II.)

— «Unamuno en Alemania», *Nos*, LIV, págs. 415-18.

— «Spanische Kulturprobleme der Gegenwart», *Hoch*, páginas 691 y ss.

FRANCK, WALDO. *Virgin Spain.* Nueva York, págs. 282 y ss.

GÓMEZ DE BAQUERO, E. («ANDRENIO»). «Paz en la guerra y los novelistas de las guerras civiles», *De Gallardo a Unamuno.* Madrid, Espasa-Calpe, págs. 235-47.

Reseña:

Deleito y Piñuela, J. *RBAM,* IV, págs. 487-92.

GUZMÁN, M. L. «Esbozo de todo un hombre», *UnMex,* 26 enero.

HESSE, HERMANN. «Reisegedanken», *BT,* 7 octubre.

KEYSERLING, CONDE DE. *WV,* núm. 12.

LAMB, M. A. *An Interpretation of the Thought of Miguel de Unamuno Based on His Novels.* Tesis Univ. de Southern California.

MANN, HEINRICH. «Unamuno», *BT,* 7 octubre.

MARCUS, C. D. «Spaniens store tänkare, Miguel de Unamuno», *NDA,* 21 enero.

NEu. Yugoeslavia. Número dedicado, ?

PETIT, G. «Miguel de Unamuno (Ecrit à propos de Brouillard)», *RNP,* núms. 22-23, 9 octubre, págs. 17-29.

REYES, ALFONSO. «Unamuno, dibujante» y «Hermanito menor», *Reloj de sol.* Madrid, 5.ª serie, págs. 58-61.

ROBIN, M. «Romantic Unamuno», *LA,* págs. 72-73.

SALAVERRÍA, J. M. *Retratos.* Madrid, Enciclopedia, páginas 111-70.

SILVA CASTRO, R. «Baroja, Unamuno y Ortega y Gasset», *A,* mayo, págs. 312-18.

SYLVIO, J. «Primo de Rivera y Miguel de Unamuno», *Apost,* ?, págs. 227-33.

TREND, J. B. «Unamuno as novelist» y «Unamuno and the tragic sense», *Alfonso the Sage and other Spanish essays.* Londres, Constable & Co, págs. 79-90.

UNAMUNO, MIGUEL DE. *Raquel encadenada*. Drama estrenado en el teatro Tívoli de Barcelona, el 7 de septiembre.

Reseñas:

Alcántara Gusat, M., *DG*, 8 septiembre.
Bernat y Durán, *NU*, id.
Madrid, Francisco, *NoBa*, id.
Raurecil, *Dil*, id.
Rodríguez Codolá, M. *VE*, id.
Tintorer, Emilio, *NotBa*, id.
Varó, Leopoldo, *LBa*, id.

VALERY LARBAUD. «Unamuno», *REu*, núm. 26, 1 marzo, páginas 220-27.

WILLARD, R. F. *Unamuno: His Ideas*. Tesis Univ. de Illinois.

ZUAZAGOITIA, J. DE. «Tres entes de ficción: Pepet, Alejandro Gómez y Tigre Juan», *Sol*, 9 mayo.

1927

BT. «Stimme des spanischen Dichters, von Miguel de Unamuno», 1 enero.

BIEGHLER, E. W. *Miguel de Unamuno: Novelist and nivolista*. Tesis Universidad de Oregón.

FARINELLI, A. «Il conflitto tragico nell'anima e nel pensiero de Unamuno», *BSS*, XXIV, págs. 117-25.

GERCHUNOFF, A. «Unamuno y las pajaritas de papel», *NBA*, 13 marzo.

GERRITSEN, T. J. C. «Miguel de Unamuno. Een Essay», *Gids*, agosto, págs. 273-91.

McELROY, AMANDA P. *A Study of Unamuno's Philosophy of Life*. Tesis de la Universidad de Temple, Pennsylvania.

MISTRAL, GABRIELA. «Cinco años de destierro de Unamuno», *RA*, XV, págs. 265-66.

MONTESINOS, JOSÉ F. *Die moderne spanische Dichtung.* Leipzig-Berlín, G. Teubner, págs. 80-84 y 165 y ss.

ROJAS JIMÉNEZ, A. «Glosario de París, Miguel de Unamuno», *MCh*, ?

ROMERA-NAVARRO, M. *Miguel de Unamuno, novelista, poeta, ensayista.* Tesis univ. de Pennsylvania.

SÁENZ HAYES, R. *Antiguos y modernos.* Buenos Aires, cap. IX.

UNAMUNO, MIGUEL DE. *Moster Tula,* introducción de J. Landquist y traducción al sueco de R. Fridholm. Estocolmo, Wahlström & Widstrand.
— *Tragicky Pocit Zivota V olidech av národech,* versión checa de C. Garamonda y semblanza de Unamuno de J. Rambousek.
— *The Life of Don Quixote and Sancho of Miguel de Cervantes,* traducción inglesa de P. G. Earle. Nueva York, Knopf.

   Reseñas:

   Ayres, C. E. *NR*, LIII, págs. 219-20.
   A. L. *BSS*, V, págs. 97-98, 1928.
   Muir, E. *NNY*, XLII, pág. 570, 1928.
   Vivas, E. *NNY*, CXXV, pág. 578.
— *Tante Tula,* versión alemana del Dr. Otto Buek. München, Meyer und Jessen.

   Reseñas:

   C. M. *VZ*, 20 noviembre.
   Gottfurcht, F. *LW*, 16 diciembre.
— *Cómo se hace una novela.* Buenos Aires, Librería Hispano Argentina.

   Reseña:

   Barja, C. *REH*, I, 1928, págs. 417-18.

VAUTHIER, E. «Introduction a l'oeuvre de Miguel de Unamuno», *RUB*, XXXII, págs. 544-59.

VIVAS, E. «Unamuno's epilogue», *NNY*, 124, 27 abril, páginas 481-82.

1928

AGUSTÍN, F. «Un Don Juan monógamo», *Don Juan. En el teatro, en la novela y en la vida*, prólogo de G. Marañón. Madrid, Ed. Páez, págs. 205-15 (sobre Alejandro Gómez de *Nada menos...*).

ALPERN, RALPH. *Philosophical Ideas of Miguel de Unamuno.* Tesis Universidad de Pittsburg.

ANTUÑA, JOSÉ. «Con Unamuno en Hendaya», *RA*, 14 julio.

ARAMBURO, MARIANO. «Recuerdo de Unamuno y su poesía», *REH*, I, págs. 68-72.

ARJONA, DAVIS K. «La 'voluntad' and 'abulia' in contemporary Spanish ideology», *RH*, LXXIV, págs. 573-672.

AZORÍN. «Miguel de Unamuno», *PBA*, 4 noviembre (Reproducido en *RA*, 8 diciembre.)

BALSEIRO, JOSÉ A. «Miguel de Unamuno, novelista y nivolista», *El vigía*. Madrid, II, págs. 27-119. (Reproducido con adiciones en la nueva edición. San Juan de Puerto Rico, 1956, págs. 27-99.)
Reseña:
Pedreira, A. S. *REH*, I, págs. 280-82.

CAPRI, A. «Miguel de Unamuno», *Letteratura moderna*. Florencia, Vallecchi?

CEJADOR Y FRAUCA, J. «Unamuno, dramático», *TM*, marzo-abril.

CIVERA I SORMANÍ. «Consideracions sobre la personalitat literària d'Unamuno: Unamuno en les obres teatrals», *CritBa*, núm. 5, págs. 56-63. (Recogido en el volumen *Ortega, Unamuno, D'Ors, Camus*. Barcelona, Ed. Franciscana, 1960).

DANIEL-ROPS, H. *Carte D'Europe*. París, págs. 121-61.

ECHÁVARRI, LUIS. «El sentimiento de la Naturaleza en Unamuno», *NBA*, 27 mayo.
— «Unamuno y Bilbao», *ibíd.*, 15 julio.

— «Unamuno, poeta», *Sint*, año II, núm. 17, octubre, págs. 139-55.

ELLIS, HAVELOCK. «Unamuno», *El alma de España*. Barcelona, Araluce, págs. 409-10.

FIGAROLA, CARLOS K. Y MAURIN, CLOTILDE. «Algunos días con Unamuno», *LEA* y *LF*, núm. 6, págs. 3-4.

GÁLVEZ, MANUEL. «La filosofía de Unamuno», *Sint*, IV, páginas 5-31. (Incluido en *España y algunos españoles*. Buenos Aires, Edit. Huarpes, 1945, págs. 113-39.)

GEERS, G. J. *Unamuno en Het Karakter van Het Spaansche Volk*. Groningen, J. B. Wolter, 31 págs.

GUEVARA, WILLIAM. *Elementos ideológicos en las novelas de don Miguel de Unamuno y Jugo*. Tesis Universidad de Minnesota.

GUZMÁN, M. L. «España bajo el Dictador. La opinión de don Miguel de Unamuno», *UnMex*, 26 enero.

HANSENSTEIN, W. «Unamuno», *Lit*, XXXI, págs. 3-8.

JARRAT, JULIA L. *Unamuno's Quixotism*. Tesis Univ. de Chicago.

MALDONADO OCAMPO, L. «Interpelación al Ministro de Instrucción Pública sobre la destitución de don Miguel de Unamuno del cargo de rector...», *Antología de las obras de don Luis Maldonado*. Salamanca, páginas 157-65.

MARTIN DU GARD, MAURICE. «Unamuno», *Verités du moment*. París, N.R.F., pág. 79.

MIRABAL. «Entrando en Portugal. Una lectura de Unamuno», *Ad*, 1 septiembre. (Sobre *Por tierras de Portugal y de España*.)

NÚÑEZ, E. «Miguel de Unamuno, ensayista», *MP*, XVI, páginas 439-46.

PADÍN, J. «El concepto de lo real en las últimas novelas de Unamuno», *HCal*, XI, págs. 418-23.

Río, Angel del. «Quijotismo y Cervantismo. El devenir de un símbolo», *REH*, julio-septiembre, págs. 241-47.

Rocas Lloret, C. «Unamuno y sus críticos», *LEA*, y *LF*, número 6, págs. 18-20.

Romera-Navarro, M. *Miguel de Unamuno, novelista-poeta-ensayista*. Madrid, Sociedad General Española de Librería, 328 págs.
— *Historia de la Literatura Española*. Nueva York, Heath, págs. 670-76.

Torre, G. de. «*Cómo se hace una novela*, o los soliloquios obsesionantes de Unamuno», *Sint*, IV, abril, páginas 114 y ss.

Unamuno, Miguel de. *Romancero del destierro*. Buenos Aires. Imprenta Araújo.
Reseñas:
Barja, C. *REH*, año I, págs. 417-18.
Morinigo, M. *Sint*, V, núm. 13, págs. 124-25.
— *The Agony of Christianity*, traducción inglesa de P. Loving y ensayo preliminar de E. Boyd. Nueva York, Payson & Clarke, Ltd.
Reseñas:
Benardete, M. J. *REH*, II, núm. 1, 1929, págs. 83-84.
Lamprecht, S. P. *NYHT*, 29 abril.
— *Das Leben Don Quijotes und Sanchos nach Miguel de Cervantes Saavedra erklärt und erläutert*, versión alemana de O. Buek. München, Meyer & Jessen.
Reseña:
Günther, A. *ZFEU*, XXVII, págs. 639-40.

1929

Azorín. «En la frontera», *PBA*, 5 diciembre.

Brenes, E. *The Tragic Sense of Life in Miguel de Unamuno*. Tesis Univ. de Northwestern.

Cassou, J. *Panorama de la littérature espagnole contemporaine*. París, KRA, págs. 58-71.

— 33 —

3

DANIEL-ROPS, H. «Miguel de Unamuno», *QAL*, núm. 13, 1 mayo.

ECHÁVARRI, L. «La Castilla de Unamuno», *Nos*, LXVI, páginas 342-51.
— «Unamuno y América», *Sint*, diciembre, págs. 21-34 (reproducido en *CV*, XLI, 1930, págs. 239-52, y en *GL*, 1 abril 1930).

GÓMEZ DE BAQUERO, E. «Unamuno, poeta», *Pen Club I: Los poetas*. Madrid, C.I.A.P., págs. 129-41.

GONZÁLEZ ARRILI, B. «Las novelas de Unamuno», *CCBA*, 9 febrero.

IBÉRICO, M. «La inquietud religiosa de Miguel de Unamuno», *NRP*, I, agosto, págs. 23-56. Recogido en *La unidad dividida*. Lima, 1932.

LUZ LEÓN, J. DE LA. «Con Unamuno en Hendaya», *RA*, 30 noviembre.

MESA, E. «*Fedra* y el drama pseudohistórico», *Apostillas a la escena*. Madrid, págs. 240-45.

MÜLLER, GEORGE. «Unamuno», *Hilfe*, año XXXV, núm. 8, páginas 193-95.

NEMESIO, V. «Um amigo», *DL*, 25 mayo.

PASTOR, J. F. «Catolicismo y heroicidad. Esencias de Unamuno», *GL*, núm. 61, 1 julio.

SÁENZ HAYES, R. «El momento político español. Una entrevista con Miguel de Unamuno», *PBA*, 17 abril.

SOIZA REILLY. «Doce horas oyendo hablar al maestro de los maestros», *ComL*, 22 mayo.

STARKIE, W. F. «A Modern Don Quixote», *RIP*, XVI, páginas 87-110 (reproducido en *Fort*, CXLI, enero-febrero 1937, págs. 217-23).

UNAMUNO, MIGUEL DE. *Tres novelas ejemplares y un prólogo*, versión rusa con introducción de A. Efros. Moscú, Ed. M. V. Kovalenskaia.
— *Magla i tri uzorite novele*, versión servo-croata e introducción de B. Raditsa. Zagreb, N.Z.T.N.

1930

ALCALÁ GALIANO, A. «Unamuno o el ansia de inmortalidad», *Figuras excepcionales*. Madrid, Renacimiento, páginas 245-58.

ALCÁNTARA, F. «Media estatua de Unamuno», *Sol*, 12 febrero.

APARICIO, J. «Diálogos sobre la vocación: las de Unamuno», *GL*, 1 abril.

ARRATIA, ALEJANDRO. *La religión en Miguel de Unamuno*. Tesis doctoral, Universidad de Chicago.

AZAÑA, MANUEL. «El león, Don Quijote y el leonero», *Plumas y palabras*. Madrid, Páez, págs. 209-16. (Por la visita a Palacio.)

BATISTESSA, ANGEL J. «Mi tarde con Unamuno», *Sint*, año IV, número 37, junio, págs. 7-11.

BOEHM, A. «Unamuno und der Kampf um die Monarchie in Spanien», *SZ*, I, 35, junio.

CASALDUERO, JOAQUÍN. «Del amor en don Miguel de Unamuno», *Sint*, núm. 37, junio, págs. 13-27.

ESPERABÉ DE ARTEAGA, ENRIQUE. *Contestando a Unamuno*. Salamanca, Núñez, 70 págs.

FORST DE BATAGLIA, O. «Miguel de Unamuno», *HF*, XVII, páginas 555-59.

GONZÁLEZ RUANO, CÉSAR. *Vida, pensamiento y aventura de Miguel de Unamuno*. Madrid, Aguilar, 238 págs. (Segunda edición, Madrid, El Grifón, 1954.)

Reseña:

R. B. *Azul*, núm. 8, 1931.

GURVITCH, G. *Les tendences actuelles de la philosophie allemanne*. París, ?

HOMMEL, H. «Unamuno und das Christentum», *ChW*, 14 agosto.

JOEL, H. «Gespräch mit Unamuno. Gerechtigkeit, nicht Gnade. Der Kampf um die Monarchie», *BT*, núm. 78, febrero.

La Gaceta Literaria. Madrid, año IV, núm. 78, 15 de marzo. Número extraordinario en homenaje a don Miguel de Unamuno:

Alberti, Rafael. «Cuatro sermones. A don Miguel de Unamuno», pág. 13.

Altamira, Rafael. «Unamuno y *Paz en la guerra*», página 8.

Alvarez del Vayo, Julio. «Unamuno y Rusia», pág. 19.

Arconada, César M. «Unamuno: gran temperamento», pág. 10.

Artiles, Jenaro. «La violencia en Unamuno», pág. 15.

Bell, Aubrey F. G. «Unamuno e Inglaterra», pág. 17.

Benumeya, Gil. Los hebreos y Unamuno. 'Verbo' de la España semita», pág. 19.

Bergamín, José. «Contra esto y aquello. Dios, Patria y Ley», pág. 13.

Blanco-Fombona, Rufino. «Unamuno y América. Sucinta apreciación de Unamuno», pág. 18.

— «Norteamérica: Visión de John Dos Passos», página 18.

Cassou, Jean. «Unamuno y Francia», pág. 17.

Curtius, E. R. «Unamuno y Alemania», pág. 16.

Díez-Canedo, E. «Miguel de Unamuno y la poesía», página 9.

Estelrich, Joan. «Kierkegaard i Unamuno», pág. 11.

Fernández Almagro, M. «*Fedra*, tragedia desnuda», página 14.

García Blanco, Manuel. «Unamuno profesor y filólogo», pág. 6.

Ghiraldo, Alberto. «Unamuno, orador», pág. 19.

Gómez de Baquero, E. («Andrenio»). «Una novela resucitada». (Sobre *Paz en la guerra* y *La guerra y la paz*, de Tolstoi.), pág. 8.

Jarnés, Benjamín. «Homenaje», pág. 13.

Keyserling, Conde de. «Unamuno y Alemania», página 16.

Ledesma Ramos, R. «Unamuno y la filosofía», página 6. (Incluido en su libro *Escritos filosóficos*. Madrid, 1941.)

Luelmo, José M. «Saludo a dos aires a don Miguel de Unamuno» (poesía), pág. 20.

Marichalar, Antonio. «La primera en el pecho», página 19.

Marquina, Rafael. «El arte de Gaudí y Unamuno», página 12.

Miró, Gabriel. «Una fotografía de don Miguel», página 5.

Montes, Eugenio. «Unamuno y Pascal», pág. 14.

Mourlane Michelena, Pedro. «El alma bilbaína de Unamuno», pág. 15.

Navarro-Tomás, T. «Nota. Estilo en Unamuno», página 7.

Obregón, Antonio de. «Unamuno y el destierro», página 15.

Papini, Giovanni. «Unamuno e Italia», pág. 17.

Pastor, José F. «Unamuno y la Historia», pág. 7.

Pérez de Ayala, Ramón. «Máscara y acento», pág. 5.

Pérez Martos, Miguel. «A Miguel de Unamuno» (poesía), pág. 20.

Reinhardt, Edda. «Unamuno, escultor», pág. 12.

Salazar y Chapela, E. «Popularidad y gloria de Unamuno», pág. 9.

Teixeira, Novais. «Unamuno e Portugal», pág. 11.

«Unamuno y los españoles magistrales». Juicios de Menéndez Pidal, Ramón y Cajal, Azorín, Valle-Inclán, Benavente, Luis Jiménez de Asúa, Luis Araquistán, Luis de Zulueta, Gustavo Pittaluga, Ricardo Baeza, Salvador de Madariaga, Gregorio Marañón, pág. 4.

«Unamuno visto por sus alumnos», pág. 15.

Valbuena Prat, Angel. «Unamuno y Canarias», página 10.

Zuazagoitia, Joaquín. «Unamuno y Bilbao», pág. 15.

Luca, A. A. «Miguel de Unamuno si regenerearea spaniei. Cu Privilejul revenirii sale in patria liberata», *U*, 22 febrero.

Machado, Antonio. «Unamuno político», *GL*, IV, núm. 79, 1 abril, pág. 3.

MADARIAGA, S. DE. «Don Miguel de Unamuno», *NYHT*, 16 marzo.

MADRID, FRANCISCO. «Unamuno y sus versos», *Los desterrados de la dictadura y testimonios*. Madrid, ?

MARCUSE, LUDWIG. «Miguel de Unamuno», *KZ*, 16 febrero. (Por la vuelta a España.)

MARQUINA, EDUARDO. «Algunas notas sobre Unamuno», *GL*, 1 abril.

NN. «Unamunos Heimkehr», 22 febrero.

NEUENDORFF, G. H. «Miguel de Unamuno», *ChW*, núm. 11, ?

PASTOR, JOSÉ F. «La generación del 98: su concepto del estilo», *NSp*, XXXVIII, ?

PENRITH, H. «Of pedagogues and pedants», *Spect*, CXLV, páginas 487-88.

PÉREZ DE AYALA, R. «El retorno de Unamuno. Máscara y acento», *IPR*, 13 mayo.

PINA, FRANCISCO. «Unamuno», *Escritores y pueblo*. Valencia, ?

ROMERO-FLORES, H. R. «El paisaje en la literatura de Unamuno, Baroja y Azorín», *Sint*, año IV, núm. 37, junio, páginas 29-35.

SALAVERRÍA, J. M. «La generación del 98», *Nos*, núm. 250, marzo. Y en *Nuevos retratos*. Madrid, Renacimiento, páginas 51-98.

TUDELA, JOSÉ. «Unamuno en España», *VS*, 11 noviembre.

UNAMUNO, MIGUEL DE. *Sombras de sueño*. Drama estrenado en el teatro del Liceo de Salamanca, el 24 de febrero. A los pocos días en Madrid.

Reseñas:

ABC, 25 febrero.
ByN, 18 mayo.
Díez-Canedo, E. *Sol*, 25 febrero.

— *Ibíd.* (Por la representación en Madrid.) «Febus». *Sol*, 25 febrero.

VALBUENA PRAT, ANGEL. *La poesía española contemporánea.* Madrid, Cía. Ibero Americana de Publicaciones, I, páginas 56-59.

YBARRA, T. R. «Unamuno tells why he fights Alfonso», *NYT*, 13 julio.

ZUGAZAGOITIA, JULIÁN. «Con sello de urgencia (A don Miguel de Unamuno)», *LibBi*, 9 febrero.

1931

ABC. «El teatro de don Miguel de Unamuno. *Fedra* y un homenaje nacional», 17 septiembre.

ARIZTIMUÑO, JOSÉ DE. «aitzoel»: *Tríptico auskarológico. La muerte del euskera. Reputación de las opiniones antivascas emitidas por don Miguel de Unamuno.* San Sebastián, ?

BECHER, H. «Miguel de Unamuno», *Gral*, agosto, XXV, ?

BRENNER, E. *The Tragic Sense of Life in Miguel de Unamuno.* Toulouse, Ed. Figarola Maurin, 96 págs.

Reseña:

BH, XXXIII, pág. 371.

CHASE, G. «Miguel de Unamuno y su poesía», *CerH*, números 5 y 6, págs. 14-15.

DEKALB, C. «Unamuno and recent events», *Comm*, XIV, páginas 440-42.

HOLT, E. «Contemporary foreign writers», *BL*, LXXX, páginas 158-59.

JAUREGUIBERRY, DR. «Unamuno jaunaren elre bati», *GureH*, XI, págs. 512-13.

LA. «Persons and personages», CCCXLI, págs. 137-39.

LEDESMA RAMOS, RAMIRO. «Grandezas de Unamuno», *CE*, 21 marzo.

MARAÑÓN, GREGORIO. «Sobre *San Manuel Bueno, mártir*», *Sol*, 3 diciembre.

MARAVALL, JOSÉ A. «Glosa a una lectura. Unamuno y Don Juan», *Sol*, 5 julio.

MONTES, EUGENIO. «Genio y figura. Unamuno, profeta y liberal», *Deb*, 18 diciembre.

PANERO TORBADO, LEOPOLDO. «Notas de amor. Miguel de Unamuno. Poesía y vida», *Sol*, 17 noviembre.

PEDREIRA, ANTONIO S. «El sentido bélico de Unamuno», *APR*, ?, págs. 154-57.

SÉE, H. «L'européanisme de Miguel de Unamuno et sa conception de l'histoire», *GRP*, CXXXV, págs. 119-26.

SERRANO, PEDRO. «Don Miguel está solo...», *ExMex*, 30 septiembre. (Por su actitud durante la República.)

Sol. «Del momento. La *Fedra*, de don Miguel de Unamuno, en el Teatro Nacional», 15 septiembre.

UNAMUNO, MIGUEL DE. *La agonía del cristianismo*. Madrid, Renacimiento.

Reseñas:

Flores del Romeral, A. *Cont*, núms. 7-8, 1933, páginas 514-20.
Luca, G. de. *NAnt*, 68, 1933, págs. 462-64.
Llinás Vilanova, M. *Nos*, LXXI, págs. 125-33 (reproducido en *RA*, junio).
Tenreiro, R. M. *Sol*, 16 agosto.

1932

ARCO, RICARDO DEL. «Siluetas y perfiles. Recitaciones de Unamuno», *HA*, 14 septiembre.

BERTINI, G. M. «I ricordi di Miguel de Unamuno», *AIt*, 26 y 27 mayo.

Bueno, Manuel. «El heroísmo cívico», *ABC*, 4 diciembre.

Buzzoni, M. P. *El sentimiento trágico de la vida en las novelas de Unamuno*. Tesis Vassar College.

Cossío del Pomar, Felipe. *Con los buscadores del camino: Gandhi, Rolland, Picasso, Papini, Unamuno, Ferrero, Bourdelle*. Madrid, Ed. Ulises, 216 págs.

Diego, Gerardo. «Miguel de Unamuno», *Poesía española. Antología, 1915-1931*. Madrid, Ed. Signo, págs. 15-51.

Díez-Canedo, Enrique. «Retratos españoles: Don Miguel de Unamuno», *CerH*, VII, núm. 2, págs. 16-17. (Reproducido en *RA*, 7 mayo.)

Figueiredo, Fidelino de. «Dois decifradores da Esfinge», *As duas Espanhas*. Coimbra, ?

Giménez Caballero, E. «Notas a Unamuno. Los 'Noventa y ocho' de España», *Sol*, 29 abril.

Haggard-Villasana, Juan. *A Brief Study of the Novels and Short Stories of Unamuno*. Tesis Universidad de Texas.

Hodge, H. S. V. «An outspoken Professor», *SRL*, CLIV, página 615.

Izquierdo Ortega, J. *Miguel de Unamuno*. Cuenca, ? 29 páginas.

Jason, Leo H. *Algunos aspectos interesantes de la filosofía de don Miguel de Unamuno*. Tesis Universidad de Kansas.

Joannis, Jean de. *L'andalouse de Barcelona*. París, E. de Figuiere, 189 págs. (Un capítulo sobre Unamuno.)

Levi, Ezio. «La poesía spagnola contemporanea. II. Ritorno alla antica Castiglia», *MFi*, año XXXVI, núm. 43, 23 octubre. (Sobre Darío, Pérez de Ayala y Unamuno.)

Luna, J. de. «Don Miguel de Unamuno, Don Quijote de la lengua española», *RA*, 30 julio.

MATA, PEDRO. «Visuales y auditivos», *ABC*, 4 diciembre.

NOEL, EUGENIO. «Ante el Unamuno con la cruz al pecho, del escultor Macho», *NCast*, 8 mayo.

ONÍS, FEDERICO DE. «El problema de la Universidad española». «Unamuno, maestro», *Ensayos sobre el sentido de la cultura española*. Madrid, ?, págs. 38-45.

PAPINI, GIOVANNI. *Ritratti stranieri*. Florencia, págs. 63-75. Versión española: Barcelona, 1958. Trad. de J. M. Telloso.

PEREYRA, C. «El caso de Unamuno», *UnMex*, 13 mayo.

SAGRARIO, I. DEL. «Don Miguel de Unamuno, el solitario», *Orbe*, 14 agosto.

SALINAS, PEDRO. «Teatro de Unamuno», *IL*, enero, págs 5-6. (Incluido en *Literatura Española: Siglo XX*. México, Séneca, 1941. Segunda edición México, Robredo, 1949, págs. 69-73.)

SÁNCHEZ RIVERA, J. «La República y los intelectuales», *HM*, 30 noviembre.

SERRANO, PEDRO. «Unamuno amenazado», *ExMex*, 3 marzo.

TILGHER, A. «Miguel de Unamuno o il sentimento tragico della vita», *Filosofi e moralisti del novecento*. Roma, ?

UNAMUNO, MIGUEL DE. *Ensayos y sentencias de Unamuno*, introducción de W. A. Beardsley. Nueva York, The Macmillan Co.

— *El Otro*. Misterio estrenado en el teatro Español de Madrid el 14 de diciembre.

Reseñas:

Díez-Canedo, E. *Sol*, 15 diciembre.
Espina, A. *Luz*, 15 diciembre.
F. *ABC*, 15 diciembre.
Fernández Flórez, W. *ByN*, 25 diciembre.
L. B. *Ah*, 15 diciembre.
M. M. *LiberM*, 15 diciembre.
Romano, J. *CroM*, 30 octubre (entrevista).

Voz, 29 noviembre.
Zambrano, M. *HLM*, enero 1933, pág. 7.
Zugazagoitia, J. *LibBi*, 21 diciembre.

1933

Artur, E. *Riego: estudio histórico político de la revolución del año 20. Un juicio político de Unamuno sobre el liberalismo*. Oviedo, ?

Benítez, Hernán. «Unamuno y Salamanca», *RSEB*, año XVII, núm. 123, sept-oct., págs. 14-15.

Camino, Juan del. «Estampas: Sigamos con el grito de Unamuno: ¡'Guerra al pedagogo'!», *RA*, 22 julio.

Fernández Almagro, Melchor. «A propósito de Unamuno en sus novelas o historias», *CyR*, 15 octubre, páginas 157-61.

Ferro, Antônio. *Prefácio da República Espanhola*. Lisboa, ? (Entrevista hecha en Salamanca.)

García Roso, Luis. «Miguel Servet y Unamuno. Analogías ante la ley española de la heterodoxia y de la esperanza», *EspM*, núm. 62, 1 enero, pág. 13.

Hay, Marion J. «Informal Glimpses of don Miguel de Unamuno», *HCal*, XVI, págs. 66-68.

IL. «Teatro de Unamuno», II, núm. 1, págs. 5-9.

Mackay, John A. «Don Miguel de Unamuno: la Resurrección del otro Cristo Español», *The Other Spanish Christ*. Nueva York, Macmillan (versión española México, 1952, págs. 150-59).

Pitollet, C. *Gloses*. Lille, ?
— «Sur le *Cristo de Velázquez*», BSEPLM, ?

Robinson, Philip. «Literature and the New Spain», *NCL*, 104, págs. 236-46.

Romero-Flores, H. R. «Unamuno y Ortega», *Reflexiones sobre el alma y el cuerpo de la España actual* (1900-1932). Madrid, ?, págs. 139-74.

SALINAS, P. «Unamuno autor dramático» y «Las novelas cortas», incluidos en *Literatura española. Siglo XX.* México, Séneca, págs. 69-73 y 80-84.

TORRE, GUILLERMO DE. «Soliloquios de Unamuno», *RA*, número 647, 19 agosto.

UNAMUNO, MIGUEL DE. *Tante Tula. Abel Sánchez*, traducción alemana del Dr. Otto Buek. Leipzig, Phaidon Verlag. (Segunda edición.)

Reseñas:

O. K. *ArbV*, 1 abril.
Papst, W. *Lit*, núm. 9, págs. 545-46.
— *San Manuel Bueno, mártir, y tres historias más.* Madrid, Espasa-Calpe, S. A.

Reseñas:

Aristarco. *Eco*, año I, núm. 5.
C. G. *HBa*, 14 noviembre.
IL. «Nuevas novelas de Unamuno», II, núm. 7, agosto, págs. 177-81.
Jarnés, Benjamín. *NBA*, 19 noviembre.
— *Luz*, septiembre.
J. M. A. *Sol*, 15 septiembre.
López Prudencio, J. *ABC*, 8 octubre.
Marqueríe, Alfredo. *Inf*, 2 septiembre.
Obregón, Antonio de. *Luz*, 20 septiembre.
Ortega, Teófilo. *RAJ*, X, págs. 151-53.
Somoza Silva, Lázaro. *LiberM*, 8 octubre.

VALDÉS, F. «¡Oh, Don Miguel...»», *Letras: Notas de un lector.* Madrid, págs. 139-41.

1934

AGUIRRE, R. *Ad*, 12 septiembre (reseña la representación de *Medea*, en la Plaza de Anaya de Salamanca el día 11).

ALAS ARGÜELLES, L. «El silencio, manera de opinar», *Ad*, 29 septiembre. (Cuando Unamuno era presidente del Consejo de Instrucción Pública.)

BALSEIRO, J. A. «The Quixote of contemporary Spain: Miguel de Unamuno», *PMLA*, 49, págs. 645-56 (versión española, Madrid, E. Giménez, 1935).

BENARDETE, M. J. «Personalidad e individualidad en Unamuno», *RHM*, I, págs. 25-39.

CADILLA DE MARTÍNEZ, M. *La mística de Unamuno y otros ensayos.* Madrid, Bolaños y Aguilar, págs. 7-26.

CAMÓN AZNAR, J. «Discurso» (al descubrirse el busto de Unamuno hecho por Victorio Macho), *Ad, GR* y *Ah,* 30 septiembre.

CASTILLO, M. «Nueve lustros después», *Ad,* 29 septiembre.

CENTENO, FÉLIX. «Unamuno en la Magdalena», *PT,* 2 agosto.

CLENDENIN, MARTHA J. *A Study of the Philosophical Works of Miguel de Unamuno.* Tesis Universidad de Stanford.

CUNEO, N. *Spagna cattolica e rivoluzionaria.* Milán, ?

CURTIUS, E. R. «Alkaloid Spaniens», *BT,* 30 septiembre.
— «Unamuno at seventy», *LA,* CCCXLVII, págs. 324-28.

DELANO, LUIS ENRIQUE. «Con Unamuno en Salamanca», *MCh,* 24 noviembre.

EHREMBOURG, ILYA. «Miguel de Unamuno and the tragedy of no man's land», *Long Drawn out denouement.* Moscú, Sovietskii Picatel, págs. 208-17.
— *Duhamel, Gide, Malraux, Mauriac, Morand, Romains, Unamuno vus par un ecrivain sovietique.* París, ?

FERNÁNDEZ ALMAGRO, MELCHOR. «La jubilación de Unamuno», *RA,* 3 noviembre.

FERRIS, MURIEL. *El tema español en las obras de Unamuno.* Tesis Vassar College.

FITE, W. «Unamuno en Norteamérica (Violación de correspondencia)», *UH,* núm. 5, págs. 5-15.

GARCÍA LORCA, FEDERICO. «García Lorca y Unamuno», juicio del poeta granadino reproducido en *Ins,* diciembre de 1961.

GEERS, G. J. «Miguel de Unamuno: 1864-1934», *NRCR*, 28 septiembre.

GONZÁLEZ RUANO, C. «Entierro en carne viva», *ABC*, 2 octubre.

HODGSON, J. R. *La obra filosófica de Miguel de Unamuno.* Tesis Univ. de Southern California.

JESCHKE, HANS. *Die Generation von 1898 in Spanien.* Verlaag Halle (Saale), Max Niemeyer, 106 págs. (Versión española de Pino Saavedra, Santiago de Chile, 1946; otra posterior en Madrid, Editora Nacional, 1954).

JORDAN, W. J. *Miguel de Unamuno: A Study of Integration of a Basque with Castile.* Tesis Univ. de Southern California.

KEINS, P. «Unamuno. Zu seinem 70 Geburstag», *NDR*, XLV, páginas 447-48.

KEL'IN, F. V. «Literaturnaia Ispaniia», *Internatsional'naia literatura.* Moscú, núms. 3-4.

LÁZARO, ANGEL. «La compañera del gran hombre», *Voz*, 17 mayo (con motivo de la muerte de la mujer de Unamuno).

LEFFLER, D. *The Vital Theory of Life of Unamuno and Ortega y Gasset.* Tesis Univ. de Southern Colifornia.

LUNA, J. DE. «Adiós a Unamuno», *NBA*, 18 noviembre (por la jubilación).

MAEZTU, R. DE. «Formas de gobierno», *DV*, 21 junio.

MONTILLA, JOSÉ ABEL. «Bolívar et la parole d'Unamuno», *Ulens*, I, núm. 5, sept-oct., págs. 574-76.

MORENO, A. *El sentimiento en la vida y en el arte.* Buenos Aires, págs. 209-222.

MOURLANE MICHELENA, PEDRO. «Las dos ciudades de Miguel de Unamuno», *Sol*, 30 septiembre. (Por Salamanca y Bilbao.)

ONÍS, F. DE. «Unamuno, profesor», *RHM*, I, págs. 1-18.
— *Antología de poesía española e hispanoamericana*

(1882-1932). Madrid, Centro de Estudios Históricos, páginas 203-32.

PÉREZ, QUINTÍN. «Herencia literaria de 1933», *RyF*, marzo, páginas 320-21.

PRIMO DE RIVERA, JOSÉ ANTONIO. «Los vascos y España», discurso en las Cortes, 28 febrero. (Incluido en *OC*, 1951, págs. 159 y ss. Alude a Unamuno y Maeztu.)

RÍO, ANGEL DEL. «Miguel de Unamuno. Vida y obra», *RHM*, I, páginas 12-19.
— «Unamuno en Norteamérica», *RUH*, II, núm. 5, páginas 5-15.

RODRÍGUEZ FORNOS, F. «Unamuno, maestro; siempre maestro», *Ad*, 29 septiembre.

ROSA-NIEVES, C. «Castilla en Unamuno», *BPR*, ?

ROSENBAUM, S. C. «Bibliografía de Unamuno», *RHM*, I, páginas 19-25.

SALINAS, P. «Don Juan Tenorio frente a Miguel de Unamuno», incluido en *Literatura española. Siglo XX*. México, Séneca, 1941, págs. 74-79.

SÁNCHEZ REULET, ANÍBAL. «Don Miguel de Unamuno», NBA, 28 octubre.

SCHNEIDER, R. «Unamuno», *Lit*, XXXVII, págs. 141-45.

SMID, ZD. «Novy Unamuno», *LN*, 8 noviembre.

TORRE, GUILLERMO DE. «Unamuno en La Magdalena», *DM*, 2 diciembre.
— «Estilo en Unamuno», *Luz*, 7 septiembre.

UNAMUNO, MIGUEL DE. *El Otro*. Estreno en el teatro San Martín de Buenos Aires, el 27 de julio.

Reseñas:

Crítica, 28 julio.
DBA, id.
DEsp, id.
F. V., *NG*, id.

Guibourg, Edmundo. «El éxito de Unamuno», ?, agosto. (Con motivo de la 50 representación.)

Mirlas, León. *NBA,* 4 febrero 1935.

RaBA, 28 julio.

NBA, id.

M. L. F., *MBA,* 29 julio.

Penmican, *Crisol,* 1 agosto.

Pulpeiro, José M. *VBA,* 28 julio.

— *El hermano Juan o el mundo es teatro.*

Reseñas:

Benardete, Maír J. *RHM,* II, 1936, págs. 219-20.

Domenchina, J. J. *Voz,* 23 y 26 octubre, con el seudónimo de «Gerardo Rivera». (Incluido en el libro *Crónicas de Gerardo Rivera.* Madrid, Aguilar, 1935, páginas 202-209.)

IL, II, núm. 8, págs. 161-65.

Jarnés, Benjamín. *NBA,* 30 diciembre.

López Prudencio, José. *ABC,* 25 noviembre.

Martín Alcalde, Albero. *Ah,* 7 diciembre.

Putnam, S. *BA,* año IX, núm. 2, pág. 169, 1935.

Salinas, Pedro. *IL,* año III, octubre. (Incluido en *Literatura Española. Siglo XX.* México, Ed. Séneca, 1941.)

URALES, FEDERICO. *Evolución de la filosofía en España.* Barcelona, II, págs. 203-13.

ZAMACOIS, EDUARDO. «A propósito de Unamuno», *RA,* 16 junio.

1935

AGRAIT, G. «Presentación de Unamuno», *PR,* I, págs. 71-78.

AVENTINO, R. «¡San Pablo y abre España!», *PBi,* 30 junio.

BARJA, C. *Literatura española. Libros y autores contemporáneos.* Madrid, V. Suárez, págs. 39-97.

BAZÁN, A. *Unamuno y el marxismo.* Madrid, F. Beltrán, 94 páginas.

BELLO, LUIS. «Contrarrevolucionarios. Unamuno», *Pol.* 14 marzo.

Bravo, F. «Burleta. Unamuno, el Fascismo y el Premio Nobel», *Arr*, 28 marzo, pág. 6.

Camón Aznar, J. «Homenaje jubilar a don Miguel de Unamuno», *Almanaque Literario*. Madrid, Plutarco, páginas 43-46.
— «El Unamuno de Victorio Macho», *Ata*, núm. 2, enero, págs. 51-62.

Campos, A. de. «Unamuno y el castellano», *NBA*, 27 enero.

Carmona Nenclares, F. «Unamuno a la deriva», *Cla*, 17 agosto.
— «La generación del 98 y nuestro momento histórico», *Leviatán*, marzo, págs. 15-16.

Chevalier, Jacques. «Un entretien avec Miguel de Unamuno sur la civilisation moderne», *AUG*, XII, números 1-3, págs. 53-70.
— «Reception des Docteurs *honoris causa* de l'Université de Grenoble le 12 mai 1934», *AUG*, I-III, páginas 27-30.

González Oliveros, W. «Divagación en torno a la concepción transhumanista de la cultura iletrada», *RBa*, número 76, del 24 al 30 de septiembre, pág. 7. (Véase *MGB, CCMU*, V, pág. 187.)

Iordan, Iorgu. «Miguel de Unamuno si noul spirit spaniol», *VRB*, XXVII, núms. 5-6.

Izquierdo Ortega, J. *Filosofía española*. Madrid, ?, páginas 188 y ss.

Laiglesia, Marcial de. «¡Este don Miguel!», *CG*, 24 febrero.

Landsberg, P. L. «Reflexiones sobre Unamuno», *CyR*, número 31, págs. 7-54. Reproducido en *Renuevos de Cruz y Raya*. Barcelona, Cruz del Sur, 1963, páginas 13-70.

Machado, Antonio. «Mairena y el 98», *Sol*, 17 noviembre. (Incorporado a «Juan de Mairena», *OC*, Madrid, Plenitud, 1957, págs. 1129-30.)

4

MADARIAGA, S. DE. «Don Miguel de Unamuno», *NBA*, 2 junio.

MALDONADO DE HOSTOS, C. «Abel y Caín en la temática unamuniana», *ALPR*, núm. 55, ?

MISTRAL, G. «Recado sobre Unamuno. El hombre aventador de discípulos», *Crítica*, 15 mayo.

ORTS GONZÁLEZ, J. «La jubilación de Unamuno», *ND*, XVI, páginas 25-26.

PAR, A. *Shakespeare en la literatura española.* Madrid, II, páginas 122 y ss. (Sobre la influencia de Carlyle en Unamuno.)

PORRAS CRUZ, J. L. «Miguel de Unamuno: *El Cristo de Velázquez, PR*, 2.ª época, año I, núm. 3, págs. 233-40.

PUTNAM, S. «Unamuno y el problema de la personalidad», *RHM*, I, págs. 103-10. (Sobre *San Manuel Bueno y tres historias más*.)

ROJAS, RICARDO. «Retrato de Unamuno con Salamanca al fondo», *H*, núm. 277, enero-febrero, págs. 8-10. Y en *Retablo español*. Buenos Aires, Losada, págs. 73-84.

SALADO, J. L. «Acerca de la adaptación a escena de *Todo un hombre*», *Voz*, 4 marzo.

SAMPÉRIZ JANIN, J. «Miguel de Unamuno», *Hitos ibéricos. Ensayos nacionales*. Huesca, págs. 75-88.

SÁNCHEZ, RITA. *A Critical Study of Unamuno's Philosophy as Gleaned from His Novels and Essays.* Tesis Univ. de Nuevo Méjico.

SERNA, VÍCTOR DE LA. «Unamuno», *Ciudad*, núm. 12, 13 marzo (recogido en *España, compañero*. Madrid, Prensa Española, 1964, págs. 503-504).

1936

BAZÁN, A. «Unamuno junto a la reacción», *MAzul*, 27 agosto.

BERGAMÍN, J. «El disparate en la literatura española. El disparate en los modernos: Valle-Inclán, Unamuno y Gómez de la Serna», *NBA*, 30 agosto.

BROMBERGER, M. «Le drame espagnole. A Salamanca avec Unamuno», *NL*, 10 octubre (reproducido en *Ultra*, II, número 8, 1937, págs. 129-30).

CANSINOS-ASSÉNS, R. «Los antidonjuanes», *Evolución de los temas literarios*. Santiago de Chile, Ercilla, páginas 233-40 (sobre *Nada menos que todo un hombre* y *Tigre Juan* y *El curandero de su honra*, de Pérez de Ayala).

CARDONA, RAFAEL. «Don Miguel y las izquierdas», RA, 29 agosto. (Reproducido en *NaMex*, 4 agosto.)

EHREMBOURG, ILYA. «Carta a D. Miguel de Unamuno», *MedH*, núm. 4, pág. 12.

ERRO, C. A. «Profetas de nuestro tiempo: Kierkegaard, Unamuno y Peguy», *NBA*, 9 febrero.

GREGERSEN, H. *Ibsen and Spain*. Cambridge, Mass., páginas 103-107.

JIMÉNEZ, JUAN RAMÓN. «Poesía española contemporánea», *Sol*, 24 mayo.

JOBIT, PIERRE. *Les educateurs de l'Espagne contemporaine*. París-Burdeos, ?.

LUJÁN, SALVADOR. «Tinerfeñismo imperial. Unamuno y el almendro de Estévanez», *Ta*, 30 noviembre.

MAEZTU, RAMIRO DE. «El alma del niño», *Ah*, 18 junio.

MARTÍN ALONSO, N. «Miguel de Unamuno», *Volk*, febrero, páginas 535-57.

MOb, «Unamuno al servicio del fascismo en Salamanca» (editorial).

PÉREZ PETIT, EUGENIO. «Cartas de Unamuno a Rodó», *Ensayos*, I. Montevideo.

RAMÍREZ-LÓPEZ, R. *A Comparative Study of Plato and Unamuno*. Tesis Univ. Nueva York.

REDING, K. *The generation of 98 in Spain as seen through its fictional hero*. Tesis Univ. de Menasha, Massachusetts.

Seeleman, R. «The treatment of landsacape in the novelists of the generation of 1898», *HR*, IV, enero, páginas 226-38.

Soc, «Palabras de piedad: La defección de Unamuno», 27 agosto.

Unamuno, Miguel de. *Dzives trágiskas jutas cilvekos un tautas*, versión lituana de *Del sentimiento trágico* por K. Raudive e introducción de Z. Maurina.

1937

Almagro, Martín. «La España grande de Miguel de Unamuno», *FE*, 6 enero.

Anderson-Imbert, E. «Unamuno y su moral de orgía», incluido en *La flecha en el aire*. Buenos Aires, 1972, páginas 222-26.

Arguedas, Alcides. «Recuerdos personales. El gran don Miguel», *RA*, 29 mayo.

Baquerizo Moreno, A. «Don Miguel de Unamuno», *RA*, 31 julio.

Bergamín, J. «Don Quijote a las puertas del infierno. (In Memoriam)», *NBA*, 11 abril.

Borges, Jorge Luis. «Inmortalidad de Unamuno», *Sur*, VII, número 28, págs. 92-93.

Boveda, X. «Ante la muerte de Unamuno», *LBA*, núm. 15, páginas 10-11.

Brower, J. «Entrevista con don Miguel de Unamuno», *RA*, 18 abril.

Brújula, III, núms. 9-10. Número dedicado. Contiene los artículos de F. de Onís y de H. W. Cowes (véanse abajo).

Cassou, Jean. «Unamuno poète», *MF*, núm. 274, págs. 43-49.
— «Unamuno symbole de l'Espagne», *NL*, 9 enero.

Castro, Américo. «Más sobre Unamuno», *NBA*, 14 marzo.
— «Unamuno», *NBA*, 21 febrero.

Cowes, H. W. «Don Miguel de Unamuno y sus contradicciones», *Nos*, III, págs. 82-86. Y en *BPR*, III, números 9-10, págs. 208-209.

Chacón y Calvo, J. M. «La muerte de Unamuno», *RCub*,
VII, págs. 251-53.

Díaz-Plaja, Guillermo. *La poesía lírica española*. Barcelona, Col. Labor, núms. 401-402, págs. 361-63.

Diederich, B. «Miguel de Unamuno», *IAR*, II, págs. 384-86.

Erro, C. A. *Diálogo existencial*. Buenos Aires, ?
— «Don Miguel de Unamuno», *NBA*, 24 enero.

Garcés, Tomás. «Unamuno y Maragall», *Sur*, núm. 36, páginas 55-59.

Giusso, Lorenzo. «Unamuno», *Enciclopedia Italiana*. Roma,
número 34, págs. 672-73.

González Oliveros, W. «Mi última conversación con Unamuno», *GR*, 11 julio.

Hilton, R. «Unamuno, Spain and the World, I y II»,
BSS, XIV, núms. 54-55, págs. 60-74 y 123-37.

Iturrioz, A. G. «En torno a la filosofía existencial. Heidegger y Unamuno», *RyF*, XXXVII, núm. 478, pági-
nas 323-48.

Kessel, J. *Die Grundstimmung in Miguel de Unamuno's
Lebensphilosophie*. Tesis Universidad de Bonn.

Kohler, Eugene. *Miguel de Unamuno, espagnol et euro-
péen*. Belfort. Societé Générale d'Imprimerie, 29 pgs.
Reseña:
Bédaride, H. *REIt*, núm. 2, págs. 405 y ss.

Latcham, R. A. «Nota sobre Unamuno», *A*, XXXVII, páginas 13-22.

Lebois, A. «Miguel de Unamuno», *NRC*, XXI, págs. 101-105.

Legendre, Maurice. «Souvenirs sur Miguel de Unamuno»,
VIP, págs. 428-69.

LUNA, J. DE. «Miguel de Unamuno», *NBA*, 28 febrero.

LLANDE, P. «Miguel de Unamuno», *Et*, 5 febrero, páginas 326-36.

MACHADO, ANTONIO. «Los cuatro Migueles», *HEsp*, núm. 3.
— «Miscelánea apócrifa; Notas sobre Juan de Mairena», *HEsp*, núm. 13. (Ensayo sobre Heidegger, en el que habla de Unamuno.)

MADARIAGA, S. DE. *Elegía en la muerte de Unamuno*. Londres, Oxford U. Press, ?

MAILLEFERT, A. «Pajarita enlutada», *UMex*, III, núm. 12, páginas 15-17.

MALRAUX, ANDRÉ. *L'Espoir*. París, ?, págs. 272-75. (Y en *FEV*, II, núm. 9, 1938, págs. 39-42.)

MARAÑÓN, GREGORIO. «Muerte y resurrección del profeta», *NBA*, 17 enero.

MARCIAL DORADO, J. «Unamuno incomprendido», *ECu*, XXX, número 21, págs. 5-9.

MARCONI, A. «Miguel de Unamuno», *SCF*, ? , págs. 165-70.

MARICHALAR, ANTONIO. «La mort d'Unamuno», *Fig*, 2 enero.
— «Miguel de Unamuno, de cuerpo y alma presente», *RCub*, VII, págs. 50-58.

MARINELLO, J. «El alma por las alas. Gorki y Unamuno», *MedH*, 15 febrero (reproducido en *RA*, 13 marzo).

MARVAUD, A. «Miguel de Unamuno», *T*, 1 enero.

MONTESINOS, J. F. «Muerte y vida de Unamuno», *HEsp*, número 4, págs. 11-21 (incluido en *Ensayos y estudios de literatura española*. México, Studium, 1959, páginas 202-12). Y en la edición de A. Sánchez Barbudo de 1974.

MOORE, S. H. «Miguel de Unamuno», *HJ*, XXXV, págs. 349-355.

NBA, «Miguel de Unamuno ha fallecido ayer», 1 enero.

NIETO CABALLERO, L. E. «Sobre don Miguel de Unamuno», *RA*, 20 febrero.

NYT, «De Unamuno dies; Savant of Spain», 2 enero.

ONÍS, F. DE. «Miguel de Unamuno. El escritor y el poeta», *Nos*, enero-abril, págs. 74-78 (reproducido en *BPR*, III, págs. 306-307, y en *ND*, XXX, núm. 4, 1950, páginas 18-21).

ORTEGA, J. B. «Quixotism in the Spanish Revolution: Don Miguel de Unamuno», *Col*, III, págs. 130-42.

ORTEGA Y GASSET, J. «En la muerte de Unamuno», *NBA*, 4 enero (incluido en *OC*, V, págs. 261-63). Y en la edición de A. Sánchez Barbudo de 1974.
— «Unamuno y su muerte». *RECh*, 18 enero.

PAPINI, GIOVANNI. «Miguel de Unamuno e il segreto della Spagna», *NAnt*, 16 enero. (Reproducido en español en *A*, XXXVII, págs. 4-6.)

PITOLLET, C. «Don Miguel de Unamuno», *RELV*, LIV, números 1-4.

PRADEL, LEÓN. «Unamuno y Chile», *MCh*, 4 enero.

RAMOS LOSCERTALES, JOSÉ M. «Cuando Miguel de Unamuno murió», prólogo al libro de Bartolomé Aragón Gó· mez, *Síntesis de economía corporativa*. Salamanca, Librería 'La Facultad'. (Véase *MGB*, *CCMU*, I, páginas 104-105.)

SÁNCHEZ TRINCADO, J. L. «Teatro: Arte y juego», *RA*, 25 diciembre.

THARAUD, JEROME Y JEAN. «Le desperado», *Echo*, 5 enero.
— «Contra la barbarie marxista». Sensacional entrevista con don Miguel de Unamuno, *DMH*, 7 enero.
— «La tragedia de Unamuno», *UMex*, III, núm. 12.

THOMAS, LUCIEN-PAUL. «Don Miguel de Unamuno et la tragedie de l'Espagne», *FB*, XX, págs. 193-205.
— «L'attitude spiritualiste de don Miguel de Unamuno», *TLB*, abril.

THORGILSSON, J. TH. «Miquel Unamuno», *Morq*, 14 enero.

TORO, M. DE. «Miguel de Unamuno», *LMI*, X, págs. 851·52.

Torre, G. de. «El rescate de la paradoja», *Sur*, enero (recogido en *La aventura y el orden*. Buenos Aires, Losada, 1943). Y en *Tríptico del sacrificio*, 1948.

Unamuno, Miguel de. *La tante Tula*, traducción francesa de J. Bellon. París, Stock.
Reseña:
X. *LMI*, junio.

Valbuena Prat, A. «La poesía de ideas de Unamuno», *Historia de la literatura española*. Barcelona, G. Gili, II, págs. 837-53.

Vega, V. R. de la. «La cultura de don Quijote y de Sancho Panza», *UMex*, III, núm. 17, págs. 29-32, y núm. 18, páginas 9-13.

1938

Alba, Pedro de. «Unamuno o el espíritu de contradicción», *UMex*, V, núm. 26, págs. 29-31.

Arciniega, Rosa. «En el segundo aniversario de su silencio. Unamuno: Quijote contra la muerte», *RIBo*, I, número 1, págs. 115-27.

Corominas, Pedro. «La tràgica fi de Miguel de Unamuno», *RCat*, XVI, núm. 83, págs. 155-70. (Traducción castellana defectuosa en *A*, LIII, julio, págs. 101-14.)

Erro, C. A. «Unamuno y Kierkegaard», *Sur*, núm. 49, páginas 7-21.

Fernández, M. «Exaltación de don Miguel de Unamuno», *CnG*, III, núms. 4-46.

González Vicén, F. «Unamuno und das Problem Spaniens», *GZ*, XVI, págs. 7-8.

Hyslop, T. «Miguel de Unamuno as a religious philosopher», *MoCh*, marzo, págs. 646-52.

Lamm, Virginia L. *Miguel de Unamuno, the modern Don Quixote*. Tesis Texas State College for Women.

Machado, Antonio. «Unamuno», *REsp*, núm. 101, pág. 13.

MAGDALENO, M. «El trágico ejemplo de Unamuno», *LMex*, II, páginas 43-59.

MARAÑÓN, GREGORIO. «Evocación aniversaria», *NBA*, 27 marzo.

MARÍAS, JULIÁN. «La muerte de Unamuno», *Aquí y ahora*. Buenos Aires, Espasa-Calpe Argentina, 1954, páginas 106-12. Y en *OC*, III, págs. 80-84.
— «La obra de Unamuno. Un problema de filosofía», *OC*, V, págs. 277-307. Recogido en *La escuela de Madrid*. Buenos Aires, Emecé, 1959.

MULDER, H. J. «Miguel de Unamuno», *Era*, XI, págs. 20-26.

OBREGÓN, A. DE. «Anecdotario de los últimos días de don Miguel de Unamuno», *DomSS*, 2 enero.
— «Entierro de don Miguel de Unamuno», *Vert*, números 7-8.

OROMÍ, M. *El pensamiento filosófico de Miguel de Unamuno. Filosofía existencial de la inmortalidad.* Tesis, Pontificio Ateneo Antoniano de Roma.

PEÑASCO, S. A. «Unamuno y Hamlet», *AES*, III, núm. 5, páginas 423-28.

PITA ROMERO, L. «Mis recuerdos de Unamuno», *PBA*, 16 enero.

PUCCINI, M. *Amore di Spagna (Taccuino di viaggio).* Milán, Ceschina, ?

QUIROGA PLÁ, J. M. «Nota» a «Algunas poesías de Miguel de Unamuno. Del *Cancionero* inédito», *HEsp*, número 19, págs. 13-27.

SÁNCHEZ-OCAÑA, V. «Junto a Unamuno», *NBA*, 9 marzo.

SÁNCHEZ TRINCADO, J. L. «Criaturas de Unamuno: Elvira», *RA*, 11 junio.

SCHOENEMANN, J. M. «Algo sobre Unamuno: Su hombre concreto», *Colum*, II, núm. 10, págs. 22-28.

TOLEDO, J. A. DE. «Lo que han sido los grandes hombres españoles: Unamuno, pintor», *AtlH*, IV, núm. 10, páginas 38-40.

UNAMUNO, MIGUEL DE. *Poèmes*, versión francesa e introducción de M. Pomés. Bruselas.

WILLS, ARTHUR. *España y Unamuno: Un ensayo de apreciación.* Nueva York, Instituto de las Españas, 375 páginas.
Reseñas:
Reid, J. T. *HCal*, XXII, 1939, págs. 229 y ss.
Romera-Navarro, M. *HR*, VII, 1939, págs. 364-65.

ZAMBRANO, MARÍA. «Antonio Machado y Unamuno, precursores de Heidegger», *Sur*, VIII, núm. 42.

1939

BENARDETE, M. J. «La vida y personalidad de Unamuno», *Perso*, XX, págs. 1-2.

BRAVO, FRANCISCO. «José Antonio y Unamuno», *José Antonio. El hombre. El jefe. El camarada.* Madrid, Ed. Españolas, S. A., págs. 85-93.

COSTA ODORICO. «Don Miguel de Unamuno y Jugo», *GHSP*, IV, núm. 132, pág. 5.

FRANULIC, L. «Miguel de Unamuno», *Cien Autores contemporáneos, II.* Santiago de Chile, Ercilla, págs. 431-37.

INSÚA, ALBERTO. «Encuentro inicial con Unamuno», *PBA*, 16 julio.
— «Con Unamuno en Pontevedra», *PBA*, 28 agosto.
— «Con Unamuno en Salamanca», *PBA*, 6 noviembre.

JARNÉS, BENJAMÍN. «Los intérpretes de España», *QIA*, II, número 12, junio 1952, págs. 182-86. (Corresponde a una conferencia de 1939.)

MIOMANDRE, FRANCIS DE. «Reflexions et souvenirs sur Miguel de Unamuno», *OP*, núm. 38, 10 mayo.

PRAT, J. «Erasmo y Unamuno», *RIBo*, IV, págs. 248-57.

SÁNCHEZ TRINCADO, J. L. «Novela y teatro de Unamuno», *UniC*, 24 diciembre. (Reproducido en *EdBo*, año I, número 1, págs. 31-35.)

SCARPA, R. E. «Doctrina para vivir y morir», *A*, XLVIII, número 174, diciembre, págs. 291-305.

SCHOENEMANN, J. M. «Para la hispanidad de la lengua: Unamuno-Sarmiento», *Colum*, III, núms. 28-29, páginas 30-32.

STANLEY, W. *The role of tradition in the works of Unamuno*. Tesis Univ. de Princeton.

UNAMUNO, MIGUEL DE. *Abel Sánchez*, traducción francesa por E. H. Clouard. París.
Reseña:
Falgairolle, A. de. *MF*, págs. 230-35.

1940

ALTOLAGUIRRE, MANUEL. «Don Miguel de Unamuno», *RHM*, VI, págs. 17-24.

APARICIO, JUAN. «Di tú que he sido», *GR*, 31 diciembre. (Reproducido en *HBi*, 31 diciembre.)

BAQUERIZO MORENO, A. *Ensayos, apuntes y discursos*. Guayaquil, págs. 53-57.

BAQUERO, GASTÓN. «Monólogo con Don Quijote (Preámbulo de introducción al pensamiento de Unamuno)», *RCub*, XIV, págs. 143-60.

BAROJA, PÍO. «Unamuno», *NBA*, 22 septiembre.

BERGAMÍN, JOSÉ. «El Cristo lunar de Unamuno», *LMex*, año IV, núm. 1, págs. 10-30. (Incluido en *La voz apagada. Dante dantesco y otros ensayos*. México, Ed. Central, 1945, págs. 185-200.)

BERKOWITZ, H. CH. «Unamuno's relations with Galdós», *HR*, VIII, págs. 321-38.

BO, CARLO. «L'Unamuno, poeta», *Naz*, 19 abril. (Incluido en *Carte Spagnole*. Firenze, Marzocco, 1948, págs. 15-19.)

ENGLEKIRK, JOHN E. «El hispanoamericanismo y la generación del 98», *RIb*, XI, abril.

Esplá Rizo, C. *Unamuno, Blasco Ibáñez y Sánchez Guerra, en París. Recuerdos de un periodista.* Buenos Aires, Ed. Araújo, 93 págs.

Grau, Jacinto. «Unamuno, héroe del pensar y del sentir», *ALBA*, 28 marzo.

Iriarte, A. «El biocentrismo de Unamuno», *RyF*, CXX, páginas 260-87.

Jarnés, B. «Caín y Epimeteo», *RMex*, I, núm. 14, págs. 1-2.

Juretschke, Hans. *España ante Francia.* Madrid, Ed. F. E., capítulo II, págs. 115-37.

Landsberg, P. L. «A propósito de Unamuno», *EspP*, I, páginas 105 y ss.
— *Piedras blancas, seguido de Experiencia de la muerte y La libertad y la gracia en San Agustín*, México, ?

Ledesma Miranda, Ramón. «Ultima visita a don Miguel de Unamuno», *Tajo*, 17 agosto. (Repetido en *Arr*, 6 junio y en *ibíd.*, 12 abril.)

Maeztu, María. «Visión e interpretación de España. Vida y romance, don Miguel de Unamuno, el hombre», *PBA*, 25 febrero.

Mariátegui, J. C. «Un libro nuevo de Unamuno: *L'agonie du Christianisme*», *RA*, 20 abril.

Marichal, R. A. «Una novela de Unamuno. Glosas sobre el estilo unamunesco», *Isla*, II, núm. 6, págs. 11-13.

Mejía Nieto, A. «El descontento de Lawrence y Unamuno», *NBA*, 2 junio.

Obregón, Antonio. «El teatro español universitario», *Arr*, 2 febrero. (Por la representación de *El Otro*.)

Olivera, M. A. «Unamuno y Chesterton a través de dos novelas», *ALBA*, 15 agosto.

Salas Viu, V. «Figuras y figuraciones literarias», *A*, LXI, páginas 141-52.

Sánchez Trincado, J. L. «El aniversario de Unamuno», *V*, número 6, págs. 21-23.

— «Consideraciones en torno a Unamuno», *ND*, XXI, número 10, págs. 14-16.

SMITHER, WILLIAM J. *Realismo and Realidad in the novels of Miguel de Unamuno*. Tesis Universidad de Kansas.

VOSSLER, KARL. *Poesíe der Einsamkeit in Spanien*. München, pág. 107.

ZAMBRANO, MARÍA. «Sobre Unamuno», *NEsp*, *?*, págs. 21-27.

1941

ALAS, ADOLFO. «Prólogo» a *Epistolario a «Clarín»*. Madrid, Ed. Nacional.

Comentarios:

Clocchiati, Emilio. «Miguel de Unamuno y sus cartas a 'Clarín'», *MLJ*, XXXIV, págs. 646-49, 1950.
Torre, Guillermo de. «Unamuno y 'Clarín'», *NBA*, 27 diciembre, 1942. (Incluido en *La aventura y el orden*. Buenos Aires, Ed. Losada, 1943.) Y en *Tríptico del sacrificio*, 1948.

ARÍSTIDES, JULIO. «Unamuno y la angustia existencial», *Eut*, XIII, núm. 41.

AUB, MAX. *Discurso de la novela española contemporánea*. México, El Colegio de México, Jornadas, núm. 50, páginas 44-50.

AZORÍN. «Unamuno», *Madrid*. Biblioteca Nueva, págs. 38-41.

BAROJA, PÍO. «Visitas de Santo y Seña», *SS*, 5 octubre.

BERGAMÍN, JOSÉ. «Miguel de Unamuno y el santo oficio de escribir», prólogo a *La ciudad de Henoc*. México, Ed. Séneca.

Reseña:

Sánchez Barbudo, A. *HPMex*, I, págs. 256-57, 1943.

BERTINI, G. M. *Italia e Spagna*. Florencia, págs. 425-507. (Sobre las traducciones italianas de obras de Unamuno.)

ENGLEKIRK, J. E. «Unamuno, crítico de la literatura hispanoamericana», *RIb*, III, págs. 19-37. Recogido en *De lo nuestro y lo ajeno*. México, 1966.

ENTRAMBASAGUAS, JOAQUÍN DE. «Epistolario a Clarín (Menéndez y Pelayo, Unamuno, Palacio Valdés)», *RFEsp*, XXV, págs. 405-18.

ESCLASANS, A. *Miguel de Unamuno*. Buenos Aires, Juventud (reeditado y aumentado en 1947).

FERRATER MORA, J. «Unamuno. Voz y obra literaria», *RCub*, XV, págs. 137-59.
— *Diccionario de Filosofía*, págs. 846-48.

GÓMEZ DE LA SERNA, RAMÓN. «Miguel de Unamuno», *Retratos contemporáneos*. Buenos Aires, Sudamericana, páginas 401-28.

GONZÁLEZ DE LA CALLE, PEDRO U. «Recuerdos personales de la vida profesional del maestro Unamuno», *RHM*, VII, págs. 235-42.

GUERRERO, E. «La agonía de Miguel de Unamuno», *RyF*, CXXIII, págs. 24-40.
— «Inquietud cristiana», *ibíd.*, CXXIV.

LIVINGSTONE, LEON. «Unamuno and the aesthetic of the novel», *HCal*, XXIV, págs. 442-50.

MALDONADO, FRANCISCO. «Solipsiforme. Unamuno, el atuendo y la elegancia», *Arr*, 31 diciembre. (Y en *Ga*, diciembre-enero, 1954-55.)

MARAÑÓN, G. «Recordando a Unamuno», *CerH*, XVI, páginas 1-2.

MARQUERÍE, ALFREDO. «Pirandello e Unamuno», *LFIt*, junio.

REZZO DE HERIKSEN, ELVIRA. «Sören Kierkegaard y don Miguel de Unamuno», *Dina*, septiembre.

RIAÑO JAUMA, R. «Unamuno», *RBCub*, XLVIII, págs. 89-93.

ROMERA, ANTONIO R. «Los hombres del 98 y sus caricaturas», *NCh*, 24 agosto.

ROMERO FLORES, H. R. *Unamuno. Notas sobre la vida y la obra de un máximo español*. Madrid, Ed. Hesperia, 202 págs.

Reseñas:

Alarcos Llorach, E. *Cast*, I, págs. 168-72.
González Alvarez, A. *Arbor*, I, 1944, págs. 123-25.

SCHOENEMANN, J. M. «Unamuno: La lengua y su proceso radical de espíritu», *Colum*, V, núms. 45-50, páginas 9-10.

TORRE, G. DE. «La generación española del 98, en las revistas del tiempo», *Nos*, núm. 67, octubre.

UNAMUNO, MIGUEL DE. *A Agonia do Cristianismo*, versión portuguesa y prefacio de F. de Figueiredo. Sâo Paulo (Brasil), Ed. Cultura.

Reseñas:

Athayde, T. de. *UCB*, VIII, 1942.
Rocha Lima, S. *GLSP*, 21 septiembre.

ZANETE, E. «Michel de Unamuno», *Conv*, XIII, págs. 87-95.

1942

ARTERO, J. «La heterodoxia del *Sentimiento trágico de la vida*», *GN*, 25 y 28 marzo.

BERNABEAU, A. P. *Don Miguel de Unamuno. A Study of French Culture in his Essays and Philosophical Writings*. Tesis Univ. de Columbia.

CARAVIA, PEDRO. «Espejo de la muerte y espejo de Unamuno», *Esc*, IX, págs. 151-57.

GARCÍA BLANCO, MANUEL. «Salamanca y Unamuno», *EspM*, número 9, 26 diciembre.

GARCÍA ESCUDERO, JOSÉ M. «Cartas de Juventud. Unamuno en Portugal», *Si*, 18 diciembre.

GETINO, LUIS A. «Neologismos y neologistas de nuestros días», *Esc*, VII, págs. 344 y ss.

JIMÉNEZ, J. R. «Miguel de Unamuno», *Españoles de tres mundos*. Buenos Aires, Losada, págs. 59-60.

LEDESMA MIRANDA, R. «Unamuno y la resistencia a la muerte», *Si*, 1 diciembre.

O'LEARY, J. E. «Voltaire y Unamuno. Don Quijote y San Ignacio de Loyola», *RA*, VIII, págs. 377-80.

ONTAÑÓN, EDUARDO DE. «Unamuno en piedra», *Viaje y aventura de los escritores de España*. México, Ed. Minerva, págs. 33-38.

PAGÉS LARRAYA, ANTONIO. «Unamuno, poeta lírico», *A*, año 70, núm. 210, diciembre, págs. 246-72.

PANERO TORBADO, LEOPOLDO. «El paisaje salmantino en la poesía de Unamuno», *EspM*, núm. 9, 26 diciembre.

PAZ, OCTAVIO. «Al polvo. A Miguel de Unamuno. Poesía», *CA*, III, mayo-junio, págs. 174-78.

PINTA LLORENTE, MIGUEL DE LA. «El castellanismo de don Miguel de Unamuno», *CiD*, CLIV, págs. 439-50.

SÁNCHEZ BARBUDO, ANTONIO. «Unamuno y Ganivet», *LMex*, 15 diciembre.

SARMIENTO, EDWARD. «Considerations towards a revaluation of Unamuno», *BSS*, XIX, págs. 201-210.

SUÁREZ CASO, MANUEL. «Nuestra generación frente al *Quijote:* Don Miguel y don Miguel», *EspM*, núm. 1, 31 octubre.

UNAMUNO, MIGUEL DE. *Ensayos*, prólogo de B. G. Candamo. Madrid, Aguilar, dos tomos.
— *Antología poética*, prólogo de L. F. Vivanco. Madrid. Ed. Escorial.
Reseñas:
Ferreres, R. *Esc*, X, 1943, págs. 140-52.
Hornedo, R. de. *RyF*, 128, 1943, págs. 346-47.

1943

ALIG, WALLACE B. *Unamuno.* Tesis Universidad de Princeton.

ALMAGRO SAN MARTÍN, MELCHOR DE. «Genio y figura de don Miguel de Unamuno: El hombre», *NBA*, 18 abril. (Reproducido en *DomM*, 7 enero, 1945.)

ANDERSON IMBERT, ENRIQUE. «Un procedimiento literario de Unamuno», *Sur*, XII, núm. 105, págs. 71-77. Incluido en *La flecha en el aire*. Buenos Aires, Gure, 1972, págs. 34-38.

AZAOLA, JOSÉ MIGUEL DE. «Goethe y Unamuno», *DV*, 5 y 12, II.

BERGAMÍN, JOSÉ. «Prólogo» a *Cuenca ibérica. (Lenguaje y paisaje)*. México, Ed. Séneca.

BRAVO, FRANCISCO. «Los juegos florales de 1901», *EspM*, XXXVI, 3 junio.

CELA, CAMILO JOSÉ. «Estética de la novela española contemporánea», *Arr*, 20 y 21 mayo.

DIEGO, G. «Presencia de Unamuno poeta», *Cis*, núm. 7, página 67.

GONZÁLEZ OLIVEROS, W. «Unamuno y Martínez Anido. Pequeña historia de una mediación», *EspM*, núm. 13, 23 enero.

GONZÁLEZ RUIZ, N. *La literatura española*. Madrid, Pegaso, páginas 67-77.

GONZÁLEZ VICÉN, F. «La figura de Don Quijote y el donquijotismo en el pensamiento de Unamuno», *RoF*, LVII, págs. 192-227.

GRAU, J. *Unamuno y la España de su tiempo*. Buenos Aires, 97 págs.

HEIDEGGER, M. «Holderlin y la esencia de la poesía», *Esc*, volumen 128.

IBARRA, JAIME. «La poesía y la muerte. Unamuno, poeta de España», *Arr*, 5 noviembre.

ITURRIOZ, JESÚS. *El hombre y su metafísica (Ensayo escolástico de antropología metafísica*. Oña (Burgos), Colegio M. de S. Fco. Javier, págs. 218-27.

LARANJEIRA, MANUEL. «Prefacio» a *Cartas de Miguel de Unamuno*. Lisboa, ?

LORENZO, PEDRO DE. «La Cristología hispana encima de la Patria. Del Cristo de las Claras, de Palencia, a *El Cristo de Velázquez*», *EspM*, 24 abril.

LUQUE, LUIS DE FÁTIMA. «¿Es ortodoxo el 'Cristo' de Unamuno»?, *CT*, vol. 64, fasc. 1, págs. 65-83.

MADRID, FRANCISCO. *Genio e ingenio de don Miguel de Unamuno*. Buenos Aires, Ed. A. López, 253 págs.
— «Unamuno murió del dolor de España», *CABA*, 30 enero.

MAEZTU, MARÍA DE. «Semblanza» en *Antología. Siglo XX. Prosistas españoles. Semblanzas y comentarios*. Buenos Aires, Col. Austral.

MALDONADO, FRANCISCO. «Paisaje, paisanaje, lenguaje», *EspM*, núm. 13. 23 enero.

MARÍAS, JULIÁN. *Miguel de Unamuno*. Madrid, Espasa-Calpe, S. A., 255 págs. Y en *OC*, V.

Reseñas:
A. A. M. «Cinco libros sobre Unamuno», *Finis*, I, octubre, 1948, fasc. 2, págs. 179-81.
Alonso, María R. *AyL*, año I, núm. 11, 1 septiembre.
Azorín. *ABC*, 13 julio.
Carranza, C. P. *GBA*, núm. 17, oct-dic., 1951, páginas 19-21.
Cossío, F. de. *ABC*, 11 abril.
García Vega, L. *Orig*, II, núm. 7, págs. 39-44.
González Alvarez, A. *Arbor*, I, 1944, págs. 123-25.
Guerrero, E. *RyF*, 128, págs. 518-33.
Imaz, E. *CA*, III, nov-dic., 1944, págs. 131-36.
Lisarrague, S. *Arr*, 23 octubre.
Montes, E. *Arr*, 22 junio 1944.
Zamora Vicente, A. *CLC*, 9 octubre, págs. 347-48.

MOURLANE MICHELENA, P. «Unos compases más al 'schezo del otro día'», *Esc*, mayo, págs. 255-58 (alude al poema 274 del *Cancionero*).

OROMÍ, M. *El pensamiento filosófico de Miguel de Unamuno. Filosofía existencial de la inmortalidad.* Madrid, Espasa-Calpe, 220 págs.

Reseñas:

A. A. M. «Cinco libros sobre Unamuno», *Finis*, I, octubre, 1948, fasc. 2, págs. 179-81.
González Alvarez, A. *Arbor*, I, 1944, págs. 123-25.
Guerrero, E. *RyF*, 128, págs. 518-33.

PRIETO, I. «Repatriación de Miguel de Unamuno», *ExMex*, 17 noviembre (repetido en *AMo*, 7 enero 1956).

ROSCA, DIMITRI. «Miguel de Unamuno», *Linii si figuri*, Sibiu, ? (Versión española sobre Unamuno en *TyD*, número 2.)

RUIZ CONTRERAS, LUIS. «Autorretrato de don Miguel de Unamuno», *EspM*, núms. 40-42-43 y 44, 31 julio, 21 y 28 agosto. (Cartas de Unamuno que utiliza en *Memorias de un desmemoriado*. Madrid, Aguilar, 1946.)

SÁNCHEZ VILLASEÑOR, JOSÉ. «Ortega y Unamuno», *Pensamiento y trayectoria de José Ortega y Gasset*. México, Ed. Jus, págs. 273-79.

SARMIENTO, E. «Considerations towards a revaluation of Unamuno», II, *BSS*, XX, núm. 77, págs. 35-48.
— (III), *Ibíd.*, XX, núms. 78-79, págs. 84-105.

SMITH, T. V. *Unamuno: A Study in Strife*. Tesis Univ. de Princenton.

TORRE, G. DE. «Unamuno y Clarín» y «Unamuno y Ortega», *La aventura y el orden*. Buenos Aires, Losada, páginas 51-60 y 61-85. Repetidos en *Tríptico del sacrificio*, 1948.

UNAMUNO, MIGUEL DE. *Cuatro narraciones*. Barcelona, Tartessos.

Reseña:

R. G. C. *AyL*, núm. 4, 15 mayo.
— *Páginas líricas*, preámbulo de B. Jarnés. México, Univ. Nacional Autónoma.

Viam, C. *Storia della Letteratura Spagnola*. ?, Ed. Lingue Estere, ?

Zambrano, M. «Unamuno y su tiempo», *UH*, VIII, números 46-48, págs. 52-82, y núm. 49, págs. 7-22.

Zunzunegui, J. A. de. «De la honrada poesía vascongada a nuestros días», *Arr*, 4 y 6 abril.

1944

Arco y Garay, R. de. *La idea del imperio en la política y la literatura españolas*. Madrid, Espasa-Calpe, páginas 761-63.

Areilza, José María. «Una anécdota histórica. Iñigo de Loyola y Miguel de Unamuno», *EL*, núm. 18, 15 diciembre.

Arzadún, Juan. «Miguel de Unamuno íntimo», *Sur*, número 119, septiembre, págs. 106-111.

Baroja, Pío. «Unamuno», *Memorias*, I. Madrid, Biblioteca Nueva, págs. 174-83 (sobre la generación del 98).

Bilbao Aristegui, Pablo. «El bautismo de Unamuno», *Arr*, 6 agosto. (Véase *MGB*, *CCMU*, I, pág. 111.)

Bravo, Francisco. «Cuando José Antonio fue a visitar a Unamuno», *Arr*, 24 octubre.

Burrows, Herb J. *Aspectos psicológicos de la novela de Unamuno*. Tesis Univ. de México.

Correa, Carlos R. «Don Miguel de Unamuno», *DI*, 21 mayo.

Ergoyen, Antonio de. «La primera cesantía de Miguel de Unamuno», *EspM*, 30 diciembre.

— «Las antiparras de Unamuno y la melena de Eguilior», *EL*, 15 junio.

— «Desde este rincón, Pedro Eguilior hablaba todos los días de España», *EL*, 15 julio. (Sobre la tertulia bilbaína «El Suizo», a la que concurría Unamuno.)

FERNÁNDEZ CLÉRIGO, LUIS. «Los grandes poetas españoles: Miguel de Unamuno, el eterno rebelde», *Hoy*, 18 marzo.

FERRATER MORA, JOSÉ. *Unamuno, bosquejo de una filosofía.* Buenos Aires, Losada, 191 págs.

Reseñas:

A. A. M. «Cinco libros sobre Unamuno», *Finis*, I, octubre, fasc. 2, págs. 179-81, 1948.

González Lanuza, Eduardo. *Sur*, XIV, núm. 117, páginas 79-84.

Imaz, Eugenio. *CA*, III, nov-dic., págs. 131-36.

Ors, Eugenio d'. *Arr*, 13 octubre, 1945.

Signan, M. *RFM*, VII, págs. 413-14.

FRANCO, DOLORES. «Semblanza», *La preocupación de España en su literatura.* Madrid, Ed. Adán.

GARCÍA BLANCO, MANUEL. «Unamuno y el lenguaje salmantino», *EspM*, núm. 87, 24 junio.

— «Prólogo» a *Paisajes del alma*. Madrid, Rev. de Occidente.

Reseñas:

Montero, Lázaro. *Fénix*, núm. 20, febrero, 1945.

Rabassa, Gregory. *RHM*, XIII, pág. 289, 1947.

Tovar, A. *Esc*, XVI, septiembre, págs. 141-43.

Ynduráin, F. *UZ*, XIII, págs. 553-54, 1946.

GARROTE FERNÁNDEZ, VIRGILIO. «Interpretación de un paisaje. Unamuno y la *terra meiga*», *CaS*, núm. 7, junio.

ITURRIOZ, JESÚS. «Crisis religiosa de Unamuno joven, algunos datos amorosos», *RyF*, CXXXII, págs. 103-14.

JONES, GERAINT V. «Miguel de Unamuno», *ExT*, LV (1943-1944), págs. 134-38 y 162-66.

JOYCE, KATHELEN M. *Don Miguel de Unamuno. Poetry of Conflict.* Tesis Univ. de Wisconsin.

LEDESMA MIRANDA, R. «Evocación de don Miguel», *Esc*, XV, páginas 119-30.

LEGENDRE, MAURICE. «La religión de Miguel de Unamuno», *SN*, núm. 1, enero-febrero.

MAR, FLORENTINA DEL. «El anhelo místico de los poetas. Oceanografía literaria de Miguel de Unamuno», *EL*, número 18, 15 diciembre.

MARAVALL, JOSÉ ANTONIO. «Letras españolas. Un estudio sobre Unamuno», *NBA*, 12 marzo.

MARTÍN, F. R. «Pascal and Miguel de Unamuno», *MLR*, XXXIX, págs. 138-45.

PASTOR BENÍTEZ, JUSTO. «O mestre de Salamanca», *J*, 15 febrero.

PENNA, RUY DE. «Guerra Junqueiro e Don Miguel de Unamuno. Do regicidio à guerra civil de Espanha», *BP*, 16 abril.

PÉREZ DE AYALA, R. «Prólogo» al libro de V. Solórzano Sagredo, *Tratado de papiroflexia superior*. Buenos Aires. (Ayala se refiere al «Tratado de cocotología» unamunesco.)

PINTO, ALVARO. «Sobre un soneto y un autorretrato de Unamuno», *EspM*, núm. 114, 30 diciembre. (Soneto XLV del *Rosario*.)

RABANAL ALVAREZ, MANUEL. «Unamuno y Homero. La gran profundidad de sus conocimientos helénicos», *EspM*, 30 diciembre.

ROIG GIRONELLA, JUAN. *Filosofía blondeliana*. Barcelona, ?

ROSENBLAT, ANGEL. «Sarmiento y Unamuno ante el problema de la lengua», *NBA*, 2 abril.

SALCEDO, SILIO. «Soliloquios epistolares», *EL*, 25 julio. (Cinco cartas dirigidas a Azorín entre 1904 y 1912.)

SOLÓRZANO, C. *Del sentimiento de lo plástico en la obra de Unamuno*. México, ?

UNAMUNO, MIGUEL DE. *Poesías*. Barcelona, Ed. Fama, prólogo de A. Esclasans.

VALBUENA PRAT, A. *Teatro moderno español*. Zaragoza, Partenón, págs. 165-66.

Voltes Bou, Pedro M. «Historia de una amistad. Mauricio Legendre habla de Unamuno», *EspM*, núm. 62, 1 enero.

Wardropper, B. W. «Unamuno's struggle with words», *HR*, XII, págs. 183 y ss.

1945

Adams, M. «Unamuno, last essays», *NNY*, CLXI, 1 diciembre, págs. 598 y ss.

Aguado, Emiliano. «La narración breve en los escritores del 98», *LeoM*, I, págs. 237-44. (Sobre los cuentos de Unamuno.)

Alberti, Rafael. «Imagen primera de don Miguel de Unamuno», *Imagen primera de... (1940-1944)*. Buenos Aires, Losada, págs. 69-74. (Repetido en *DH*, 27 enero, 1952.)

Araújo-Costa, Luis. «Unamuno», *ABC*, 7 octubre.

Arzadun, Juan. «Miguel de Unamuno íntimo. Al margen de sus cartas», *Cartas a Juan Arzadun*. Buenos Aires.

Azaola, José Miguel de. «Unamunofilia y Unamunofobia», *EspM*, 29 diciembre.

Baroja, Pío. *Memorias*, III. Madrid, Biblioteca Nueva, página 310.

Criado de Val, Manuel. *Atlántico, ensayo de estilística marinera*. Madrid. (Trata la poesía unamuniana en torno al mar.)

Reseña:

Montero Galvache, *EspM*, núm. 166, 29 diciembre.

Cruz, Pompeyo. «Unamuno epistolar», *EspM*, CLXVI, 29 septiembre.

Cúneo, Dardo. «Sarmiento y Unamuno» (Sarmiento, el

hombre de carne y hueso de Unamuno), *CA,* IV, número 5, págs. 178-98.

— «Unamuno y el *Facundo*», *PBA,* 17 junio.

Fasel, O. A. *Don Miguel de Unamuno: A Study of German Culture in His Works.* Tesis Univ. de Columbia.

García Venero, M. *Historia del nacionalismo vasco.* Madrid, págs. 230-31.

Ghiraldo, A. «Las paradojas de don Miguel de Unamuno», *El archivo de Rubén Darío.* Buenos Aires, Losada, páginas 29-46.

Gómez de la Serna, R. «Unamuno y *El Otro*», *NBA,* 19 julio.

Grillo, Max. «Conversando con Unamuno», *RABo,* octubre.

Isaza Calderón, B. «Apunte sobre Unamuno», *Estudios literarios.* Madrid, G. España, 1966, págs. 162-163.

Laín Entralgo, P. *Las generaciones en la historia.* Madrid, Instituto de Estudios Políticos, págs. 49-68.

Mallo, Jerónimo. «Las relaciones personales y literarias entre Darío y Unamuno», *RIb,* IX, págs. 61-72.

Moloney, Raymond L. *Unamuno, Creator and Recreator of Books.* Tesis Universidad de Colorado.

Montes, Eugenio. «A Italia lo que es de Italia», *Arr,* 21 septiembre. (Por el viaje de Unamuno en 1917.)

Morales, Rafael. «Laranjeira y Unamuno», *Esc,* XVII, páginas 438-47.

Mourlane Michelena, P. «El cincuentenario de un viaje y la sombra de un Archiduque», *Esc,* XVII, páginas 434-38. (Alude a los poemas 274 y 1.562 del *Cancionero.*)

Reyes, Alfonso. «Recuerdos de Unamuno», *Grata compañía.* México, Tezontle, 1948, págs. 178-92.

Río, A. del. «Galdós y Unamuno: Armonía y agonía», *CA,* XXI, núm. 3, págs. 237-68 (contraste entre *La*

loca de la casa y *Nada menos que todo un hombre*).
Incluido en *Estudios galdosianos*. Zaragoza, Biblioteca del Hispanista, 1953.

Santos Torroella, R. «Los poetas en su dolor», «Eres tú, Concha mía, mi costumbre...», *EL*, núm. 37, 30 noviembre.

Sarmiento, E. «Considerations towards a revaluation of Unamuno. Part III: The Novel and Plays», *BSS*, XX, números 78-79, págs. 84-105.

Sciacca, M. F. «Miguel de Unamuno, il cavalieri della fede folle», *La filosofia Oggi*. Milán, págs. 144-74.

Unamuno, Miguel de. *Obra escogida*, prólogo de J. J. Domenchina. México, Centauro.
— *Perplexities and Paradoxes*, traducción inglesa de *Mi religión y otros ensayos*, por S. Gross. Nueva York, Philosophical Library.

Reseña:
García Blanco, M. *Ins*, núm. 45, 15 septiembre 1949.

Utrillo, M. «Unamuno-Utrillo, o nada más que un hombre», *EL*, 30 diciembre.

1946

Apráiz, A. de. «El malhumorismo de Goya», *RIE*, IV, páginas 477 y ss.

Arnau, R. «L'existencialisme a la manière de Kierkegaard», *Greg*, 27, págs. 63-89.

Azaola, J. M. de. «Unamuno, el mar y la música», *EspM*, número 218, 28 diciembre.

Benardete, M. J. (véase Río, Angel del).

Ciarda, J. M. *El modernismo en el pensamiento religioso de Unamuno*. Vitoria, 42 págs.

Gaos, José. *Filosofía y vida*. Cuatro ensayos (Nietzsche, Ortega, Camus y Unamuno). Barcelona, Berna, ?

García Bacca, Juan David. «Sobre el sentido de 'conciencia' en la *Celestina*», RG, VI, oct-dic.

González Caminero, Nemesio. «Unamuno y Ortega. Primeros diseños de un estudio comparativo», *MisC*, VI, páginas 235-57.

González Ruano, César. «Miguel de Unamuno», *Antología de poetas españoles contemporáneos en lengua castellana*. Barcelona, G. Gili, págs. 25-35.

Granjel, Luis Sánchez. «El instinto de perpetuación en la vida y en la obra de don Miguel de Unamuno», *MC*, VII, págs. 380-91.

Grau, Jacinto. *Unamuno, su tiempo y su España*. Buenos Aires, Ed. Alda, 196 págs. (Amplía el de 1943.)

Reseñas:

Díaz Doin, Guillermo. *Sur*, núm. 252, mayo-junio, 1958.
Rabassa, Gregory. *RHM*, XIII, 1947, págs. 288-89.

Marías, J. «Genio y figura de Miguel de Unamuno», *OC*, V. Madrid, Revista de Occidente, 1960, págs. 233-61. Y en *La filosofía española actual*. Buenos Aires, Espasa-Calpe, 1948, págs. 23-71 (versión francesa en 1954). Incluido también en *La escuela de Madrid*. Buenos Aires, Emecé, 1959.

Mesnard, P. (véase Ricard, R.).

Narbona, Rafael. «Evocación de Unamuno», *ABC*, 2 enero. Y *Car*, enero-febrero 1957.

Ontañón, Eduardo de. «Unamuno», *Arr*, 13 noviembre.

Pérez, Quintín. «Idolos en la trastienda de Unamuno. Un caso de servilismo a redropelo», *RyF*, tomo 134, páginas 133-47.

Pérez Ferrero, Miguel. «La vista en el pasado. Unamuno», *Arr*, 13 noviembre.

Quadra, Fernando. «Proyección del *Quijote* en Unamuno», *Vert*, noviembre.

REJANO, J. «Darío, Unamuno y Machado», *EspMex, ?*

RICARD, R., y MESNARD, P. «Aspects nouveaux d'Unamuno», *VIP*, II, págs. 112-39.

RICO, V. «Un instante del pensamiento unamunesco», *UMex*, Organo I, núm. 10, págs. 23-24.

RÍO, A. DEL, y BENARDETE, M. J. *El concepto contemporáneo de España. Antología de ensayos (1895-1931)*. Buenos Aires, Losada, págs. 74-82.
Reseña:
Nicol, E. *CA*, VI, núm. 5, págs. 100-22.

RIVERA VEGA, H. *Unamuno, novelista.* Tesis Univ. de Puerto Rico.

SÁINZ DE ROBLES, F. C. *Historia y antología de la poesía española en lengua castellana.* Madrid, Aguilar, páginas 197-98.

SERNA, V. DE LA. «Rito falangista en la muerte de Unamuno», *Arr*, 31 diciembre.

TARRAGÓ, A. «Unamuno y la formación del intelectual», *A*, 84, págs. 319-31.

TOVAR, A. «Unamuno, su tiempo y el nuestro», *Arr*, 31 diciembre.

UNAMUNO, MIGUEL DE. *Antología poética*, prólogo de J. M. de Cossío. Buenos Aires, Espasa-Calpe.
— *Andanzas y visiones españolas* y *Por tierras de Portugal y España*, nota preliminar de F. S. R. Madrid, Aguilar.
— *Obras selectas*, prólogo de J. Marías. Madrid, Plenitud.
— *El marqués de Lumbría*, notas de Isaza Calderón.
Reseña:
Miró, R. *RUP*, núm. 24, enero, pág. 319.

1947

ASSUNTO, R. «Don Chiscciotte, o della carità», *FL*, año II, número 6, 6 febrero.

Azaola, J. M. «Cervantes y nosotros», *BRSVAP*, IV, páginas 495-514.

Azorín. *Clásicos y modernos*. Madrid, págs. 896-914.

Baroja, Pío. *Memorias, IV*. Madrid, Biblioteca Nueva, páginas 152-66 (y en *OC*, VII).

Benito, J. de. «El sino de don Miguel», *RA*, XI, núm. 36, páginas 299-304.

Berg, Melvin L. *The culture of the United States as seen in the works of Miguel de Unamuno*. Tesis Univ. de Columbia.

Biot, Fernande. «Note sur Unamuno: l'art du roman», *Ib*, septiembre-diciembre.

Cañas Palacios, J. M. «Unamuno en la vida de Manuel Llano. El encuentro del pastor y el sabio entre los montes de Tudanca, la Tablanca de *Peñas Arriba* de J. M. de Pereda», *EspM*, CCXXV, 15 febrero.

Esclasans, A. *Miguel de Unamuno*. Buenos Aires, Juventud, 216 págs. (Ver 1941.)

Reseña:

A. A. M. «Cinco libros sobre Unamuno», *Finis*, I, octubre, 1948, fasc. 2, págs. 179-81.

Farinelli, A. «Il conflitto tragico nell'anima e nel pensiero di Unamuno», *BSS*, XXIV, págs. 117-25.

Fernández Almagro, Melchor. «La poesía de Unamuno», *Ins*, núm. 14, 15 febrero.

García Bacca, J. D. «Unamuno o la conciencia agónica». *Nueve grandes filósofos contemporáneos y sus temas*. Caracas, Imprenta Nacional, I, págs. 95-176.

García Blanco, M. «Unamuno y sus seudónimos», *BSS*, XXIV, págs. 125-32. (Reproducido en *Ins*, núm. 20, 15 agosto.)

González Caminero, N. «El quijotismo según don Miguel de Unamuno», *MisC*, VIII, págs. 225-43.

— «Presupuestos y consecuencias filosóficas del Quijote, según Unamuno», *RyF*, CXXXVI, págs. 294 y ss.

GUEREÑA, JACINTO L. «Pour un visage d'Unamuno poète», *Ib*, sept.-dic., págs. 16-18.

HOUSMAN, JOHN E. «Izaak Walton and Unamuno», *Eng*, VI (1946-47), págs. 130-33.

IGLESIA, RAMÓN. «El reaccionarismo de la generación del 98», *CA*, XXXV, núm. 5, págs. 9-122.

IGLESIAS, I. «Unamuno i Catalunya», *Cat*, XVIII, números 200-201, págs. 21-23.

INSÚA RODRÍGUEZ, R. *Miguel de Unamuno, el hombre y la obra*. Guayaquil, Colección «Literatura e idiomas», 21 págs.

IRIARTE, J. «La filosofía española y los casticistas del pre-98», *RyF*, 136, núms. 3-4 (se refiere a Clarín, Ganivet y Unamuno).

— «Unamuno o la teoría de Castilla: Misticismo agudo atemperado por el humanismo de León», *Menéndez Pelayo y la filosofía española*. Madrid, Razón y Fe, páginas 273-88.

ITURRIOZ, J. «Balmes y Unamuno. Sentido común y paradoja», *Pens*, núm. 3, págs. 295-314.

KRAUS, W. «Spanische Meditationen nach 1898», *RoF*, LX, páginas 363-79.

KRESS, FREDERICK. *A study in counterpoint: Unamuno and García Lorca*. Tesis Univ. de Princeton.

LAÍN ENTRALGO, P. «De hombre a hombre», *ABC*, 30 noviembre. (Sobre *Don Sandalio, jugador de ajedrez*.)
— *La generación del 98*. Madrid, Espasa-Calpe.

MATA, RAMIRO W. *La generación del 98*. Montevideo, Ed. Liceo, págs. 47-88.

Reseña:

González López, Emilio. *RHM*, XV, 1949, pág. 131.

MEREGALLI, FRANCO. «Introduzione a Unamuno», *BLMN*, números 5-6.

NORA, E. G. DE. *La poesía de don Miguel de Unamuno.* Tesis Univ. de Madrid.

PALENCIA, CEFERINO. *España vista por los españoles.* México, Almendros y Vila, ?

PÉREZ, QUINTÍN. *El pensamiento religioso de Unamuno frente al de la Iglesia.* Santander, «Sal Terrae», 256 páginas.

POMÉS, MATHILDE. «Sur un poéme d'Unamuno», *RLC*, XXI, páginas 601-606. (Por *El Cristo de Velázquez.*)

PRATS RAMÍREZ, CONSUELO. «La generación del 98», *CDC*, IV, páginas 45-57.

RABASSA, G. *The Poetry of Miguel de Unamuno.* Tesis Univ. de Columbia.

ROMERA, A. R. «Caricatura y anécdota en la generación del 98», *A*, LXXXVI, págs. 140-49.

SANTULLANO, L. A. «Unamuno o el deber», *ND*, XXVII, número 2, págs. 64-68.

SCHULTZ DE MANTOVANI, FRYDA. «Memorias de infancia, vibración y sentido de Unamuno», *UH*, XII, números 73-75. págs. 85-104. (Véase 1955.)

SERRANO PONCELA, SEGUNDO. «El existencialismo en la novela del siglo XX», *CDC*, ?

TOVAR, A. «Unamuno erudito y un error de Leite de Vasconcelos», *Correo*, V, núm. 34, pág. 178.

UNAMUNO, MIGUEL DE. *Il fiore dei miei ricordi*, traducción italiana de G. Beccari y prólogo de E. Fabietti. Florencia, Vallecchi.
— *Antología*, introducción de B. Jarnés. México, Secretaría de Educación Pública.
— *Antología do conto moderno*, traducción portuguesa y prefacio de J. Queiroz. Coimbra, Atlántida.
— *Abel Sánchez*, versión norteamericana en inglés con

introducción de Angel del Río y A. Agostini de Del Río. Nueva York, The Dryden Press.

Reseña:

García Blanco, M. *Ins*, núm. 40, 15 abril 1949.

— *Della dignitá umana ed altri saggi.* Milán, Bompiani.

Reseña:

Tosell, W. *QIA*, núm. 2, págs. 41-42.

Viola, R. «Unamuno y Pascoli», *Ins*, núm. 14, 15 febrero.

1948

Aguirre Ibáñez, Rufino. «Sánchez Rojas y Unamuno», *Ad*, 31 diciembre.

Alarcos Llorach, Emilio. «La interpretación de Bouvard et Pecuchet y su quijotismo», *CLit*, IV, núms. 10-12, páginas 139 y ss.

Arbor. Tomo XI, núm. 36, diciembre. Número extraordinario conmemorativo de 1898:
Aranguren, J. L. «Sobre el talante religioso de Miguel de Unamuno», págs. 485-503. (Incorporado al libro *Catolicismo y protestantismo como formas de existencia.* Madrid, Revista de Occidente, 1952.)
Bleiberg, Germán. «Algunas revistas literarias hacia 1898», págs. 465-80.
Diego, Gerardo. «Los poetas de la Generación del 98», págs. 439-48.
Juretschke, Hans. «La Generación del 98, su proyección, crítica e influencia en el extranjero», páginas 517-44.
Laín Entralgo, P. «La generación del 98 y el problema de España», págs. 417-38.
Pinillos, José L. «Unamuno en la crítica española de estos años», págs. 547-55.
Torrente Ballester, Gonzalo. «La Generación del 98 e Hispanoamérica», págs. 505-515.

Aub, Max. «El novelista Miguel de Unamuno», *EBo*, II, número 19.

AZAOLA, J. M. DE. «El humanismo en el pensamiento de Miguel de Unamuno», *BRSVAP*, IV, págs. 211-34.
— «Poesías sueltas. A don Miguel de Unamuno, bajo tierra», *Egan*, I, núm. 2, abril-mayo-junio, págs. 1-3.
— «Urquijo y Unamuno», *DV*, 11 junio.
— «Unamuno y Bolívar», *MH*, núm. 6, julio.

AZORÍN. «Bibliografía», *ABC*, 22 septiembre.

BAROJA, PÍO. «La influencia del 98», *OC*, V, págs. 1240-44.

BASAVE, AGUSTÍN. «Miguel de Unamuno. Temporalidad y esencialidad de la poesía», *NMex*, 15 diciembre. (Incluido en *Miguel de Unamuno y José Ortega y Gasset. Un bosquejo valorativo*. México, Ed. Jus, 1950, págs. 53-57.)
— «El rescate del sepulcro de Don Quijote», *Ibíd.*, 8 octubre.
— «Autenticidad», *Ibíd.*, 8 diciembre.

BENÍTEZ, HERNÁN. «Unamuno y la existencia auténtica», *RUBA*, XLIV, págs. 11-45.
— «Introducción y epílogo» a *Cartas inéditas de Miguel de Unamuno y de Pedro Jiménez Ilundain*, *RUBA*, número 8, págs. 295-377.

CARDONA PEÑA, ALFREDO. «Unamuno en América», *RA*, 10 octubre. (Reproducido en *NaMex.*)

CERNUDA, LUIS. «Tres poetas metafísicos», *BSS*, XXV, ?

CORREA CALDERÓN, E. «El costumbrismo en el siglo actual», *CLit*, núms. 10 a 12, julio-diciembre, págs. 215-30. (Incluido en *Costumbristas españoles*. Madrid, Aguilar, 1950.)

Cossío, J. M. «Niebla», *Arr*, 15 julio.

CRESCIONI, OLGA. «Apuntes sobre algunas novelas de Unamuno», *ALPR*, núm. 658, págs. 9-14 y 31-33.

CULLEN DEL CASTILLO, PEDRO. *Don Quijote en Fuerteventura*. Las Palmas, Alzola, ?

CÚNEO, DARDO. «Unamuno y el socialismo», *CA*, VII, número 3, mayo-junio, págs. 103-16.

Cuadernos de la Cátedra Miguel de Unamuno, I:
Bertrand, J. A. «Seconde morte de Don Quichotte», páginas 71-74.
Chevalier, Jacques. «Hommage à Umanuno», páginas 9-28.
Duhamel, G. «Una carta», págs. 7-8.
García Blanco, M. «Crónica unamuniana (1937-47)», páginas 103-26.
Guy, Alain. «Miguel de Unamuno, pélerin de l'Asolu», páginas 75-102.
Legendre, Maurice. «Miguel de Unamuno hombre de carne y hueso», págs. 29-55.
Pomés, M. «Unamuno et Valéry», págs. 57-70.
Reseña:
Azaola, M. de. *Egan,* núm. 4, oct-nov., págs. 27-32.

DELOGU, F. M. «Unamuno e Carducci», *QIA,* II, núm. 8, mayo-julio, págs. 208-212.

DOMENCHINA, J. J. «Semblanzas españolas: Don Miguel de Unamuno», *EspMex,* III, núm. 8, abril.

FERNÁNDEZ ALMAGRO, M. «Unamuno, poeta», *En torno al 98. Política y Literatura.* Madrid, Ed. Jordán, págs. 99-103.

FERRÁNDIZ ALBORZ, F. «Estampas españolas. Miguel de Unamuno», *DiaM,* 6 junio.

GALLEGO MORELL, ANTONIO. «Tres cartas inéditas de Unamuno a Ganivet», *Ins,* III, núm. 35, págs. 1-2 y 7.
— *Ganivet y Unamuno a 50 años de distancia.* Madrid, ?

GÁRATE, JUSTO. «Prólogo» a *El ritmo de la época.* La Plata, ?

GONZÁLEZ CAMINERO, N. «La moral del *Sentimiento trágico»,* *RyF,* 137, págs. 326-39.
— *Unamuno. La trayectoria de su ideología y de su crisis religiosa.* Comillas, Universidad Pontificia, 342 págs.
Reseña:
Simón Díaz, J. *CLit,* IV, julio-dic., págs. 313-14.

6

Laín Entralgo, P. «España como problema», *RUBA*, XLIV, número 331, cuarta época, año II, núm. 7, tomo III, páginas 89-130 (en libro Madrid, 1949).

Ledesma Miranda, R. «Pueblos análogos y distintos», *Arr*, 6 mayo.

López-Morillas, Juan. «Unamuno y sus criaturas: 'Antolín S. Paparrigopulos», *CA*, VII, núm. 4, págs. 234-49. Y en *Intelectuales y espirituales*, 1961.

Molina Vedia de Bastianini, Delfina. «Rubén Darío y Unamuno», *NBA*, 11 abril.

Ors, Eugenio d'. «Novísimo glosario: Traslados y ascensos. Las gafas de sol», *Arr*, 20 abril y 26 agosto.

Río, Angel del. «Miguel de Unamuno», *Historia de la literatura española*. Nueva York, Holt, Rinehart and Winston, II, págs. 247-64.

Rojas, Ricardo. *Retablo español*. Buenos Aires, Losada, páginas 73-84.

Romanones, Conde de. «Unamuno visita al Rey», *DomM*, 18 abril.

Sánchez Mazas, Rafael. «Muerte del tilo del arenal», *Arr*, 8 abril. (Recuerdos de Unamuno en Bilbao.)

Taire, Juan O. «Unamuno y Bolívar», *MH*, ?

Torre, G. de. *Tríptico del sacrificio: Unamuno, García Lorca, Machado*. Buenos Aires,

Reseña:

Pillement, G. *C*, VI, mayo-junio, 1954, págs. 106-107.
— «The Agony of Unamuno», *NMQ*, XVIII, págs. 141-51.

Trillas, G. «Unamuno. Lo hispano en el existencialismo», *TBo*, 25 julio.

Unamuno, Miguel de. *Il Cristo di Velázquez*, versión italiana e introducción de A. Gasparetti. Brescia, Morcelliana.

W. L. C. «Poesía unamunesca», *SBMex*, III, págs. 493-94 (sobre *El Cristo de Velázquez*).

1949

Aguirre Ibáñez, Rufino. «El ciego y su lazarillo», *GR*, 18 septiembre. (Véase *MGB, CCMU*, II, pág. 136.)

Alemán, José M. «Sintiendo a Unamuno. Un monólogo pretencioso», *USC*, núm. 15, págs. 24-50.

Alonso Fueyo, Sabino. «Existencialismo español: Ortega y Gasset, Unamuno y Xavier Zubiri», *Sait*, enero-junio.

Arístides, Julio. «Magnitud del hombre a través de su creación», *Eut*, núm. 2, julio-agosto.

Aubrun, Charles V. «Actualité de Miguel de Unamuno», *Ib*, enero-abril.

Balseiro, José A. *Blasco Ibáñez, Unamuno, Valle-Inclán, Baroja. Cuatro individualistas de España.* Prefacio de Nicholson B. Adams. Chapel Hill, The Univ. of North Carolina Press, págs. 77-119.

Reseñas:
Allison Peers, E. *MLR*, XLV, 1950, págs. 268-69.
González López, Emilio. *RHM*, XV, pág. 137.
Helman, F. *HR*, XVIII, 1950, págs. 188-90.
Molina, R. A. *Am*, 1950.
Zardoya, C. *Ins*, núm. 44, 15 agosto.

Basave, Agustín. «La novela existencial y angustiante. Historia e intrahistoria», *NMex*, 12 y 16 enero.

Benítez, Hernán. «Introducción y epílogo» a *Cartas inéditas de Miguel de Unamuno y de Pedro Jiménez Ilundain. RUBA*, núms. 9-10, págs. 89-179 y 473-533.

Reseñas:
Bataillon, Marcel. *BH*, LII, 1950, pág. 144.
Elizalde, J. *PV*, año XVIII, núm. LXIX, 1957.
— «La crisis religiosa de Unamuno», *RUBA*, núm. 9, páginas 11-88.

— *El drama religioso de Unamuno*. Buenos Aires, Instituto de Publicaciones de la Universidad, 487 págs.

Reseñas:

Brenes Jiménez, V. *RFUCR*, I, 1958, págs. 387-89.

Calle Iturrino, Esteban. *CEPV*, 20 enero, 1951.

Cardenal de Iracheta, M. *Clav*, núm. 15, 1950, páginas 576-80.

Fontán, Antonio. *AM*, núm. 6, 12 abril, 1952, páginas 12-13.

García Blanco, M. *Clav*, núm. 5, sept.-oct., 1950, páginas 71-74.

González Caminero, N. *RyF*, CXLV, núm. 648, enero 1952.

Kraus, Fritz, *TB*, 7 octubre, 1956.

L. F. V. *CH*, núm. 19, 1951, págs. 62-63.

Pemán, José M. *ABC*, 29 mayo.

Tovar, A. *CLM*, año I, núm. 9, 1 octubre, 1950.

Vivanco, Luis F. *CH*, núm. 19, 1951, págs. 151-53.

X. *MPWNN*, núm. 298, 24 diciembre, 1956.

BENITO Y DURÁN, A. «Ideario filosófico de Unamuno en la *Vida de don Quijote y Sancho*», *CEM*, III, páginas 17-34.

— «Hombres que fueron. Semblanza de Unamuno», *CastM*, núm. 1, febrero, págs. 5-7.

BERRY, FRANCES L. *An edition of Unamuno's «Amor y pedagogía»*. Tesis Univ. de Tennessee.

BLEIBERG, GERMÁN, y MARÍAS, JULIÁN. *Diccionario de Literatura Española*. Madrid, Revista de Occidente, páginas 898-901. (Cuarta edición, 1972.)

CASANOVAS, DOMINGO. «Angel, carne, idea y circunstancia: o cuatro ensayistas españoles», *CUC*, núms. 11-12, páginas 17-25. (Son Unamuno, Azorín, Ors y Ortega y Gasset.)

CLARÓS, C. N. DE. «*Miguel de Unamuno et l'université espagnole*», *TG*, 5 junio.

CLAVERÍA, CARLOS. «Unamuno y Carlyle», *CH*, núm. 10, páginas 1-37.

— «Don Miguel y la luna», *Esc*, XXI, pág. 355 y ss.

CLINE, AUDREY R. *The problem of europeanization in Unamuno*. Tesis Univ. de Brown.

COSSÍO, JOSÉ M. DE. «El cemento», *Arr*, 3 noviembre.

CÚNEO, DARDO. *Sarmiento y Unamuno*. Buenos Aires, Ed. Poseidón, 160 págs.
Reseña:
Abreu Gómez, E. *ND*, 36, 1956, págs. 78-79.
Trífilo. *HAHR*, 45, 1965 (nueva edición), págs. 152-153.

DIEGO, G. «La emoción correlativa», *Ta*, 22 noviembre (por el soneto «La sima»).

ENTRAMBASAGUAS, J. DE. «Sobre el posesivo afectivo de don Miguel de Unamuno», *MisE*, 1.ª seri , págs. 7-8.

FILIPPO, LUIGI DI. *Cinco semblanzas*. Paraná, Entre Ríos, Nueva Impresora, 76 págs. (una es la de Unamuno).

FRANCK, R. «Unamuno: Existencialism and the Spanish Novel», *Ac*, IX (análisis de *El Otro*).

GARCÍA BLANCO, M. «Notas preliminares a *Trabajos y Días*, Suplemento hispánico, núm. 11, abril-mayo.

GARCÍA CAMINO, G. «Unamuno y su inmortalidad», *AlC*, V, número 18, págs. 3-4.

GIMÉNEZ CABALLERO, E. «Amor a Portugal», ?, págs. 113-20.

GONZÁLEZ CAMINERO, N. «Miguel de Unamuno, precursor del existencialismo», *Pens*, oct-dic., págs. 425 y ss.

GONZÁLEZ RUANO, C. *Siluetas de escritores contemporáneos*. Madrid, Ed. Nacional, págs. 21-26.

GRAY, R. W. *The Religion of Unamuno. A Statistical Analysis of Sources*. Tesis Univ. de Florida.

GRILLO, MAX. «Una carta de Unamuno», *RA*, 10 julio.

GUERRA FLORES, J. A. «El pensamiento y la obra de Don Miguel de Unamuno», *CroM*, I, 1 mayo, págs. 32-33.

Lebois, A. «La révolte des personnages: de Cervantes à Raymond Schwab», *RLC*, XXIII, págs. 482 y ss.

Marías, Julián. (Véase arriba Bleiberg, G.)

Maxwell, Anita. *Miguel de Unamuno: poet.* Tesis Radcliffe College.

Montoro, Antonio. *Poética española.* Barcelona, ?

Nozick, Martín. «Unamuno, Ortega y Don Juan», *RRNY*, XL, págs. 268-74.

Onís, F. de. «Unamuno, íntimo», *CyC*, XXXV, núms. 208-10, páginas 241-60.

Parelo, Arcadio. «Aldebarán», *SC*, V, núm. 10, págs. 64-68.

Rodríguez Alcalá, Hugo. «Ortega, Baroja, Unamuno y la sinceridad», *RHM*, XV, enero-dic., págs. 107-14.

Sáinz de Robles, F. C. *Ensayo de un diccionario de la literatura.* Madrid, Aguilar, págs. 1688-96.

Sánchez Barbudo, A. «La formación del pensamiento de Unamuno. Sobre la concepción de *Paz en la guerra*», *Ins*, IV, núm. 46, págs. 1-2 y 6.

— «Una conversión 'chateaubrianesca' a los veinte años», *RHM*, XV, págs. 99-106.

— «La intimidad de Unamuno: Relaciones con Kierkegaard y William James», *ONY*, núm. 7, págs. 10 y siguientes. (Incluidos los tres artículos en *Estudios sobre Unamuno y Machado*. Madrid, Guadarrama, 1959.)

Santamaría, C. «El hombre que busca la verdad (Ensayo)», *Egan*, núm. 3, julio-sept., págs. 23-29.

Torrente Ballester, G. *Literatura española contemporánea (1898-1936)*. Madrid, A. Aguado, págs. 196-216.

Unamuno, Miguel de. *Antología poética*, versión italiana e introducción de C. Bo. Florencia, Fussi.

— *La vie de Don Quichotte et de Sancho Pança d'aprés Miguel de Cervantes, expliquée et commentée par Miguel de Unamuno*, traducción francesa de J. Babelon. Toulouse, Tallone.

Reseñas:

Kemp, R. *NL*, 12 mayo.

Vandercammen, E., *Soir B*, 10 febrero 1960.

Veres d'Ocon, E. «El estilo enumerativo en la poesía de Unamuno», *CLit*, enero-junio, págs. 115-43.

1950

Alarco, Luis F. «Miguel de Unamuno y el sentido de la existencia», *MSL*, III, núm. 9, págs. 53-64.

Alvarez de Miranda, Angel. «Unamuno ante Hispanoamérica», *CH*, núm. 13, págs. 51-74.

Baráibar, Carlos de. «En torno a las novelas de Unamuno», *A*, XXVII, núm. 301, págs. 5-21.

— «Recuerdos de la vida de Unamuno», *BIN*, año XXV, número 37, agosto, págs. 13-15.

Basave, Agustín. *Miguel de Unamuno y José Ortega y Gasset. Un bosquejo valorativo.* Prólogo de J. Vasconcelos. México, Ed. Jus, 173 págs.

Benítez, Hernán. «Nuevo palique unamuniano (Introducción a doce cartas de Unamuno a González Trilla)», *RUBA*, núm. 16, págs. 479-534.

Brion, Marcel. «Miguel de Unamuno et le 'quichottisme'», *RevP*, enero-febrero, págs. 529 y ss.

Carrasco, Cástulo. *Tres españoles y algunos más. Divagaciones de un lector con sueño.* Cáceres, Imprenta Moderna. (Contiene observaciones sobre la obra unamuniana.)

Castillo, Carmen. «En torno a las novelas de Unamuno», *A*, XXVII, núm. 301.

Clavería, Carlos. «Unamuno y la 'enfermedad de Flaubert'», *HR*, XVIII, págs. 42-62.

— «El tema de Caín en la obra de Unamuno», *Ins*, V, número 52, págs. 1-3.

Curtius, E. R. *Kritische Essays zur europäischen Literatur.* Berna, A. Francke, cap. II.

Reseña:
Marías, Julián. *ABC*, 26 julio, 1951.

FAGOAGA, ISIDORO DE. «Unamuno fue vascófilo o vascófago», *GernF*, núm. 12, julio-sept., págs. 9-16.

FERNÁNDEZ ALMAGRO, M. «Esquema de la novela española contemporánea», *Clav*, I, núm. 5, sept-oct., págs. 15-28.

GARCÍA BLANCO, M. «La Universidad de Salamanca en estos últimos cincuenta años», *GR*, 31 diciembre.
— *Miguel de Unamuno. De esto y de aquello*, I. Ordenación, prólogo y notas. Buenos Aires, Sudamericana.

GARCÍA SETIÉN, E. *Extáticos y estéticos.* Burgos, El Monte Carmelo, págs. 71-78.

GÓMEZ DE LA SERNA, R. «Unamuno en Salamanca», *SV*, VIII, número 90, págs. 20-23.

GULLÓN, R. «Inventario de medio siglo, II. Literatura española», *Ins*, núm. 58, 15 octubre.

HORTS, K. G. «Der Trum Gottes. Rücblick auf Miguel de Unamuno», *WWV*, V, págs. 508-12.

HUARTE MORTON, F. *El ideario lingüístico de Miguel de Unamuno.* Tesis Univ. de Madrid.

KASSIN, I. *The concept of 'the people' as manifested in the works of Miguel de Unamuno.* Tesis Univ. de Columbia.

KIRSNER, R. «Galdós and the generation of 1898», *HCal*, 33, páginas 240-42.

LÓPEZ-MORILLAS, JUAN. «Unamuno and Pascal; notes on the concept of agony», *PMLA*, LXV, págs. 988-1010. (Versión castellana en *Intelectuales y espirituales.* Madrid, Revista de Occidente, 1961.)

LLOSENT, E. «Exposición conmemorativa de Cristóbal Hall en el Museo de Arte Moderno», *Clav*, núm. 1, enero-febrero, págs. 59-61.

MARÍAS, J. «Presencia y ausencia del existencialismo en España», *OC*, V. Madrid, Revista de Occidente, 1960, páginas 217-31.

MASILA, HENRY. *Miguel de Unamuno's «Abel Sánchez»*. Tesis Univ. de Emory.

MEDINA, JOSÉ R. «Miguel de Unamuno, poeta», *UniC*, 30 junio.

MOTA, FRANCISCO. «Miguel de Unamuno en 1898», *Papeles del 98*. Madrid, A. Aguado, págs. 17-22.

Reseña:

J. C. *IAL*, XVIII, núm. 38, marzo, pág. 6.

NOZICK, M. «Unamuno and *La Peau de Chagrin*», *MLN*, LXV, págs. 255-56.

— «Unamuno and his God», *SAQ*, 49, págs. 332-44.

ORS, E. D'. «La santa continuación», *Arr*, 27 enero.

RODÓ, JOSÉ E. «Cartas a Miguel de Unamuno», *Num*, números 6-8, págs. 242-45.

ROIG GIRONELLA, J. *Filosofía y vida: Cuatro ensayos sobre actitudes. Nietzsche, Ortega y Gasset, Croce, Unamuno*. Barcelona, Ed. Barna.

ROSSI, GIUSEPPE CARLO. «Unamuno narratore», *Idea*, II, número 14, 2 abril.

RUIZ CONTRERAS, LUIS. *Día tras día. Correspondencia particular (1908-1922)*. Madrid, Aguilar.

SÁNCHEZ BARBUDO, A. «La formación del pensamiento de Unamuno. Una experiencia decisiva: la crisis de 1897», *HR*, XVIII, págs. 217-43. Incluido en su edición de 1974.

Reseña:

Bataillon, Marcel. *BH*, LII, págs. 144-45.

— «El misterio de la personalidad en Unamuno», *RUBA*, IV, núm. 15, julio-sept., págs. 201-54.

SANMIGUEL, M. *Miguel de Unamuno. Obras completas, IV. Ensayos*, presentación. Madrid, A. Aguado.

Reseña:

Iturriaga, M. *CLit*, VII, enero-junio, pág. 298.

SERRANO PONCELA, S. «El *dasein* heideggeriano en la generación del 98», *Sur*, 18, febrero, págs. 35-57.

SEVILLA BENITO, F. *La idea de Dios en Miguel de Unamuno.* Tesis Univ. de Madrid.

TORRE, G. DE. «Pervivencia de Unamuno», *SV*, VIII, número 88, págs. 51-52.

UNAMUNO, MIGUEL DE. *Mi Salamanca,* selección por M. G. Ramos. Bilbao, Minambres.

Reseña:

Aguirre Ibáñez, R. *GR*, 19 noviembre.
— *Madrid,* escritos de Unamuno en los diarios *El Sol* y *Ahora,* entre 1931 y 1934. Madrid, A. Aguado.

Reseña:

Fernández Almagro, M. *ABC*, 15 julio.

VALDERRAMA, C. A. *Las ideas de Ganivet y de Unamuno sobre España.* Tesis Univ. de Nueva York.

ZUBILLAGA PERERA, C. «Unamuno y Venezuela», *La voz del común.* Caracas, Avila Gráfica, págs. 57-62.

1951

ABELEDO, AMARANTO A. «Un cuáquero en la Universidad de Salamanca. Referencias de Miguel de Unamuno», *ND*, julio, págs. 24-25.

AJA, PEDRO V. «Unamuno y la inmortalidad del hombre concreto», *RCF*, II, núm. 8, págs. 25-29.

ALONSO, DÁMASO, y BOUSOÑO, CARLOS. «La correlación en don Miguel de Unamuno», *Seis calas en la expresión literaria española.* Madrid, Gredos, págs. 231-33.

AMADOR SÁNCHEZ, LUIS. «Unamuno comienza a vivir otra vez», *ND*, XXXI, núms. 1-3, octubre.

AMARILLA, LIDIA. *El ensayo literario contemporáneo*. Universidad Nacional de La Plata (Argentina), páginas 54-58.

BECERRO DE BENGOA, R. «Acción guadalupense: Guadalupe en el sentimiento de Unamuno», *AlM*, VII, núms. 47-48, págs. 21-26.

BENÍTEZ, H. «Tríplica a Antonio Sánchez Barbudo», *RUBA*, número 18, págs. 381-443.

BOUSOÑO, C. (Véase Alonso, D.)

BRENAN, G. *The Literature of the Spanish People*. Cambridge, págs. 421-27.

BROOKS, B. *Character Portrayal in the Works of Miguel de Unamuno*. Tesis Univ. de Nuevo Méjico.

CABALEIRO GOAS, M. *Werther, Mischkin y Joaquín Monegro vistos por un psiquiatra. Trilogía patográfica*. Barcelona, Ed. Apolo, págs. 217-310.

CAMÓN AZNAR, J. «Arte y artistas. Solana en la Sala Tanagra», *ABC*, 10 junio (véase *MGB*, *MUOC*, XI, pág. 44).

CARDIS, M. *El paisaje en la vida y en la obra de Miguel de Unamuno*. Tesis Univ. de Leeds (Inglaterra).

COPELAND, J. G. *Unamuno and Carlism*. Tesis Univ. de Indiana.

COROMINAS, PEDRO. «Cuando Unamuno y yo fuimos a sublevar Zamora», *Por Castilla adentro*. Madrid, Aguilar, páginas 286-93.

Cuadernos de la Cátedra Miguel de Unamuno, II:
Azaola, J. M. «El Unamuno de 1901 a 1903», páginas 13-31.
— «Las cinco batallas de Unamuno contra la muerte», págs. 33-109.
Ferdinandy, Miguel de. «Unamuno y Portugal», páginas 111-131.
García Blanco, M. «Crónica unamuniana (1948-49)», páginas 133-48.
Menéndez Pidal, Ramón. «Recuerdos referentes a Unamuno», págs. 5-12.

Reseñas del tomo II:

Cano, J. L. *Ins*, núm. 80, 15 agosto, pág. 7.
Ec. noviembre, pág. 75.
Fadda, Paola. *F*, año 5, fasc. II, abril, págs. 318-22.
(Se ocupa del tomo I.)
Huarte, Fernando. *Clav*, ? (tomos I y II).
Vázquez Zamora, Rafael. *EspT*, 28 diciembre (tomos I y II).

Díaz-Plaja, G. *Modernismo frente a noventa y ocho.* Madrid, Espasa-Calpe, págs. 155-57 y 242-45.

Egan. «Introducción» al *Cancionero* (fragmentos), núm. 3, agosto-sept., págs. 1-16.

F.F. «Un 'nuevo' Leopardi. Traducción, prólogo y notas de Diego Navarro. Los errores de Menéndez Pelayo y Unamuno», *IAL*, año VI, núm. 45, 15 noviembre, pág. 5 (Sobre las traducciones hechas del poeta italiano.)

Fole, Angel. «Una poesía de fondo trágico», *PreG*, I, páginas 78-80.

Gallo, J. P. *Unamuno and his novel «Niebla».* Tesis Univ. de Harvard.

García Bacca, J. D. «Unamuniana: De Israel a Fanuel; de luchador con Dios a vidente de Dios», *EspMex*, VI, números 19-20, pág. 35. Y 1952, VII, núms. 21-22.

García Blanco, M. «El poeta valenciano Vicente Wenceslao Querol y Unamuno», *RVF*, I, págs. 3-11.
— *Miguel de Unamuno. De esto y de aquello, II.* Ordenación, prólogo y notas. Buenos Aires, Ed. Sudamericana.
— *Miguel de Unamuno. Obras completas. De esto y de aquello.* (Prólogo, edición y notas). Madrid, A. Aguado, tomo V.

Reseñas:

Cano, J. L. *Ins*, núm. 78, 15 junio, págs. 7-8, 1952. (Por el tomo V.)
Colón, A. *EspT*, 3 febrero, 1953, pág. 3. (Por el tomo V.)

EspT, 1 junio, 1952. (Por el tomo V.)

Fernández Almagro, M. *ABC*, 1 marzo. (Por el tomo IV.)

Onís, F. de. *RHM*, XIX, 1953, págs. 108-109. (Tomos I al V.)

Rodríguez Monegal, Emir. *MMo*, año XIV, núm. 657, 30 enero, 1953. (Del I al V.)

GARCÍA CAMINO, V. G. «Crítica del *Sentimiento trágico de la vida en los hombres y en los pueblos*, de don Miguel de Unamuno», *AlC*, VII, núms. 49-53, nov-dic., páginas 47-53.

GAVEL, HENRI. «Quelques souvenirs sur Unamuno», *GernF*, número 14, enero-marzo, págs. 2-7.

GÓMEZ DE LA SERNA, R. «Camino de Unamuno», *RNC*, número 84, págs. 36-54.

GÓMEZ DE SILVA, MANOLA. *Unamuno y la vida como lucha.* México, ?

GONZÁLEZ RUANO, CÉSAR. *Mi medio siglo se confiesa a medias.* Barcelona, Ed. Noguer, págs. 255-59 y otras sueltas.

HERNÁNDEZ RIVADULLA, V. «La 'participación' de Unamuno», *Haz*, época V, núm. 5, octubre.

IDUARTE, ANDRÉS. «Unamuno y el congreso de la lengua española», *Hoy*, CXLIV, mayo, págs. 18-19.

IVIE, EDITH J. *Biblical characters in the works of Miguel de Unamuno.* Tesis Univ. de Duke.

KEYSERLING, CONDE DE. *Viaje a través del tiempo, II. La aventura del alma.* Buenos Aires, Sudamericana, páginas 161-211.

LAFUENTE FERRARI, ENRIQUE. «El retrato como género pictórico. Reflexiones ante una Exposición de retratos», *BSEE*, LV, págs. 1-36. (Por el escrito de Unamuno «En Alcalá de Henares», del libro *De mi país*.)

LANDÍNEZ, LUIS B. «Rutas y gentes. Unamuno en Torrelavega», *GR*, 14 septiembre.

Lorenzana, Salvador. «Galicia vista por Unamuno», *PreG*, número 1, abril, págs. 71-74.

MacGregor, Joaquín. «Dos precursores del existencialismo: Kierkegaard y Unamuno», *FLMex*, núms. 43-44, XXII, páginas 203-19.

Mariano, E. A. «Conceito da vida em Unamuno», *TP*, número 25.

Martín, José L. «Unamuno y Darío: Dos angustias en una», *ALPR*, núm. 832, págs. 17-18.

Maurín, Joaquín. «El quijotesco don Miguel de Unamuno», *Temas*, III, núm. 14, págs. 81-89. Y en *PP*, núm. 22, 1952, págs. 16-21.

Molina, Roberto. «En el XXV aniversario de la muerte del poeta mallorquín don Juan Alcover: Alcover y Unamuno», *Sem*, 15 mayo.

Moreno Villa, J. *Los autores como actores*. México, El Colegio de México, págs. 94-96.

Navascués, Luis J. *De Unamuno a Ortega y Gasset*. Selección de textos e introducción. Nueva York, Harper, páginas 55-60.

Reseñas:

Roberts, G. B. *MLJ*, XXXV, págs. 414-15.
Sayers, R. S. *RHM*, XVII, págs. 178-79.

Ness, Kenneth. *Selected Novels of Miguel de Unamuno*. Tesis Univ. de Columbia.

Nürnberg, Magda. *Don Miguel de Unamuno als Romanschriftsteller*. Tesis Univ. de Maguncia.

Ors, Eugenio d'. «Colegios mayores, institutos laborales», *Arr*, 8 julio.

Rabassa, Gregory. *The Poetry of Miguel de Unamuno*. Tesis Univ. de Columbia.

Ranch, E. «Sobre una carta de don Miguel de Unamuno», *BSCC*, XXVII, págs. 230-33.

Rentas Lucas, E. «El problema de la muerte en Unamuno», *ALPR*, núms. 810-11-12.

Rodríguez Moñino, Antonio. «Nota preliminar» a *Don José Lázaro (1862-1947) visto por Rubén Darío (1899) y Miguel de Unamuno (1909)*. Valencia, Ed. Castalia, páginas 17-23.

Roig Gironella, J. «Dos cartas inéditas entre Unamuno y el doctor Torras y Bages. Ambiente ideológico en que se escribieron», *Pens*, VII, núm. 27, julio-sept., páginas 355-65.

R. P. «Unamuno visto por nos», *PreG*, núm. 1, págs. 74-77.

Sacristán, José M. «Hombres malogrados. Nicolás Achúcarro», *ABC*, 19 diciembre.

Salinas, Pedro. «El 'palimpsesto' poético de Miguel de Unamuno», *NaC*, 27 septiembre. (Incluido en *Ensayos de Literatura hispánica*. Madrid, Aguilar, 1958.)

Sánchez, Luis A. «Unamuno comienza a vivir otra vez», *ND*, XXXI, núm. 4, págs. 50-53.

Sánchez Barbudo, A., y Benítez, Hernán. «La fe religiosa de Unamuno y su crisis de 1897», *RUBA*, VIII, páginas 381-443.
— «Los últimos años de Unamuno: San Manuel Bueno y el vicario Saboyano de Rousseau», *HR*, XIX, páginas 281-322.

Sanmiguel, M. «Presentación» de *Miguel de Unamuno. Obras completas*. Madrid, A. Aguado, tomo I, e «Introducción» al tomo II.
Reseñas:
Cano, J. L. *Ins*, V, núm. 60, 1950. (Por el tomo IV.)
Fernández Almagro, M. *ABC*, 17 noviembre, 1950. Y en *IAL*, núm. 38, 10 marzo, 1951, pág. 6. (Por el tomo IV.)
— *ABC*, 28 octubre. (Tomos I y II.)

Serrano Poncela, E. «Eros y la generación del 98 (Unamuno, Baroja, Azorín)», *Asom*, IV, núm., págs. 25-44.

— «Formas de expresión y método de pensamiento en Miguel de Unamuno», *Orig*, VII, núm. 26, págs. 43-56. (Incorporado a *El pensamiento de Unamuno*. México, Breviarios del Fondo de Cultura Económica, 1953.)

TORRE, GUILLERMO DE. «De Unamuno a Sartre», *PACh*, año III, 2 abril.

UGARTE, F. «Unamuno y el quijotismo», *MLJ*, XXXV, páginas 18-23.

UNAMUNO, MIGUEL DE. *The Christ of Velasquez*, traducción inglesa de E. L. Turnbull. Baltimore, John Hopkins.

Reseñas:

Bates, Margaret J. *Ren*, IV, núm. 1, otoño, páginas 85-86.
Carbonell, Reyes. *EstP*, 1953, págs. 72-73.
Castro, Américo. *ND*, XXXV, núm. 4, 1955, páginas 96-97.
Flores, Angel. *NYTH*, 12 agosto.
García Blanco, M. *Ins*, núm. 91, 15 julio, 1953.
Kerrigan, Anthony. *NMQ*, XXIV, 1954, págs. 330-40.
Rexroth, Kenneth. *NYT*, 17 junio.

— «Dos cartas inéditas a Ganivet», *RAPE*, 13, núm. 265.
— *Obras completas, I-II*, estudio epílogo de J. Ortega y Gasset. Madrid, A. Aguado.

Unamuno y Maragall. Epistolario y escritos complementarios. Barcelona, Edimar.

Reseñas y comentarios:

Castiella, Miguel A. *Dice*, año I, núm. 1, enero, 1961, páginas 4-5.
Corredor, J. M. *C*, 1960, núm. 45, págs. 81-86.
Fuster, Joan. *Verbo*, núm. 26, julio de 1952, páginas 23-31.
— *PBMex*, mayo-junio, 1953.
Garciasol, Ramón de. *Ins*, 15 julio, 1952.
Marsal, Juan F. *Alcalá*, núm. 4, 10 marzo, págs. 8-9.
Ribbans, Geoffrey. *ERBa*, IV, 1953-54 (aparecido en 1959).
— *BHS*, XXXIV, 1957, págs. 183-84.

Soldevilla, Carlos. *DBa*, 24 agosto.

Sordo, E. *RBa*, VII, núm. 325, 1958.

Tovar, Antonio. *CH*, XI, 1952, págs. 156-57.

Tristán la Rosa. *VE*, 31 julio.

UNAMUNO LIZÁRRAGA, F. DE. «Se está recogiendo el epistolario de Unamuno», *RA*, 47, 15 octubre, pág. 161.

VALLEJO NÁJERA. *Locos egregios.* ?, págs. 62-63.

YAMUNI, VERA. *Conceptos e imágenes en pensadores de lengua española.* México, El Colegio de México (Unamuno, Ortega y otros).
Reseña:
Salmerón. *CA*, 11, 1952, págs. 136-41.

1952

ABIZANDA BALLABRIGA, MANUEL. *Algunas notas sobre la generación española del 98.* Publicación de Extensión Universitaria, núm. 76, Universidad del Litoral, Argentina, 27 págs. (Hay referencias a Unamuno.)

AGUIRRE-IBÁÑEZ, RUFINO. «Ayer en la filarmónica. Emoción y anecdotario de una charla inolvidable», *GR*, 14 septiembre. (La de Victorio Macho sobre cómo modeló el busto de Unamuno, en Hendaya, en 1929.)

ALARCOS LLORACH, E. «Variantes de una poesía de Unamuno», *AO*, año II, núm. 3, sept.-dic., págs. 426-32. (Se trata de «¿El último canto?»)

ALBÉRES, RENÉ MARILL. *Miguel de Unamuno.* París-Bruselas, Editions Universitaires, 123 págs. (Versión española en 1955.)

ALONSO, DÁMASO. *Poetas españoles contemporáneos.* Madrid, Gredos, págs. 55-58.

ALVAREZ DE MIRANDA, ANGEL. «Unamuno ante Hispanoamérica», *Arr*, 12 octubre.

ARANGUREN, JOSÉ LUIS. *Catolicismo y protestantismo como formas de existencia.* Madrid, Revista de Occidente, capítulo I, tercera parte.

ARMAS AYALA, A. «Epistolario de Manuel Machado. Un poema de Unamuno no incluido en las antologías, y dos cartas», *IAL*, año VII, núm. 50, 15 abril, págs. 1, 4 y 5. (Es el poema «¡Bienaventurados los pobres!».)

BAREA, ARTURO. *Unamuno*. Yale Univ. Press, New Haven, 61 págs. (Versión española, Buenos Aires, Sur, 1959.) *Reseñas:* *BA*, primavera de 1953, págs. 147-48. Onís, F. de. *SRLit*, 4 abril, 1953. Y en *ND*, núm. 34, 1954, págs. 100-102. Reid, Kenneth S. *BHS*, XXXI, 1954, págs. 59-61. *RHM*, XX, 1954, pág. 335. Ross, Waldo. *RHM*, XXI, 1955, págs. 341-42.

BARNETT, PAT. *An edition of the Other one* [*el otro*]. Tesis Catholic Univ. of America, Washington.

BLANCO AGUINAGA, C. *Unamuno y su lengua*. Tesis México City College.
— «Unamuno, Don Quijote y España», *CA*, XI, núm. 6, páginas 204-16.

BOYER, MILDRED V. «Unamuno en su *Niebla*», *Orig*, IX, número 32, págs. 69-74.

CALZADA, JULIO DE LA. «El sentimiento de la naturaleza unamuniano», *BEIE*, segunda época, núm. 15, julio-agosto, págs. 6-8.

CALLE ITURRINO, ESTEBAN. «¿Qué revelan los libros y la vida de Unamuno?», *CEPV*, 11 febrero.

CARVALHO, JOAQUIM DE. «Marginalia. Duas cartas inéditas de Miguel de Unamuno», *RFC*, núm. 5, agosto, páginas 177-80.

CASTELLANOS, LUIS ARTURO. *Aporte escénico de novelistas españoles*. República Argentina, Universidad del Litoral, Rosario, págs. 47-54. (Sobre *El Otro* y *El hermano Juan*.)

CLAVERÍA, C. «Notas italianas en la estética de Unamuno», *HH*, págs. 117-24.

CORY, J. H. *Las guerras carlistas en la literatura contemporánea*. Tesis Univ. de Madrid.

Cuadernos de la Cátedra Miguel de Unamuno, III:
Alvar, Manuel. «Motivos de unidad y evolución en la lírica de Unamuno», págs. 19-40. (Recogido en *Acercamiento a la poesía de Unamuno*. Puerto de la Cruz, Tenerife, Universidad de La Laguna, 1964.)
Calzada, Jerónimo de la. «Unamuno, paisajista», páginas 55-80.
Cruz Hernández, Miguel. «La misión socrática de don Miguel de Unamuno», págs. 41-53.
García Blanco, M. «Tres cartas inéditas de Maragall a Unamuno», págs. 5-12.
— «Crónica unamuniana (1950-51)», págs. 80-104.
Rossi, Giusepe C. «Apuntes sobre bibliografía unamuniana en Italia y Alemania», págs. 13-18.

CHABÁS, JUAN. *Literatura Española Contemporánea: 1898-1950*. La Habana, Cultural, págs. 40-68.

CHICHARRO DE LEÓN, J. «Les idées génerales d'Unamuno», *CLing*, núm. 10, págs. 18-26.
— «Temas unamunianos, I. El sentimiento de la naturaleza», *PreP*, año I, núm. 2, mayo, págs. 5-11.

DEL GRECO, ARNOLD. *Giacomo Leopardi in Hispanic Literature*. Nueva York, Vanni, ?

Reseña:
Van Horne, John. *HR*, XXII, 1954, pág. 80.

DUHAMEL, G. «Unamuno», *RP*, LIX, núm. 12, págs. 10-14.

DUJOVNE, LEÓN. «El existencialismo y su visión de la historia», *NBA*, 21 septiembre.

ERKIAGUIRRE. «Euskararen hel-oihua: Unamuno zuzen othe zegoan?», *GernF*, núm. 18, enero-marzo, págs. 39-41.

FLORES KAPEROTXIPI, M. «Unamuno también pintaba, pero prefería el dibujo porque el color quedaba en la tela y en su traje», *RaBA*, 21 junio.

FONTÁN, A. «Unamunismo y Unamuno», *AM*, núm. 6.

FRAZZI, V. Su ópera sobre Don Quijote utiliza el comentario de Unamuno, *QIA*, núm. 12, junio, pág. 255.

GAMALLO FIERROS, D. «Maeztu y su generación», *CLM*, número 162, 15 diciembre.

GARCÍA BLANCO, M. «Clarín y Unamuno», *AO*, II, núm. 1,
enero-abril, págs. 113-39.
— «Un poema olvidado de Unamuno y una carta inédita de Antonio Machado», *CUC*, núm. XXXIV, noviembre-diciembre, págs. 59-70.
— «Las moradas salmantinas de don Miguel de Unamuno», *GR*, 1 enero.
— *Don Miguel de Unamuno y la lengua española*. Discurso inaugural del curso académico 1952-53 en la
Universidad. Salamanca, 60 págs.

Reseñas:

Chicharro de León, J. *CLing*, año II, febrero, 1953,
página 20.
Fagoaga, Isidoro de. *GBA*, núm. 22, enero-marzo,
1953, págs. 55-56.
Falcone, Pompeo. *Idea*, año V, núm. 10, 8 marzo
1953.
Ribbans, Geoffrey. *ERBa*, V, 1955-56, págs. 169-70.

GARCÍA MARTÍ, VICTORIANO. «Los retratos del Ateneo. Don
Miguel de Unamuno», *AM*, núm. 9, 24 mayo.

GAYA NUÑO, JUAN A. «Saludo y bienvenida a Victorio Macho», *Ins*, núm. 79, 15 julio, pág. 9.

GÓMEZ DE LA SERNA, R. «Poetas de la acción: don Miguel
de Unamuno», *LBA*, núm. 3, págs. 4-5.

GONZÁLEZ CAMINERO, N. «Las dos etapas católicas de Unamuno, entrevistas documentadas por Hernán Benítez», *RyF*, CXLVI, sept.-oct., págs. 210-39.
— «¿Qué es Unamuno? Evolución de la crítica en torno
a su actitud religiosa», *RyF*, XLV, págs. 230-38.

GOTI, LEO. «Unamuno y el vascuence», *BIAEV*, ?, páginas 155-64.

GR, «Vida anecdótica de Unamuno», 1 enero.

GRAU, JACINTO. «Españoles de siempre: Miguel de Unamuno», *DH*, 9 marzo.

GURMÉNDEZ, CARLOS. «Crónica de París. La temporada teatral. Los antecedentes de Calderón y de Unamuno. El problema de la existencia de Dios en los 'autos sacramentales modernos'», *IAL*, núm. 29, 15 marzo, páginas 7-8.

HARRIS, MARY T. *La técnica de la novela en Unamuno*. Tesis Wellesley College.

HERNÁNDEZ RIVADULLA, V. «Miguel de Unamuno visto por un niño», *Alcalá*, núm. 4, 10 marzo.

HUARTE MORTON, FERNANDO. «Tres vocablos de Unamuno: 'chibolete', 'cocotología', 'nivola'», *AO*, I, págs. 171-76.

IRANZO, J. E. «Unamuno y el vascuence», *GBA*, núms. 18-20, enero-marzo y julio-sept., págs. 29-31 y 177-80.

JARNÉS, B. «Los intérpretes de España», *QIA*, II, núm. 12, junio, págs. 182-86. (Corresponde a una conferencia pronunciada en Limoges en 1939.)

LARANJEIRA, MANUEL. «Páginas do diario intimo», *SNL*, XXXI, núms. 1258-59, agosto, págs. 124-25.

LÁZARO ROS, AMANDO. «Unamuno, filósofo existencialista», en el libro de Marjorie Grene, versión española, *El sentimiento trágico de la existencia (Existencialismo y existencialistas)*. Madrid, Aguilar, págs. 201-285.

Reseña:

Arrufat, A. *Ciclón*, núm. 3, 1955, págs. 49-51.

LEAL, L. «Unamuno y Pirandello», *It*, XXIX, págs. 193-99.

LILLI, FURIO. *Retornando de Miguel de Unamuno*, República Argentina, Publicaciones de la Universidad Nacional del Litoral, Santa Fe, 24 págs.

M. S. «Este donquijotesco don Miguel de Unamuno», *Tau*, número 1, marzo-abril, pág. 2.

MACE, CARROLL E. *A Study of Cervantine appearance and reality in Unamuno and «Azorín».* Tesis Univ. de Tulane.

MACKAY, JOHN A. «Prólogo» a la versión inglesa *Poems*, traducción de Eleanor L. Turnbull. Baltimore, The John Hopkins Press.
Reseñas:
Allison Peers, E. *BHS*, XXIX, pág. 70.
García Blanco, M. *Ins*, núm. 91, 15 julio 1953.
Lasser, Alejandro. *ND*, XXXV, núm. 1, 1955, páginas 96-97.

MACRÍ, ORESTE. «Introducción» a su versión italiana *Poesia spagnola del novecento.* Parma, Guanda.

MARCOS LÓPEZ, F. «En torno a don Miguel de Unamuno», *AlM*, VIII, núm. 62, págs. 22-26.

MARSAL, J. F. «Del africanismo de Unamuno», *EsBa*, marzo, págs. 1-3.

MEOLA, R. C. *Unamuno e Italia.* Tesis Univ. de Columbia.

MITXELENA, E. «Unamuno omen andizalea», *EG*, núms. 7-8.

NORTON, R. W. *The Concept of the tragic of Kierkegaard and Unamuno.* Tesis Univ. de Illinois.

PABÓN, J. «El 98, acontecimiento internacional». Madrid, Escuela Diplomática, 95 págs.

PARÍS AMADOR, CARLOS. «Actitud de Unamuno frente a la filosofía», *CH*, X, núm. 29, mayo, págs. 172-82.
— «El pensamiento de Unamuno y la ciencia positiva», *Arbor*, XXII, págs. 11-23.

PAUCKER, ELEANOR K. *Unamuno, Critic of Spanish American Literature.* Tesis Univ. de Pennsylvania State.

PITOLLET, CAMILLE. «Autres souvenirs sur Miguel de Unamuno», *GBA*, XX, julio-sept., págs. 185-88.
— «De mis memorias», *BBMP*, XXVIII, págs. 60-98.

RAMOS, H. DA SILVA. «Don Miguel de Unamuno y Jugo», *Inv*, IV, núm. 45, págs. 87-98.

REIS, MARÍA M. AFONSO DOS. *O homen en Miguel de Unamuno*. Tesis Univ. de Coimbra.

RIBBANS, G. W. «Una nota sobre el teatro de Bécquer», *RFEsp*, XXXVI, págs. 122-26. (Sobre el argumento de *Niebla*.)

RIDRUEJO, DIONISIO. «Unamuno ante Cataluña», *RBa*, 9 octubre, pág. 3.

ROCAMORA, PEDRO. «Unamuno, entre la contradicción y la fe», *ABC*, 6 febrero.

SALCEDO, EMILIO. «Clarín, Menéndez Pelayo y Unamuno», *Ins*, núm. 76, 15 abril.

SAN JUAN, JOSÉ M. «Correo de Bilbao», *CLM*, núm. 46, 15 abril. (Sobre el Bilbao de Unamuno.)

SEVILLA BENITO, FRANCISCO. «La idea de Dios en don Miguel de Unamuno», *RFM*, XII, núm. 42, págs. 473-495. (Extracto de la tesis doctoral de 1950.)

SMITH, WILLIAM J. «Irreducible Spaniard», *NYT*, 21 diciembre.

SEIDERMAN, MARRIS. *Miguel de Unamuno: a study of «Paz en la guerra»*. Tesis Univ. de Columbia.

THEZEVANT, FRED H. *El tema de la maternidad en Unamuno, Valle-Inclán y García Lorca*. Tesis Univ. de México.

TORGA, M. *Poemas ibéricos*, Coimbra, ?

TREND, J. B. *Unamuno*. Oxford, Dolphin Book, 20 págs.

TRIGUEROS DE LEÓN. «Unamuno y Darío», *DH*, 27 abril.

UNAMUNO, MIGUEL DE. *Pace nella guerra*, versión italiana de G. Beccari con prólogo de Carlo Bo. Florencia, Vallecchi.

Reseñas:
CIR, marzo, págs. 269-70.
Pavoni, G. *AIt*, 28 marzo.

ZABALA, PEDRO. Sobre la etimología del apellido Unamuno, *BRSVAP*, núm. 4, pág. 461 (véase *MGB*, *CCMU*, V, páginas 189-90).

1953

AGUIRRE IBÁÑEZ, R. «La casa-museo de Unamuno», *GR*, 13 septiembre.

ALCORTA, J. IGNACIO. «El existencialismo, filosofía del pecado original», *CH*, núm. 41, págs. 169-78.

ALONSO FUEYO, SABINO. *Filosofía y narcisismo. En torno a los pensadores de la España actual.* Valencia, Guerri, págs. 174-84.

ARANGUREN, JOSÉ L. «También entre los libros anda el Señor», *CLM*, año V, núm. 65, 1 febrero, pág. 2.
— «Unamuno y los católicos», recogido en *Catolicismo día tras día*. Barcelona, Ed. Noguer, 1955.

ARDAO, ARTURO. «Unamuno y el protestantismo uruguayo del 900», *MMo*, diciembre.

AZAOLA, J. M. DE. «Unamuno et l'Existencialisme», *VIP*, XXIV, págs. 31-49.

BENÍTEZ, HERNÁN. «Razón y fe», *RUBA*, XIII, págs. 11-38.

BENITO DURÁN, ANGEL. *Introducción al estudio del pensamiento de Unamuno. Ideario filosófico de Unamuno en la «Vida de Don Quijote y Sancho».* Granada, 232 págs.
Reseñas:
A. H. *Ver*, núm. 21, pág. 38.
Ares Montes. *ACerv*, III, pág. 405.
Láscaris, Constantino. *RFM*, XIII, 1954, págs. 187-88.
Mostaza, Bartolomé. *Ya*, 18 febrero.

BARBOANA, J. «Unamuno y sus retratos», *GBA*, págs. 224-25.

BLANCO AGUINAGA, CARLOS. «Interioridad y exterioridad en Unamuno», *NRFH*, VII, págs. 686-701.

BO, CARLO. «Unamuno poeta e romanziere», *Reflessioni critiche*. Florencia, Sansoni, págs. 419-42.

CÁCERES, ESTHER DE. «A diecisiete años de la muerte de Unamuno. Una evocación de su vida y su obra», *PaisMo*, 31 diciembre.

CALZADA, JULIO DE LA. «Temas unamunianos. El tema de la vida. *Rosario de sonetos líricos*», *BEIE*, núm. 17, enero-marzo, págs. 3, 7 y 8.
— «Temas unamunianos. Notas sobre la muerte. *Rosario de sonetos líricos*», Ibíd., núm. 18, abril-junio, páginas 6-7.
— «La fe y la duda», *Ibíd.*, núm. 19, julio-sept., págs. 6-7.

CAMÓN AZNAR, JOSÉ. «El lago de Sanabria y Unamuno», *ABC*, 15 marzo.

CANO, JOSÉ LUIS. «Rubén y Unamuno», *Clav*, núm. 23, abril, páginas 18-22. (Incluido con adiciones en *Poesía española del siglo XX. De Unamuno a Blas de Otero*. Madrid, Guadarrama, 1960, págs. 15-27.)

CLAVERÍA, CARLOS. *Temas de Unamuno*. Madrid, Gredos, 157 págs.

Reseñas:

A. S. M. *CLM*, núm. 1, mayo, 1954.
Bayona Posada, N. *Thes*, 1955-56, págs. 310-13.
Blanco Aguinaga, C. *NRFH*, VIII, 1954, págs. 430-32.
Cano, J. L. *Ins*, núm. 96, 15 diciembre.
E. S. *BHS*, XXX, pág. 123.
Fernández Almagro, M. *ABC*, 6 septiembre.
Giberstein, R. L. K. *RFUCR*, I, 1958, págs. 181-82.
Groult, P. *LR*, 10, 1956, págs. 459-61.
Gutiérrez Girardot, R. *BolBo*, I, págs. 987-90.
Huarte, Fernando. *AO*, III, págs. 423-25.
Juretschke, H. *Arbor*, XXVI, págs. 164-65.
Lascaris, C. *RIE*, XI, págs. 402-403.
López-Morillas, J. *HR*, XXIII, 1955, págs. 146-48.
Marichal, Juan. *RHM*, XXII, 1956, págs. 37-39.
Pott, M. *RoF*, LXVIII, 1956, págs. 229-33.
Predmore, Richard L. *RRNY*, XLVI, 1955, págs. 303-304.
Reid, K. S. *MLR*, XLIX, 1954, pág. 549.

Ribbans, G. W. *ERBa*, IV (1953-54), págs. 351-53. (Aparecido en 1959.)

Riquer, Martín de. *RBa*, año II, núm. 56, mayo.

Valbuena Briones, A. *Clav*, núm. 21, mayo-junio, página 78.

Weinrich, ·H. *ASS*, 192, 1955, págs. 360-161.

CRUZALEGUI, J. L. «Contrapuntos. Zuloaga y Unamuno asidos al vehículo de Castilla», *GBA*, núm. 23, abril-junio, págs. 108-110.

Cuadernos de la Cátedra Miguel de Unamuno, IV:

Beccari, Gilberto. «Unamuno e l'europeizzacione», páginas 5-8.

Cardis, Marianne. «El paisaje en la vida y en la obra de Miguel de Unamuno», págs. 71-83.

Catalán, Diego. «'Aldebarán' de Unamuno», páginas 43-70.

Reseñas:

Clavería, Carlos. *CH*, núm. 56, agosto, págs. 255-56, 1954.

Chacón y Calvo, José M. *DMH*, 23 mayo, 1954.

García Blanco, M. «Crónica unamuniana (1952-54)», páginas 85-105.

Pitollet, Camille. «Notas unamunescas por el decano de los hispanistas franceses», págs. 9-42.

Reseña:

Larrieu, Robert. *BAEESET*, abril 1954. Y en *LM*, 1954, págs. 358-59.

Reseñas de CCMU:

Meyer, F. *BH*, LV, núms. 3-4, págs. 434-35. (Tomo III.)

Ricard, R. *BH*, LV, núms. 3-4, pág. 434. (Tomo III.)

Riquer, Martín de. *RBa*, año II, núm. 70, agosto, página 10. (Tomos I, II y III.)

Rossi, Carlo. *Idea*, 1 marzo, pág. 3. (Tomos I, II y III.)

CHICHARRO DE LEÓN, J. «Recreations grammaticales. La Langue d'Unamuno», *CLing*, núms. 11 y 13, febrero y junio, págs. 13-15 y 15-19.

DAMARAU, N. G. *Mysticism in Some Selected Works of don Miguel de Unamuno y Jugo*. Tesis Southwest State Teachers College, San Marcos, Tejas.

Díaz-Plaja, G. «Martí y Unamuno», *Ins*, núm. 89, 15 mayo (por los «Versos libres» de Martí). Incluido en *Defensa de la crítica y otros ensayos*. Barcelona, Barna, 1953, págs. 181-90.

Diego, G. «Fray Luis y Don Miguel», *NU*, 28 septiembre.

Díez Mateo, F. «De cómo don Miguel de Unamuno murió católico», *BolBo*, núm. 25, págs. 803-19.

Frénal, S. *Recherches sur le style de Miguel de Unamuno dans les descriptions de paysage*. Tesis Univ. de París.

García Blanco, M. «Versiones italianas de las obras de Unamuno», *QIA*, II, núm. 13, febrero, págs. 269-73.
— Resumen de la conferencia sobre «Italia y Unamuno», *CC*, año III, fasc. 2, abril, págs. 114-15.
— «Recuerdos de Ramón y Cajal en Unamuno», *BAE*, XXXIII, págs. 7-18.
— «El entusiasmo de Unamuno por algunos líricos ingleses», *AL*, I, núm. 3, julio, págs. 144-48.
— «Nota a 'Variantes de una poesía de Unamuno'», *AO*, III, mayo-agosto, págs. 233-35. (Véase Alarcos Llorach, 1952.)
— «Una carta inédita de Rodó a Unamuno», *CUC*, XXXVIII-XXXIX, julio-oct., págs. 73-84.
— «La 'Oda a Salamanca' de Unamuno (Historia de una poesía)», *RBa*, II, núm. 79, 21 octubre.
— «A propósito del drama *Soledad* de Unamuno», *RBa*, año II, núm. 85, 2 diciembre.
— *Miguel de Unamuno. De esto y de aquello, III*. Ordenación, prólogo y notas. Buenos Aires, Ed. Sudamericana.
Reseña:
C. P. S. *C*, 4, enero-febrero 1954.

García Luengo, Eusebio. «Unamuno, O'Neill y los géneros literarios», *RBa*, año II, núm. 81, 24 octubre al 3 noviembre, pág. 11.
— «Teatro. *Soledad*, de Unamuno drama inédito», *IAL*, números 68-69, oct-nov., págs. 27 y ss.

GÓMEZ DE LA SERNA, R. «Unamuno y Salamanca», *Lyra*, año X, núms. 122-24, diciembre.
— «La vida como sueño en Calderón y Unamuno», *CUC*, núm. 40.
— «Sobre Salamanca», *EspBA*, año XVII, núm. 123, septiembre-octubre, págs. 12-13.

GOYANES CAPDEVILLA, JOSÉ. «Con don Miguel de Unamuno y sus amigos y adversarios», *GME*, XXVII, páginas 472-73, 495-97, 570-72, y en 1954, XXVIII, páginas 10-11, 56-57 y 84-86.

GRANJEL, LUIS S. «Patografía de Unamuno», *IML*, año XVII, noviembre, págs. 663-71.

HUARTE MORTON, F. «La reforma de la ortografía: Unamuno», *Clav*, núm. 22, julio-agosto, págs. 51-55.

KIRBY, KENNETH N. *Unamuno and language*. Tesis Univ. de Texas.

KIRSNER, R. «The novel of Unamuno. A study on creature determinism», *MLJ*, XXXVII, págs. 128-29.

LAÍN ENTRALGO, P. «Nuevo retablo de la generación de 1898. Existencia y límites. Ante el problema de España. Como suceso literario», *RBa*, año II, núm. 53, abril, páginas 10-11.

LANGER, S. K. *Feeling and Form*. Nueva York, Ch. Scribner's Sons, pág. 351.

MACHARI. «Los vascos en Venezuela. Lo que Unamuno quería», *DB*, 29 septiembre.

MALDONADO DE GUEVARA, FRANCISCO. «Unamuno y el verso alejandrino», *RLit*, IV, págs. 383-86.

MARÍAS, JULIÁN. «Guerra en la Paz», *ABC*, 8 mayo. (Relaciona *Paz en la guerra* con *Los cipreses creen en Dios*.)
— *Miguel de Unamuno*. 2.ª edición. Buenos Aires, Emecé.
Reseñas:
Kubitz, O. *PPR*, XV, 1954-55, pág. 335.
TL, 17 septiembre 1954.

— «Lo que ha quedado de Miguel de Unamuno», *OC*, V. Madrid, Revista de Occidente, 1960, págs. 263-76 (conferencia pronunciada en la Cátedra Pío XII, de Bilbao). Y en *NBA*, 30 mayo 1954 (recogido también en *Al margen de los clásicos*, 1966). Asimismo en *La escuela de Madrid*. Buenos Aires, Emecé, 1959.

MARICHAL, JUAN. «Unamuno y la agonía de Europa», *BALit*, número 6, marzo, págs. 5-16.

— «La voluntad de estilo de Unamuno y su interpretación de España», *CA*, núm. 3, mayo-junio, págs. 110-119. (Recogido en *La voluntad de estilo*. Barcelona, Seix Barral, 1957.)

MARSHALL, ENRIQUE L. «Unamuno, intérprete de Dulcinea», *RNC*, XIV, núm. 97, págs. 60-66.

MÉNDEZ BENÍTEZ, ELIO. «Unamuno y Whitman», *Pano*, número 9, ?

MICHEL, RAOUL P. «Notice biographique», en la versión de *En torno al casticismo*. París, F. Nathen.

ONÍS, FEDERICO DE. *Miguel de Unamuno. Cancionero. Diario poético*. Edición y prólogo. Buenos Aires, Losada.

Reseñas y comentarios:

Arciniegas, Germán. «1.755 canciones. Un libro único en la lengua española», *TBo*, 14 febrero, 1954.

Ayala, Juan A. «El *Cancionero* de Miguel de Unamuno», *CSS*, núm. 1, 1955, págs. 78-87.

Babin, María T. *Torre*, año II, núm. 5, enero-marzo, 1954, págs. 129-36.

Benítez, Hernán. *Lyra*, año X, núms. 122-24, diciembre.

Bergamín, J. *NaC*, 15 febrero 1954.

Bernádez, Francisco L. *CBA*, XXVI, págs. 1.032-33.

Cano, J. L. *Ins*, núm. 98. (Incluido en *De Machado a Bousoño. Notas sobre poesía española contemporánea*. Madrid, Insula, 1955, y en *Poesía española del siglo XX. De Unamuno a Blas de Otero*. Madrid, Guadarrama, 1960.)

Clariana, Bernardo. *RHM*, XXI, 1955, págs. 23-32.

García Blanco, M. *CCMU*, V, 1954, págs. 195-97.

García Morejón, J. *DSP*, 1 octubre, 1954.

Landa, Rubén. *NBA*, 7 noviembre, 1954. Y *CA*, XIV, número 3, 1955, págs. 257-66.

M. H. R. *NoBA*, IV, núm. 6, 1954, págs. 143-44.

Martini, Raymond. *SB*, 17 abril 1954.

Paseyro, Ricardo. *LNP*, año V, núm. 46, febrero 1957, páginas 262-74.

Salcedo, Emilio. *Mont*, núm. 2, junio 1955, pág. 35.

TL, 17 septiembre 1954.

OROMÍ, MIGUEL. «Cuestión personal con Unamuno», *RBa*, número 42.

PaisMo, «Unamuno en el Uruguay». Cinco conferencias, 18 diciembre en adelante.

PEMARTÍN, JOSÉ. «Análisis y superación del 98», *ABC*, 16 mayo.

PEREIRA RODRÍGUEZ, J. «En torno a las cartas inéditas intercambiadas entre Miguel de Unamuno y Zorrilla de San Martín. A propósito de *Tabaré* y *La Epopeya de Artigas*», RNMo, LX, núm. 178, octubre.

PÉREZ FERRERO, MIGUEL. «*Soledad* en el Teatro de Cámara», *ABC*, 17 noviembre.

PÉREZ MINIK, DOMINGO. *Debates sobre el teatro español contemporáneo*. Santa Cruz de Tenerife, Goya, páginas 117-20.

PILDAIN Y ZAPIAIN, A. D. *Miguel de Unamuno, hereje máximo y maestro de herejías*. Carta pastoral. Las Palmas, Gran Canaria, 16 págs.

PORTILLO, LUIS. «Unamuno's Last Lecture», *The Golden Horizon*. London, C. Connolly. Y en *Alienation, The Cultural Climate of Modern Man*, II, edición de G. Sykes. Nueva York, G. Braziller, 1964, págs. 942-48.

RAMIS ALONSO, MIGUEL. *Don Miguel de Unamuno. Crisis y Crítica*. Murcia, Aula, 316 págs.

Reseñas:

Alejandro, J. M. *Pens*, X, 1954, págs. 336-38.

Alvarez Turienzo, S. *CiD*, CLXV, págs. 608-609.
Britz, Miguel A. *VV*, XII, 1954, pág. 441.
C. L. S. S. *Scri*, V, 1954, págs. 105-106.
Dolc, Miguel. *Arg*, V, 1954, pág. 95.
Dollo, Corrado. *Sophia*, XXIII, 1955, págs. 121-22.
Morón, Guillermo. *RNC*, CX, 1955, pág. 192.
Muñoz Alonso, A. *CLM*, núm. 75, pág. 5.
Soerensen Silva, Elsa. *SBA*, IX, 1954, págs. 145-48.

RODRIGO, JOAQUÍN. «Música para un códice salmantino». Cantata oída por vez primera en el acto académico del 12 de octubre, en la Universidad de Salamanca. (Editada con el título *Joaquín Rodrigo. Música para un códice salmantino sobre letra de Miguel de Unamuno*. Universidad de Salamanca, 1954, 40 págs.)

Reseñas:

Cubiles, J. A. *Ju*, 24 septiembre.
Franco, Enrique. *Haz*, núm. 16, 15 enero 1954. Y en *MM*, núm. 7, enero-marzo 1954, págs. 107-109.
Gomá, E. G. *Lev*, 10 mayo, 1955.

RODRÍGUEZ DE RIVAS, MARIANO. «La experiencia teatral de don Miguel de Unamuno», *CLM*, núm. 71, 1 mayo, páginas 8-9.

RUNCINI, ROMOLO. *Idealità e Realità nel pensiero di Miguel de Unamuno*. Tesis Univ. de Nápoles.

SÁINZ DE ROBLES, F. C. *Ensayo de un diccionario de Literatura*, II, 2.ª edición, págs. 1123-27. Madrid, Aguilar.

SALCEDO, EMILIO. «Casi al final. (Al margen de una carta inédita de Unamuno)», *Ins*, núm. 88, 15 abril.
— «Eco y silencio de Goethe en Unamuno», *RBa*, año II, núm. 65, 9 al 15 julio.
— «Con María de Unamuno a su regreso de América», *GR*, 9 agosto.

SÁNCHEZ DE OCAÑA, RAFAEL. «Todo un hombre», *NBA*, 25 enero.

SENDER, RAMÓN J. «Unamuno o el vasco trascendental», *DH*, 29 marzo.

Serrano Poncela, S. *El pensamiento de Unamuno*. México, Fondo de Cultura Económica, 265 págs.

Reseñas:

Blanco Aguinaga, C. *NRFH*, VIII, 1954, págs. 430-32.
Cano, J. L. *Ins*, VIII, núm. 93, 15 septiembre.
Carpio, A. P. *Torre*, I, núm. 1, págs. 189-92.
Iglesias, Ignacio. *C*, IV, enero-febrero 1954, páginas 101-102.
Iriarte, J. *RyF*, CLI, 1955, págs. 316-17.
Lizalde, E. *UMex*, VIII, núm. 4, 1953-54.
Morón, Guillermo. *RNC*, XVII, núm. 109, 1955, páginas 341-42.
Ross, Waldo. *RHM*, XXI, 1955, págs. 431-32.
Vandercammen, Edmond. *SoirB*, 20 febrero 1954.
— «Eros y la Generación del 98» (Unamuno, Baroja, Azorín), *Asom*, 7-8, págs. 25-44.

Sevilla Benito, F. «El sufrimiento, como atributo de la divinidad, en la filosofía de don Miguel de Unamuno», *Norma*, núm. 1, segunda época, nov-dic., páginas 14-15.

Solano Salvatierra, Nerina. «En torno a *Del sentimiento trágico de la vida*», *FLCR*, año I, núm. 1, oct.-dic., páginas 10-11.

Stevens, Rosemary Hunt. *Unamuno and the Cain and Abel theme*. Tesis Radcliffe College.

Torre, Guillermo de. «El Cancionero póstumo de Unamuno», *Sur*, núm. 222, mayo-junio, págs. 48-64. Y parcialmente en *Ins*, núm. 87, 15 marzo.
— «Más en torno a Unamuno», *NCh*, 5 noviembre.
— «Soliloquios de Unamuno», *RA*, XXVII, año XV, número 647, 19 agosto, págs. 104-107.

Trapnell, Emily A. *Unamuno's theory and practice of the novel*. Tesis Univ. de Duke.

Unamuno, Miguel de. *La tragedia del vivere umano*, traducción italiana de P. Pillepich. Milán, Dall'Oglio (colección de ensayos unamunianos).

Reseña:

Scalero, L. *Car*, año III, núm. 11, págs. 97-99.
— *Poesías hogareñas.* Salamanca, II Congreso de Poesía.

Reseña:

Aguirre Ibáñez, R. *GR*, 7 julio.
— *Anthologie*, versión francesa y prefacio de L. Stinglhamber. París, P. Sephers.

Reseñas:

García Blanco, M. *Ins*, núms. 100-101, 30 abril 1954.
Martini, R. *SB*, 17 abril 1954.
Vandercammen, E. *ARB*, 13 febrero 1954.

VALVERDE, J. M. DE. «Notas sobre la poesía de Unamuno», *BolBo*, núm. 23, págs. 375-88. Y en *ASal*, X, núm. 2, 1956, págs. 229-39.
— «Sobre la crisis del 'género' en nuestra literatura. Un nuevo concepto. Unamuno y las obras de Baroja», *IAL*, VIII, núm. 60, pág. 9 (se refiere a *La tía Tula* y a *Niebla*).

1954

ALBORNOZ, ALVARO DE. «Galdós y Unamuno», *Semblanzas españolas.* México, págs. 217-19.

ANDERSON-IMBERT, E. «Aleixandre, Rubén Darío y Unamuno», *Sur*, núm. 30, págs. 100-101. Incluido en *Los grandes libros de Occidente y otros ensayos*. México, Andrea, págs. 306-308.

ARANGUREN, J. L. *Catolicismo día tras día.*
— «La actitud ética y la actitud religiosa», *CH*, núm. 54, junio.

BARROWS Y SHELDON, CH. *El teatro de Unamuno.* Tesis Univ. de Madrid.

BECCARI, G. «Il sogno europeo di Miguel de Unamuno», *SIF*, año 69, núm. 2, febrero.

BEONIO-BROCCHIERI, V. «Un sacrario dell'umanesimo a Salamanca», *CSR*, 6 febrero. (Sobre la poesía «Es de noche en mi estudio».)

BLANCO AGUINAGA, C. *Unamuno, teórico del lenguaje*. México, Fondo de Cultura Económica, 128 págs.

Reseñas:

Cisneros, J. L. *MP*, 37, 1956, págs. 505-508.
Devoto, D. *BH*, 58, 1956, págs. 383-84.
Fernández Almagro, M. *Clav*, núm. 37, enero-febrero 1957, págs. 77-78.
Hope, T. E. *MLR*, 51, 1956, págs. 286-87.
Juan, C. de. *C*, núm. 14, sept-oct., 1955, págs. 106-107.
López-Morillas, J. *HR*, XXVI, 1958, págs. 149-51.
Meyer, F. *RLC*, XXXI, 1957, pág. 131.
Parker, K. M. *BA*, 29, 1955, pág. 455.
Xirau, R. *NRFH*, 1956, págs. 80-81.

CALTOFEN, R. «Miguel de Unamuno der Mann, welcher Loyola, Pascal und Kierkegaard ward und der Romane schrief», *WS*, XXIII, págs. 145-51.

CALZADA, JULIO DE LA. «Temas unamunianos. La jovialidad de Unamuno. *Rosario de sonetos líricos*», *BEIE*, número 21, enero-marzo, pág. 8.
— «Temas unamunianos. El ocaso: nota agónica. *Rosario de sonetos líricos*», *Ibíd.*, núm. 22, segunda época, abril-junio, págs. 7-8.

CAPORALI, RENATO. «Esistenzialismo di Unamuno», *Car*, año IV, núm. 13, enero-febrero, págs. 19-20.

CARBALLO PICAZO, A. «El ensayo como género literario. Notas para su estudio en España», *RLit*, V, núms. 9-10, páginas 141-44.

CARRIÓN, B. *San Miguel de Unamuno y otros ensayos*. Quito, Casa de la Cultura, págs. 21-70.

Reseñas:

Guerra Iñiguez, D. *UniC*, 6 marzo 1959.
Jones, W. K. *BA*, XXX, 1956, págs. 432-33.
L. L. *Inter*, VI, núm. 1, 1955, pág. 21.

López, M. E. *Ars*, núm. 8, enero-dic., 1957, págs. 79-80.
Morales, A. *LE*, IX, núms. 90-92, 1954, págs. 3-4 y 23.
Moreno, D. *UA*, 31, 1955, págs. 174-76.
Rengel, J. H. *MedH*, 5, núm. 9, 1955.
Schultz de Mantovani, F. *Sur*, núm. 231, págs. 95-98.
Torre, G. de. *C*, núm. 27, 1957, págs. 99-100.
— «La agonía de don Miguel de Unamuno», *C*, núm. 5, marzo-abril, págs. 3-10.

CASSOU, JEAN. «Unamuno l'exilé a perpetuité», *CS*, XXXIX, número 325, octubre.

CLENDENIN, MARTHA J. *A Study of the Philosophic Works of Miguel de Unamuno*. Tesis Univ. de Stanford.

COMBÉ, HENDRICK A. *An interpretative approach of the persons in the novels and short novels of Miguel de Unamuno*. Tesis Univ. de Amsterdam.

COSERIU, EUGENIO. Reseña el libro de Guillermo de Humboldt, *Cuatro ensayos sobre España y América*. Versiones y estudios por Miguel de Unamuno y Justo Gárate. Buenos Aires, Espasa-Calpe, 1951, en *AzulMo*, número 2.

Cuadernos de la Cátedra Miguel de Unamuno, V:
Huarte Morton, F. «El ideario lingüístico de Miguel de Unamuno», págs. 5-183.

Reseña:
Carballo Picazo, A. *RFEsp*, XXXVIII, pág. 308-11.
García Blanco, M. «Crónica unamuniana (1953-54)», páginas 187-211.

Reseñas de CCMU:
Ribbans, G. *ERBa*, V (1955-56), págs. 280-83 (aparecido en 1959).

CURTIUS, E. R. «Miguel de Unamuno, *excitator Hispaniae*», *CH*, núm. 60, diciembre, págs. 248-64.

FARRÉ, LUIS. «Unamuno, William James y Kierkegaard», *CH*, núms. 57 y 58, sept-oct., págs. 279-99 y 64-88. (Véase 1967.)

FRÉNAL, SIMONE. *Recherche sur le style de Miguel de Unamuno dans les descriptions du paysage.* Tesis Univ. de París.

GARCÍA BLANCO, M. «Escenario y tema de una famosa poesía de Unamuno», *NaC*, 28 enero.

— «Cartas inéditas de Ezio Levi a Miguel de Unamuno», *QIA*, II, núm. 15, abril, págs. 426-31.

— «Teixeira de Pascoaes y Unamuno. Breve historia de una amistad», *RFC*, IV, núm. 10, págs. 85-92. (Reproducido en *IAL*, núm. 79, abril 1955, y en *JN*, 17 junio y 1 julio 1955.)

— «El escritor argentino Manuel Gálvez y Unamuno (Historia de una amistad)», *CH*, núm. 53, mayo, páginas 182-98.

— «Rubén Darío y Unamuno», *CUC*, XLIII, mayo-junio, páginas 15-28.

— «La oda a Salamanca de Unamuno», *CUC*, XLVI, noviembre-diciembre, págs. 54-74. (Aparecido en extracto en *DOBo*, 15 noviembre 1956.)

— «Italia y Unamuno», *AO*, IV, págs. 182-219.

Reseñas:

CC, año IV, fasc. 5, diciembre, pág. 367.
Chicharro de León, J. *LM*, XLIX, núm. 1, enero-febrero 1955, pág. 95.
IHE, II, 1955-56, pág. 85.
Josía, Vincenzo. *Acad*, XXXIII, 15 mayo, 1955, páginas 3-4.
OFi, año X, núm. 52, 5 marzo.
VA, 10 marzo.

— «El escritor uruguayo Juan Zorrilla de San Martín y Unamuno», *CH*, núm. 58, octubre, págs. 29-57. (Edición suelta, Madrid, Embajada del Uruguay, 1955, 33 págs.)

Reseñas:

ABC, 29 diciembre 1955.
Abreu Gómez, E. *RIB*, 1956, pág. 380.
Arias, Augusto. *DiaMo*, 5 agosto, 1956.
Labrador Ruiz, E. *AlH*, 21 diciembre 1955.
Martínez, M. V. *MaMo*, 24 febrero 1956.
Montero Bustamante, R. En el folleto *En el Cente-*

nario de Zorrilla de San Martín. Montevideo, Instituto Nacional de Investigaciones y Archivos Literarios, 1955, págs. 23-40. (Carta abierta a Manuel García Blanco.)

Rodríguez Urruty, H. *Agon*, núm. 3, págs. 8-9.

— *Don Miguel de Unamuno y sus poesías.* Salamanca, Acta Salmanticensia, VIII, 453 págs.

Reseñas:

Alvajar, C. *C*, núm. 14, sept-oct., 1955, págs. 107-108.

Antunes. Brot, ?

Armas Ayala, A. *IAL*, núm. 82, julio-agosto 1955, página 25.

Blanco Aguinaga, C. *NRFH*, IX, 1955, págs. 406-408.

Cano, J. L. *Ins*, núm. 116, 15 agosto 1955.

Cordié, Carlo. *Paid*, 1957, págs. 220-21.

Chicharro de León, J. *LNL*, núm. 134, 1955, páginas 43-44.

Fernández Almagro, M. *ABC*, 1 mayo 1955.

Ferreres, Rafael. *Lev*, 29 junio.

García Girón, E. *BA*, 31, 1957, pág. 68.

Giusso, Lorenzo. *OPL*, año II, núm. 11.

Globo, marzo 1957, pág. 12.

Guereña, Jacinto-Luis. *LNL*, núm. 138, junio 1956, páginas 31-36.

Horrent, Jules. *MRom*, abril-junio 1959, núm. 2.

Huarte, Fernando. *AO*, V, 1955, págs. 427-30.

IHE, fasc. 19, págs. 779-80.

Jordé. *DP*, 28 octubre 1955.

Kock, Josse de. *RBPH*, XXXIV, 1956, págs. 273-74.

Luque. *CT*, 84, 1957, págs. 209-10.

M. A. *Brot*, vol. 63, julio 1956, pág. 123.

Mena Betancourt, A. R. *Thes*, 11, 1955-56, págs. 320-322.

Meola, Rosalie C. *RHM*, XXIII, 1957, pág. 52.

Morales, Leoncio M. *VL*, XIV, 1955, pág. 402.

Ribbans, G. *ERBa*, V, 1955-56, págs. 207-10.

Rossi, Giuseppe C. *Idea*, año VII, núm. 40, 2 octubre 1955.

Rossini, Flaviarosa. *QIA*, núm. 25, 1960, pág. 43.

Sarmiento, E. *BHS*, XXXIII, 1956, págs. 57-58.

Silveira Bueno. *JF*, ?
Valverde, J. M. *RBa*, 23 febrero 1956.
Vilanova, Antonio. *Dest*, núm. 936, 16 julio 1955.
Weinrich, H. *ASS*, año 106, tomo 193, IV, pág. 367.
— *Miguel de Unamuno. De esto y de aquello, IV*. Ordenación, prólogo y notas. Buenos Aires, Sudamericana.

Reseñas:

Carranza, Carlos P. *EspR*, 15 julio 1952. (Tomos I-II.)
— *C*, núm. 4, enero-febrero 1954. (Tomos III-IV.)
Cobos, A. de los. *CH*, IV, 1953, págs. 379-82. (Tomos I al III.)
Fernández Almagro, M. *ABC*, 3 abril 1952. (Tomos I-II.)
Parker, K. M. *BA*, 1954, págs. 190-91. (Tomos I al III.)
Puccini, Mario. *GiN*, 11 noviembre 1952. (Tomos I-II.)
Rüegg, Augusto. *Era*, V, 1952, págs. 701-705, (Tomos I al III.)
Torre, G. de. *PACh*, 2 abril 1951. (Tomo I.)
— *SV*, núm. 105, septiembre 1953. (Tomo III.)
Tovar, A. *AM*, núm. 4, 15 marzo 1952. (Tomo I.)
— *Miguel de Unamuno. Teatro*. Edición, estudio preliminar y bibliografía. Barcelona, Juventud.

Reseñas:

A. *SIF*, julio 1955.
Cano, J. L. *Ins*, núm. 107, 15 noviembre.
Darbord, M. *BH*, LIX, 1957.
Fernández Almagro, M. *VE*, 2 marzo 1955.
J. G. *CLM*, V, núm. 3, pág. 38.
Río, Amelia A. del. *RHM*, XXI, 1955, págs. 339-40.
Rossi, G. P. *Idea*, año VII, núm. 19, 8 mayo 1955. Y en *AIt*, 2 junio 1955.
Rossini, F. *QIA*, III, núm. 18, mayo 1956, págs. 136-37.
Silverman, J. H. *BA*, XXX, 1956, pág. 407.
Soldevilla, Carlos. *RBa*, año II, núm. 117, 3 julio.
Vilanova, A. *Dest*, núm. 883, 10 julio.

GONZÁLEZ MENÉNDEZ-REIGADA, FRAY ALBINO. «¡Ay mi Castilla latina! Don Miguel de Unamuno en trance con su cuita. Datos para una biografía», *EspM*, núm. 279, abril, págs. 19-23.

— «Algo más sobre Unamuno», *Ibíd.*, núm. 287, mayo-junio, págs. 30-31.

Reseñas:

Castañón, José M. *Ara*, I, págs. 62-63.

Gomis, Lorenzo. *Ciervo*, núm. 24, págs. 4-5.

GOYANES CAPDEVILLA, JOSÉ. «El tipo psicofísico de don Miguel de Unamuno», *GME*, XXVIII, núm. 329, páginas 29-30.

HENRÍQUEZ UREÑA, MAX. *Breve historia del Modernismo.* México, Fondo de Cultura Económica, págs. 517-19.

INCIARTE, E. «La lápida de Unamuno», *Alcalá*, núm. 59, 10 noviembre.

JURETSCHKE, HANS. «Unamuno», *Denker und Deuter im heutigen Europa.* ? Edición de H. Schwerte y W. Spengler.

KIRSNER, ROBERT. *The Spanish Novel. Galdós and Unamuno.* Tesis Univ. de Cincinnati.

LA SOUCHÉRE, E. DE. «Absence et présence d'Unamuno», *LNP*, II, núm. 11.

LAÍN ENTRALGO, P. *La memoria y la esperanza. San Agustín, San Juan de la Cruz, Antonio Machado, Miguel de Unamuno.* Discurso de ingreso en la Real Academia Española de la Lengua, leído el 30 mayo, págs. 99-106.

Reseñas:

Granjel, Luis S. *IML*, XVIII, núm. 8, agosto, páginas 553-61.

Lizcano, Manuel. *BolBo*, II, núm. 36, 1955, páginas 165-69.

LEÓN ORDÓÑEZ, ZOILO. «El concepto de la vida en Jorge Manrique y en Miguel de Unamuno», *RUT*, año III, números 5-6, tercera época, págs. 48-52.

MARAÑÓN, GREGORIO. *La memoria y la esperanza.* Discurso en la Real Academia Española en contestación a Pedro Laín Entralgo, págs. 182-85.

Marías, Julián. «Ensayo y novela», *Ins*, IX, núm. 98, 15 febrero. (Sobre *La novela de don Sandalio, jugador de ajedrez*.)

— «The Novel as a Means of Knowledge», *Conf*, III, páginas 207-19.

— «Genie et figure de Miguel de Unamuno», *Philosophes espagnoles de notre temps*. París, Aubier. (Versión española en 1948.)

Reseña:

Moreau, J. *BH*, LVI, págs. 335-37.

Marichal, Juan. «La originalidad de Unamuno en la literatura de confesión», *Torre*, II, núm. 8, págs. 25-43.

Michel, Raoul P. Sobre *En torno al casticismo*. París, F. N. Corbeil, ?

Moloney, Raymond L. *Unamuno, creator and re-creator of books*. Tesis Univ. de Colorado.

Muñoz Cortés, Manuel. «Léxico y motivos de un poema de Unamuno», *AUM*, núms. 3-4, págs. 5-27. (Sobre «Hermosura», del libro *Poesías*.)

Noguer, Jaime. *Comparative study of the novel of Galdós and the «nivola» of Unamuno*. Tesis Univ. Southern California.

Ors, Eugenio d'. «Filósofos sin sistema», *Clav*, núm. 26, abril, págs. 5-6.

Paucker, Eleanor K. «*San Manuel Bueno, mártir*: a possible source in Spanish American Literature», *HCal*, XXXVII, diciembre, págs. 414-16.

Pérez Corral, J. «Hambre de ti», *Alcalá*, núm. 49, 25 enero.

Petit de Murat, Ulyses. «Prefacio» a *La Entrega*, versión cinematográfica de *Nada menos que todo un hombre*. México, Ed. Alameda.

Potter, Edith G. *The ideas of Miguel de Unamuno on education*. Tesis Florida State University.

Reyes, Alfonso. «Mis relaciones con Unamuno», *Marginalia*. México, Tezontle, págs. 49-52. (Reproducido en

CCMU, VI, 1955, págs. 1-5, y en *RA*, XLIX, núm. 1.164, 20 enero 1955.

SACKVILLE, LADY M. «Prólogo» a *Hispania*, colección de poemas españoles traducidos al inglés por María F. de Laguna. Bristol, Rankin Brothers Ltd.

SALIDO ORCILLO, RUBÉN. «Los hombres de México y Unamuno», *NoBA*, XXIII, núm. 142.

SANJUÁN, PILAR. *El ensayo hispánico. Estudio y antología*. Madrid, Gredos, págs. 207-21.

SANTOS TORROELLA, RAFAEL. «La poesía de Miguel de Unamuno», *CLM*, V, núm. 8.

SEVILLA BENITO, F. «La fe en don Miguel de Unamuno», *Crisis*, año I, núm. 3, págs. 365-85. (Sobre los poemas «Id con Dios» y los «Salmos».)

Reseña:

Malavassi, G. *RFUCR*, I, 1958, págs. 180-81.

SHELDON, CH. B. *El teatro de Unamuno*. Tesis Univ. de Madrid.

SOLDEVILLA, CARLOS. «Las contradicciones de don Miguel», *RBa*, año III, núm. 106, abril.

SLP. «Desagravio a don Miguel de Unamuno», núm. 475, mayo. (Cómo algunas doctrinas ortográficas unamunianas hallan acogida en las nuevas normas de la Real Academia.)

STERN, ALFRED. «Unamuno and Ortega: the Revival of Philosophy in Spain», *PS*, otoño, págs. 310-24.

VALLINA, PEDRO. «Unamuno en el destierro», *SOP*, núm. 463, febrero, págs. 1-10.

VANDERCAMMEN, E. «Miguel de Unamuno: Anthologie», *ARB*, XXXII, núm. 1, marzo.

YNDURÁIN, F. «Una nota a *Poesía y estilo de Pablo Neruda, de Amado Alonso*», *AO*, IV, págs. 238-46 (incluye a Unamuno entre sus antecedentes poéticos).

1955

ALBERÉS, R. M. *Miguel de Unamuno.* Buenos Aires, Mandrágora (versión original francesa en 1952).

Reseñas:

Alvajar, C. *C,* núm. 30, 1958, 108-109.
A. W. *NRT,* 81, 1957, pág. 893.
Bodart, R. *SoirB,* 13 noviembre 1957.
B. P. P. *PSA,* 28, julio 1958, págs. 101-104.
Cordié. *Paid,* 13, 1958, págs. 293-94.
DSP, año IV, núm. 170, 20 febrero 1960.
Dumont. *RNB,* 18, 1958, pág. 362.
Durand, R. L. *RNC,* núm. 131, nov-dic., 1958, páginas 160-61.
Klibbe, L. H. *BA,* 32, 1958, pág. 139.
Ricard, R. *BH,* 60, 1958, pág. 128.
X. *CCR,* 109, 1958, pág. 196.

AGORIO, A. «Glosario vivo de Unamuno», *BolBo,* núm. 37, marzo, págs. 289-303.

ALEIXANDRE, V. «Paseo con don Miguel de Unamuno», *IAL,* número 78, marzo, pág. 3. Y en *Ciclón,* 2, 1956, páginas 41-42 (incluido también en *Los encuentros.* Madrid, Guadarrama, 1958, págs. 29-32).

ALLUNTIS, F. «The philosophical mythology of Miguel de Unamuno», *NScho,* XXIX, págs. 278-317.

ARÁEZ, JOSEFINA G. «Unamuno y la literatura», *RLit,* VII, páginas 60-81.

ARANGUREN, J. L. «La littérature espagnole à l'époque du roman», *VIP,* XXVI, págs. 27-39.
— «¿Por qué no hay novela religiosa en España», *CH,* XXII, págs. 193-214. (Estudia a Alarcón, el P. Coloma, Galdós, Unamuno y Sánchez Mazas.)

ARÍSTIDES, JULIO. «El hombre y el humanismo en Miguel de Unamuno», *Eut,* núm. 19.

AUBRUN, CH. V. *Zorrilla de San Martín et Tabaré.* Montevideo, Instituto Nacional de Investigación,?

BERNÁRDEZ, F. L. «La amistad de Unamuno y Teixeira de Pascoaes», *NBA*, 26 junio.

BILBAO, JON. «Archivo epistolar. Tres cartas de Unamuno sobre el habla de Bilbao y los 'maketos' de Vizcaya», *BIAEV*, año IV, tomo VI, abril-junio, págs. 65-79.

BOTÍN POLANCO, A. «La noche del sábado y el sábado sin noche. Entre el P. Coloma y Unamuno», *IAL*, número 76.

BRUMMER, RUDOLF. «Autor und Geschöpf bei Unamuno und Pirandello», *WZR*, V, 1955-56, cuaderno 2-3, páginas 241-48. (Se refiere especialmente a *Niebla*.)

CALVETTI, CARLA. *La fenomenologia della credenza in Miguel de Unamuno*. Milán, C. Mazoratti, 136 págs.

Reseñas:

Agosti. *HBr*, 11, 1956, págs. 883-84.

Bravo. *Pens*, núm. 53.

CC, año VI, fasc. 1, febrero 1956, págs. 41-42.

Entrambasaguas, J. de. *RLit*, 8, págs. 352-53.

Fadda, P. *F*, 1958, págs. 744-48.

Junceda. *RFM*, 16, 1957, págs. 225-26.

Muñoz Alonso. *Crisis*, 3, 1956, págs. 270-71.

Sartori. *StP*, 3, 1956, págs. 174-76.

Soria. *EF*, 13, 1964, págs. 180-81.

CAMBÓN SUÁREZ, S. «Sobre la religión de Unamuno», *BUC*, número 63, págs. 345-57.

Cuadernos de la Cátedra Miguel de Unamuno, VI:

Ferreres, R. «Un retrato desconocido de Unamuno y una anécdota», págs. 61-63.

García Blanco, M. «Viviendas salmantinas de don Miguel de Unamuno. Del mirador del Campo de San Francisco al museo de la Casa rectoral», págs. 65-75.

— «Crónica unamuniana (1954-55)», págs. 77-95.

Johnson, W. D. «Vida y ser en el pensamiento de Unamuno, págs. 9-50.

Masini, Ferruccio. «L'esistenzialismo spagnolo di Unamuno», págs. 51-60.

Reyes, Alfonso. «Mis relaciones con Unamuno», páginas 5-8.

Ricard, Robert. «Necrología: Maurice Legendre (1878-1955)», págs. 97-102.

Reseñas de CCMU, VI:

Huarte Morton, F. Clav, núm. 40.

Rossi, Carlo. Idea, 14 octubre 1956.

CÚNEO, DARDO. «Nuevas aproximaciones de Sarmiento y Unamuno», ND, XXXV, págs. 19-21.

CHICHARRO DE LEÓN, J. «Unamuno y Francia: capital y provincia», SOP, números de marzo a agosto y diciembre.
— «Razón de la actitud de Unamuno con respecto a Francia», Ibíd.
— «Unamuno y la literatura francesa», Ibíd.
— «Descartes visto por Unamuno», Ibíd.
— «La opinión de Unamuno sobre Corneille, Pascal, Mme. de Sevigné, Fenelon y Mme. Guyon», Ibíd.
— «Unamuno y Rousseau», Ibíd.
— «Lo que Unamuno pensaba de Racine, Voltaire y Prevost», Ibíd.
— «Unamuno, Chateaubriand y Sénancour», Ibíd.
— «Unamuno y Zorrilla», Ibíd., núms. 531-32, 26 mayo y 2 junio.
— «Particularités de la langue d'Unamuno», LM, XLIX, número 2, marzo-abril, págs. 108-15, y L, julio-agosto 1956, págs. 317-27.

DÍAZ-PLAJA, G., y MONTERDE, F. Historia de la literatura española. Historia de la literatura mexicana. México, Porrúa, págs. 349-51.

DOKHELAR, B. Unamuno et le sentiment basque. Tesis Univ. de París.

DURÁN, M. «Unamuno y el Gran Inquisidor», UMex, X, número 7, 1955-56.

DURÁN SANPERE, A. «Narciso Oller y Unamuno», DBa, 11 agosto.

E. S. «El Otro, de Unamuno», RBa, núm. 153, marzo. (Por una presentación en el domicilio del doctor Juan Obiols.)

FASEL, OSCAR A. «Observations on Unamuno and Kierkegaard», *HBalt*, XXXVIII, págs. 443-50.

FRAK, FRANCISCO. «Realidad y fantasía. Pirandello y Unamuno», *SOP*, abril-mayo.

GARCÍA BLANCO, M. «Unamuno lector atento de Gabriel y Galán», *Mont*, núm. 1, enero, págs. 24-26.
— «Notas de estética unamuniana. (A propósito de su libro de rimas *Teresa* (1924)», *RIE*, núm. 49, enero-marzo, págs. 3-26.
— «Escritores venezolanos amigos de Unamuno», *CUC*, L, julio-agosto, págs. 115-34.
— «El escritor mejicano Alfonso Reyes y Unamuno», *CH*, núm. 71, noviembre, págs. 155-79. (Edición suelta con nota preliminar y apéndice, México, Archivo de Alfonso Reyes, 1956, 51 págs.)
Reseña:
Alfaro, Gabriel. *NovMex*, 29 febrero 1956.

GIL NOVALES, A. «La pajarita de Unamuno», *ABC*, 13 marzo.

GIMÉNEZ CABALLERO, ERNESTO. «Juez de oposiciones», *Arr*, 13 marzo.

GONZÁLEZ RUANO, C. «Evocación de Miguel de Unamuno», *Arr*, 31 julio.

GUILLÉN, J. «Don Miguel de Unamuno y el cementerio de Arévalo», *Ga*, núm. 3.

GURMÉNDEZ, C. «La novela existencial», *IAL*, X, núms. 86-87, págs. 13-14.

ITHURBIDE, M. *La troisième guerre carliste dans le roman historique.* Tesis Univ. de París (Galdós, Unamuno, Baroja, Valle-Inclán).

KOCK, J. DE. *La Castille dans l'eouvre poétique de Miguel de Unamuno.* Tesis Univ. de Bruselas.

LÁZARO CARRETER, F. «El teatro de Unamuno», *IAL*, año X, número 84, pág. 11. ((Reproducido y ampliado en *CCMU*, VII, 1956.)

LLOPIS, A. «Escritores del 98 en Barcelona», *CLM*, febrero-marzo.

MADARIAGA, S. DE. «Dos grandes herejes», *INY*, febrero.

MALDONADO DE GUEVARA, F. «Unamuno, el atuendo y la elegancia», *Ga*, núm. 2, 1954-55.

MARAÑÓN, G. «Unamuno en Francia», *NBA*, 14 agosto.

MARÍAS, JULIÁN. «Realidad y ser en la filosofía española», *LL*, págs. 164-74.
— «Unamuno en Forest Lawn», *ABC*, 12 agosto. Y en *OC*, II, págs. 497-99.
— «Morir con los ojos abiertos», *ABC*, 17 noviembre.
— «Misión del pensamiento» y «Negro sobre blanco», *Ensayos de convivencia*. Buenos Aires, Sudamericana.

MARRERO, VICENTE. «Unas cartas de Unamuno y Ortega y unos juicios reveladores», y «Unamuno antieuropeo y Maeztu europeizador», *Maeztu*. Madrid, Rialp, páginas 170-79 y 244-61.

MASUR, GERHARD. «Miguel de Unamuno», *Am*, XII, páginas 139-56.

MEYER, FRANÇOIS. «Kierkegaard et Unamuno», *RLC*, XIX, páginas 478-92.
— *L'ontologie de Miguel de Unamuno*. París. Presses Universitaires de France, 145 págs. (Versión española en 1962.)

Reseñas:

Abranches. *RPF*, 12, 1956, pág. 333.
Beuer. *RIPB*, 10, 1956, pág. 26.
Passeri Pignoni. *Sap*, 14, 1961, págs. 516-21.
Rato. *REPM*, núm. 101, 1958.
Ricard, R. *Et*, tomo 289, núm. 6, mayo 1956, páginas 849-65.
Sánchez Barbudo, A. *RRNY*, 48, 1957, págs. 157-58.
Sarmiento, E. *BHS*, XXXIV, págs. 54-56.
Sciacca, M. F. *Idea*, año IX, núm. 13, 31 enero 1957. Y en *GM*, 12, 1957, págs. 388-89.
Sevilla Benito, F. *Aug*, IV, núm. 16, oct-dic., 1959, páginas 361-63.
Tilliette. *Et*, 289, 1958, pág. 137.

Zamacois, C. *RHM*, XXII, núm. 1, 1957, págs. 42-44.

Zardoya, C. *RHM*, XXIII, 1957, págs. 42-44.

MILNER, Z. «Bréves rencontres avec Unamuno», *LNL*, número 134.

MONTEIRO, D. *Historias castelhanas.* Lisboa, Sociedade da Expansao Cultural. (Dedicado a Unamuno y A. Machado.)

MORÓN, G. «Otra vez Unamuno», *UniC*, 4 junio.

NIEDERMAYER, F. «Unamunos Weg, Wesen und Wirkung», en la edición alemana del *Epistolario Unamuno-Ilundain.* Nurenberg.

ORMAECHEA, N. «Unamuno en su tierra», *ECA*, X, julio, páginas 340-43.

ORTEGA Y GASSET, E. «Monodiálogos de don Miguel de Unamuno», *UniC*, 24 septiembre (en libro en 1958).

OSORIO DE OLIVEIRA, J. «Apenas alguns momentos», *DNL*, 5 mayo.

PASCUAL RODRÍGUEZ, CARMEN. *La rebeldía en la psicología de Unamuno.* Tesis Univ. de Madrid.

PREDMORE, RICHARD L. «Flesh and Spirit in the Works of Unamuno», *PMLA*, LXX, núm. 4, septiembre.

PUCCINI, MARIO. «Storia di un uomo. Il monologo di Unamuno», *PLR*, 4 julio.

REYES, FERNANDO. «Pasión y vida de un hombre ibero», *Ga*, núm. 2, enero, pág. 12.

RODELA. «Teatro. Sala Susset. *Fedra,* de Unamuno», *SOP*, número 531, 26 mayo. (Por la representación de esta obra en París, el 14 mayo.)

RODRÍGUEZ DEMOZIRI, E. «Cartas a J. M. Bernard y Valentín Giró», *RDC*, I, págs. 122-25.

RODRÍGUEZ DE RIVAS, MARIANO. «La experiencia teatral de don Miguel de Unamuno», *CLM*, año IV, núm. 71, 1 mayo, págs. 8-9.

ROJAS, RICARDO. «Retrato de U. con Salamanca al fondo», *H*, 26, núm. 227.

SALCEDO, EMILIO. «Política y literatura en la Salamanca de principios de siglo. La amistad de Unamuno y Gabriel y Galán», *Ga*, núm. 2, enero.

SARMIENTO, E. «Unamuno and Don Quixote: *La vida de Don Quijote y Sancho*», *Clarín*, núm. 16, diciembre, página 2. Y en *VH*, año III, núm. 3, 1956.

SCHMIDL, GREGOR. *Das Spaniertum von Miguel de Unamuno*. Tesis Univ. de Erlangen.

SCHRAM, EDMUND. «Unamunos Essai *Mi religión*», WZR, V, 1955-56, págs. 381-85.

SCHULTZ DE MANTOVANI, F. «Vibración y sentido de Unamuno», *DH*, 28 agosto.

SEDWICK, FRANCK. «Maxims, Aphorisms, Epigrams and Paradoxes of Unamuno», *HBalt*, XXXVIII, páginas 462-64.

SENDER, RAMÓN. *Unamuno, Valle-Inclán, Baroja y Santayana. Ensayos críticos*. México, Col. Studium, páginas 5-44. Repetido en *Examen de ingenios. Los noventayochos*. Nueva York, Las Américas, 1961, páginas 9-17.

Reseñas:

Fasel, O. *H*, XLII, núm. 2, mayo 1959, págs. 161-69.
Placer, Eloy L. *Sy*, XI, 1957, págs. 157-63.

SEVILLA BENITO, F. «La conducta humana según don Miguel de Unamuno», *RFUCR*, II, núm. 5, págs. 53-64.
— «Los problemas de la vida futura del hombre», *GM*, número 6, págs. 849-65.

TAIRE, JUAN O. «Una carta inédita de Miguel de Unamuno», *MMo*, núm. 766, 3 junio.

TORRE, G. DE. «Unamuno, poeta», *UPR*, 15 mayo.

UNAMUNO, MIGUEL DE. *Romanzi e drammi*, traducción italiana e introducción de F. Rossini. Roma, G. Casini.

Reseñas:
Cerutti, F. *Belf*, XL, 1956.
Vicari, G. *SI*, 21 mayo.

VÍCTOR, A. «El credo poético de Unamuno», *PEsp*, núm. 47, páginas 16-19.

VILLA PASTUR, J. «Juan Ramón Jiménez ante la poesía de Miguel de Unamuno y Antonio Machado», *AO*, V, páginas 136-47.

VISCA, A. S. *Correspondencia de Zorrilla de San Martín y Unamuno*, prólogo y notas. Montevideo, 66 págs. (véase *MGB*, 1954).

1956

ACADEMIA PARAGUAYA. *Saludo al Quijote de Salamanca*, 16 páginas.

ALBERICH, J. «Temas ingleses en Unamuno y Baroja», *Arbor*, 35, págs. 265-80.

ALLUÉ Y MORER. «De Unamuno y sus versos», *PEsp*, número 55, págs. 19-21.

ARIAS, AUGUSTO. «Vigencia de Unamuno», *ND*, XXXVI, número 3, págs. 32-35.

BORGES, VICENTE. «Unamuno en zapatillas por Fuerteventura», *DiaST*, 8 abril.

BUENO, E. «El Don Juan de Unamuno», *NaC*, 14 junio.

CAMPMANY, JAIME. «Notas a Unamuno», *Ju*, núms. 636 a 663, enero a julio.

CIRRE, JOSÉ F. «Carta de Unamuno a A. Machado», *Cu*, número 2, enero.

COLLADO, JESÚS-ANTONIO. *Das metaphysische Problem des Menschen bei Miguel de Unamuno*. Tesis Univ. de Munich.

CRUZ HERNÁNDEZ MIGUEL. «La dialectique du 'moi' et de 'l'autre' dans la pensée de Miguel de Unamuno», actas de VIII *CSPLF*, págs. 273-75.

Cuadernos de la Cátedra Miguel de Unamuno, VII:
>
> Blanco Aguinaga, C. «La madre, su regazo y el 'sueño de dormir' en la obra de Unamuno», páginas 69-84.
>
> García Blanco, M. «Crónica unamuniana (1955-56)», páginas 31-47.
>
> Lázaro, Fernando. «El teatro de Unamuno», págs. 6-29.
>
> Paucker, Eleanor. «Unamuno y la poesía hispanoamericana», págs. 39-67. Y en *BolBo*, X, núm. 46, agosto 1957, págs. 45-73.
>
> Pitollet, C. «Breves divagaciones unamunianas», páginas 31-36.
>
> Runcini, Rómulo. «Realtà e idealità nel pensiero di Unamuno», págs. 85-95.
>
> Salcedo, Emilio. «Unamuno y Ortega y Gasset: diálogo entre dos españoles», págs. 97-130.
>
> *Reseña de CCMU, VII:*
>
> Rabassa, G. *RHM*, XXIV, 1958.

CHAVES, JULIO CÉSAR. «Homenaje de Hispanoamérica a don Miguel de Unamuno», *CH*, núms. 78-79, junio-julio, págs. 446-54.

CHICHARRO DE LEÓN, J. «Juicios de Unamuno sobre Stendhal, Guizot, Lamartine, Vigny, Comte, Michelet y Balzac», *SOP*, enero a agosto.

— «Lacordaire, Mérimée, Dumas, Edgar Quinet, Sainte-Beuve, Nerval y Gautier, vistos por Unamuno», *Ibíd.*

— «Unamuno y Flaubert», *Ibíd.*

— «Renan y Unamuno», *Ibíd.*

— «Baudelaire y Taine, vistos por Unamuno», *Ibíd.*

— «Emilio Zola según Unamuno», *Ibíd.*

— «Leon Bloy, visto por Unamuno», *Ibíd.*

D'AMICO, SILVIO. *Historia del teatro universal.* Buenos Aires. Losada, tomo IV, págs. 200-201.

DÍAZ-PLAJA, G. *El poema en prosa en España.* Barcelona, G. Gili, págs. 57-58.

EARLE, PETER G. «Emerson and Unamuno: Notes on a Congeniality», *Sy*, X, págs. 189-203.

EMMANUEL, PIERRE. «La théologie quichottesque d'Unamuno», *Esprit*, año XXIV, núm. 9, sept-oct., págs. 345-55.

ESCOBAR, MARÍA DEL PRADO. «Dramaticidad en la obra extraescénica de Unamuno», *MA*, núm. 15, págs. 12-16.

EspC, 29 diciembre. Conmemora el XX aniversario de la muerte de Unamuno.

FERRATER MORA, J. «Unamuno y la idea de la ficción», *Ciclón*, núm. 4, julio, págs. 27-32.
— «Unamuno y la idea de la realidad», *PSA*, núm. IV, septiembre, págs. 269-80. Y en *C*, núm. 22, enero-febrero 1957, págs. 38-42.

FERRERES, RAFAEL. «Los límites del modernismo y la generación del noventa y ocho», *CH*, núm. 73. (Recogido en el libro de 1964.)

GARCÍA ASTRADA, A. «Aspectos metafísicos en el pensamiento de Unamuno», *HT*, año III, núm. 7, páginas 37-45.

GARCÍA BLANCO, M. «De las andanzas de Unamuno por tierras cacereñas. Un recuerdo poético inédito», *PSA*, I, mayo, págs. 137-44.
Reseña:
IHE, II, 955-56, pág. 779.
— «Dos poemas inéditos de Miguel de Unamuno. Texto y noticia», *Asom*, XII, núm. 2, abril-junio, págs. 66-70.
— «La poesía guachesca vista por don Miguel de Unamuno», *ASal*, X, pág. 177-93.
— «Walt Whitman y Unamuno», *AtM*, núm. 2, págs. 5-47. Y en *CUC*, LII, 1955, págs. 76-102.
— «Cartas inéditas de Antonio Machado a Unamuno», *RHM*, XXII, págs. 97-104 y 270-85.
Reseñas:
Revilla, Antonio. *EstS*, XI, núms. 31-32, 1959, páginas 343-49.

Torre, G. de. *NaC*, 22 agosto 1957. Y en *NovMex*, 12 enero 1958.

Tovar, A. *PSA*, año V, tomo XVI, febrero 1960, páginas 207-209.

— *Miguel de Unamuno. España y los españoles.* Edición, prólogo y notas. Madrid, A. Aguado.

Reseñas:

Car, núm. 26, nov-dic.

Chicharro de León, J. *SOP*, núm. 576, abril.

Horrent, Jules. *MRom*, núm. 2, abril-junio 1959.

Morón, G. *RNC*, núms. 117-18, julio-oct., págs. 200-201.

Ricard, R. *Et*, tomo 289, núm. 5, mayo, págs. 241-42.

Rossi, G. C. *Idea*, año VIII, núm. 16, 15 abril. Reproducida en *EcoB*, 24 abril.

Rossini, F. *QIA*, núm. 25, 1960, págs. 43-44.

Salcedo, Emilio (Julio Miguel). *GR*, 3 febrero.

Sureda, Guillermo. *PSA*, I, págs. 382-85.

Villa Pastur, J. *AO*, V, págs. 443-46.

García Morejón, Julio. «El Quijote y la generación del 98», *MisU*, II, págs. 57-70.

García Pavón, F. «Un cuento de 'Clarín' y una carta de Unamuno», *ABC*, 18 marzo.

Gillet, Joseph E. «The Autonomous Character in Spanish and European Literature», *HR*, XXIV, núm. 3, julio, páginas 179-90.

González, Beatrice E. *Dos actitudes coincidentes: Ralp Waldo Emerson y Miguel de Unamuno.* Tesis Univ. de Salamanca.

Guillén, Fedro. «Don Miguel y Federico, dos voces de España», *ExMex*, 15 septiembre.

Guinard, Paul. «Legendre et Unamuno», *BIFE*, núm. 87, enero, págs. 1-16.

Guy, Alain. *Les philosophes espagnols d'hier et d'aujourd'hui.* Toulouse, Privat, tomo I, págs. 144-51, y tomo II, páginas 93-101.

HBA. «Unamuno en París. Salamanca, la torre Eiffel, la sierra de Gredos», año XXVII, núm. 285, págs. 2-4.

Hoyos Ruiz, Antonio. «Estilo literario de Unamuno», *MA*, número 13, págs. 4-9. (Incorporado a *Unamuno, escritor*. Murcia, 1958.)

Huerto y Sarralde, Luis. *La obra de don Miguel de Unamuno*. Tesis Univ. Madrid.

Kerrigan, Anthony. «Introducción» a la versión inglesa *Abel Sánchez and other Stories*, traducción de él mismo. Chicago, H. Regnery.
Reseña:
TNY, LXVIII, núm. 5, 30 julio, págs. 56-58.

Krause, Anna. «Unamuno and Tennyson», *CompLit*, VIII, páginas 122-35.

GR, «Apuntes para la pequeña y sabrosa historia», 3 febrero.

Landa Camblor, Jesús. «La inmortalidad de Unamuno», *Crisis*, III, núm. 10, abril-junio, págs. 235-47.

Lemaître, Arlette. *Unamuno. Années de formation*. Tesis de la Univ. de París.

Levi, A. W. «The Quixotic quest for being», *Ethics*, LXVI, número 2, págs. 132-36.

Lugo Suárez, A. «Las novelas de Unamuno», *ALPR*, 16 noviembre.

Mackay, John A. *Christianity and the Existecialism*. Nueva York, Scribner's, págs. 43-58.
Reseña:
TNY, VII.

Macrí, Oreste. «Note sul teatro di Valle Inclán e di Unamuno», *PF*, núm. 70.

Majolo, Renato. «L'ultimo Don Chisciotte», *OFi*, XI, número 148, 25 junio.

Marcuse, Ludwig. «Auf den Index gesetzt. Irrlehrer Unamuno», *KU*, V, 1956-57, núm. 91, pág. 10.

Marrero, Vicente. «Unamuno, *clergyman*», *PEu*, núm. 4, abril, págs. 56-85. (Recogido en *El Cristo de Unamuno*. Madrid, Rialp, 1960.)

Martín García, Manuel Fulgencio. «El viento sobre la llama, 1914. Las pajaritas de papel, 1934», *Salamanca de ayer*. Toledo, ?, págs. 119-25.

Martín Iglesias, J. L. «Del sentimiento poético de Unamuno», *SC*, núm. 17, pág. 10.

Meregalli, Franco. «Clarín e Unamuno» (ensayo). Milán, La Goliardica, ?

Mirlas, León. *Panorama del teatro contemporáneo*. Buenos Aires, Sudamericana, págs. 90-92.

Montes, Hugo. *Literatura española*. Santiago de Chile, Ed. del Pacífico, págs. 135-45.

Montezuma de Carvalho, Joaquín. «Diálogo con Federico de Onís em torno de Unamuno», *Not*, 24 marzo. Y en *Li*, 11 marzo 1961.
— «Diálogo a distancia com o prof. Manuel García Blanco sobre Miguel de Unamuno», *PJ*, 12 septiembre.

Moracchini, P. *Unamuno pendant son exil en France (1924-1930)*. Tesis de la Univ. de París.

Moreau, Joseph. «Miguel de Unamuno ou le paysage et l'âme espagnole», *BAGB*, tomo XV, núm. 4, diciembre.

Muñoz Alonso, Adolfo. «Miguel de Unamuno», *Les grands courants de la pensée mondiale contemporaine*. Milán, Marzoratti, VI, págs. 1445-69.

Niedermayer, Franz. *Unamuno hier und heute*. Nurenberg, Glock und Lutz Verlag, 48 págs.

Ortega y Gasset, E. «Conversación de Unamuno y Lotí», *UniC*, 24 abril.

Pacios, A. «El talante intelectual de Aranguren», *PEu*, número 1.
— «El orgullo y su proceso evolutivo en la criatura libre», *Crisis*, III, núm. 12, oct-dic., págs. 485-537.

Paucker, Eleanor K. «Unamuno, crítico literario», *ASal*, II, páginas 241-57.

— «Unamuno's *La venda;* short story and drama», *HBalt*, XXXIX, núm. 3, págs. 309-12.

PAZ, OCTAVIO. «Unamuno y Machado», *GMex*, año III, número 18, 18 febrero.

PRIETO COELHO, M. I. *Unamuno y Portugal.* Tesis Univ. de Madrid.

ROMERA, A. R. «Crítica de arte», *A*, núm. 124, págs. 365-72.
— «Unamuno y la pintura», *Clav*, núm. 41, sept-oct., páginas 55-57.

ROQUES, ERIC. «Don Quichotte a 350 ans», *DeM*, 14 noviembre.

ROSSINI, F. «Nota preliminar» a «Miguel de Unamuno», en el libro *L'oumo, la vita e Dio. La Letteratura della ricerca (1850-1950),* de N. Gianni. Roma, G. Casini, páginas 402-405.

RUFFINI, M. «La creazione poetica secondo Unamuno», *NRVU*, año I, núm. 2, págs. 8-11.

SEDWICK, F. «Theses on Miguel de Unamuno at North American Universities», *KFLQ*, III, págs. 192-96. Y en *CCMU*, VIII, 1958.
— «Unamuno and Pirandello revisited», *It*, 33, páginas 40-51.

SEVILLA BENITO, F. «La esencia de Dios, según don Miguel de Unamuno», *Aug*, I, enero-marzo, 18 págs.

TORRE, G. DE. «Afirmación y negación de la novela española contemporánea», *Ficción*, julio-agosto, páginas 129-30.

TORRENTE BALLESTER, G. *Panorama de la literatura española contemporánea.* Madrid, Guadarrama, págs. 151-69.

TREND, J. B. *Lorca and the Spanish Poetic Tradition.* Oxford, Blacknell, págs. 24-40.

UNAMUNO, MIGUEL DE. «Dos cartas de Unamuno», *Cu*, enero (a Viriato Díaz Pérez y a A. Machado).

1957

ABC, «Cocotología», 13 marzo.

Abrial, G. *Miguel de Unamuno et les mystiques espagnoles*. Tesis Univ. de París.

Alas, L. «Unamuno juzgado por Clarín», *IAL*, XI, números 105-106.

Alberich, J. «Unamuno e Inglaterra», *Arbor*, XXXV, páginas 265-80.

Alvarez Fernández, P. «Galdós, los del 98 y nosotros», *PEu*, II, págs. 23-24.

A. M. «Crônica de Braga... Uma visita de Unamuno em 1908», *PJ*, 12 febrero.
— «Miguel de Unamuno e O Bom Jeús do Monte», *Ibíd.*, 17 febrero.

Antunes, M. «Unamuno, poeta», *ComP*, 24 diciembre.

Arana, J. R. *Antonio Machado. Cartas a Miguel de Unamuno*, introducción, selección y esbozo biográfico. México, Monegros, 114 págs.

Reseña:

Torre, G. de. *NaC*, 22 agosto. Y en *NovMex*, 12 enero 1958.

Bernat, J. «Apuntes sobre el pensamiento social de Unamuno», I, *SOP*, junio.

Bo, C. «Una réplica a Unamuno», *Scandalo della speranza*. Florencia, 1957, ?

Calvetti, C. «La agonia di Miguel de Unamuno», *VP*, XL, número 2, págs. 91-96.

Ceñal, Ramón. «El vitalismo en España: Unamuno y Ortega», Conferencia reseñada en *ABC*, 22 noviembre.

Cernuda, Luis. «Miguel de Unamuno. 1864-1936», *Estudios sobre poesía española contemporánea*. Madrid, Guadarrama, págs. 87-101.

CRESPO, JUAN. «Cuatro poemas» (Un soneto dedicado a Unamuno), *Mont*, enero-marzo.

CÚNEO, DARDO. *Sarmiento y Unamuno*, segunda edición. Buenos Aires, Ed. Transición.

Reseñas:
L. P. *EL*, núm. 276, 1963, pág. 24.
S. R. *Sur*, núm. 252, mayo-junio 1958.
Trífilo, S. *HAHR*, 45, 1965, págs. 152-53.

CHACÓN Y CALVO, J. M. «Rubén y Unamuno, I y II», *DMH*, 25 agosto y 4 septiembre.

CHICHARRO DE LEÓN, J. «Ganivet visto por Unamuno», *SOP*, núm. 637, 6 junio.

DURÁN, M. «La técnica de la novela y la generación del 98», *RHM*, XXIII, págs. 16-27.

E. J. M. «*Ensayos completos* de Unamuno», *NBA*, 17 noviembre.

ENTRAMBASAGUAS, J. DE. *Las mejores novelas contemporáneas*, *I*, introducción y bibliografía. Barcelona, Planeta, págs. 1477-1577 y 1578-1596.

FASEL, O. A. *Unamuno's Thought and German Philosophy*. Tesis Univ. de Columbia.

FERRATER MORA, J. *Unamuno. Bosquejo de una filosofía*, 2.ª edición ampliada. Buenos Aires, Sudamericana, 142 págs.

Reseñas:
A. F. S. *IAL*, núm. 110, marzo 1958, pág. 24.
Baquero Goyanes, M. *Arbor*, núm. 147, marzo 1958, páginas 455-56.
Colomer. *Pens*, 15, 1959, pág. 469.
Díaz. *RFM*, 17, 1959, págs. 498-500.
Earle, P. G. *NRFH*, XVI, 1962, págs. 116-21.
Frieiro. *K*, 1959, págs. 533-34.
García Morejón, J. *RLSP*, vol. I, núm. 1, 1960.
Iturrioz, J. *RyF*, 157, 1958, págs. 652-53.
Rato, A. *REPM*, núm. 100, julio-agosto 1958, páginas 270-72.
Ribbans, G. *BHS*, XXXVI, 1959, págs. 184-85.

García Blanco, M. «La cultura alemana en la obra de Miguel de Unamuno», *RJ*, VIII, págs. 321-40.
— «Galicia y Unamuno», *PSA*, núm. XX, págs. 123-68.

Reseña:

RNMo, núm. 194, oct-dic., 1957, págs. 638-39.
— *Epistolario ibérico. Cartas de Pascoaes e Unamuno*, prefacios de Joaquim de Carvalho y M. García Blanco; nota final de J. Montezuma de Carvalho. Lisboa, Camara Municipal de Nova Lisboa.

Reseñas:

Cano, J. L. *EL*, núm. 120, 1958. Y en *NC*, 27 marzo 1958.
JN, núm. 219, 22 diciembre.
Malavassi, G. *RFUCR*, II, enero-junio 1959, páginas 80-84.
PaisMo, 2 marzo 1958.
PSA, XXIII, febrero 1958, págs. 45-46.
— «Cartas de Warner Fite a Miguel de Unamuno», *RHM*, XXIII, págs. 66-82.
— *De la correspondencia de Miguel de Unamuno. I. Cartas de Antonio Machado. II. Correspondencia entre Warner Fite y Unamuno.* Textos preparados y comentados por M. García Blanco. Nueva York, Hispanic Institute, 59 págs.

Reseñas:

IHE, III y IV, 1958, págs. 326 y 128.
Revilla, Angel. *EstS*, XI, núms. 31-32, págs. 343-49, 1959.
Tovar, A. *PSA*, año V, tomo XVI, febrero 1960, páginas 207-209.
— *Miguel de Unamuno. Inquietudes y meditaciones.* Prólogo, edición y notas. Madrid, A. Aguado.

Reseñas:

C. *Ins*, núm. 124, 15 marzo.
Car, núm. 27, enero-febrero.
Garciasol, R. *Arbor*, XXXVII, págs. 262-63.
Ricard, R. *LR*, XII, 1958, págs. 182-86.
Rossi, G. C. *Idea*, año IX, núm. 13, 31 marzo.
Rossini, F. *QIA*, núm. 25, 1960, págs. 43-44.

— *Miguel de Unamuno. En el destierro (Recuerdos y esperanzas)*. Prólogo, selección y notas. Madrid, Ed. Pegaso.

Reseñas:

Cano, J. L. *Ins*, núm. 134, 15 enero 1958.
— *NAC*, febrero 1958.
— *Temas*, agosto 1958, pág. 26.
Dale, A. *C*, núm. 29, 1958, págs. 108-109.
García Luengo, E. *IAL*, núm. 109, enero 1958, pág. 21.
Ribbans, G. *BHS*, XXXVI, 1959, págs. 185-86.
Ricard, R. *BH*, LX, 1958, págs. 270-71.

GARCÍA CAMINO, V. G. «Unamuno descubre poéticamente a Cáceres en 1908», *Hoy*, 29 septiembre. (Por la poesía «Cáceres».)

GONZÁLEZ, RAFAEL A. «Pensamiento filosófico de Antonio Machado», *Torre*, V, núm. 18, págs. 129-60.

GONZÁLEZ RODRÍGUEZ, A. «El drama religioso de Unamuno», *A*, CXIX, págs. 111-46.

GRANJEL, LUIS S. *Retrato de Unamuno*. Madrid, Guadarrama, 392 págs.

Reseñas:

Gullón, A. *Asom*, núm. 2, 1958, págs. 84-87.
Landínez, L. *Ins*, 13, núm. 137, 1958.
Molas. *ERBa*, 6, 1957-58, pág. 192.
Seda. *RHM*, 26, 1960, pág. 169.

HENRÍQUEZ UREÑA, P. «Hace cincuenta años: Unamuno y una crítica de Rodó», *NBA*, 5 mayo.

IBARRA, L. «En recuerdo de Rubén Darío», *C*, núm. 24, junio, págs. 34-37.

IGLESIAS, I. «Don Miguel de Unamuno», *C*, núm. 22, pág. 32.

INSÚA, A. «Octubre de 1922, con Unamuno en Salamanca», *Dom*, 10 marzo.

JIMÉNEZ, A. «Unamuno, residente», *NaC*, 31 octubre (se refiere a la Residencia de Estudiantes de Madrid).

Laín Entralgo, P. «Miguel de Unamuno o la desesperación esperanzada», *La espera y la esperanza*. Madrid, Revista de Occidente, págs. 382-419.

Laín Martínez, M. *Aspectos estilísticos y semánticos del vocabulario poético de Unamuno*. Tesis Univ. de Madrid.

Leal, L. «Unamuno americanista», *CA*, XVI, núm. 4, páginas 183-90.

Llano Gorostiza, Manuel. «Azcue, Unamuno, Arana Goiri y el vascuence», *CEPV*, 6, 8, 9 enero.

Llovera, M. «La 'nivola', invención diabólica de Unamuno», *CUC*, 61-62, págs. 77-83.

Madariaga, S. de. «Cosas y gentes», *CCLC*, núm. 23, páginas 35-38. (Se refiere a Baroja y Unamuno.)

Marías, Julián. «Dos dedicatorias. Las relaciones entre Unamuno y Ortega», *Ins*, XII, núm. 132. Y en *NBA*, 13 octubre.

Marichal, Juan. *La voluntad de estilo. (Teoría e historia del ensayismo hispánico)*. Barcelona, Seix y Barral, capítulos X y XI.

Marrero, V. «El Cristo yacente de Sta. Clara de Unamuno», *EL*, núm. 105 (recogido en su libro de 1960).

Menéndez Arranz, J. «Recuerdos y juicios. Una tarde con Unamuno», *IAL*, núm. 102, junio, pág. 4.

Montero Alonso, J. «La Plaza Mayor de Salamanca (De Unamuno a Waldo Franck)», *ABC*, 8 septiembre.

Narbona, R. «Menéndez Pelayo y Unamuno», conferencia reseñada en *ABC*, 13 diciembre.

Oromí, M., y Sánchez Marín, F. *Unamuno y un siglo. Agonías intelectuales*. Madrid, Pylsa, 191 págs.
Reseña:
García Luengo, E. *I*, 12, núm. 112, 1958.

Oz de Urtarán, R. «Sentimiento trágico y ética de Unamuno», *Lumen*, núms. 18-19.

PÉREZ DE AYALA, R. «Las pajaritas de papel de los dioses», *ABC*, octubre. Incluido en *OC*, IV, págs. 1236-41.

PITOLLET, C. «En relisant quelques oeuvres de Miguel de Unamuno», *LM*, págs. 256-68.

POMÉS, M. *Anthologie de la Poèsie Espagnole*. París, Stock, páginas 215-26.

PRINCI, P. «Unamuno e la *meditatio mortis*», HBr, XII, páginas 298-301.

RAMIRES, A. F. «El pensamiento político. Unamuno», *UnMex*, 26 julio.

RAMIS ALONSO, M. «Miquel y su daimón», *Crisis*, IV, números 14-15, págs. 283-307.

RIBBANS, G. «Unamuno and Antonio Machado», *BHS*, XXXIV, págs. 10-28 (incorporado a su libro de 1971).

RODRÍGUEZ ALCALÁ, H. «Un aspecto del antagonismo de Unamuno y Ortega», *UMex*, 1957-58, XLI, núm. 2 (incluido en su libro *Korn, Romero, Güiraldes, Unamuno, Ortega*. México, Andrea, 1958, págs. 93-109).

SABATER, J. B. *L'amour et la mort chez Miguel de Unamuno*. Tesis Univ. de Toulouse.

SÁINZ DE ROBLES, F. C. *La novela española en el siglo XX*. Madrid, Pegaso, págs. 69-74.

SALCEDO, E. «Unamuno, veinte años después», *HLS*, 23 y 30 diciembre.

SÁNCHEZ MARÍN, F. (véase arriba Oromí, M.).

SCIACCA, M. F. «El drama del ser en Unamuno», *NBA*, 23 junio.

SCOLES, E. *Miguel de Unamuno e la sua poesia*. Tesis Univ. de Roma.

SEDWICK, F. «Unamuno, the Third self, and *Lucha*», *SPh*, LIV, núm. 3, págs. 464-79.

Serrano Poncela, S. «Encuentro con don Miguel», *C*, número 22, págs. 33-37.

Sevilla Benito, F. «La gnoseología de Unamuno y el descubrimiento de Dios», *Aug*, II, núm. 5, enero-marzo, páginas 57-76.

Solá, F. «Falso y verdadero concepto del pecado», *Cris*, números 312-13, 15 marzo y 1 abril.

Spinelli, R. «Publicazioni italiane su Unamuno», *Car*, número 29, mayo-junio.

Suprema Congregación del Santo Oficio, OR, 31 enero. Decreto por el que se condena y manda incluir en el Indice de Libros Prohibidos dos obras de Unamuno (véase *MGB*, *CCMU*, VIII, págs. 100-104).

Comentarios y otros escritos:

ABC, 1 febrero.
Aug, 2, págs. 253-54.
Azaola, J. M. de. *PEu*, núm. 15, marzo, págs. 63-78.
Carrión, B. *NaC*, 21 marzo.
Doreste, V. *NT*, 6, págs. 185-87.
EL, núm. 82, 9 febrero (encuesta).
E. P. E. *AM*, núm. 24.
EspM, 6, págs. 58-61.
Fontán, A. *Act*, núm. 266.
Iglesias Ramírez, M. *Ciervo*, núm. 52.
Inf, 2 febrero.
Iturrioz, J. *RyF*, CLV, núm. 711, págs. 317-28.
Junco, A. *Ab*, 21, págs. 370-72.
ME, 82, págs. 567-70.
NRT, 89, pág. 307.
Pérez Senac, R. *PaisMo*, 22 febrero.
Piccolo, F. *GIt*, 20 febrero.
Pitollet, C. *LM*, VI, 1959, págs. 34-42.
Rama, A. *PaisMo*, 4 febrero.
Real de Azúa, C. *PopMo*, 15 febrero.
Rodríguez Monegal, E. *MMo*, 8 febrero.
Sobrino, J. A. de. *Pax*, núm. 99, 1 marzo, págs. 11-12.
Tabernero Hernández, A. *Ga*, núm. 10.
Ya, 1 febrero.

Torrente Ballester, G. «Don Juan tratado y maltratado», *Teatro español contemporáneo*. Madrid, Guadarrama, págs. 174-79.

Tucci, R. «Itinerario spirituale di Miguel de Unamuno», *CCR*, CVIII, tomo 2, págs. 146-59.
— «Miguel de Unamuno alla ribalta», *Ibíd.*, págs. 493-504.
— «Il tema dell'angoscia esistenziale e una sua tipica expresione», *Ibíd.*, págs. 630-45.

Tuñón de Lara, M. «Actualidad española de Unamuno», *CA*, XVI, núm. 1, págs. 196-205.

Unamuno, Miguel de. *Fedra*, representada en el Teatro de Bellas Artes de Madrid el 27 de noviembre.

Reseñas:

Fernández Santos, A. *IAL*, núm. 108, diciembre, página 17.
González Ruiz, N. *Ya*, 28 noviembre.
Marqueríe, A. *ABC*, 28 noviembre.
Torrente Ballester, G. *Arr*, 28 noviembre.

— *San Manuel Bueno, mártir*, traducción al inglés de F. Segura (seudónimo de Francisco Pérez Navarro) y J. Pérez. Londres, Harrap.

Reseñas:

Portillo, L. *Clarín*, núm. 21, junio, págs. 5-6.
Ribbans, G. *BHS*, XXXV, 1958, pág. 59.
TL, 22 marzo.

Vaz Ferreira, C. *Correspondencia entre Unamuno y Vaz Ferreira*. Montevideo, Imp. Uruguaya.

Verdaguer, M. *Medio siglo de vida íntima barcelonesa*. Barcelona, págs. 42-45.

Vivanco, L. F. «Dos grandes poetas retrasados», «Historia e intrahistoria», *Introducción a la poesía española contemporánea*. Madrid, Guadarrama, págs. 18-32.

Ynduráin, F. «Unamuno y Oliver Wendell Molmes», *AtM*, número 4, págs. 5-28; recogido en *Clásicos Modernos (Estudios de Crítica Literaria)*. Madrid, Gredos, 1969, págs. 28-58.

ZÁRATE VERGARA, H. *Ideas estéticas en Unamuno*. Tesis Univ. de Madrid.

ZUBIZARRETA, A. F. «Aparece un diario inédito de Unamuno», *MP*, año 32, vol. 38, núm. 360, págs. 182-89.
— «Una desconocida *Filosofía Lógica* de Unamuno», *BISDP*, núms. 20-23, 1957-58, págs. 241-52.

1958

ALBERICH, J. *Visión de Inglaterra en algunos escritores españoles modernos*. (Exploración en la obra de Miguel de Unamuno y Pío Baroja). Tesis Univ. de Madrid (un capítulo fue publicado en *CCMU*, IX, 1959).
— «Unamuno y la duda sincera», *RLit*, fasc. 27-28, julio-dic., págs. 210-25.

ARAQUISTÁIN, L. «Una entrevista con Unamuno», *MaMo*, 3 agosto (se refiere a su amistad con el novelista Nikos Kazantzakis).

ARMAS MEDINA, G. DE. *Unamuno, ¿guía o símbolo?* Madrid, Euramérica, 209 págs.
Reseñas:
Armas Ayala, A. *Ta*, 14 agosto.
Doreste, V. *Ta*, 17 julio.
Ins, núm. 142, 15 septiembre.
Iturrioz, J. *RyF*, 159, 1959, pág. 93.

ARTECHA, J. DE. «Unamuno y Saint-Cyran», *Saint-Cyran. (De caracteriología vasca)*. Zarauz, Ed. Icharopena, págs. 11-14.

AYALA, F. «El reposo es silencio (Una curiosidad literaria)», *Sur*, núm. 250, págs. 32-36.

BARRET, W. *Irrational Man. A Study in Existential Philosophy*. Nueva York, Doubleday (se incorpora el nombre de Unamuno al existencialismo europeo).

BASAVE, A. «Miguel de Unamuno, el agonista», *VU*, VII, número 363. Incluido en *Existencialistas y existencialismo*. Buenos Aires, Atlántida.

— «El existencialismo unamuniano de la inmortalidad», *Ibíd.*, VII, núm. 364.

— «El tragicismo de Unamuno», *Ibíd.*, VII, núm. 365.

CAILLOIS, C. *Unamuno et la Grèce.* Tesis de la Univ. de París.

CANNON, W. C. *Unamuno's «El Cristo de Velázquez».* Tesis Univ. de Tulane.

CIRRE, JOSÉ F. «Cartas inéditas de D. Miguel de Unamuno al chileno Don Roberto Huneus», *PoCh*, núm. 10, enero-febrero.

Cuadernos de la Cátedra Miguel de Unamuno, VIII:
Fauroni, Renato. «Ricordo di Estremadura» (Cáceres), versión italiana de una poesía de Unamuno, págs. 74-78.
García Blanco, M. «Addenda: Tesis sobre Unamuno en otras universidades», págs. 64-73.
— «Crónica unamuniana (1956-57)», págs. 79-105.
Masini, Ferruccio. «Filosofia della morte in Miguel de Unamuno», págs. 27-42.
Schürr Friedrich. «El 'quijotismo' en el pensamiento de Menéndez Pelayo y de Unamuno», págs. 9-25.
Sedwick, Franck. «Tesis sobre don Miguel de Unamuno y sus obras, leídas en las universidades norteamericanas hasta febrero de 1955», págs. 57-63.
Sevilla Benito, F. «La inmortalidad del alma, según don Miguel de Unamuno», págs. 43-56.
Zamora Vicente, A. «Un recuerdo de don Miguel de Unamuno», págs. 5-8.

CHICHARRO DE LEÓN, J. «Notas al *Rosario de sonetos líricos*», *BPLV*, núms. 14-15, oct-dic., págs. 5-8.

— «La condesa de Pardo Bazán, vista por Unamuno», *SOP*, 16 enero.

— «El conceptismo de Unamuno», *BPLV*, núms. 10-11, junio-julio, págs. 8-10.

DÍAZ DOIN, G. «Unamuno o la contradicción», *Sur*, número 252, págs. 67-70.

EARLE, PETER G. *Unamuno and English Literature.* Tesis Univ. de Kansas.

ESQUER TORRES, RAMÓN. «El infinito sideral y tres poetas», *Mij*, año II, núm. 14, págs. 1-2 y 7. (Por el «Canto nocturno» de Leopardi, el «Himno al sol» de Espronceda y «Aldebarán» de Unamuno.)

FABIAN, DONALD L. «Action and Idea in *Amor y pedagogia* and *Prometeo*», H, XLI, págs. 30-34.

FERRATER MORA, J. «Miguel de Unamuno et l'idée de la realité», *RMM*, LXIII, págs. 468-73.

FRANCOVICH, G. «Unamuno y Ortega en parangón», *ND*, XXXVIII, págs. 54-58.

GACHE, ALBERTO. «Remembranzas íntimas de don Miguel de Unamuno», *PBA*, 26 enero.

GAOS, JOSÉ. *Confesiones profesionales*. México, Fondo de Cultura Económica, pág. 39.

GÁRATE, JUSTO. «Pasión y sofismas en Unamuno», *BIAEV*, número 33, abril-junio, págs. 56-58.

GARCÍA BLANCO, M. «El novelista asturiano Palacio Valdés y Unamuno», *AO*, VIII, págs. 5-13.
— «Ricardo Rojas y Unamuno», *RUBA*, quinta época, año III, núm. 3, julio-sept., págs. 403-56.

Reseña:
Pagés Larraya, A. *NBA*, 24 mayo.
— «El pensador uruguayo Carlos Vaz Ferreira y Miguel de Unamuno», *RNMo*, oct-dic., págs. 481-513.

Reseña:
Tovar, A. *PSA*, XVI, febrero 1960, págs. 207-209.
— *Miguel de Unamuno. Cincuenta poesías inéditas*. Introducción, edición y notas. Ediciones de los *Papeles de Son Armadans*. Palma de Mallorca-Madrid.

Reseñas:
IHE, IV, pág. 494.
Soto Vergés, Rafael. *CH*, núm. 110, febrero 1959, páginas 198-201.
— *Miguel de Unamuno. Obras Completas*, VI. Prólogo y epílogo.

Reseñas:

Alonso Montero, Jesús. *Noche,* 19 junio.
Araquistán, Luis. *Demo,* 3 diciembre. Y en *DNY,* 14 diciembre.
Cano, J. L. *Ins,* núm. 144, 15 noviembre.
Osorio de Oliveira, J. *ComP,* 24 junio.
Ricard, R. *BH,* LXI, 1959, págs. 332-33.
Vilanova, A. *Dest,* núm. 1105, 11 octubre.

Hoyos, Antonio de. *Unamuno escritor.* Murcia, Ediciones de la Diputación, 181 págs.

Reseñas:

Marra-López, José R. *Ins,* núm. 154, sept. 1959.
R. G. *IAL,* núm. 152, agosto 1961.
Romero. *RLIt,* 24, 1963, pág. 281.

Iriarte, Joaquín. *Pensares y pensadores.* Madrid, Razón y Fe. (Incluye a Donoso Cortés, Menéndez Pelayo, Ramón y Cajal, Ors, Unamuno y Ortega y Gasset).

Reseña:

Alvarez Turienzo, S. *CiD,* CLXXI, págs. 757-58.

Jiménez Hernández, Adolfo. *Miguel de Unamuno: Etica y Estética del lenguaje.* Tesis Univ. de Salamanca.
— «Unamuno en Salamanca», *ImpPR,* 7 febrero.

Kegler, Lucía S. *«Obermann» in the Works of Unamuno.* Tesis Univ. de Duke.

Livingstone, Leon. «Interior duplication and the problem of form in the modern Spanish novel», *PMLA,* LXXIII, págs. 393-406. (Galdós, Unamuno, P. de Ayala.)

Marías, J. *Historia de la filosofía.* Madrid, Revista de Occidente.

Mediano Flores, E. «Perfiles universales. Miguel de Unamuno», *P,* 5 septiembre.

Nemésio, Vitorino. «Conhecimiento de Poesía (Junqueiro e Unamuno)», *Salv,* págs. 108-12.

Nora, Eugenio G. de. «La novela agónica de Unamuno», *La novela española contemporánea (1898-1927)*. Madrid, Gredos, tomo I, págs. 13-48.

Ortega y Gasset, Eduardo. *Monodiálogos de don Miguel de Unamuno*. Nueva York, Ed. Ibérica, 264 págs.

Reseñas:

Browne, J. R. *BA*, 34, 1960, pág. 169.
García Blanco, M. *CCMU*, 10, 1960, págs. 101-102.
Gullón, R. *Asom*, XV, abril-junio 1959, págs. 61-63.
Iglesias, I. *C*, núm. 38, 1959, págs. 113-14.
Rial, J. A. *UniC*, 21 marzo 1959.
Sassone, H. *NaC*, 30 abril 1959.

Pezzoni, E. «La idea de la palabra en el *Cancionero* de Unamuno», *CyC*, LIII, págs. 181-99 y 275-84.

Pinta Llorente, M. de la. «Don Miguel de Unamuno», *ABC*, 6 julio.

Praag-Chantraine, J. van. «L'Espagne, terre d'élection du pirandellisme», *Synt*, XIII, págs. 1-12.

Ribbans, G. «Unamuno and the Younger Writers in 1904», *BHS*, XXXV, págs. 83-100 (incorporado a su libro de 1971).

Rodríguez-Alcalá, Hugo. *Korn, Romero, Güiraldes, Unamuno, Ortega, literatura paraguaya y otros ensayos.* México, Studium, págs. 93-109. (Véase 1957.)

Reseñas:

Redondo de Felman, S. *RHM*, XXV, 1959, pág. 242.
Shaw, D. L. *BHS*, XXXVI, 1959, págs. 186-88.

Rodríguez Molas, R. «Unamuno en la Argentina», *RU*, número 5, julio-sept., págs. 122-124.

Rof Carballo, J. «Envidia y creación», *Ins*, XII, núm. 145.

Salcedo, Emilio. «El primer asedio de Unamuno al *Quijote* (1889-1895)», *ACerv*, VI, ?

Salinas, Pedro. *Ensayos de literatura hispánica.* (Del Cantar de Mio Cid a García Lorca). Madrid, Aguilar, páginas 316-24.

SÁNCHEZ-ALBORNOZ, CLAUDIO. «Un eslabón moro en la cadena que va de Séneca a Unamuno», *Españoles ante la historia*. Buenos Aires, Losada, págs. 32-74.

SÁNCHEZ ARJONA, A. *La idea de pecado en los filósofos españoles contemporáneos: Unamuno*. Tesis Univ. de Madrid.

SCHÜRR, F. «Italienische Einflüsse in Werk Unamuno's», *Roma*, págs. 410-16.

SEDWICK, F. «Unamuno the essayist and his detractors», *MLF*, XLII, págs. 101-12.

SELL, HANS J. «Briefwechselt mit einem Atheisten», *Eckart*, XXVII, núm. 7, págs. 260-63.

TAIRE, JUAN O. «Unamuno y el quijotismo para niños», *NotT*, 29 diciembre.

TORRE, G. DE. «Unamuno y la literatura hispanoamericana», *C*, núm. 30, mayo-junio, págs. 3-12.

UNAMUNO, MIGUEL DE. «Unamuno responde y juzga a Clarín en una carta que es una confesión», *I*, 12, núm. 108, páginas 3-5.
— «Las cartas de Unamuno» [a Bernardo G. Candamo], *I*, núms. 109 a 117.

UPTON, J. «Miguel de Unamuno», *CRAS*, II, págs. 227-29.

URDANETA, R. «Unamuno comentó obras venezolanas», *NaC*, 27 marzo.

YNDURÁIN, FRANCISCO. Conferencia sobre «Unamuno, filósofo», reseñada en *EPy*, 17 marzo.

ZUBIZARRETA, A. F. «Desconocida antesala de la crisis de Unamuno: 1895-1896», *Ins*, núm. 142, 15 septiembre, páginas 1-10.
— «La inserción de Unamuno en el Cristianismo», *CH*, número 106, octubre, págs. 7-35. (Ambos artículos incluidos en *Tras las huellas de Unamuno*. Madrid, Taurus, 1960.)

ALBERICH, J. «La literatura inglesa bajo tres símbolos unamunianos: el hombre, la niebla y el humor», *BHS*, XXXVI, págs. 210-18.
— «El obispo Blougram y *San Manuel Bueno, mártir*», *RLit*, XV, págs. 90-95.

ALVAREZ MIRANDA, A. «El pensamiento de Unamuno sobre Hispanoamérica», *Obras*. Madrid, Cultura Hispánica, páginas 307-48.

ANSÓN, L. M. «*Fedra*, entre Séneca y Unamuno», *ABC*, 30 agosto.

ARÍSTIDES, J. «Epílogo para quijotistas», *Eut*, XI, núm. 38, páginas 2-5 y 27.

ARMAS AYALA, A. «Una carta inédita de Unamuno», *CA*, XVIII, págs. 205-11.
— «Unamuno en el destierro», *UniC*, 26 marzo.

AZAOLA, J. M. DE. *Unamuno y su primer confesor*. Bilbao, Junta de Cultura de Vizcaya, 50 págs. y 12 ilustraciones.

Reseñas:

I. Z. *NT*, XIII, 1960, pág. 509.
Ricard, R. *BH*, LXII, 1960, págs. 468-69.
Zavala. *NT*, 13, 1960, pág. 509.

BLANCO AGUINAGA, C. *El Unamuno contemplativo*. México, Fondo de Cultura Económica, 298 págs.

Reseñas:

Alvarez, C. L. *IAL*, XII, núm. 141, sept. 1960, páginas 22 y 24.
Bleznick. *BA*, 35, 1961, pág. 234.
Borgers, O. *LR*, XVI, 1963, págs. 107-108.
Durán, M. *RHM*, XXVII, 1961, págs. 156-58.
Earle, P. G. *NRFH*, XIV, 1961, págs. 373-81.
Glendinning. *MLR*, 58, 1963, págs. 125-26.
Gómez Galán. *Arbor*, 47, 1960, págs. 131-33.
Marra-López, J. M. *C*, núm. 47, 1961, págs. 116-17.

Mena de Graham, A. R. *Thes*, XVII, 1962, págs. 453-457.

Sarmiento, E. *MLN*, 76, 1961, págs. 939-41.

Suárez Vega. *AO*, 13, 1963, págs. 365-67.

Xirau, R. *Asom*, XVI, 1960, pág. 109.

Yahni, R. *Fi*, VII, 1961, págs. 187-90.

BRENES, V. «El concepto de la fe según Miguel de Unamuno», *RFUCR*, II, núms. 7-8, págs. 27-38.

BROWN, D. F. «An Argentine nivola: Unamuno and Manuel Gálvez», *HCal*, XLII, págs. 506-10.

CABEZAS, F. A. «Hombres famosos: Unamuno», *NaMex*, 25 enero.

CAÑO, C. DEL. «Unamuno y Prisciliano», *ReO*, 30 abril.

CARRIÓN, B. «El hombre y el tiempo. Unamuno, siempre», CLS, abril.

CATALÁN, D. «Personalidad y sinceridad en un monodiálogo de Unamuno», *RLIvro*, año 4, núm. 13, págs. 181-92. Y en *SP*, I, págs. 333-47 (por el monodiálogo de Augusto Pérez con su autor).

CLAVERÍA, C. «Keyserling y Unamuno», *Ins*, núm. 156, páginas 1 y 10.

COROMINAS, JUAN. «Correspondance entre Miguel de Unamuno et Pere Corominas», *BH*, LXI, págs. 386-436. Y en LXII, 1960, págs. 43-76.

Reseñas:
Canito. *Ins*, núm. 169, 1960.
Corredor, J. M. *C*, núm. 45, 1960, págs. 81-86.
Gosselin. *LR*, 16, 1962, 79.
Zavala, I. M. *NRFH*, XVII, 1963-64, págs. 414-15.

CRUZ HERNÁNDEZ, M. «Bergson et Unamuno», *BSFP*, número especial, págs. 81-83.

Cuadernos de la Cátedra Miguel de Unamuno, IX:
Alberich, J. «Sobre el positivismo de Unamuno», páginas 61-75.
García Blanco, M. «Crónica unamuniana» (1957-58)», páginas 117-34.

— Robert Ricard y Charles V. Aubrun: «En memoria de Aurelio Viñas (1892-1958)», págs. 135-42.

Kock, J. de. «Unamuno et Quevedo», págs. 35-59.

Laín, M. «Aspectos estilísticos y semánticos del vocabulario poético de Unamuno», págs. 77-115.

Zubizarreta, A. F. «Miguel de Unamuno y Pedro Corominas. (Una interpretación de la crisis de 1897)», páginas 5-34.

Reseña del tomo IX:

Rossi, G. C. *Idea*, IX, septiembre.

Cuéllar Bassols, L. «Empobrecimiento unamuniano de la esencia del cristianismo», *Cris*, núm. 336, 1-15 febrero, págs. 176-77.

Chevalier, J. «Entretiens avec Bergson», *TRonde*, número 137, mayo, págs. 12-13 (juicio de Bergson sobre Unamuno).

Chicharro de León, J. «La lengua y el estilo», *BPLV*, números 18-19, abril-junio, págs. 12-14.

— «Anticlericalismo unamuniano», *SOP*, 2 abril.

— «Notas sobre *El rosario de sonetos líricos*. II, Encabalgamiento e hipérbaton», *BPLV*, núms. 20-21, julio-septiembre, págs. 18-22.

Da Via, G. «De Unamuno», *Cen*, VIII, págs. 40-44.

Deckers, Denise. *Miguel de Unamuno devant la litterature.* Tesis Univ. de Gante (Bélgica).

Dentone, A. «Vita e inmortalitá nella filosofia di Miguel de Unamuno», *Sap*, 12, págs. 172-82.

Doreste, V. «A propósito de Unamuno», *NiMex*, núm. 6.

Durán, Manuel. «Los últimos días de Unamuno», *UMex*, XIV, págs. 16-18.

Durán Ache, J. «Unamuno: el genio atormentado», *Boh*, año 51, núm. 1, 4 enero.

Englekirk, John E. «En torno a Unamuno y Portugal», *H*, XLII, págs. 32-39.

— «Amizades ibéricas: Junqueiro e Unamuno», *CIELB*, 14 agosto.

ESQUER TORRES, R. «Bernardo Artola en Salamanca: Ausías March y Unamuno», *BSCC*, XXXV, abril-junio, páginas 83-95.

FAGOAGA, ISIDORO DE. «Unamuno a orillas del Bidasoa», *PBA*, 5 julio. (Incorporado a su libro de 1964.)

FERRER SOTO, R. «El tragicismo de Unamuno», *HV*, número 2, abril-junio, págs. 219-21, (Sobre *Abel Sánchez* y la envidia.)

FRAILE, GUILLERMO. «Unamuno y el Padre Arintero», *GR*, 24 febrero.

FRIEIRO, EDUARDO. *O alegre Arcipreste e outros temas de literatura española*. Belo Horizonte, ?

GALLANT, CLIFFORD J. *La femme dans l'oeuvre de François Mauriac et de Miguel de Unamuno*. Tesis de la Univ. de Toulouse.

GARCÍA BLANCO, M. «Benedetto Croce y Miguel de Unamuno», *Ann*, I, págs. 1-29.
Reseña:
Spinelli, R. *Car*, núm. 44, nov-dic., págs. 246-48.
— «Poetas ingleses en la obra de Unamuno», I y II, *BHS*, XXXVI, págs. 88-106 y 146-65.
— «Unamuno y tres poetas norteamericanos», *Asom*, XV, núm. 2, abril-junio, págs. 39-44. (Por Sidney Lanier, William V. Moody y Carl Sandburg.)
— «Escritores franceses amigos de Unamuno», *BH*, LXI, págs. 82-103. (Por Camille Pitollet, Maurice Legendre, Jacques Chevalier, Marcel Bataillon y Jean Cassou.)
— *Miguel de Unamuno. Teatro completo*, prólogo, edición y notas bibliográficas. Madrid, Aguilar.
Reseñas:
Agostini, A. *RHM*, 27, 1961, pág. 11.
De Coster. *BA*, 35, 1961, pág. 175.
Fernández Almagro, M. *ABC*, 15 noviembre.

— *Miguel de Unamuno. Mi vida y otros recuerdos personales, I y II.* Buenos Aires, Losada.

Reseñas:

A. *Cap,* febrero 1960.
Agostini, A. *RHM,* 28, 1962, págs. 327-28.
Arístides. *CoBA,* núm. 26, 1960, págs. 71-73.
Ayala, J. A. *VU,* año IX, núm. 473, 15 abril 1960.
Azcoaga, E. *PBA,* 13 marzo 1960.
Fernández Almagro, M. *VE,* 13 julio 1960.
Figueira. *ND,* 41, 1961, págs. 106-107.
Salazar Chapela, E. *C,* núm. 42, 1960, págs. 113-14.
Torre, G. de. *NB,* abril 1960.
Villa Pastur. *AO,* 11, 1961, págs. 467-69.

— *Miguel de Unamuno. Obras completas.* Nueva edición, tomo I, prólogo, edición y notas. Barcelona, Vergara.

Reseña:

Rossi, G. C. *Idea,* enero 1961.

— *Miguel de Unamuno. Obras completas.* Nueva edición, tomo II, prólogo, edición y notas. Barcelona, Vergara.

— *Miguel de Unamuno. Obras completas.* Nueva edición, tomo VII, prólogo, edición y notas. Barcelona, Vergara.

Reseñas:

Fernández Almagro, M. *ABC,* 14 febrero 1960.
Ricard, R. *BH,* LXIV, 1962, págs. 130-31.

García Estrada, J. A. «Unamuno y Mitre», *NBA,* 19 abril.

Granjel, Luis S. *Panorama de la generación del 98.* Madrid, Guadarrama, 535 págs. (Antología y documentos, págs. 303-522.)

Juárez-Paz, R. «La estructura de la filosofía de Unamuno», *USC,* 48, págs. 79-88.

Juilia, F. *Unamuno y Portugal.* Tesis Univ. de París.

Landa Camblor, J. «Dios y el hombre en Unamuno», *Crisis,* números 21-24, págs. 77-106.

Reseña:
Morey. *PM*, núm. 25, 1962.

LEDERER, H. *Miguel de Unamuno und sein religiöses Problem.* Tesis Univ. de Maguncia.

MALAVASSI, G. «Bibliografía costarricense sobre Unamuno: repertorio americano», *RFUCR*, II, enero-junio, páginas 92-96 (cotéjese con 1961).

MARÍAS, J. *La escuela de Madrid.* Buenos Aires, Emecé, páginas 43-131.

METZIDAKIS, P. *Unamuno e Hispanoamérica.* Tesis Univ. de Yale.

MUÑOZ ALONSO, A. «Unamuno o el filósofo de la muerte inmortal», *Las grandes corrientes del pensamiento contemporáneo*, I, dirigida por M. F. Sciacca. Madrid, Guadarrama, págs. 185-88.

NUEZ CABALLERO, S. DE LA. «Unamuno en Fuerteventura», *AEA*, núm. 5, págs. 133-236.
Reseña:
Doreste. *MuC*, 19-20, 1958-59, págs. 148-49.

PÉREZ DE AYALA, R. «Recuerdos», *ABC*, 5 abril.

PLÁ, JOSÉ. *Grandes tipos.* Barcelona, Aedos, págs. 9-16.

PRIETO, I. «Unamuno y los gitanos», *SMex*, 19 febrero.

RADITSA, B. «Mis encuentros con Unamuno», *C*, núm. 34, páginas 45-50.
— «Opiniones de don Miguel de Unamuno», *AMo*, 10 marzo.

REY, A. «Una carta y dos sonetos inéditos de Unamuno», *RHM*, XXV, págs. 354-56.

RIBBANS, G. «The Development of Unamuno's *Amor y pedagogía* and *Niebla*», *HSG*, 17 págs.

RÍO, A. DEL. «Unamuno y Ortega y Gasset», *RUA*, 2, número 4 (incluido en *Estudios sobre literatura con-*

temporánea española. Madrid, Gredos, 1966, páginas 24-49.

ROSALES, LUIS. «La comedia de la personalidad», *CH*, 39, páginas 249-84, y núm. 40, págs. 44-70 (Cervantes, Unamuno, Pirandello).

ROUSSILLION, E. E. *Dos luchadores: Unamuno y Sarmiento.* Tesis Univ. de Columbia.

RÜEGG, A. «Der Antiklerikalismus Unamunos», *SchR*, 59, número 1.

RUIZ RAMÓN, F. «Var tids Spanske teater drama og tragedie», *Vin*, XIII, págs. 207-15 (compara a Unamuno con García Lorca).

SÁNCHEZ BARBUDO, A. *Estudios sobre Unamuno y Machado.* Madrid, Guadarrama, págs. 15-198.

Reseñas:
Albornoz, A. de. *Torre*, 7, núm. 28, págs. 199-209.
Cano, J. L. *NaC*, 6 agosto. Y en *Ins*, núms. 152-53, 1959; y en *C*, núm. 40, 1960, págs. 121.
Durán, M. *RHM*, XVII, 1961, págs. 39-41.
Earle, P. G. *NRFH*, XIV, 1961, págs. 138-41.
ESP, año IV, núm. 173, 12 marzo 1960, pág. 2.
Panero, L. *ByN*, núm. 2476, 17 octubre.
Tijeras, E. *CH*, 41, 1960, págs. 130-34.
Villa Pastur, J. *AO*, 9, págs. 406-408.

SERRANO PONCELA, S. «El amor, M. Homais y la pedagogía», *IAL*, núm. 128, agosto, págs. 7-8 (sobre *Amor y pedagogía*) (véase 1962).
— «El tema de la existencia en la generación del 98», «Esos tres misóginos (Unamuno, Baroja, Azorín)», «Autocrítica y crítica de la generación del 98», «Encuentros con Unamuno», *El secreto de Melibea y otros ensayos.* Madrid, Taurus, págs. 109-200.

SINNIGE, TH. G. «Unamuno en existentiële geloofsbeleving», *Gids*, núms. 8-9, págs. 58-81 y 144-58.

SPINELLI, R. «Il carteggio Croce-Unamuno», *Car*, núm. 44, páginas 246-47.

UNAMUNO, MIGUEL DE. *Autodiálogos*. Madrid, Aguilar (nueva edición).

Reseña-comentario:
Azcoaga, E. *PBA*, 12 marzo.
C. L. En el libro *Ortega, Unamuno, D'Ors, Camus*. Barcelona, Sarriá, Ed. Franciscana, págs. 64-70.
— «Cartas a Bogdan Raditsa», *C*, núm. 34, págs. 51-56.

VIDAL Y TOMÁS, B. «Criba de lecturas. Unamuno y los almendros», *SPM*, 14 febrero.

VILLARRAZO, B. *Miguel de Unamuno. Glosa de una vida*. Barcelona, Aedos, 289 págs., prólogo de J. M. de Cossío.

Reseñas:
Bajona Olivares. *RLit*, 24, 1963, págs. 275-77.
Fernández Almagro, M. *ABC*, 28 junio.
R. V. *NT*, 12, 1960, págs. 507-508.
Salcedo, E. *HLS*, 29 junio.
Sordo, E. *RAAL*, 8 agosto.

YERRO BELMONTE, M. «Nacimiento, razón y destino de la poesía», *IAL*, núm. 129, págs. 4-6.

ZUBIZARRETA, A. F. *Unamuno en su «nivola»*. (*Estudio de Cómo se hace una novela*). Tesis Univ. de Salamanca.

1960

ABELLÁN, J. L. *Una interpretación de Unamuno a la luz de la psicología individual*. Tesis Univ. de Madrid.

AGUIRRE PRADO, T. «Unamuno y el paisaje», *Montes*, páginas 457-78.

ALBERICH, J. «Temas ingleses en Unamuno y Baroja», *Arbor*, XXXV, núm. 131, págs. 265-80.
— «Los dialectos en la poesía española del siglo XX», *RFEsp*, 43, núms. 1-2, págs. 66-67.

ANTÓN, F. «Don Quijote crucificado. Un dibujo inédito de Unamuno, de 1904», *NCast*, 7 junio.

Aranguren, J. L. «Unamuno in person and in faith», *TQ*, IV, págs. 25-31.

Ayala, J. A. «Unamuno maestro de griego», *VU*, 22 abril.
— «Miguel de Unamuno y México», *Ibíd.*, 16 septiem· bre.

Azpeitia, J. M. «Notas de un montaje», *CVI*, págs. 117-25 (*El Otro*, hecho por el T.E.U. en el Teatro Español el 27 de marzo).

Basdekis, D. *The Problem of Christianity in Some of Unamuno's Works*. Tesis Univ. de Columbia.

Belmás, A. O. *Este otro Rubén Darío*. Barcelona, páginas 156-67.

Bernárdez, F. L. «Un amigo argentino de Unamuno», *CBA*, 33, núm. 1352.

Beysterveldt, A. van. «Algunas notas sobre el sentimiento del amor en Unamuno», *PEu*, núm. 50, págs. 78-90.

Cannon, W. C. «The mystic cosmology of Unamuno's *El Cristo de Velázquez*», *HR*, 28, págs. 28-39.

Cano, J. L. *Poesía española del siglo XX. De Unamuno a Blas de Otero*. Madrid, Guadarrama, págs. 15-27.

Carrasco, C. *El teatro de Miguel de Unamuno*. Montevideo, Congreso por la Libertad de la Cultura, 31 págs.

Cuadernos de la Cátedra Miguel de Unamuno, X:
Armas Ayala, A. «Unamuno y Canarias (capítulo de un libro)», págs. 69-99.
Chicharro de León, J. «El arte de Unamuno en *El rosario de sonetos líricos*», págs. 29-68.
García Blanco, M. «Crónica unamuniana (1958-59)», páginas 101-28.
— «Necrología: Gilberto Beccari», págs. 129-30.
Zubizarreta, A. F. «Unamuno en su nivola (Estudio de *Cómo se hace una novela*)», págs. 5-27.
Reseña del tomo X:
Guy, A. *BUT*, abril 1961, págs. 562-63.

Cúneo, D. «Unamuno y el *Martín Fierro*», *PBA*, 19 junio.

CHAVES, J. C. *La lengua como base de la hispanidad en la concepción de Unamuno*. Asunción, Academia Paraguaya, 31 págs.

Deutsche Miguel de Unamuno-Gesellschaft. Sociedad constituida en Baden-Baden en febrero, con el propósito de difundir las obras de Unamuno.

Comentarios:

H. J. S. *Arbor*, 59, 1964, págs. 236-37.
Nonell, C. *IAL*, núm. 1142, octubre.
Salcedo, E. *GR*, 22 enero 1961.

DOMENECH, R. «El tiempo joven: Una generación en marcha», *Ins*, núm. 163, pág. 3.

EARLE, PETER G. *Unamuno and English Literature*. Nueva York, Hispanic Institute, 160 págs.

Reseñas:

Alberich. *HR*, 30, 1962, págs. 59-62.
Blanco Aguinaga, C. *MLN*, 78, 1963, págs. 105-10.
Bleznick, D. *RHM*, 28, 1962, pág. 67.
Borgers, O. *LR*, XVII, 1963, págs. 191-93.
Englekirk. *H*, 44, 1961, págs. 736-37.
Gicovate. *CompLit*, 15, 1963, págs. 88-89.
Mena de Graham, A. R. *Thes*, XVI, 1961, págs. 523-525.
Ribbans, G. *BHS*, 39, 1962, págs. 252-53.
Sobejano, G. *RoF*, 77, 1965, págs. 209-10.

ENGLEKIRK, J. E. «Unamuno y el 'culto al dolor' portugués», *CompLit*, XII, págs. 142-50.

FERRATER MORA, J. «On Miguel de Unamuno's idea of reality», *PPR*, XXI, págs. 514-20.

GAOS, V. «Los géneros literarios en la obra de Unamuno», *Temas y problemas de literatura española*. Madrid, Guadarrama, págs. 225-34 (repetido en *Claves de literatura española*. Madrid, Guadarrama, 1971).

— «Sobre la técnica novelística de Galdós», *Ibíd.*, I, páginas 455-56.

GARCÍA BLANCO, M. «El mundo clásico de Miguel de Unamuno», *El mundo clásico en el pensamiento español contemporáneo.* Madrid, Sociedad Española de Estudios Clásicos, págs. 45-89.

Reseñas:

Ferreres, R. *Lev*, 20 noviembre.

Jiménez Delgado, J. *HS*, XL, núm. 36, págs. 562-64.

— «Un inglés y un español escriben sobre Mallorca», *PSA*, L, mayo, págs. 256-72. (Por J. E. Crawford-Flitch y Unamuno.)

— «Angel Ganivet y Unamuno (Afinidades y diferencias)», *HV*, II, segundo, núm. 6, abril-junio, páginas 159-90.

— *Miguel de Unamuno. Obras completas.* Nueva edición, tomo III. Prólogo, edición y notas.

— *Miguel de Unamuno. Obras completas.* Nueva edición, tomo IV. Prólogo, edición y notas.

Reseña:

Fernández Almagro, M. *VE*, 7 noviembre.

— *Miguel de Unamuno. Obras completas.* Nueva edición, tomo V. Prólogo, edición y notas. Barcelona, Vergara.

Reseña:

Manent, Albert. *SO*, año III, segunda época, núm. 1, enero 1961, págs. 16-17.

— *Miguel de Unamuno. La Esfinge.* Madrid, Ed. Alfil.

Reseña:

QIA, IV, diciembre 1961, págs. 180-81.

— *Miguel de Unamuno. El pasado que vuelve.* Prólogo y edición. Madrid, Alfil.

GARCÍA MOREJÓN, JULIO. *Unamuno y Portugal.* Tesis Univ. de São Paulo (Brasil).

— «Um novo comentarista francés de Unamuno», *SL*, ?

GASCÓ CONTELL, EMILIO. «Los descendientes de don Miguel de Unamuno», *TBo*, ?

GONZÁLEZ ARRILI, BERNARDO. «Unamuno, el huésped que no llegó», *PBA*, ?

GONZÁLEZ CAMINERO, N. «Circunstancia y personalidad de Unamuno y Ortega», *Greg*, XLI, núm. 2, págs. 201-39.

GONZÁLEZ SEARA, LUIS. «Prólogo» a *Antología*. Madrid, Doncel.

GRANJEL, LUIS S. «Patografía de Unamuno», *Baroja y otras figuras del 98*. Madrid, Guadarrama, págs. 305-14.
Reseña:
Cano, J. L. *Ins*, núm. 170, enero 1961.

LEBOIS, A. «Créations, pouvoirs et révolte des personnages. Sources étrangères du pirandellisme», *AFLT*, 9, páginas 81-111 (Cervantes, Calderón, Unamuno).

MADARIAGA, S. DE. *De Galdós a Lorca*. Buenos Aires, Sudamericana, págs. 130-51.

MAIA, J. «Guerra Junqueiro e Unamuno», *Brot*, 70, páginas 203-205.

MANYÁ, J. B. *La Teología de Unamuno*. Barcelona, Vergara, 208 págs.
Reseña:
R. G. *I*, núm. 149, 1961.
— «Epileg a *La Teología de Unamuno*», *CritBa*, número 5, págs. 43-55.

MARÍAS, J. *Ortega. Circunstancias y vocación*. Madrid, Revista de Occidente, págs. 149-62.

MARICHAL, J. Comentario del poema «En un cementerio de lugar castellano», *The Poem Itself*, edición e introducción de Stanley Burnshaw. Nueva York, Holt, páginas 166-71.

MARQUERÍE, A. «Nueva versión de *Fedra*, de Unamuno», *ABC*, 1 marzo (por la del director escénico Javier Lafleur en el teatro Alcázar, el 28 de febrero).

MARRERO, V. *El Cristo de Unamuno*. Madrid, Rialp, 276 páginas.
Reseñas:
Albertos. *NT*, 14, 1961, págs. 236-38.
Alvarez, C. L. *IAL*, XII, núm. 141, pág. 22.
Basdekis. *RHM*, 29, 1963, págs. 174-75.

11

Beerman. *BA*, 35, 1961, págs. 341-42.

Iturrioz. *RyF*, 164, 1961, págs. 136-37.

Tesouro, D. *HPR*, año V, núm. 10, abril 1962, páginas 123-25.

MATEO, J. V. «Unamuno en Alicante», *Mar*, 31 diciembre.

METZIDAKIS, P. «Unamuno frente a la poesía de Rubén Darío», *RIb*, XXV, núm. 50, págs. 229-49.

MOELLER, CHARLES. «Miguel de Unamuno et l'espoir désespéré», *Littérature du XXème siècle et christianisme.* Tournai, Casterman, págs. 45-146. Versión española de V. García Yebra. Madrid, Gredos, págs. 57-175, tomo IV.

Reseñas:

Albertos, J. L. *NT*, XIV, 1961, págs. 238-41.

Conte, R. *AC*, núms. 9-10, 1961, págs. 59-62.

Gascó Contell, E. *VPB*, 31 julio.

Hermenegildo, Alfredo. *RLit*, XVIII, núm. 35, páginas 188-90.

Lev, 27 agosto.

Praag-Chantraine, J. van. *Synt*, núm. 185, 1961, páginas 162-66.

Sevilla Benito, F. *Norma*, núms. 15-16, agosto.

Sopeña, Federico. *Ins*, núm. 166, septiembre.

Vidal y Tomás, B. *SPM*, III, núm. 72, 24 septiembre.

Zarco, F. *HS*, XII, 1961, págs. 423-25.

PEMÁN, J. M. «Fray Luis y Unamuno», *ABC*, 4 agosto.

PERLADO, J. J. «La última promoción española (Maeztu, Unamuno, Baroja)», *EL*, núm. 196.

PIÑERA, H. «Unamuno visto por un hispanoamericano», *RFUCR*, 2, págs. 367-76.

RAMA, C. M. *La crisis española del siglo XX.* México, Fondo de C. Económica, págs. 63-64.

RAMIRES FERRO, T. «A interpretação unamuniana da historia de Portugal», *CIELB*, 2, págs. 303-14.

RÍO, ANGEL DEL. «Las novelas ejemplares de Unamuno», *RUBA*, V, págs. 22-34 (incluido en *Estudios sobre literatura española contemporánea.* Madrid, Gredos, 1966, págs. 7-23.

ROCA, A. «Cartas religiosas de Unamuno y Machado», *Islas,* 2, págs. 639-42.

ROCAMORA, P. «Unamuno y el amor», *ABC,* 31 diciembre.

RUBIA BARCIA, J. «La Pardo Bazán y Unamuno», *CA,* 113, noviembre-diciembre, págs. 240-63.

SÁEZ GÓMEZ, T. *América en la obra de Unamuno.* Tesis Univ. de Sevilla.

SALCEDO, E. «El abate Moeller y Unamuno», *GR,* 7 febrero.
— *Literatura salmantina del siglo XX.* Salamanca, Centro de Estudios Salmantinos, págs. 21-23 y 31-33.

SÁNCHEZ ARJONA, A. «El misterio de iniquidad», *CH,* 42, páginas 202-21.

SÁNCHEZ-RUIZ, J. M. «La estructura trágica y problemática del ser según don Miguel de Unamuno», *SR,* XXIII, págs. 570-627.

SCHÜRR, F. «Miguel de Unamuno romancier et dramaturge existencialiste», *AIUO,* II, julio, págs. 17-29.

SEDWICK, F. «Unamuno and Womanhood: his Theater», *HCal,* 43, septiembre, págs. 309-13.

TOMASSO, V. DE. «La personalitá di Unamuno», *ItR,* 43, número 12, págs. 252-53.

TORNOS, A. M. *Angst und subjektivität in Unamunos Philosophie.* Tesis Univ. de Munich.

UNAMUNO, MIGUEL DE. *La poesía de Miguel de Unamuno.* Tarrasa, Delegación Local de Juventudes, VI, 21 páginas.
— *El Otro. Raquel encadenada,* introducción, notas y vocabulario de F. Sedwick. Nueva York, Las Américas.

Reseñas:
Basdekis, D. *VNY,* enero 1961, pág. 19.
Kirsner. *H,* 44, 1961, pág. 581.

— *Breve antologia poetica di Miguel de Unamuno*, versión italiana e introducción de R. Spinelli. *FL*, XV, número 46, 13 noviembre.

Valentín Gamazo-Fernández, F. *El estilo como filosofía del lenguaje en Unamuno*. Tesis Univ. de Madrid.
— «El pensamiento estético de Unamuno», *RUM*, IX, número 36, págs. 894-95 (extracto de la tesis).

Villalobos Pisano, D. L. *La soledad en la poesía de Unamuno*. Tesis Univ. de Madrid.

Vivanco, L. F. «Una tierra, un escritor, un libro, una edición», *CH*, núms. 128-29, agosto-septiembre.

Zubizarreta, A. F. *Tras las huellas de Unamuno*. Madrid, Taurus, 195 págs.

Reseñas:

Klibbe. *BA*, 36, 1962, pág. 182.
Marra-López, J. R. *Ins*, núm. 171, febrero 1961. Y en *C*, núm. 44, 1960, págs. 110-112.
Seda, G. A. *RHM*, 28, 1962, págs. 352-53.
— *Unamuno en su «nivola»*. Madrid, Taurus, 416 págs.

Reseñas:

López-Montenegro, F. *RyC*, V, núm. 20, págs. 687-88.
Marra-López, J. R. *C*, núm. 44, págs. 110-12.
Ratto. *Sphinx*, núm. 13, págs. 246-48.
Ribbans, G. *BHS*, 39, 1962, págs. 55-57.
— «Don Miguel de Unamuno, lector del P. Faber», *Sal*, VII, núm. 3, págs. 667-701.

Reseña:

Ferrero. *BIRA*, 4, 1958-60, págs. 425-26.

1961

Abellán, José L. «Miguel de Unamuno a la luz de la Psicología», *FRM*, XX, núm. 76, págs. 51-83. Recogido en *Sociología del 98*. Barcelona, Península, 1973.

Aja, Pedro V. «Unamuno y la inmortalidad del hombre concreto», *RCF*, núm. 2.

ALEGRÍA, CIRO. «Cartas de Unamuno a Ricardo Palma», *NBA*, 4 junio.

ALONSO MONTERO, JESÚS. «Carta inédita de Ortega y Gasset sobre Unamuno», *Noche*, 22 abril. (Incorporado a su libro *La palabra en la realidad*. Lugo, Celta, 1963.)
— «¿Unamuno refutado? Ciencia y filosofía en lengua vasca», *Ibíd.*, 18 mayo.

ALVAR, MANUEL. «El problema de la fe en Unamuno. La antiinfluencia de Rechepin», *CH*, XLVI, abril, páginas 5-19.
Reseña:
Groult. *LR*, 17, 1963, pág. 284.

ARDAO, A. «El Quijote en Unamuno y Ortega», *Filosofía de lengua española*. Montevideo, Ed. Alfa, 1963, capítulo IV, págs. 129-34.

ARÍSTIDES, J. «Unamuno y la angustia existencial», *Eut*, año XIII, núm. 41, págs. 2-4.
— «Dos visiones del mundo hispánico», *CoBA*, número 30 (Unamuno y Ortega).

Asomante. Conmemora el XXV aniversario de la muerte de Unamuno, vol. XVII, núm. 4:
Abellán, José L. «El tema de España en Ortega y Unamuno», págs. 26-40. Recogido en *Sociología del 98*. Barcelona, Península, 1973.
Adell, Alberto. «Homenaje a Unamuno» (poema), páginas 76-78.
Babin, María T. «Canto a Unamuno» (poema), páginas 79-80.
Bayón, Damián C. «Unamuno en Francia», páginas 83-89.
Bellini, Giuseppe. «Unamuno en Italia», págs. 90-96.
González, Antonio. «¿Unamuno en la hoguera?», páginas 7-25.
González, José Emilio. «Reflexiones sobre *Niebla*, de Unamuno», págs. 60-69.
Gullón, Ricardo. «La voluntad de dominio en 'la madre' unamuniana», págs. 41-59.

Nieto Iglesias, J. «Un morir sin morir en carne y hueso» (poema), págs. 81-82.

Onís, F. de. «Una carta de don Miguel», págs. 70-73.

Pinillos, Manuel. «A Miguel de Unamuno, que ya no tiene que luchar» (poema), págs. 74-75.

Baker, C. H. *Reality in the Works of Unamuno and Ortega y Gasset: A Comparative Study*. Tesis Univ. de Southern California.

Bennassar Oliver, I. *La mujer en el teatro de Unamuno*. Tesis Univ. de Barcelona.

Bernárdez, F. L. «El poeta Unamuno», *NBA*, 26 noviembre.

Blanco Aguinaga, C. «Sobre la complejidad de *San Manuel Bueno, mártir*, novela», *NRFH*, XV, núms. 3-4, julio-diciembre, págs. 569-88. Incluido en la edición de A. Sánchez Barbudo de 1974.

Cáceres, E. de. «Lecciones de Miguel de Unamuno», *EMo*, 4.º trimestre. Y en 1962, núm. 1.

Cannon, W. C. «The Miltonic Rhythm of Unamuno's *El Cristo de Velázquez*», *H*, 44, núm. 1, págs. 95-98.

Cardona Peña, A. «Unamuno en América», *Recreo sobre las Letras*. San Salvador, Ministerio de Educación, páginas 19-25.

Cela, C. J. *Cuatro figuras del 98 y otros retratos y ensayos españoles*. Barcelona, Aedos (por Unamuno, Azorín, Baroja y Valle-Inclán), págs. 17-25.
Reseñas:
Bolaño e Isla. *ALMex*, 2, 1962, págs. 315-19.
Cano, J. L. *Ins*, núm. 181.
Iglesias. *C*, núm. 55, 1961, pág. 94.
L. S. *EL*, núm. 233, 15 enero 1962, pág. 21.

Clemente, J. *El ensayo.* ?

Cohen, J. M. *Poetry of this Age, 1908-1958*. Londres, Arrow Books (incluye a Unamuno entre otros poetas españoles).

CONRADI, G. A. «Unamuno und Europa. Ein Versuch über den Quijotismus», *HuH*, año II, núms. 7-8, páginas 36-45 y 35-44.

COWES, H. G. «Problema metodológico en un texto lírico de Miguel de Unamuno», *Fi*, VII, págs. 39-49 (por «Hermosura» del libro *Poesías*).

Cuadernos de la Cátedra Miguel de Unamuno, XI:
Ciplijauskaite, Birute. «El amor y el hogar: dos fuentes de fortaleza en Unamuno», págs. 79-90.
García Blanco, M. «Crónica unamuniana (1959-60)», páginas 91-109.
García Morejón, J. «Unamuno y el sentimiento trágico de Antero de Quental», págs. 27-65.
Metzidakis, Philip. «El poeta nacional griego Kostís Palamás y Unamuno», págs. 67-77.
Torre, G. de. «Unamuno y la literatura hispanoamericana», págs. 5-25.

CHACÓN TREJOS, GONZALO. «Aquileo J. Echevarría, Rubén Darío y Miguel de Unamuno», *Brecha*, año V, números 6 y 9, febrero-octubre.

CHAVES, JULIO CÉSAR. «Vivencia y eternidad de Miguel de Unamuno», *AA*, núm. 15, noviembre-diciembre.
— «Base histórica de la hispanidad según Unamuno», *TA*, 7 mayo.

CHICHARRO DE LEÓN, J. «Notas sobre el *Rosario de sonetos líricos*. La composición de los sonetos: combinaciones métricas», *BPLV*, núms. 40-42, págs. 17-19.

DÍEZ DE MEDINA, F. «Unamuno, rebelde impenitente», *C*, número 52, septiembre, págs. 31-38.

ECHEVERRI MEJÍA, O. «Hay que ser justo y bueno, Rubén», *MH*, núm. 154, enero.

El Adelanto. Salamanca, 31 diciembre. Conmemora el XXV aniversario de la muerte de Unamuno:
Alvarez Rodríguez, J. «Elegía a don Miguel» (poema).
Ansede, C. «Recuerdo».
Montillana, J. de. «Evocación en la casa-museo de la vieja Rectoral».

ELGUERA, A. «The Spain of Unamuno», *Comm*, 74, 31 marzo, págs. 13-15.

EOFF, S. H. «Creative Doubt», *The Modern Spanish Novel*. Nueva York, New York University Press, págs. 191-215 (versión española de Rosario Berdagué, *El pensamiento moderno y la novela española*. Barcelona, Seix Barral, 1965).

Reseña y comentario:
Alvarez Turienzo, S. *EL*, 257, 19 enero 1963, págs. 4-6.
Earle, P. G. *Hispano*, núm. 19, septiembre 1963, páginas 71-76.

ESCOBAR, M. DEL P. «Tres actitudes de inconformismo en el fin del siglo europeo: Papini, Chesterton y Unamuno», *MA*, núm. 35, págs. 7-18.

FARRÉ, L. «Kierkegaard y Unamuno», *NBA*, 9 abril.

FERDINANDY, M. DE. «Unamuno y Portugal», *En torno al pensar mítico*. Berlín, Colloquium Verlag, cap. VIII, páginas 202-19.

FERNANDES LEYS, A. «Hallazgo de Sarmiento en Unamuno», *UNL*, 49, págs. 35-59.

FERNÁNDEZ, PELAYO H. *Miguel de Unamuno y William James*. Tesis Univ. de Salamanca.
— *Miguel de Unamuno y William James. Un paralelo pragmático*. Salamanca, Cervantes, 137 págs.

Comentarios:
Castro Castro, A. *EL*, núms. 300-301, septiembre 12-26, 1964, pág. 25.
García Blanco, M. *Pensamiento y Letras en la España del Siglo XX*. Nashville, Vanderbilt University Press, 1966, págs. 237-38.

FERNÁNDEZ ALMAGRO, M. «Unamuno», *ABC*, 31 diciembre (en conmemoración).

FERNÁNDEZ DE LA MORA, G. «El espíritu del 98», *Ortega y el 98*. Madrid, págs. 21-134.

Figueira, G. «A veinticinco años de la muerte de Miguel de Unamuno», *DiaMo*, 31 diciembre.

Flórez, R. «Sobre el Cristo de Unamuno», *RAE*, V.

Frutos Cortés, E. «El hombre y lo humano en Unamuno», *El hombre y lo humano en la cultura contemporánea*. Madrid, págs. 424-31.

Gárate, J. «Los vascos sin nombres abstractos para Unamuno», *BIAEV*, 17, pág. 430.

García Blanco, M. «Unamuno y dos hispanistas norteamericanos», *RHM*, XXVII, págs. 86-93. (Se refiere a Homer P. Earle y a Waldo Frank.)
— *Miguel de Unamuno. Poemas de los pueblos de España*. Prólogo, selección y notas. Salamanca, Anaya.
Reseña:
Rodríguez Lesmes, Dacio. *EMM*, núms. 89-91, página 1680.
— *Miguel de Unamuno. Obras completas*. Nueva edición, tomo VIII. Prólogo, edición y notas. Barcelona, Vergara.
— *Miguel de Unamuno. Obras completas*. Nueva edición, tomo IX. Prólogo, edición y notas. Barcelona, Vergara.
— *Miguel de Unamuno. Obras completas*. Nueva edición, tomo X. Prólogo, edición y notas. Barcelona, Vergara.

García Morejón, J. «Unamuno y las letras españolas», *RLSP*, II, págs. 3-27.
— «Unamuno y el guitarrillo de tres cuerdas de Jâo de Deus», *MEJC*, núm. 6, págs. 638-47.

Gascó Contell, E. «El hombre y lo humano en don Miguel de Unamuno», *El hombre y lo humano en la cultura contemporánea*. Madrid, págs. 469-86.

González, J. E. «Leyendo a Unamuno: *Amor y pedagogía*», *MPR*, 6 mayo.

González Alegre, R. «Los veintiún sonetos de Bilbao de don Miguel de Unamuno», *EL*, núm. 230.

Gullón, R. «Aspectos de Unamuno», *Ins*, núm. 181.

Ilie, P. «Unamuno, Gorky, and the Cain myth: Toward a theory of personality», *HR*, XXIX, págs. 310-23.
Reseña:
Valderrama. *Thes*, 19, 1964, págs. 381-82.

Insula. Madrid, diciembre, núm. 181. Dedicado preferentemente a Unamuno:
Abellán, J. L. «Influencias filosóficas en Unamuno», página 11.
Albornoz, A. de. «Un extraordinario presentimiento misterioso», pág. 10.
Aub, Max. «Retrato de Unamuno», págs. 7 y 17.
Bueno, J. «Diálogo con Unamuno», pág. 6.
García Blanco, M. «Unamuno y Ortega. (Aportación a un tema)», pág. 3.
«García Lorca y Unamuno», pág. 2.
Gullón, R. «Un drama inédito de Unamuno», páginas 1 y 20. (Según Emilio Salcedo, se trata de una fabulación, de un drama inventado por el propio Gullón; véase *Vida de don Miguel*. Salamanca, Anaya, 1964, pág. 426.)
Marías, J. «La voz de Unamuno y el problema de España», págs. 1 y 20 (ampliado en *Torre*, números 35-36, e incluido en *Los españoles*. Madrid, Revista de Occidente, 1963, págs. 269-79). También en *OC*, VII, págs. 218-226.
Marra-López, J. R. «Unamuno de ayer a hoy», pág. 5.
Martínez Blasco, Angel. «Existencialismo en la poesía de Unamuno», pág. 17.
Nuez, Sebastián de la. «Una carta de Unamuno a una joven lectora canaria», pág. 10.
«Unamuno, hoy. Una encuesta en *Insula*» (con aportaciones de J. M. Castellet, J. A. Goytisolo, Juan G. Hortelano, Carlos Muñiz, Lauro Olmo, Luis de Pablo, J. M. de Quinto, Alfonso Sastre), pág. 4.
«Unamuno».
Valente, José A. «Miguel de Unamuno (1936)» (poema), pág. 10.

Isar, Herbert E. (Véase abajo Stamm, James R.)

Jiménez Hernández, Adolfo. «El destierro de Unamuno», *MPR*, 29 mayo.

La Gaceta Regional. Salamanca, 31 diciembre. Conmemoración del XXV aniversario de la muerte de don Miguel:
Bravo, Francisco. «Don Miguel, José Antonio y la Falange».
Casanova, Francisco. «Iconografía de don Miguel».
Crespo, Juan. «Unamuno» (poema).
García Blanco, M. «Al fragor de un relámpago». (Por el retrato de R. de Zubiaurre.)
Salcedo, Emilio. «Vida de don Miguel: 1. El chico de las siete calles. 2. Un estudiante en Madrid». (Los capítulos 3-4 aparecieron los días 4 y 7 de enero de 1962, con los títulos «Zoaz Euskalerrirá» y «Los gitanos de Ganivet y las ranas de Unamuno»).

Laín Entralgo, P. «El creacionismo de Unamuno», *Teoría y realidad del otro.* Madrid, Revista de Occidente, páginas 145-56.

La Torre. Revista General de la Universidad de Puerto Rico, año IX, núms. 35-36, julio-diciembre. Homenaje a don Miguel de Unamuno:
Abellán, José L. «Miguel de Unamuno y Hermann Hesse» (Una coincidencia literaria), págs. 583-99. Recogido en *Sociología del 98.* Barcelona, Península, 1973.
Agramonte, Roberto. «Unamuno en Norteamérica», páginas 563-82.
Albornoz, A. de. «Miguel de Unamuno y Antonio Machado», págs. 157-87 (recogido en *Antonio Machado,* edición de R. Gullón y A. W. Phillips. Madrid, Taurus, 1973, págs. 123-53).
Aranguren, J. L. «Personalidad y religiosidad de Unamuno», págs. 239-49 (versión inglesa por G. D. Schade, «Unamuno in Person and Faith», *TQ*, primavera 1961, págs. 25-31).
Ayala, F. «El arte de novelar en Unamuno», páginas 329-59 (recogido en *Realidad y ensueño.* Madrid, Gredos, 1963. Y en *La novela: Galdós y Unamuno.* Barcelona, Seix Barral, 1974, págs. 115-61.

Balseiro, J. A. «Unamuno y América», págs. 481-503.
Carpio, Adolfo P. «Unamuno, filósofo de la subjetividad», págs. 277-303. Incluido en la edición de A. Sánchez Barbudo de 1974.
Cassou, Jean. «Don Miguel viviente», págs. 87-91.
Castro, Américo. «Las castas y lo castizo» (En torno al «casticismo» de Miguel de Unamuno), págs. 65-85.
Enguídanos, Miguel. «Unamuno frente a la historia», páginas 251-63.
Enjuto, Jorge. «Sobre la idea de la nada en Unamuno», págs. 265-75.
Esplá, Carlos. «Vida y nostalgia de Unamuno en el destierro», págs. 117-46.
García Blanco, M. «*Amor y pedagogía*, nivola unamuniana», págs. 443-78.
González, José E. «Algunas observaciones sobre tres novelas de Unamuno» (*Paz en la guerra, Amor y pedagogía* y *Una historia de amor*), págs. 427-42.
Gullón, Ricardo. «La novela personal de don Miguel de Unamuno», págs. 93-115.
Marías, Julián. «La voz de Unamuno y el problema de España», págs. 147-56. Incluido en la edición de A. Sánchez Barbudo de 1974.
Marichal, Juan. «La melancolía del liberal español: de Larra a Unamuno», págs. 199-210.
Monner Sans, José M. «Unamuno, Pirandello y el personaje autónomo», págs. 387-402.
Onís, Federico de. «Introducción», págs. 13-20.
— «Bibliografía de Miguel de Unamuno», págs. 601-636.
Rodríguez Huéscar, Antonio. «Unamuno y la muerte colectiva», págs. 305-25.
Salazar Chapela, Esteban. «Mi encuentro con Unamuno», págs. 189-97.
Serrano Poncela, S. «Unamuno y los clásicos», páginas 505-35.
Stevens, Harriet S. «Los cuentos de Unamuno», páginas 403-25. Incluido en la edición de A. Sánchez Barbudo de 1974.
Torre, Guillermo de. «Unamuno crítico de la literatura hispanoamericana», págs. 537-61.

Vivanco, Luis F. «El mundo hecho hombre en el *Cancionero* de Unamuno», págs. 361-86. Incluido en el libro de A. Sánchez Barbudo de 1974.

Zambrano, María. «La religión poética de Unamuno», págs. 213-37.

Reseña de «Torre», núms. 35-36:
Klibbe. *BA*, 37, 1963, pág. 432.

Linarez Gagigas, F. «Ortega y Unamuno. La paradoja orteguiana de los mitos», *DMS*, 5 agosto.

López-Morillas, J. *Intelectuales y espirituales* (Unamuno, Machado, Ortega, Marías, Lorca). Madrid, Revista de Occidente, págs. 11-69.

Reseñas:
Cano, J. L. *Ins*, núm. 180.
Fox. *RHM*, 28, 1962, pág. 348.
Gullón, R. *HR*, 30, 1962, págs. 339-41.
Hartsook. *H*, 45, 1962, pág. 782.
Scott. *BA*, 36, 1962, pág. 181.
Villa Pastur, J. *AO*, XI, núms. 1-2, págs. 458-61.

Lousada, A. «Sombra de um sonho», *PJ*, 6 diciembre.

Loveluck, J. «Una huella chilena en Salamanca», *Sur*, 6 julio (por la amistad de Unamuno con Luis Ross Mujica).

Luque, L. «Miguel de Unamuno», *Shell*, 41, págs. 58-60. Y en *NVH*, núm. 1, págs. 4-6.

Madariaga, S. de. «Unamuno: the Don Quijote of Salamanca», *AMon*, enero.

Malavassi, G. «Bibliografía de Unamuno aparecida en Costa Rica», *RFUCR*, III, núm. 10, julio-dic., páginas 219-30 (comprende 150 referencias entre 1907 y 1958).

Martinengo, A. «Papeles inéditos de Miguel de Unamuno referentes a la edición de las poesías de Silva», *Thes*, XVI, págs. 740-45.

MATAIX, A. «El significado de Unamuno en la filosofía contemporánea», *Risoo*, abril, págs. 67-68.

MAYER, G. «Unamunos Beziehungen zur deutshen Dichtung», *GRM*, XI, págs. 197-210 (sobre las lecturas unamunianas de Goethe, Hölderlin, Kleist, Leanu, Nietzsche, Novalis y Uhland).

MOELLER, CHARLES. «Textes inédites de Miguel de Unamuno», *Scri*, págs. 573-95 (versión española de A. Colao. Murcia, Athenas, 1965, 88 págs.).

MONGUIÓ, LUIS. «Dos olvidadas cartas de Unamuno, con un poema inacabado», *RHM*, XXVII, págs. 372-80.

MONTEZUMA DE CARVALHO, J. «Recordando a Unamuno con Guillermo de Torre», *PJ*, 14 junio.
— «Diálogo con Miguel de Unamuno», *TSB*, 15 octubre. Y en *USP*, I, 1962, págs. 50-55.
— «Filosofía espanhola. Diálogo com o professor Dr. Alain Guy», *Not*, 21 febrero.

MORRIS, GWYNN. *The Plays of Unamuno*. Tesis Univ. de Londres.

MUELAS, FEDERICO. «Carta a una dama extranjera en el día de San Antón», *ABC*, 17 enero. (Se refiere al poema «Elegía en la muerte de un perro».)

MUÑOZ, EMILIO. «En torno a Don Miguel», *Ad*, 5 abril.

NICOL, EDUARDO. *El problema de la filosofía hispánica*. Madrid, Tecnos, págs. 125-27.

PALLEY, JULIÁN. «Existentialist Trends in the Modern Spanish Novel», *H*, XLIV, pág. 22.

PAUCKER, ELEANOR, K. «Prólogo» a los dos volúmenes de *Cuentos*. Madrid, Minotauro.

Reseñas:

García de Diego, V. *RDTP*, 18, 1962, págs. 270-71.
Villa Pastur. *AO*, 11, 1961, págs. 469-70.

Pérez de Ayala, R. «Unamuno», «Giner, Cossío y Unamuno», *Amistades y recuerdos*. Barcelona, Aedos, páginas 125-29 y 223-26.

Pérez Minik, D. *Teatro español contemporáneo*. Madrid, Guadarrama, págs. 296-98.

Pérez Navarro, F. «Apología del bachiller Sansón Carrasco», *I*, XII, núm. 148, pág. 9.

Purver, A. E. «Miguel de Unamuno's *De mi país*», *Clarín*, número 32, junio, págs. 5-7.

Rabassa, G. «La onomástica unamunesca», *ND*, 41, número 3, págs. 64-73.
— «El vocabulario poético de Unamuno», *Ibíd.*, XLI, número 1, págs. 43-49. Y en *PMo*, 31 diciembre.

Schuster, E. J. «Existentialist Resolution of Conflicts in Miguel de Unamuno», *KFLQ*, VIII, núm. 1, páginas 134-39.

Sinnige, T. G. «Unamuno als roman schrijver en religieus denker», *AT*, año 49, núm. 3, págs. 311-39 (sobre la novela y la poesía religiosa).

Spinelli, R. «Quattro tenpi di una grandiosa sinfonia. La vetta della poesia di Unamuno», *FL*, año XVI, número 14, 2 abril, págs. 3-4.

Stevens, H. S. «Las novelitas intercaladas en *Niebla*», *Ins*, año XVI, núm. 170, pág. 1.

Tarragó, A. «Unamuno y la formación del intelectual», *SemE*, año III, núm. 73, 18 febrero.

Torre, G. de. «Afinidades entre A. Machado y M. de Unamuno», *El fiel de la balanza*. Madrid, Taurus, páginas 150-55.

Tudela, J. «Recuerdos de un desmemoriado. Juan de Echevarría», *ABC*, 29 noviembre.

Tull, J. F. «Unamuno y el teatro de Nalé Roxlo», *EA*, XXI, páginas 45-50.

UNAMUNO, MIGUEL DE. «Una carta inédita», *PSA*, 21, páginas 212-14 (a Jean Camp).

— *San Manuel Bueno, mártir. Nada menos que todo un hombre.* Nueva York, Las Américas.

Reseña:

Basdekis, D. *VNY*, abril, pág. 20.

— *Obras. Vida de Don Quijote y Sancho. Paz en la guerra. Niebla,* introducción de F. Fornells-Plá y J. Lamano. Barcelona, Vergara.

— *Del Diario Poético de Miguel de Unamuno,* introducción de G. Losada. Buenos Aires, Losada (homenaje de la editorial).

Reseñas:

Bernández, F. L. *NBA,* 4 febrero 1962.

X. X. *Hogar,* mayo 1962.

— *La Esfinge.* Madrid, Escelicer.

Reseña:

Torres, E. *QIA,* IV, diciembre, págs. 180-81.

— *Unamuno. Dos novelas cortas,* introducción de J. R. Stamm, y E. Herbert. Nueva York, Ginn & Co. (por *San Manuel Bueno, mártir* y *Nada menos que todo un hombre*).

VÁZQUEZ DÍAZ, D. «Unamuno», *ABC,* 26 noviembre.

WALGRAVE, J. H. «Het Spaanse mensbeeld: Ortega en Unamuno», *TPh,* año XXIII, núm. 3, septiembre, páginas 428-56.

ZARDOYA, C. «La 'humanación' en la poesía de Unamuno», *Poesía española contemporánea.* Madrid, Guadarrama, págs. 93-178.

1962

ALONSO MONTERO, JESÚS. «Curros Enriquez juzgado por Unamuno», *No,* 22 agosto.

ALVAREZ TURIENZO, S. «Sobre la paradoja en Unamuno y su interpretación», *RyC,* 7, págs. 223-57.

ARAQUISTÁIN, LUIS. «Miguel de Unamuno», *El pensamiento español contemporáneo*. Buenos Aires, Losada, páginas 64-76.

ARMAS AYALA, ALFONSO. «Cartas de Unamuno», *RNC*, XXIV, páginas 92-104.

AZORÍN. *Varios hombres y una mujer*. Barcelona, Aedos (Unamuno entre otros).

BADANELLI, PEDRO. *Trece cartas inéditas de Miguel de Unamuno a Alberto Nin Frías*, prólogo y glosas. Buenos Aires, La Mandrágora.

Reseñas:
Olaso, Ezequiel de. *C*, núm. 74, julio 1963, pág. 91.
Pedro, Valentín de. *PBA*, 12 mayo 1963.

BÁEZ, JORGE. «Unamuno y la única cuestión», *TA*, enero.

BARDI, U. «Fortuna di don Miguel de Unamuno en Italia», *LNL*, 56, núm. 4, págs. 45-51.

BLANCO AGUINAGA, C. «Unamuno, Don Quijote y España», *CA*, XI, págs. 204-16.

BORBÓN Y PARMA, MARÍA T. «Miguel de Unamuno», *AAM*, número 18, págs. 8-9.

CABEZAS, JUAN A. «Una visita de don Miguel de Unamuno a las escuelas del Ave María de Granada», *Sal*, páginas 231-39. (Sobre la amistad de Unamuno y el P. Manjón.)

CAMÓN AZNAR, J. «Don Miguel en su despacho», *ABC*, 1 agosto.

CARBONELL, R. «El árbol de las mil ramas», *CH*, 49, páginas 177-90 (sobre traducciones de Unamuno y Lorca al inglés).

CARRASQUER, FRANCISCO. «Unamuno: Grootheid en ellende», *Roeping*, 38, págs. 127-39.

CASTILLO-PUCHE, J. L. «La cama y la mesa-camilla de don Miguel de Unamuno», *EL*, 244, págs. 24 y 23.

CIPLIJAUSKAITE, BIRUTE. «La soledad existencial de Unamuno», *La soledad y la poesía española contemporánea*. Madrid, Insula, págs. 23-73.

COLLADO, JESÚS A. *Kierkegaard y Unamuno. La existencia religiosa.* Madrid, Gredos, 571 págs.
Reseñas:
Alvarez Turienzo, S. *CiD*, 175, págs. 368-69.
Cándida, María. *Sapientia*, 19, 1964, págs. 235-36.
Fernández de la Mora, G. *ABC*, 12 diciembre 1963. Y en *Pensamiento español, 1963.*
Mínguez, Alberto. *VG*, 13 noviembre 1964.
Proaño. *Burgense*, Burgos, núm. 4, 1963, págs. 500-501.
Rua. *RPF*, 1964, págs. 287-88.
Sotiello. *Naturaleza y gracia.* Madrid, 11, 1964, páginas 361-62.
Villalobos. *EAg*, 5, 1970, pág. 493.
Yagüe. *Aug*, 8, 1963, págs. 137-38.

CONDE, CARMEN. «Con la fe y la razón de Dios en Unamuno», *CH*, núms. 152-53, págs. 210-21.

CONRADI, GUSTAV A. «La contribución de Unamuno a un renacimiento espiritual de Europa», *Arbor*, 54, 1963, páginas 263-79. Texto de la conferencia pronunciada en Bremen, en noviembre, con ocasión de la asamblea general de la Sociedad alemana de Unamuno (véase *Deutsche M. de U. Gesellschaft*, 1960).

COSSÍO, FRANCISCO DE. «En torno a un drama y a una actriz», *ABC*, 23 septiembre (por *Fedra* y Nuria Espert).

CSÉP, ATTILA. «Lélekabrázolas Unamuno regényeiben», *FK*, I-II, págs. 60-71. (Análisis sicológico de las «nivolas» de Unamuno).

Cuadernos de la Cátedra Miguel de Unamuno, XII:
García Blanco, M. «Crónica unamuniana (1961-1962)»:
El XXV aniversario de la muerte de Unamuno, páginas 75-104.
Lago de Lapesa, Pilar. «Una narración rítmica de Unamuno», págs. 5-14.

Ribbans, G. «Unamuno en 1899: su separación definitiva de la ideología progresista», págs. 15-30.
Sánchez-Ruiz, José M. «Dimensión mundanal y social del ser, según Unamuno», págs. 31-74.

Cúneo, Dardo. «Sarmiento y Unamuno», C, núm. 67, diciembre, págs. 48-52.

Chaves, Julio César. «La muerte de don Miguel de Unamuno», NBA, 14 enero.
— «Unamuno y el Uruguay», TMo, enero-febrero.
— «La admiración de Antonio Machado por Unamuno», CH, núm. 155, noviembre, págs. 223-35.

Daranas, M. «Unamuno: Del Rectorado a la oposición», ABC, 18 enero.

De Gids, Amsterdam, núm. 6, junio. Conmemora el XXV aniversario de la muerte de Unamuno:
Brouwer, Johan. «Een bezoek bij Unamuno».
Combé, H. A. «Unamuno als romanschrijver».
Geers, G. J. «Miguel de Unamuno: mens van vlees en bot (1864-1936)».
Jong, M. de. «Portugese vrienden van Don Miguel de Unamuno».
Meyer, François. «Unamuno en de filosofen».

Diego, Gerardo. «Poetas ante el paisaje», ABC, 16 febrero.

Echeverría, Lamberto de. «Unamuno en el Avemaría», GR, 7 noviembre.

Ehrembourg, I. Les années et les hommes. París, Gallimard, pág. 107.

Fernández Almagro, M. «Estela del 'año de Maragall'», ABC, 14 febrero.

Ferrater Mora, J. Unamuno. A Philosophy of Tragedy. Berkeley-Los Angeles, University of California Press (edición inglesa revisada de Unamuno: Bosquejo de una filosofía, 1957).
Reseña:
Ribbans, G. BHS, XLI, abril 1964, págs. 120-22.

FLÓREZ, R. «Sobre la 'paradoja' en Unamuno y su interpretación», *RyC*, III, núm. 26, págs. 223-57.

FOX, E. I. «Azorín, Unamuno, and Krausism», *Azorín as a literary critic*. Nueva York, Hispanic Institute, páginas 144-52.

FUSTER, J. «Examen de conciencia. ¡Desunamunícense ustedes!», *CCat*, 1 abril.

GARAGORRI, P. «De Unamuno y sus virtudes actuales», *C*, número 59, abril, págs. 3-11.
— «Philosophes espagnoles du XXe siècle. Unamuno et Ortega», *Synt*, 199, págs. 298-315.

GARCÍA BLANCO, M. *Miguel de Unamuno. Obras completas, XI*. Prólogo, edición y notas. Barcelona, Vergara.
— *Miguel de Unamuno. Obras completas, XII*. Prólogo, edición y notas. Barcelona, Vergara.
— *Miguel de Unamuno. Obras completas, XIII*. Prólogo, edición y notas. Barcelona, Vergara.

Reseña:
Rossi, Carlo. *GIt*, 24 y 25 enero. (Tomos VIII al XI.)
— «Don Luis y Don Miguel», *HLMS*, págs. 19-41.

GARCÍA MOREJÓN, J. «Unamuno en Portugal» (Notas biográficas), *Strenae*, págs. 201-14.
— «Iberismo unamuniano», *RHSP*, 25, págs. 87-123.
— «Génesis y elaboración del soneto 'Portugal' de Unamuno», *PEsp*, núm. 3.
— «Unamuno y Oliveira Martins», *MSI*, págs. 73-98.

Reseña:
Larrea, A. *Arbor*, 58, 1964, pág. 366.

GASCÓ CONTELL, EMILIO. «Unamuno en Portugal», *TBo*, 29 abril. Y en *DNL*, 11 abril.
— «Portugal visto por Unamuno», *DNL*, 23 abril.

GIMÉNEZ IGUALADA, MIGUEL. «Unamuno, hombre angustiado y cruel», *UP*, núm. 7, julio.

GONZÁLEZ, JOSÉ E. «Joaquín Monegro, Unamuno y Abel Sánchez», *Torre*, X, núm. XI, págs. 85-109.

González, Antonio. «The Faith of Disbelief», *TT*, núm. 1, páginas 34-35.

González Oliveros, Wenceslao. «Notas sobre Unamuno anciano», *Arr*, 7 enero.

González-Ruano, C. «Las pequeñas cosas de la vida de Falla», *ABC*, 6 julio.

Guerrero Zamora, Juan. *Historia del teatro contemporáneo*. Barcelona, Flors, III, págs. 475-80.

Guerrieri Crocetti, Camilo. «Il primo romanzo di Miguel de Unamuno», *R*, núm. 36, págs. 289-308.

Gullón, Ricardo. «Autobiografías de Unamuno: *Teresa, novela de amor*», *CCLC*, núm. 65, págs. 38-51.

Guy, Alain. «La filosofía de lo concreto en Maurice Blondel y Miguel de Unamuno», *EBa*, año XI, núm. 43, páginas 101-17.

Hammit, Gene M. «Poetic Antecedents of Unamuno's Philosophy», *H*, XLV, págs. 679-82.

Indice de Artes y Letras. Madrid. Año XVI, núm. 157, febrero. A los veinticinco años de su muerte:
«Correspondencia de Pedro Corominas y don Miguel. La crisis de 1897», págs. 22-23.
Gurméndez, Carlos. «Su humanismo real», págs. 17-18.
Macho, V. «En el destierro», pág. 21.
Riopérez y Milá, Santiago. «Infancia de Miguel de Unamuno», págs. 16-17.
Soler Guillén, Angeles. «Unamuno y 'su' muerte», páginas 19-20.

Horno Liria, L. «Lo aragonés en Unamuno», *Zara*, 16, páginas 199-224.

Insúa, Alberto. «Uno de mis encuentros con Unamuno», *Ma*, 4 marzo.

Kail, Andrés. «Unamuno and Gide's Concept of the Novel», *H*, XLV, págs. 200-204.

Kock, Josse de. *Introducción al «Cancionero» de Unamuno. Análisis de sus procedimientos métricos, lingüísticos y retóricos.* Tesis Univ. de Gante.

La Hoja del Lunes. Salamanca, 1 enero. Conmemora el XXV aniversario de la muerte de Unamuno:
Cejada, Ramón. «Los cristos de Unamuno».
Cruz Hernández, M. «Don Miguel de Unamuno, veinticinco años después».
Salcedo, Emilio. «Del maestro al discípulo. (Documentos para una biografía)».
Sena, Enrique de. «Don Miguel y el caballero de la mano al pecho».
Tovar, Antonio. «Veinte años con la sombra de don Miguel».

Lacey, David A. *Miguel de Unamuno. Studies in Logic and Existence.* Tesis Univ. de Duke.

López-Morillas, J. «Preludio del 98 y literatura del desastre», *MLN,* 77, págs. 163-77.

Martín Sarmiento, Angel. «¿Inserción de Unamuno en el Cristianismo?», *HPR,* año VI, núm. 11, págs. 55-65. Y núm. 12, abril 1963, págs. 5-21.

Maurois, Andrés. «Choses vues», *RP,* 69, págs. 3-20 (Unamuno entre otros).

Meyer, François. *La ontología de Miguel de Unamuno.* Madrid, Gredos, 193 págs. (Versión original francesa en 1955.)

Reseñas:

Alvarez Turienzo, S. *CiD,* 175, págs. 367-68.
Cruz, R. *HT,* 11, 1963, págs. 260-61.
García, E. *M,* núm. 3, 1964, págs. 288-90.
L. B. *IHE,* X, 1964, pág. 357.
Mesnard, Pierre. *RLC,* 38, 1964, págs. 469-72.
Mínguez, Alberto. *VG,* 13 noviembre, 1964.
Rebollo Peña. *Burguense,* Burgos, 4, 1963, páginas 504-505.
Yagüe. *Aug,* 8, 1963, págs. 133-34.

Montezuma de Carvalho, J. «Junqueiro visto por Unamuno», *Not*, 13 mayo. Y en *SemE*, 18 julio.

Niedermayer, Franz. «Miguel de Unamuno. ¿Gottsucher oder Literat?», *Hoch*, 55, diciembre, págs. 126-43.

Oliván, Federico. «Ortega frente a Unamuno», *ABC*, 14 enero.
— «Unamuno y Ortega», *Ibíd.*, 17 febrero.

Onís, F. de. «Mi primer recuerdo de Unamuno», *Strenae*, páginas 375-78.

Pasamar, Sol. «Apuntes sobre Unamuno», *UP*, números 9-10, sept.-oct.

Pérez, Galo René. «Cuando Rojas y Unamuno dialogaban», *DiaMo*, 22 abril.

Pérez de Ayala, R. «Divagaciones. La novela», *ABC*, 28 febrero.

Porqueras-Mayo, Alberto. «El Quijote en un rectángulo del pensamiento moderno español. Notas sobre las actitudes de Unamuno, Ortega, Madariaga y Maeztu», *RHM*, XXVIII, págs. 26-35. Incluido en *Temas y formas de la literatura española*. Madrid, Gredos, 1972, págs. 141-56.

Praag-Chantraine, J. van. «España, tierra de elección del pirandellismo», *QIA*, núm. 28, págs. 212-22.
— «Poëzie van Unamuno», *LT*, núm. 217, págs. 665-68.

Quispel, G. «Het tragische Christendom van Miguel de Unamuno», *EW*, 21 abril.

Rabanal Alvarez, Manuel. «Unamuno y algunos mitos griegos», *ABC*, 13 mayo.

Ramos Gil, C. «La lucha de Unamuno con la inmortalidad y con Dios», *Studies in Western Literature*. The Hebrew University, Jerusalén, págs. 176-220.
Comentario:
Tejera, María J. *NRFH*, XIX, 1970, pág. 457.

Rocamora, Pedro. «Unamuno desde Portugal», *ABC*, 18 diciembre.

Rodríguez Aranda, Luis. *El desarrollo de la razón en la cultura española*. Madrid, Aguilar, págs. 326-34.

Romero Muñoz, C. «Un cuento de Unamuno», *ACF*, 19 págs. (Por el titulado «Cruce de caminos».)
Reseña:
Allué y Morer, F. *PEsp*, núm. 124, 1963, págs. 15-17.

Rossi, Carlo. «Tutto Unamuno», *GIt*, 25 enero.

Rusconi, Alberto. «Unamuno tardó en comprender a Darío», *DiaMo*, 21 octubre.

Salcedo, Emilio. «Unamuno, el dinero y la economía», *BCOCI*, febrero, págs. 18-21.

Sánchez Morales, Narciso. «Unamuno y Rheinhold Schneider», *GR*, 21 enero.

Sánchez de Palacios, Mariano. «La historia del pensamiento español», *ABC*, 4 febrero.

Sánchez Ruiz, José M. «La teoría del conocimiento en el irracionalismo unamuniano», *SR*, XXIV, págs. 32-85.
— «El irracionalismo gnoseológico unamuniano», *EF*, 11, págs. 219-53.

Schürr, F. *Miguel de Unamuno. Der Dichterphilosoph des tragischen Lebensgefühls*. Berna-München, Francke Verlag, 178 págs.
Reseñas:
Barce. *Ins*, 199, 1963, pág. 1.
Charney, Hanna. *RRNY*, LV, abril 1964, págs. 150-51.
Díaz. *REPM*, 131, 1963, págs. 416-17.
Díez Taboada. *RLit*, 23, 1963, págs. 297-98.
Iglesias Laguna, A. *EL*, 309, enero 1965, pág. 24.
Navarro de Adriaensens. *RJ*, 14, 1963, págs. 374-77.
Ribbans, G. *BHS*, XLI, abril 1964, págs. 120-22.
Rossi, G. C. *Idea*, diciembre, pág. 854.
Sobejano, G. *RoF*, 77, 1965, págs. 208-209.

Schwartz, Kessel. «The Spanish Christ», *RN*, III, número 2, págs. 18-20.

Serna, José S. «Unamuno en la feria», *Alb*, ?

Serrano Poncela, S. «Unamuno y los clásicos», «El amor, *'Monsieur'* Homais y la pedagogía», *Del Romancero a Machado*. Caracas, Univ. Central, págs. 126-71.
Reseña:
Marra-López, J. R. *Ins*, 190. Y en *C*, 69, 1963, páginas 91-92.

Sequeira, D. M. «Encuentro de otra carta de Unamuno para Darío», *SARD*, núm. 6, págs. 23-28.

Sinnige, T. G. *Miguel de Unamuno*. Amsterdam, Desclée de Brouwer, 68 págs.

Spinelli, R. «Unamuno y la literatura italiana moderna», *RLR*, I, núms. 4-5, págs. 9-14.

Tornos, A. «Sobre Unamuno y Kierkegaard», *Pens*, XVIII, páginas 131-46.

Turin, Y. *Miguel de Unamuno Universitaire*. París, S. E. V. P. E. N., 145 págs.
Reseñas:
L. B. *IHE*, X, 1964, pág. 84.
León. *AESC*, 18, págs. 1032-36.
Ribbans, G. *BHS*, XLI, abril 1964, págs. 120-22.
Simôes de Paula. *RHSP*, 25, págs. 538-39.

Unamuno, Miguel de. Representación del drama *Soledad* y del sainete *La Difunta*, en el Teatro María Guerrero de Madrid, el 1 de octubre.
Reseñas y comentarios:
Alvarez Turienzo, S. *EL*, núm. 250, 1 octubre, pág. 3.
Aragonés, J. E. *Ibíd.*, págs. 5-6. Y en *FEsp*, núm. 39.
Aranguren, J. L. *Ibíd.*, pág. 4.
Baquero, A. *Alc*, 10 octubre.
Díez Crespo, M. *GR*, 12 octubre. Y en *Arbor*, 53, páginas 468-69.
Doménech, R. *CH*, 52, págs. 279-80.

EL, núm. 250, 1 octubre. «Director y Compañía: Entrevista con José L. Alonso», pág. 7.

Fernández, M. *Arr*, 11 noviembre (encuesta en que participan F. García Pavón, E. Llovet y J. Monleón).

Fraile, M. *Agora*, núms. 67-70.

García Luengo, E. *GR*, 17 noviembre.

García Pavón, F. *Arr*, 11 octubre.

González Ruiz, N. *Ya*, 10 octubre.

Guerrero Zamora, J. *EL*, núm. 250, 1 octubre, pág. 6.

Laín Entralgo, P. *GI*, núm. 319, 17 noviembre.

— *Ibíd.*, núm. 320, 24 noviembre.

Llovet, E. *ABC*, 10 octubre.

Marqueríe, A. *P*, 10 octubre.

Monleón, J. *PA*, núm. 37, págs. 60-61.

Narbona, R. *Ibíd.*, 18 diciembre.

Paso, A. *Fotos*, núm. 1339, 27 diciembre.

Pérez Piedra, P. *EL*, núm. 250, 1 octubre, pág. 5.

Prego, A. *Inf*, 10 octubre.

Ullán, J. M. *Ad*, 14 octubre.

Vázquez Zamora, R. *Ins*, núm. 192, noviembre (*La difunta* y *Bodas de sangre*, de García Lorca).

VALDÉS, M. J. *Death in the Literature of Unamuno*. Tesis Univ. de Illinois.

ZAVALA, IRIS M. *Estudios sobre Unamuno. El teatro de conciencia*. Tesis Univ. de Salamanca.

1963

ABRAMS, FRED. «Sartre, Unamuno, and the 'Hole Theory'», *RN*, V, núm. 1, págs. 6-11.

ALCALÁ, M. «Raíces mexicanas en Unamuno», *LMex*, número 155, págs. 88-91.

ALONSO-FUEYO, SABINO. «Presencia real de Miguel de Unamuno», *EL*, núm. 256, pág. 7.
— «Unamuno, cristiano *sui generis*. Coincidencias con la Falange», *Arr*, mayo. Y en *GR*, 27 mayo.

ALONSO MONTERO, JESÚS. *La palabra en la realidad*. Lugo, Celta, 96 págs. (Cervantes, Unamuno, Valle-Inclán, Ortega).

ALVAREZ ANGULO, TOMÁS. *Unidad y evolución en la lírica de Unamuno*. Universidad de Granada, 59 págs.

ANTÓN, F. «Unamuno a través de un epistolario inédito», *Orbis C*, núms. 8-9, págs. 173-226 (es el de este autor con Unamuno).

ARBÓ, S. J. «El 98», *Pío Baroja y su tiempo*. Barcelona, Planeta, págs. 341-49.

ARMAS AYALA, A. *Del aislamiento y otras cosas*. (Textos inéditos de Miguel de Unamuno). Introducción y notas. Madrid-Las Palmas, Anuario de Estudios Atlánticos.

Reseñas:
AEA, núm. 9, págs. 235-38.
Martín. *I*, 192, enero, pág. 25.
Morales. *RHC*, 29, 1963-64, págs. 158-59.

AYESTARÁN, JOSÉ A. «Unamuno, una vida de pasión», *Sobre la generación del 98*. San Sebastián, Auñamendi, páginas 55-66.

AYLLÓN, CÁNDIDO. «Experiments in the theater of Unamuno, Valle-Inclán, and Azorín», *H*, XLVI, págs. 49-56.

BALSEIRO, JOSÉ A. «Mis recuerdos de Miguel de Unamuno», *CH*, LIII, págs. 289-97.

BATCHELOR, R. E. «Unamuno devant la littérature française: Premier partie», *NFS*, II, págs. 35-47.

BEALS, C. «Señor Unamuno loses his job», *Nat*, CXLIII, 19 diciembre, págs. 743-44.

BESER, SERGI. «Més sobre Maragall i Unamuno: L'Escolium', font de *Niebla*», *SO*, núm. 10, octubre, páginas 25-26.

BOREL, JEAN-PAUL. «Unamuno ou l'impossibilité de vivre», *Théatre de l'impossible*. Neuchâtel (Suiza), La Baconnière, págs. 85-113. (Versión española Madrid, Guadarrama, 1966.)

Reseñas:
Esquer Torres, R. *Seg*, 5-6, 1967, págs. 418-19 (por la versión española).
Rozas, Juan M. *Ibíd.*, I-II, 1965, págs. 460-61.

CANTORE, LILIANA. *Il teatro de Unamuno*. Tesis Univ. de Roma.

CASTELLANO, JOSÉ. «Lo trágico en Beckett y Unamuno», *PEu*, núm. 90, octubre.

CASTRO Y CASTRO, A. «El *yo* pendular de Unamuno y sus agresiones», *Sal*, núm. 3, págs. 571-608.

CEÑAL, RAMÓN. «Kierkegaard, Unamuno y Ortega», *Ya*, 18 diciembre.

COWES, HUGO W. «Problema metodológico en un texto lírico de Miguel de Unamuno», *Fi*, VII, págs. 33-49.

Cuadernos de la Cátedra Miguel de Unamuno, XIII:
Cruz Hernández, M. «La significación del pensamiento de Unamuno. (A los veinticinco años de su muerte)», págs. 5-11.
García Blanco, M. «Don Miguel y la Universidad», páginas 13-32.
— «Crónica unamuniana (1962-63)», págs. 95-110.
Lázaro de Almeida, Antonio. «O processo de ficçao da 'nivola' unamuniana e das *Favole intellettuali* de Cesare Pavese», págs. 63-73.
Senabre Sempere, Ricardo. «En torno a un soneto de Unamuno», págs. 33-40.
Sevilla Benito, F. «Dos artículos sobre don Miguel de Unamuno», págs. 41-51.
Valdés, Mario J. «*Amor y pedagogía* y lo grotesco», páginas 53-62.
Van der Grijp, R. M. K. «Ensueños. Un motivo en el pensamiento de Unamuno», págs. 75-93.

CHAVES, JULIO C. «Bolívar visto por Unamuno», *RNC*, ?
— «Unamuno y el porvenir del español», Instituto Paraguayo de Cultura Hispánica, Asunción, 31 págs. Y en *PFE*, I, págs. 499-516.

DEIVE, C. E. «Unamuno y la novela existencial», *Tendencias de la novela contemporánea*. Santo Domingo, R. D., Arquero, págs. 19-25.

DESCOUZIS, PAUL M. «Unamuno a nueva luz», *H*, XLVI, páginas 735-39.

FAGOAGA, ISIDORO DE. «Unamuno en Italia», *PBA*, 30 junio.

FALCONIERI, JOHN V. «The Sources of Unamuno's *San Manuel Bueno, mártir*», *RN*, V, págs. 18-22.

FASEL, OSCAR A. «Unamuno and Spain», *H*, XLVI, páginas 33-38.

FERNÁNDEZ, PELAYO H. «Más sobre *San Manuel Bueno, mártir*, de Unamuno», *RHM*, año XXIX, núms. 3-4, julio-oct., págs. 252-62.

FERNÁNDEZ DE LA MORA, G. «El espíritu del 98», *Ortega y el 98*. Madrid, Rialp, págs. 63-150.

FILIPPO, LUIGI DI. «Los sembradores de inquietudes: Miguel de Unamuno y Pío Baroja», *URA*, núm. 57, julio-septiembre, págs. 133-46.

GARCÍA BLANCO, M. «Unamuno ante los Campos Góticos», *EL*, núms. 272-73, págs. 35-36.
— *Miguel de Unamuno. Obras completas, XIV*. Prólogo, edición y notas. Barcelona, Vergara.
Reseña:
Tovar, A. *GI*, núm. 346, 25 mayo (por los tomos 13 y 14).
— *Miguel de Unamuno. Obras completas, XV*. Prólogo, edición y notas. Barcelona, Vergara.
Comentario:
Kock, Josee de. *BH*, LXVII, núms. 1-2, enero-junio 1965, págs. 356-65.

GARCÍA MOREJÓN, J. «Génesis y elaboración del soneto 'Portugal', de Unamuno», *IRJ*, núm. 3.
— «Unamuno y Oliveira Martins», *MSI*, 2, págs. 73-98.

GONZÁLEZ DELIZ, A. «Fe y desceimiento», *Torre*, XI, número 42, abril-junio, págs. 107-43.

GONZÁLEZ, G. M. «Unamuno y la exposición española», *LMex*, núm. 156, págs. 15-19.

GRIGSON, GEOFFREY. *The Concise Encyclopedia of Modern World Literature*. Nueva York, Hawthorn Books, páginas 451-52.

GULLÓN, R. «Don Sandalio o el juego de los espejos», *PSA*, XXX, núm. XC, septiembre, págs. 299-325.

— «El prólogo: Novela de un novelista», *Ins*, XVIII, páginas 7 y 28. (Ambos artículos recogidos en *Autobiografías de Unamuno*. Madrid, Gredos, 1964).

HUERTAS JOURDÁ, JOSÉ. *The Existencialism of Miguel de Unamuno*. Gainesville, University of Florida Press, 70 págs.
Reseña:
I. L. M. *IHE*, XII, 1966, pág. 312.
P. P. *IAL*, núm. 178, octubre, pág. 29.

I. Madrid .«¿Monumento a Unamuno?» [en Bilbao], número 172, mayo, pág. 31.

— «¿Afinidades electivas?» [sobre el mismo monumento], núms. 175-76, pág. 12.

J. E. V. «Unamuno y Ortega en la mirada de Marías», *MaMo*, año LVII, 11 agosto.

JIMÉNEZ PRECIOSO, MARÍA. «El paisaje en Unamuno». Tesis Univ. de Murcia.

KARL, FREDERICK R., y HAMALIAN, LEO. «Prólogo» a *The Existential Imagination. From Shakespeare to Sartre the Essence of Existentialism revealed through the Works of the World's Greatest Writers*. Greenwich, Conn., Fawcett Publications. (Incluye el *San Manuel* de Unamuno en inglés.)

LÁZARO, ANGEL. «Miguel de Unamuno, poeta» y «El *Cancionero* de Miguel de Unamuno», *Semblanzas y ensayos*. Colegio Regional de Humacao, Univ. de Puerto Rico, páginas 51-68.

MACQUARRIE, JOHN. «Two Spanish Activists. Miguel de Unamuno y José Ortega y Gasset», *Twentieth-Century Religious Thought*. Nueva York, Harper & Roe, páginas 199-202 y 207-209.

MARICHAL, J. «Persona y sociedad en la España moderna», *TEsp*, I, págs. 87-97 (Larra, Valera, Unamuno).

Martín de Prados, Antonio. Sobre Unamuno, *En las fronteras de la medicina. Aspectos médicos de la obra literaria del Noventa y Ocho.* Madrid, Paraninfo.

Martín Santos, Luis. «Baroja-Unamuno», *Sobre la generación del 98.* San Sebastián, Auñamendi, págs. 103-116.

Moncy, Agnes. «La creación del Personaje en las novelas de Unamuno», *Torre*, núm. 43, julio-sept., 1963, páginas 145-88. Y en libro: Santander, La Isla de los Ratones, 81 págs.

Reseñas:

Gil. *CH*, 57, 1964, págs. 323-26.
Iglesias Laguna, A. *EL*, núm. 310, 1965, pág. 11.
Jiménez Martos. *RLit*, 24, pág. 283.
Martínez Palacio. *Ins*, núm. 207, 1964.

Nozick, Martin. «Unamuno, Gallophobe», *RRNY*, LIV, páginas 3-48.

Obregón, Antonio de. «Un episodio histórico. Cómo murió Unamuno», *ABC*, 1 enero.

Olaso, Ezequiel de. *Los hombres de Unamuno.* Buenos Aires, Sudamericana, 116 págs. Reproducido parcialmente en *PSA*, CIII, octubre 1964, págs. 9-38.

Reseñas:

A. L. *EL*, núm. 278, 1963.
EL, núm. 278, 9 noviembre, pág. 23.
García Blanco, M. *CCMU*, 13, 1963, págs. 101-102.
G. S. *RHM*, XXX, 1964, pág. 55.
H. A. M. *C*, núm. 86, julio 1964, págs. 73-74.
I, núm. 194, marzo 1965, pág. 30.
Lasala, María E. *Sur*, núm. 291, nov-dic., 1964, páginas 82-84.
Moreno. *C*, núm. 86, 1964, págs. 73-74.
Nogueira. *RFP*, núm. 14, 1964, págs. 94-96.
Sobejano. *RHM*, 30, 1964, pág. 53.
Zavala, Iris M. *Asom*, **XX**, abril-junio, págs. 68-71.

Panico, Marie J. «Unamuno: Doubt or Denial?», *H*, XLVI, páginas 471-75.

PIPER, ANSON C. «Ribera's 'Jacob' and the tragis sense of life», *H*, XLVI, págs. 279-82.

RIMET, DANIELLE. *Maternité et paternité dans les romans et le théâtre de Miguel de Unamuno*. Tesis de La Sorbona.

RIQUELME GARCÍA, B. «Unamuno y Heriberto Fernández», *TA*, 10 marzo.

ROBERGE, DANIELE. *Le problème de l'inmortalité personelle dans l'oeuvre d'Unamuno*. Tesis de la Sorbona.

RUDD, MARGARET T. *The Lone Heretic. A Biography of Miguel de Unamuno y Jugo*. Austin, University of Texas Press, 349 págs. Prólogo de F. de Onís.

Reseñas:
Cannon, W. C. *MLJ*, 49, 1965, págs. 130-31.
Gullón, R. *Ins*, núms. 216-17, nov-dic., 1964.
Silvestroni. *FH*, 2, 1964, págs. 563-64.
TNY, 17 enero 1964.

RUIZ AÑIBARSO, V. «Unamuno y su rincón nativo», *NBA*, 27 enero.

SALCEDO, EMILIO. «También las pajaritas tienen alas», *GR*, 27 marzo.
— «Hoy hace noventa y nueve años que nació Miguel de Unamuno y Jugo. ¿Qué hará Salamanca en su primer centenario?», *Ibíd.*, 29 septiembre.
— «Preparado el I Centenario del nacimiento de Unamuno», *HLS*, 30 septiembre.
— «Unamuno y Salamanca», *GR*, 1 octubre.

SARAVIA, CORA. «Unamuno y su teatro de agonía», *PMo*, 16 mayo.

SCIACCA, M. F. «Michele de Unamuno: il pragmatismo della fede a qualunque costo», *La filosofia, oggi*, I, 4.ª edición. Milán, Marzorati, págs. 77-82.

SCHÜRR, F. «El tema del suicidio en la obra de Unamuno», *SP*, III, págs. 411-17.

SEDWICK, FRANK. *The Tragedy of Manuel Azaña and the Fate of the Spanish Republic.* Ohio State University Press, págs. 61-69.

SOPEÑA IBÁÑEZ, F. «La ascensión de la música», *ABC,* 23 mayo.

TL. «A Voyage into Tragedy», 17 mayo, pág. 356.

TORNOS, ANDRÉS M. «El hombre y la vida en Unamuno», *Pens,* XIX, págs. 93-103.

TORRES RÍOSECO, A. «Unamuno en el destierro», *DHR,* año II, número 2, págs. 73-83.

TURIN, YVONNE. «Deux lettres d'Unamuno a Giner de los Ríos», *BH,* LXV, págs. 121-28.

TURNBULL, PHYLLIS. «La frase interrogativa en la poesía contemporánea», *BAE,* XLIII, sept-dic., págs. 473-605 (Unamuno, Juan Ramón, A. Machado, J. Guillén).

URMENETA, FERMÍN DE. «Actualidad de la estética unamuniana», *RIE,* XXI, págs. 363-65.

VALDÉS, MARIO J. «El residuo spenceriano en Unamuno», *Ins,* XVIII, núms. 200-201.

VALLINA, SALVADOR. «Unamuno, los profetas y su tierra», *Arr,* 1 septiembre.

VARI, VÍCTOR B. *Carducci y España.* Madrid, Gredos, páginas 175-77.

VÁZQUEZ DÍAZ, DANIEL. «El retrato de la cuartilla blanca», *ABC,* 5 septiembre.

VILLALOBOS, D. «Unamuno y la importancia del sentimiento en la relación existencial», *BCE,* 1, núm. 3, páginas 57-65.

WELTMANN, LUTZ. «Miguel de Unamuno späte Wiederkehr», *Eur,* XIV, núm. 4, págs. 53-57.

YOUNG, CLAUDIO D. «Los fundamentos irracionales de la existencia de Dios en don Miguel de Unamuno», *RBFi,* XIII, págs. 334-44.

13

ZAMBRANO, MARÍA. «La religione poetica di Unamuno», *ALet*, IX, XXI, págs. 53-70.

ZAVALA, IRIS M. *Unamuno y su teatro de conciencia*. Salamanca, Acta Salmanticensia, 222 págs.

Reseñas:

Díaz. *REP*, núm. 133, 1964, págs. 295-96.

Esquer Torres, R. *Seg*, I-II, núm. 2, 1965, págs. 463-464.

Fernández Almagro, M. *VE*, ?

González, José E. *Asom*, XXI, enero-marzo, 1965, páginas 75-84.

Legarra. *Aug*, 9, 1964, págs. 425-26.

Marrast, Robert. *BH*, 68, núms. 1-2, enero-junio 1966, páginas 172-73.

Mavrakis de Fiore, Beatriz. *Fi*, XII, 1966-67, páginas 224-26.

Morón Arroyo, C. *HR*, 38, enero 1970, págs. 331-33.

Roberts, G. *RHM*, 32, 1966, págs. 251-52.

Viñuelas, Antonio de. *PSA*, 36, marzo 1965, páginas 349-52.

— «El intra-Unamuno: Acción y pasión dramática», *Torre*, XI, págs. 141-59.

— «A Miguel de Unamuno» (poema), *Asom*, XIX, páginas 20-21.

1964

ABC. Homenaje, 27 septiembre:
Camón Aznar, J. «Unamuno, profesor».
Fernández Almagro, M. «Unamuno, periodista».
Fernández de la Mora, G. «Unamuno, pensador».
Lorenzo, Pedro de. «Unamuno, estilista».
Pemán, José M. «Soliloquio y diálogo».
Sáinz Rodríguez, Pedro. «Unamuno, poeta».
Vázquez-Dodero, José L. «Unamuno, novelista».
Vega, Vicente. «Los espejos del anecdotario».

ABELLÁN, J. L. *Miguel de Unamuno a la luz de la Psicología. Una interpretación de Unamuno desde la Psicología individual*. Madrid, Tecnos, 243 págs.

Reseñas:
Díaz. *REPM*, núms. 141-42, 1965, págs. 264-69.
Fernández de la Mora, G. *ABC*, 13 agosto. Y en *Pensamiento español, 1964*, págs. 190-95.
Machado Lima. *RPF*, 23, 1967, pág. 507.
Marra-López, J. R. *Ins*, núms. 216-17.
Ponce de León, L. *EL*, núms. 300-301, pág. 86.
Shaw, D. L. *BHS*, XLII, 1965, págs. 202-203.
Soriano. *DPR*, I, 1964, págs. 137-38. Y en *RM*, números 4-4, 1967, págs. 11-12.
— «Notas sobre 'el hombre español' al margen de Unamuno», *Asom*, XX, págs. 33-34.

ADRIO, MANUEL. «Declaraciones de Jaime Benítez sobre Unamuno», *ABC*, 25 noviembre.

ADSUARA, E. «Inteligencia y razón: A propósito de un confrontamiento Unamuno-Ortega», *P*, 30 noviembre.

AGUADO, LOLA. «Unamuno personaje de Unamuno», *GI*, número 419, 17 octubre.

AGUD QUEROL, M. «Un centenario: el de Unamuno», *DV*, 3 octubre.

AGUILERA, CÉSAR. «Fe religiosa y su problemática en *San Manuel Bueno, mártir*, de Unamuno», *BBMP*, XL, páginas 205-307.

Alamo. Salamanca. Homenaje, 2 octubre:
Ledesma Criado, J. «Unamuno en el recuerdo» (poema).
Tejada Sánchez, F. «A don Miguel» (poema).

ALARCOS LLORACH, E. «Sobre Unamuno o cómo 'no' debe interpretarse la obra literaria», *AO*, XIV, págs. 5-17.

ALCALÁ, M. «Unamuno en la Biblioteca Nacional [de México]», *BMex*, 15, págs. 3-5.

ALONSO, SALVIO. *Unamuno y Ortega y Gasset ante el hombre y la sociedad.* (Visto a través de un obrero.) Madrid, Arabi, 63 págs.

ALONSO MONTERO, JESÚS. «Rosalía de Castro vista por Unamuno», *VG*, 13 noviembre.

ALLARES, PEDRO. «Unamuno y la generación del 98», *Aun*, número 65, octubre.

ALLUÉ Y MORER, FERNANDO. «Glosa a un soneto de Unamuno», *PEsp*, núm. 143, noviembre, págs. 3-4. (Es el número LXXI, en *De Fuerteventura a París*).

ANABITARTE PERTEGAS, J. «Unamuno. Preocupación y homenaje», *PLPR*, núms. 6-8.

ANDRADE, R. «Mascarilla de Unamuno», *C*, 82, págs. 93-94.

APARICIO, JUAN. «Don Miguel, el Otro y el Otro», *EL*, número 304, noviembre, págs. 5-6.
— «Don Miguel de Unamuno: su genio, su fe y su afán a través de un epistolario», *RyF*, 9, págs. 417-38.

ALVAR, MANUEL. *Acercamiento a la poesía de Unamuno*. Univ. de La Laguna, Sta. Cruz, 91 págs.

AREILZA, JOSÉ M. DE. *Epistolario del Doctor Areilza*, introducción y notas. Bilbao.

Reseña:
Fernández Almagro, M. *VE*, 30 septiembre.
— «Una anécdota pictórica. Iñigo de Loyola y Miguel de Unamuno», *EL*, núm. 18.

Arriba. Madrid, 16 febrero. Homenaje:
Aguado, Emiliano. «La tierra que él removió».
Alberich, Juan H. «Unamuno, autenticidad».
Alonso-Fueyo, S. «Sentimiento de la 'soledad'».
Aranda, J. L. «Unamuno fue Unamuno».
Campoy, Antonio M. «El paisaje español de Unamuno».
García Ezpeleta, F. «Bilbao y Unamuno».
Muñoz Alonso, A. «El fenómeno Unamuno».
Muñoz Cortés, M. «Sentido vivo de la novela de Unamuno. Su problemática del hombre moderno».
Navarro, Alberto. «De la noche serena de Fray Luis a la noche angustiosa de Unamuno».
Ortí Bordás, José M. «Unamuno, la eterna paradoja».
Santos, Dámaso. «Glosario menor. De cómo Unamuno llegó a poeta mayor».
Sebastiá, Enrique. «Un inmortal sin piedra».

Serrano, Eugenia. «Unamuno antifeminista. Don Miguel de Unamuno y su severidad hacia la mujer».

Todolí, José. «Don Miguel de Unamuno en su 'convento'».

Torrente Ballester, G. «Unamuno».

Turiel, Mariano. «Encuentro con Unamuno».

Valbuena Prat, A. «El Unamuno de *Paz en la guerra*».

ARRILUCE DE YBARRA, MARQUÉS DE. «En torno al Centenario de Unamuno», *ABC*, 12 febrero.

Atenea. Revista de la Universidad de Concepción, Chile. Homenaje, oct-dic.:
Fortín Gajardo, C. «Unamuno y el hombre de carne y hueso», págs. 95-99.
Gray, Rockwell. «Unamuno y Herman Melville: un encuentro filosófico», págs. 57-74.
Huerta, Eleazar. «*San Manuel Bueno*, novela legendaria», págs. 37-56.
Mengod, Vicente. «De mis veinte días con Unamuno», págs. 101-105.
Monner Sans, J. M. «Coincidencias temáticas de Unamuno y Pirandello», págs. 7-35.
Muñoz, Luis. «Unamuno. La búsqueda de la unidad», páginas 75-94.
Peralta, Jaime. «La preocupación americana en Miguel de Unamuno», págs. 107-17.

AYALDE. «Unamuno y el vascuence», *DV*, 13 octubre.

AZAOLA, JOSÉ M. DE. «L'Espagne célèbre un de ses écrivains les plus discutés: Miguel de Unamuno», *Croix*, 29 diciembre.

BAQUERO, GASTÓN. «La América de Unamuno», *PEu*, números 99-100, agosto, págs. 91-114.
— «Spain, Unamuno, and Hispanic America», *Am*, XVI, junio, págs. 8-14.

BASAVE FERNÁNDEZ, A. «Personalidad y filosofía de Miguel de Unamuno», *Aug*, 9, págs. 343-64.

BASDEKIS, D. «Rationalism in Unamuno and in Ortega's *Tema de nuestro tiempo*», *RN*, V, págs. 118-23.

Batchelor, E. «Unamuno devant la littérature française», *NFS*, 3, págs. 35-47 y 82-93.

Benavides Lillo, R. «Unamuno y su metanovela», *AUCh*, 122, págs. 639-52.

Benítez Claros, R. «Supuestos para su crítica literaria [la de Unamuno]», *NT*, 22, págs. 639-52.

Bergamín, José. «Unamuno, solitaire et déchiré comme l'Espagne», *FigL*, VIII, 14 octubre, págs. 1 y 26.

Blanco Aguinaga, C. «Unamuno's *Niebla:* Existence and the game of fiction», *MLN*, 79, págs. 188-205.

Bleznick, D. W. *El ensayo español. Del siglo XVI al XX.* México, Andrea, págs. 56-59.

Boschiero, Grabiele. *Alcuni aspetti del Chisciottismo di Miguel de Unamuno.* Tesis Univ. de Génova.

Brey, María L. «Unamuno siempre llevaba un gran crucifijo sobre el pecho», *Ens*, III, núm. 11, diciembre.

Cabezas, J. A. «La psicología religiosa de don Miguel de Unamuno», *Sal*, 11, págs. 473-90.
— «Unamuno visto por Manjón», *Ya*, 27 octubre.

Cano, J. L. «Unamuno y su Centenario», *UniC*, 17 noviembre. Y en *Asom*, 4, págs. 39-42.

Carramolino, R. «Don Miguel o la encarnación de un paisaje», *ECA*, 19, págs. 237-40.

Carrasquer, F., y Lechner, J. «La Castilla de Unamuno y de Machado», *NAm*, año V, núm. 4, págs. 77-90.

Castillo, A. «Nada menos que todo un hombre», *Lyra*, números 192-94.

Castro y Calvo, J. M. «El paradójico don Miguel», *Azor*, número 17.

Ceñal, Ramón. «Figura del pensamiento contemporáneo, sintió siempre la llamada de la fe cristiana, pero vivió en constante forcejeo entre su luz y su tiniebla», *Ya*, ?

Cobb, Carl W. «José Martí's Influence on Unamuno's Blank Verse», *KFLQ*, XI, págs. 71-78.

Codrgnani, Giancarla. «Unamuno o dell inquietudine», *AIt*, 10 noviembre.

Coloma González, F. «Miguel de Unamuno. Vida y obra», *RME*, 31, 23 págs.

Conde Gargollo, Enrique. «Unamuno viajero», *BCGCM*. Y en *Ex*, 15 julio.
— «Amistad entre dos poetas. Unamuno y Gabriel y Galán», *Med*, XLII, núm. 89, 12 septiembre.

Contreras Pazos, F. «Unamuno», I y II, *PaisMo*, 8 y 9 diciembre.

Cossío del Pomar, Felipe. «Centenario de Unamuno», *C*, número 88, págs. 49-56.

Costa, Octavio R. «Unamuno», *OpA*, 29 septiembre.

Cuadernos de la Cátedra Miguel de Unamuno, XIV-XV. Número doble dedicado al Centenario:
Abellán, José L. «Aportaciones de Unamuno y Ortega para una filosofía española», págs. 11-18.
Agacir. «Releyendo a Unamuno. El fratricidio de Monegro», págs. 69-72.
Bardi, Ubaldo. «Fortuna di don Miguel de Unamuno in Italia», págs. 97-102.
Boschiero, Gabriele. «Alcuni aspetti del chisciottismo di Miguel de Unamuno: La morte», págs. 29-40.
Earle, Peter G. «El evolucionismo en el pensamiento de Unamuno», págs. 19-28.
Gallant, Clifford J. «Miguel de Unamuno y François Mauriac», págs. 77-84.
García Blanco, M. «Crónica unamuniana (1963-1965). I. Los actos conmemorativos del Centenario. II. Bibliografía», págs. 120-223.
García Morejón, J. «Génesis y elaboración de un soneto unamuniano», págs. 48-61.
Kourím, Zdenèk. «Unamuno y Checoslovaquia», página 73-76.
Martel, Emile. «Lecturas francesas de Unamuno: Sénancour», págs. 85-96.

Ortega y Gasset, José. «[En defensa de Unamuno]. (Texto inédito para una conferencia)», págs. 5-10.

Pieczara, Stefan. «La difusión de la obra de Unamuno en Polonia», págs. 103-18.

Predmore, Richard L. «Tres cartas inéditas de Unamuno», págs. 63-67.

Vento, Arnold C. «Hacia una interpretación onírico-estructural de *Niebla*», págs. 41-48.

Reseña:

Castillón, H. *MyC*, núms. 81-82, 1966, pág. 137.

CUADROS, JUAN J. «Homenaje a don Miguel de Unamuno» (poema), *PEsp*, 139, julio, pág. 20.

CHAVES, JULIO C. *Unamuno y América.* Madrid, Instituto de Cultura Hispánica, 570 págs. Prólogo de Joaquín Ruiz Jiménez.

Reseñas:

Ail. *EL*, 304, noviembre, págs. 20-21.

Appleyard. *Am*, núm. 1, 1966.

Basdekis, D. *H*. XLIX, marzo 1966, págs. 162-63.

Campos, Jorge. *Ins*, 216-17, nov-dic.

Carreras. *RIM*, 26, 1966, págs. 166-68.

Collantes de Terán. *AEAS*, 21, págs. 812-13.

Díaz. *REPM*, 141-42, 1965, pág. 278.

Echánove Guzmán, J. de. *CH*, 180, diciembre, páginas 562-65.

Iduarte, *RHM*, 30, pág. 315.

Iglesias Laguna, A. *EL*, núm. 304.

I.M.G. *Yermo*, 3, 1965, págs. 43-44.

Macrí, Oreste. *Naz*, 12 diciembre.

Montull. *EF*, 14, 1965, pág. 401.

Rossel. *A*, 406, págs. 257-59.

Stewart. *HAHR*, 47, 1967, págs. 558-59.

Zavala, I. M. *EGPR*, 15, 1966, págs. 79-81. Y en *RIB*, 16, 1966, págs. 420-22.

CHICHARRO DE LEÓN, J. «Varia unamuniana», *LNL*, 170-71, septiembre-diciembre, págs. 12-30.

Diario Popular. Lisboa, 14 mayo. Número conmemorativo del Centenario:

Kazantzakis, Niko. «Visita a um homem desesperado. A verdade e o mito».

Oliveira Coelho, A. de. «A poesia de Don Miguel».

Sant'Anna, Dionisio. «A angustia da imortalidade».

Díaz-Plaja, G. «Carner, Unamuno y Maragall», *ABC*, 31 mayo.

Diego, Gerardo. «Unamuno, poeta solo», *PEsp*, 143, noviembre, págs. 1-3.

Díez de Medina, Fernando. «Unamuno: viento y alma», *EL*, 307, diciembre, págs. 30-31.

Dorado. «La niñez de Unamuno», *HBi*, 26 noviembre (véase *MGB, CCMU*, XIV-XV, pág. 182).

Dumas, Claude. «Algunos aspectos de Unamuno galófobo», *CA*, 6, nov-dic., págs. 237-48.

DV. Comenta la representación de *Fedra* por Televisión Española, 3 octubre.

Earle, P. G. «Unamuno and the Theme of History», *HR*, XXXII, págs. 319-39.

Reseña:

Valderrama Andrade. *Thes*, 22, 1966, págs. 316-17.

Ekman, Jarl. «Miguel de Unamuno», *UNT*, 4 diciembre.

El Adelanto. Salamanca. Homenaje, 29 septiembre:

Aixelá de Boras, Natalia. «Puerto de arribada, partida y permanencia».

Alcántara Martín, M. «Rodó y Unamuno, valedores de lo hispánico».

Delgado, Juan. «Unamuno, padre de familia. Principales rasgos de su vida hogareña en la Rectoral».

Jambrina Alonso, J. L. «Conoció y amó al campo y a sus gentes».

— «Don Miguel de Unamuno y el campo», *Ibíd.*, 26 diciembre.

Madruga, Esteban. «Desde la fecha de su jubilación don Miguel pensó ceder su biblioteca a la Universidad».

Montes, Eugenio. «El otro Unamuno. Don Miguel y la España eterna».

Montillana, Javier de. «Cuando me creáis más muerto...»

Sáiz Valdivieso, A. C. «De Salamanca y Bilbao».

El Espectador. Bogotá. Homenaje, 4 octubre:
Caballero Bonald, José M. «La confusión de los pedestales. En torno a Unamuno».

Monserrat Delgado, Jaime. «A un siglo de su nacicimiento».

El Noticiero Universal. Barcelona. Núm. extr., 3 novbre.:
Angulo, Julio. «Unamuno y el arte de escribir».

Badosa, Enrique. «El gran desvelador».

Blecua, José M. «Unamuno y el Modernismo».

Camón Aznar, J. «El busto de don Miguel de Unamuno».

Carpintero Capell, H. «Feijoo y Unamuno. Una empresa centenaria».

— «Miguel de Unamuno y Antonio Machado, poetas».

Delgado, Jaime. «Hispanoamérica en Unamuno».

Fernández Ardavín, L. «Don Miguel de Unamuno».

Figueruelo, Antonio. Encuesta «Unamuno y las nuevas generaciones», con opiniones de Carlos Barral, Jaime Camino, José M. Espinás, J. Grau Santos, Albert Manent, Joaquín Molas, E. Padrós y Darío Vidal.

Flaquer, José A. «Cosas de don Miguel de Unamuno. Charla con su hijo Fernando».

Frutos, Eugenio. «El pensamiento agónico de Unamuno».

Garagorri, Paulino. «¡Adentro! (De Unamuno a los jóvenes)».

Hernández, José M. «Unamuno y su quijotismo».

Manegat, Julio G. «Barcelona a través del epistolario de Unamuno y Maragall».

— «La aventura teatral de don Miguel».

Marías, Julián. «Unamuno y los jóvenes».

Muñoz Alonso, A. «El Dios de Unamuno».

Rodríguez Méndez, J. M. «Unamuno español».

Santos Toroella, R. «Rasgos y anécdotas de don Miguel de Unamuno».
— «Unamuno y el arte».

Prog. «El Centenario de Unamuno», 29 noviembre.

El Tiempo. Bogotá. Número extraordinario dominical, 27 septiembre:
Esquivias, César. «Iberoamérica y Unamuno».
— «Unamuno», editorial.
Mejía, D. «Una obra de denuncia».
Prat, J. «Glosa del Centenario».
Umaña Bernal, J. «El hereje solitario».

El Trujumán del Retablo. «Sellos y Literatura. Falta Unamuno», *EL*, núm. 296, julio 18, págs. 11-12.

Ero. «Unamuno y el modernismo», *VE*, 28 octubre.

Erro, C. A. «Unamuno o la fe en el idioma», *NBA*, 13 dic.

Espina, A. «Recuerdo y presencia de Unamuno», *C*, número 91, diciembre.

Espiral. Lisboa, Cadernos de Cultura, año I, núm. 3, otoño.
Homenaje: «Unamuno-Um pensador vivo»:
«Duas cartas a Teixeira de Pascoaes», págs. 42-45.
Ferro, A. «Don Miguel de Unamuno, senhor feudal de Salamanca» (entrevista), págs. 46-50.
Leâo, Cunha. «Unamuno e o enigma português», páginas 15-23.
Quadros, A. «Meditaçâo portuguesa a partir de Unamuno», págs. 26-41.
Rocamora, Pedro. «Problemática da 'realidade-ficçâo' na novelística unamuniana», págs. 9-14.
Sant'Anna, Dionisio. «Unamuno e o seu anseio de eternidade», págs. 7-8.

Esprit. París. Homenaje, noviembre:
Bergamín, José. «Au-dessous du rêve». (Aparecido anteriormente en español en *Eu*, 15 julio 1938.)
Cassou, Jean. «L'homme Unamuno».
Editorial: «Unamuno et l'Espagne agonique».
Leenhardt, Roger. «*Esprit* et la mort d'Unamuno».
Tuñón de Lara, Manuel. «L'Espagne d'Unamuno».

Estrella-Gutiérrez, Fermín. «Unamuno y Maragall. Historia de una amistad ejemplar», *Estudios literarios*. Buenos Aires. Academia Argentina de Letras, 1969, páginas 117-204 (fechado en 1964).

Fafe, José F. «As palavras e o tempo», *SNL*, XLIII, páginas 195-200.

Fagoaga, I. de. *Unamuno a orillas del Bidasoa y otros ensayos*. San Sebastián, Auñamendi, págs. 9-37.

Reseñas:
AIL. *EL*, núm. 310, enero 30, 1965, págs. 11-12.
Aramburu, J. de. *VEsp*, 15 enero 1965.
Arocena. *BRSVAP*, 21, 1965, págs. 113-14.
J. L. M. *IHE*, XI, 1965, pág. 109.

Fagoaga, M. «Unamuno y la Cruzada Nacional», *Arr*, 12 noviembre.

Falconieri, J. V. *«San Manuel Bueno, mártir*. Spiritual Autobiography: A Study in Imagery», *Sy*, XVIII, número 2, págs. 128-41.

Falero, J. M. «Unamuno y su relación con la Medicina», *Arr*, 1 octubre.

Farré, L. «Unamuno y los teólogos», *CTeo*, 13, págs. 3-30.

Fenu, E. «Tragedia di Unamuno», *OR*, 25 septiembre.

Fernández Almagro, M. «España en la poesía de don Miguel», *VE*, 29 septiembre.

Fernández Larraín, S. «Algo de Unamuno a través de un epistolario», *M*, 1, págs. 205-54.

Ferreres, R. «La poesía de Miguel de Unamuno» y «Un retrato desconocido de Unamuno y una anécdota», *Los límites del Modernismo y del 98*. Madrid, Taurus, págs. 83-104.

Fontán, A. «En el Centenario de su nacimiento», *NT*, 22, páginas 627-38.

Foster, D. W. «Adiciones y suplemento a la bibliografía de Unamuno», *Torre*, año XII, núm. 48, oct-dic., páginas 165-72.

FRAILE, MEDARDO. «Unamuno en Southampton», *EL*, número 307, pág. 31 (sobre dos conferencias pronunciadas en la Universidad, una de M. Fraile: «Introducción a don Miguel de Unamuno», y otra de Nigel Glendinning: «Novela o 'nivola' unamuniana»).

FUSTER, J. *Los originales. Maragall y Unamuno frente a frente.* Renuevos de Cruz y Raya. Madrid, Cruz del Sur, 116 págs. (Versión abreviada en *I*, 192, enero 1965, págs. 22-24).

GALLEGOS VALDÉS, LUIS. «Don Miguel de Unamuno y el ensayo», *CSS*, núm. 33, julio-agosto, págs. 57-70.

GAMALLO FIERROS, DIONISIO. «Unamuno», serie de artículos en *NuEsp*, 1, 10 y 12 julio.
— «En el Centenario de Unamuno. Su estancia en Gijón hace sesenta años», *Com*, 29 septiembre.

GARAGORRI, PAULINO. *Del pasado al porvenir.* Barcelona-Buenos Aires, E.D.H.A.S.A., págs. 11-106.

GARCÍA BACCA, D. «Don Miguel de Unamuno (In Memoriam)», *GMex*, año XL, núm. 121, septiembre, pág. 1 (repetido en *CSS*, núm. 33, págs. 156-59; y en *I*, número 195, 1965, pág. 13). Asimismo en *Ensayos*, Barcelona, Ed. Península, 1970, págs. 179-83.

GARCÍA BLANCO, M. *América y Unamuno.* Madrid, Gredos, 434 págs.
Reseñas:
A. del T. *NT*, 23, 1965, págs. 272-73.
Alberich, J. *BHS*, XLII, 1965, págs. 263-65.
Angeles. *BA*, 39, 1965, pág. 439.
Ashhurst. *RIb*, 31, 1965, págs. 123-26.
Balbino Marcos, P. *Perf*, núm. 183, octubre.
Campos, J. *Ins*, núms. 216-17, nov-dic.
Car, núm. 74, nov-dic.
Collantes de Terán. *AEAS*, 21, págs. 812-13.
Fernández Almagro, M. *VE*, 26 agosto.
Fernández de la Mora, G. *ABC*, 28 mayo. Y en *Pensamiento español, 1964*, págs. 207-11.
Ferreres, R. *Lev*, 12 julio.

Macrí, O. *Naz*, 12 diciembre.
Marra-López, J. R. *Ins*, núms. 212-13.
Muñoz Cortés, M. *Línea*, 14 febrero 1965.
Olaso, E. de. *NBA*, 30 agosto.
Ponce de León, L. *EL*, núms. 300-301.
Rubens, E. F. *PBA*, 31 enero 1965.
Salcedo, E. *HLS*, 21 septiembre.
Toro. *TRP*, 208, 1965, págs. 159-60.
— «Unamuno y Papini», *Ann*, VI, págs. 133-62.
— *En torno a Unamuno*. Madrid, Taurus, 625 págs.

Reseñas:

Angeles. *BA*, 41, pág. 197.
Fernández de la Mora, G. *ABC*, 18 febrero 1965. Y
en *Pensamiento español, 1964*, págs. 212-16.
Horno Liria, L. *HA*, 21 febrero 1965.
Muñoz Cortés, M. *Línea*, 14 febrero 1965.
Río Sanz, J. *Cord*, 20 febrero 1965.
Valdés, M. J. *HR*, XXXV, oct. 1967, págs. 381-83.
— «Unamuno y la lengua española en América», *Pl*, nú-
mero 96, dic., págs. 14-15.
— *Corona poética dedicada a Miguel de Unamuno
(1864-1964)*. Salamanca, Centro de Estudios Salman-
tinos, 210 págs.

Reseñas:

Cano, J. L. *Ins*, núm. 221.
Jiménez Martos, L. *EL*, núm. 315, abril 1965, pág. 15.
Montillana, J. de. *Ad*, 25 abril 1965.
Viñuelas, A. de. *PSA*, 37, 1965, págs. 101-102.
— *Miguel de Unamuno. Por tierras de Portugal y Es-
paña*, prólogo, selección y notas. Salamanca, Anaya.

Reseña:

Viñuelas, A. de. *PSA*, 36, págs. 230-33.
— «Una carta inédita de Menéndez Pelayo a Unamuno»,
BBMP, 40, págs. 199-203.
— *Miguel de Unamuno. Obras completas, XVI*, prólogo,
edición y notas. Madrid, A. Aguado.

Reseña:

Fernández de la Mora, G. *Pensamiento español, 1964*.
Madrid, Rialp, 1965, págs. 184-90.

GARCÍA, FÉLIX. «Dios en Unamuno», conferencia reseñada en *P*, 7 noviembre.

GARCÍA MARTÍ, V. «Versión exacta de la entrevista entre Unamuno y Alfonso XIII», *No*, 23 marzo. Y en *ABC*, 5 abril.

GARCÍA MOREJÓN, J. *Unamuno y Portugal*. Madrid, Instituto de Cultura Hispánica, 516 págs.

Reseñas:

Díaz. *REPM*, núms. 141-42, 1965, págs. 278-79.
Echánove Guzmán, J. *CH*, núm. 179, noviembre, páginas 365-68.
Fernández de la Mora, G. *ABC*, 8 octubre. Y en *Pensamiento español, 1964*, págs. 201-207.
Gullón, R. *Ins*, núms. 216-17, nov-dic.
Iglesias Laguna, A. *EL*, núm. 304, nov. 7, págs. 19-20.
I. M. G. *Yermo*, 3, 1965, págs. 43-44.
Montull. *EF*, 14, 1965, págs. 400-401.
R. G. *I*, núm. 192, enero 1965, pág. 25.
Ruiz-Fornells. *RHM*, 30, págs. 315-16.
Santos, D. *P*, 12 marzo 1965.
Viñuelas, A. de. *PSA*, 36, febrero 1965, págs. 230-33.
— «Miguel de Unamuno y Manuel Laranjeira», *AIUO*, VI, págs. 21-42.

GARCÍA NIETO, J. «A don Miguel de Unamuno en el Centenario de su nacimiento» (soneto), *PEsp*, núm 143, noviembre, pág. 4.

GARCIASOL, R. DE. «Sí: Unamuno gran poeta», *DBa*, 17 octubre.

GIL, I. M. «Sobre la novelística de Unamuno», *CH*, número 170, febrero, págs. 323-26.

GIMÉNEZ, N. «Miguel de Unamuno y su hambre de inmortalidad», *UNL*, 60, págs. 105-15.

GIMFERRER, P. «Unamuno y su esfinge», *PSA*, 35, noviembre, págs. 137-44.

GLEAVES, E. S. «The Spanish Influence of Ernest Hemingway's Concept of Death, 'Nada', and Inmortality». Tesis Univ. de Emory.

Gómez Moriana, A. «Unamuno, filósofo español», *ACFS*, número 4.

González Alonso, M. «Novela, Unamuno, Europa», *An,* año III, núm. 6.

González Garcés, M. «Al volver las páginas. Unamuno», *VG,* 25 septiembre.

González Garci-Martín, F. M. «Tres aspectos de Unamuno», *NE,* 29, págs. 173-76.

González Pacheco, A. «A Don Miguel de Unamuno» (poema), *PEsp,* núm. 142, oct., págs. 9-11.

González Vergel, A. *Reflexión dramática en torno a la figura de don Miguel de Unamuno.* Obra en dos partes estrenada en el Ateneo de Salamanca el 2 de octubre.
Reseña:
Salcedo, E. *GR,* 3 octubre.

Granados, J. *Los ensayistas del noventiocho: Miguel de Unamuno.* Milán, Goliardica, ?

Granjel, L. S. «Unamuno, universitario», *Fo,* año I, número 2, abril-mayo.

Grass, R. «Unamuno's Concept of Struggle as Seen in His Shorter Essays», *RN,* VI, págs. 10-15.

Gringoire, P. «Miguel de Unamuno y su agonía», *HMex,* número 39.

Guardia Celedón, G. «¿Por qué fracasó el teatro de Unamuno?», *HuH,* núm. 20, págs. 59-60.

Guerra, M. L. «Unamuno. Dom Quixote da imortalidade», *OL,* 67, octubre, págs. 141-57.
Reseña:
A. R. *Brot,* 80, 1966, pág. 116.

Guerrero Zamora, J. «El entrañamiento agónico en el teatro de Unamuno», conferencia reseñada en *P,* 22 octubre.

GULLÓN, R. *Autobiografías de Unamuno*. Madrid, Gredos, 389 págs.

Reseñas:

Albornoz, A. de. *PSA*, 35, págs. 333-37.
Cano, J. L. *Ins*, núms. 216-17, nov-dic.
Fernández Almagro, M. *ABC*, 8 noviembre.
García. *LFS*, 18, 1965, págs. 89-90.
Gicovate. *CompLit*, 17, 1965, págs. 263-65.
Gil, I. M. *Torre*, 51, sept-dic., 1965, págs. 208-12.
Mínguez, A. *VG*, 13 noviembre.
Ponce de León, L. *EL*, núms. 300-301, pág. 87.
Torre, G. de. *Sur*, núm. 296, sept-oct., 1965, páginas 85-87.
Tovar, A. *GI*, núm. 427, 12 diciembre.
Zuleta. *RLMM*, 6, 1967, págs. 128-29.
— «El testamento de Unamuno», *UMex*, 18, núm. 9, 1963-64 (*San Manuel Bueno*).

GÚRPIDE BEOPE, P. «Carta Pastoral», *BOOB*, junio, 28 págs.

GUTIÉRREZ MACÍAS, V. «Carta desde Cáceres. Unamuno aquí», *EL*, núm. 306, pág. 26.

GUTIÉRREZ-RAVÉ, J. «Historia española contemporánea. Unamuno, destituido por Bergamín», *ABC*, 18 nov.

GUY, ALAIN. *Unamuno et la soif d'éternité*. París, Seghers, 222 págs.

Reseñas:

Alvarez Turienzo. *CD*, 177, pág. 595.
Fernández de la Mora, G. *ABC*, 8 octubre.
Gullón, R. *Ins*, núms. 216-17, nov-dic.
Laffranque, M. *BH*, 68, núms. 1-2, enero-junio 1965, páginas 205-206.
Llinarés. *RTP*, 65, 1965, pág. 656.
Maiorana. *CI*, I, 1965, págs. 138-41.
Otero Seco, A. *Asom*, XX, oct-dic., págs. 62-64.
Rivera de Ventosa, E. *Sal*, XIII, 1966, pág. 218.
Roldán. *Pens*, 21, 1965, págs. 209-10.

Heraldo de Aragón. Zaragoza, 24 septiembre. Número conmemorativo del Centenario:

Aranda, Joaquín. «Los cuentos de Unamuno».

Blecua, José M. «Unamuno, poeta».

Camón Aznar, J. «El día de su jubilación».

Horno Liria, L. «Unamuno y Aragón».

Kirón. «Piedra: Tormento: Encina».

Osorio, Fernando. «Una tarde con don Miguel».

HERRERA, E. «Unamuno y su sociología del lenguaje», *LMex*, 161, págs. 59-61.

Hierro. Bilbao, 28 noviembre. Encuesta sobre el tema «Unamuno, ¿por qué no fue profeta en su tierra?» Opinan: el Conde de Motrico, X. Domínguez Marroquín, L. Lázaro Uriarte, el P. Alfonso Moreno y Juan A. de Zunzunegui.

ILIE, PAUL. «Nietzsche in Spain», *PMLA*, LXXIX, marzo, páginas 80-96.

Indice. Madrid. «Unamuno-100 años», núms. 187-88, ag.-sep.; núm. 190, nov.; y núm. 191, dic.:
Delgado, F. «Paradoja», pág. 16.
Fernández de la Mora, G. «Unamuno, pensador» (núm. 190), págs. 3-4.
Gutiérrez Arechabala, S. «Apostillas», pág. 17.
Somoza, José A. «Unamuno en Palencia», págs. 16-17.
Trabazo, Luis. «Unamuno y la ciencia» (núm. 191), página 14.

Insula. Madrid. Homenaje a Don Miguel de Unamuno. Año XIX, núms. 216-17, nov-dic.:
Aub, Max. «Retrato de Unamuno para uso de principiantes», págs. 4 y 14. Repetido en *EPR*, 27 diciembre 1969, págs. 75-83.
Benítez, Jaime. «Mi homenaje a Unamuno», pág. 14.
Blanco Aguinaga, C. «Unamuno fuera de España», páginas 1 y 32.
Campos, Jorge. «América y Unamuno», pág. 21. (Se refiere a los libros de M. García Blanco *América y Unamuno* y J. C. Chaves, *Unamuno y América*.)
Conde Gargollo, E. «La españolidad de Unamuno», página 27.
Demerson, Georges. «Unamuno y Francia. Dos cartas inéditas», págs. 6 y 24.

Díaz-Plaja, G. «Unamuno, antimodernista», pág. 22. Y en *Lecciones amigas*, 1967.

Duque, Aquilino. «Exabruptos y contradicciones», página 7.

Durán, Manuel. «Unamuno y su 'Elegía a la muerte de un perro'», págs. 3 y 32. Recogido en *De Valle-Inclán a León Felipe*. México, Finisterre, 1974.

Egido, L. G. «La agonía de Unamuno. Adaptación cinematográfica de *La tía Tula*», pág. 35.

Enjuto, Jorge. «Unamuno ante la muerte. Dos actitudes», págs. 12 y 27.

Garasa, Delfín L. «Los empeños teatrales de Unamuno», pág. 23.

García Blanco, M. «Unamuno y el novelista norteamericano Melville», pág. 5.

— «El Centenario de Unamuno fuera de España», página 28. (Por los de la Universidad de Vanderbilt, Universidad de Texas y Universidad de Oxford en Inglaterra.)

Gullón, R. «Unamuno en el extranjero», pág. 13.

Marra-López, José R. «Unamuno visto por dos escritores jóvenes», pág. 15. (Se refiere a Emilio Salcedo, *Vida de don Miguel* y José L. Abellán, *Miguel de Unamuno a la luz de la psicología*.)

Moncy, Agnes. «Un puñado de niebla», págs. 12 y 26.

Nuez, Sebastián de la. «Unamuno y Galdós en sus cartas», pág. 29.

Núñez, Antonio. «Unamuno al cine (Miguel Picazo y *La tía Tula*)», pág. 7.

Quiroga Plá, José M. «Otra vez a mi Don Miguel de Unamuno» (poema escrito en París en 1951), pág. 5.

Ruiz Peña, Juan. «La casa del poeta» (poema).

Sánchez Barbudo, A. «El 'diario' inédito de Unamuno», págs. 1 y 31-32.

Torre, G. de. «Unamuno, escritor de cartas», página 9. Y en *SeMex*, núm. 2, 1965.

Tudela, José. «La tertulia del 'Gato Negro'. Unamuno y Soltura», pág. 8.

— «Unamuno y Antonio Machado», págs. 8 y 26.

Valente, Angel. «Notas para un centenario», pág. 10 (ampliado en 1971).

Villar, Arturo del. «La poesía en Unamuno», páginas 17 y 24.

Vivanco, Luis F. «Unamuno, poeta lírico», pág. 11.

IRIARTE, J. «Miguel de Unamuno (1864-1964)», introducción a «El puesto de Unamuno en la Filosofía», *RyF*, núms. 80-82, oct-nov., págs. 117-28 y 307-22.

JIMÉNEZ-URRESTI, I. «Mensaje y signo de Unamuno», *CEPV*, 9 febrero.

Jornal do Commercio. Río de Janeiro, 27 septiembre. Suplemento dominical dedicado al Centenario:
Castro y Calvo, J. F. «Unamuno mestre».
Ferreres, R. «Estoria de un retrato».
Lippmann, H. L. «O esteticismo trágico de don Miguel de Unamuno».
Padilha, T. M. «Unamuno e Kierkegaard».
Silva, E. «A tragedia espiritual de Unamuno».
Sobrinto, L. «Miguel de Unamuno e a geração de 98».

KINNEY, A. F. «The Multiple Heroes of *Abel Sánchez*», *SSF*, I, págs. 251-57.

KOCK, J. DE. «La omisión del artículo definido en el *Cancionero* de Unamuno», *NRFH*, XVII, págs. 360-72.
— «Aspecto formal de las fuentes escritas del *Cancionero* de Unamuno», *RHM*, XXX, núms. 3-4, páginas 215-44.

KOURÍM, Z. «Sto let od nazoreni Miguel de Unamuno», *FC*, 12, págs. 909-13.

L. DE C. «Un Centenario: el de Miguel de Unamuno», *Un*, 29 septiembre.

Labor. Aveiro (Lusitania), núm. 231, «Miguel de Unamuno: 'No soy intelectual, sino un pasional' (1864-1964)», 21 págs.

La Estafeta Literaria. Madrid. Homenaje con motivo del Centenario, núms. 300-301, septiembre:
Aguado, E. «La religión de Unamuno», págs. 30-33.
Alemán Sainz, Francisco. «Entender con la pasión, hablar con el silencio», págs. 81-83.
Alfonso, José. «En el Ateneo», págs. 78-79.

Obregón, Antonio de. «La noria madrileña», pág. 13.
Oromí, Miguel. «Unamuno, sin coetáneos», páginas 22-23.
Ortiz Armengol, Pedro. «Y, finalmente, 300 nombres recordados por el andarín» (geografía literaria de don Miguel), págs. 19-20.
Ponce de León, Luis. «Centenario: cuatro libros y otros cuatro» (por los de Abellán, Gullón, D. Pérez y García Blanco), págs. 87-88.
Rocamora, Pedro. «Unamuno en y desde Portugal», páginas 18-19.
Rodríguez Rubio, Carlos. «El primero y el último», páginas 79-80.
Salcedo, Emilio. «Los dibujos de don Miguel», páginas 74-76.
Sánchez Morales, Narciso. «Unamuno y los alemanes unamunianos», págs. 26-28.
Santa María, Teófilo R. de. «Sentido por un unamuniano», págs. 44-46.
Santos, Dámaso. «Unamuno, gestor de hispanidad», páginas 72-73.
Santos Torroella, Rafael. «Eres tú, Salamanca, mi costumbre», págs. 9-10.
Tovar, Antonio. «Su lengua castellana», págs. 39-40.
Umbral, Francisco. «El hereje Unamuno», pág. 80.
Valbuena Briones, Angel. «Tennessee: 32 veces Unamuno», pág. 85.
Valbuena Prat, Angel. «Narrador lateral y caótico», páginas 47-49.
Vallina, Salvador. «Unamuno y su país vasco», páginas 7-8.
Van-Halen, Juan. «Unamuno en los jóvenes», pág. 83.
Villamañán, César. «El poeta grande Miguel de Unamuno», págs. 42-44.
Villarrubia, Santiago. «Ensayista unitemático», páginas 40-42.

Reseña del homenaje:

M. L. *OL*, 67, págs. 236-37.

La Gaceta Regional. Salamanca. Con motivo del Centenario (distintas fechas):

Calle Iturrino, E. «Los tres retratos de Unamuno del Museo de Bilbao, expuestos en Salamanca», 9 diciembre.

Cuesta Dutari, Dr. «Ante la exposición antológica de Unamuno», 24 noviembre.

Jambrina Alonso, José L. «Presencia de Unamuno», 3 diciembre.

Real de la Riva, César. «Unamuno y Salamanca», 27 septiembre.

Ríos, Fray Jesús. «Santo Domingo» (sobre el poema del Cristo de Palencia), 4 agosto.

Salcedo, Emilio. «El Rector y Salamanca», 29 septiembre.

Sánchez Morales, Narciso. «El Yuste de Unamuno», 20 septiembre.

— «El Jaraíz de Unamuno», 4 octubre.

— «El Unamuno de Marcuse», 26 junio.

— «El Unamuno de Gisbert Kranz», 21 julio.

— «El Unamuno de la Herder», 13 agosto.

— «El Unamuno de R. Schneider», 23 y 30 agosto y 13 septiembre.

— «El Unamuno del hoy alemán», 24 septiembre.

LAÍN, MILAGRO. *La palabra en Unamuno*. Caracas, Cuadernos del Instituto de Filología Andrés Bello, 92 págs.

Reseñas:

Acquaroni, J. L. *CH*, núm. 180, págs. 549-52.
C. M. A. *HR*, XXXIV, julio 1966, pág. 288.
HV, V-VI, pág. 471.
Morón Arroyo, C. *HR*, 34, 1966, pág. 288.
Otero, C. P. *RPh*, XXIV, 1970-71, págs. 301-28.
Romero. *RLit*, 25, 1964, pág. 263.

LAÍN ENTRALGO, P. «Unamuno en el teatro», *GI*, núms. 427 y 429, 12 y 26 diciembre.
— «Semblanza de Unamuno», *CD*, 13.

LAMO, LUIS DE. «Clarificación en torno al pensamiento de don Miguel de Unamuno», *ES*, núm. 10, diciembre, páginas 17-18.

La Prensa. Buenos Aires. Homenaje, 30 octubre. (Véase *MGB, CCMU,* XIV-XV, pág. 162):
Erre, Carlos A. «En el Centenario de Unamuno».
— «Unamuno o la fe en el idioma».
Fagoaga, Isidoro de. «Un intelectual refractario al chiste; Miguel de Unamuno».
Massa, Pedro. «Unamuno y la Argentina».
Montenegro, Ernesto. «Unamuno, la sombra inquieta de don Quijote».
Pedro, Valentín de. «Inesperado conocimiento de Unamuno».
Torre, Guillermo de. «Unamuno, escritor de cartas».
Y en *Ins,* núms. 216-17.

Las Provincias. Valencia. Homenaje, 29 septiembre:
Ballester Segura, L. «Unamuno como poeta».
Lacalle, Angel. «Las novelas de Unamuno».
Ombuena, José. «Nada menos que todo un hombre».

La Vanguardia Española. Barcelona. Homenaje, 27 sept.:
Aranguren, José L. «España en Unamuno. Casticismo y europeización».
Arbó, Sebastián J. «El eterno descontento, el gran soñador. Toda una vida tras la perfección y la grandeza».
Castro, Carmen. «Encuentros con lo celeste. De eternidad es tu silencio prenda...».
Catalán, Ignacio. «Breve meditación de Centenario. Una sospecha sobre la duda unamuniana».
Cruset, José. «La búsqueda del alma».
García Blanco, M. «Unamuno y las letras catalanas».
Maragall, Juan A. «Diálogo inconcluso. Hurgando hacia dentro».
Masoliver, Juan R. «En olor de actualidad, por perenne».
Montes, Eugenio. «Muertes y resurrecciones de don Miguel. Con un canto de vida y esperanza».
Valeri, Luis. «Unamuno en Barcelona».

LÁZARO, ANGEL. «Recuerdo personal de don Miguel de Unamuno», *VE,* 9 octubre.

LECHNER, J. (Véase arriba Carrasquer, F.)

LINDLEY CINTRA, LUIS F. Comenta la conferencia de M. García Blanco en Lisboa, «Unamuno, poeta», *Arbor*, 57, 558-60.

LEÓN, MARÍA T. «Le hibou de papier de Miguel de Unamuno», *Eu*, núms. 419-20, págs. 25-31.

LÓPEZ CABALLERO, A. «El tema *Fedra* en la literatura», *RyF*, 170, págs. 425-38.

LORÉN, SANTIAGO. «Teilhard y Unamuno», *P*, 3 marzo.

MAIA, JOAO. «No centenario de Unamuno», *Brot*, 79, noviembre, págs. 449-52.

MALPIQUE, CRUZ. *Miguel de Unamuno.* «*Nada menos que todo un hombre*». Porto, Divulgação, 157 págs.

MARQUÍNEZ ARGOTE, G. «Don Miguel de Unamuno y su agustinismo desesperado», *RJBo*, 62, págs. 151-66.

MARTEL, E. *Libros y lecturas franceses de Unamuno.* Tesis Univ. de Salamanca.

MATAIX, A. «Unamuno, filósofo de la muerte», *Risoo*, diciembre, págs. 64-77.

MEJÍA SÁNCHEZ, E. «Unamuno y México», *CSS*, núm. 34, páginas 11-15.
— «Más sobre Unamuno y [Alfonso] Reyes», *BMex*, números 3-4.
— «De Unamuno y Nervo», *ALMex*, 4, págs. 203-35.

MESNARD, P. «Pour le centenaire de Unamuno», *EPh*, XIX, páginas 593-96.

MIGUEZ, J. A. «Dos hombres y una época. Kierkegaard y Unamuno», *VG*, 25 septiembre.

MIRÓ, E. «Unamuno y España», *Castellano*, año I, núm. 50, 16 junio.

MONLEÓN, J. «La otra vida de Unamuno», *Tr*, núm. 122, 3 octubre, págs. 67-69.

MONTEIRO, D. «Evocação de Miguel de Unamuno», *Coloquio*, número 31, págs. 43-45.

Montes, E. «El otro Unamuno. Don Miguel y la España eterna», *ABC*, 24 septiembre.

Montull, T. «La tragedia espiritual de Unamuno», *EF*, 13, páginas 489-546.

Morellini, A. «Miguel de Unamuno. Don Chisciotte reincarnato», *CM*, 10 noviembre.

Morón, G. «Por leer de nuevo a Unamuno», *BANH*, 47, páginas 507-24.

Morón Arroyo, C. «*San Manuel Bueno, mártir* y el 'sistema' de Unamuno», *HR*, XXXII, págs. 227-46.
Reseña:
Valderrama Andrade. *Thes*, 22, 1967, págs. 314-15.

Muñoz Alonso, A. «En el Centenario de don Miguel de Unamuno», *Cie*, 29, págs. 383-89.

Nemésio, V. «No centenário de Unamuno», *Coloquio*, número 31, págs. 41-43.

Niedermayer, F. «Unamuno und Deutschland: Zum 100. Geburtsag Miguel de Unamunos am 2. September 1964», *LJGG*, V, págs. 177-200.
— «Unamuno», *Spanische Literatur des 20, Jahrhunderts*. Berna-Munich, F. Verlag.

Novais, José A. «Le Centenaire d'Unamuno divise les catholiques», *Monde*, 30 septiembre.

Nuez Caballero, S. de la. *Unamuno y Canarias. Las islas, el mar y el destierro*. Univ. de La Laguna, 298 págs.
Reseñas:
AEA, 10, págs. 78-79.
Alberich, J. *BHS*, XLII, 1965, págs. 263-65.
Cardenal. *Ins*, núm. 214.
Iduarte. *RHM*, 30, pág. 316.
Morales. *RHC*, 29, 1963-64, pág. 158.
Ricard, R. *BH*, 67, núms. 1-2, enero-junio 1965, páginas 206-208.
Sarmiento. *BA*, 40, 1966, pág. 193.
Viñuelas, A. de. *PSA*, año IX, núm. 34, págs. 361-63.

Núñez Alonso, A. «Unamuno, novelista», conferencia reseñada en *P*, 30 octubre, y en *ABC*, 30 octubre.

Olivar-Bertrand, R. «Los tiempos que le tocó vivir a Unamuno», *CA*, núm. 5, sept-oct., págs. 177-200.

Oliver Belmás, A. «Unamuno, poeta imaginero», *PEsp*, número 144, págs. 10-12.

Onieva, A. J. *Unamuno. Estudio y Antología*. Madrid, Cía. Bibliográfica Española, 90 págs. de estudio y 164 de antología.

Ortiz Armengol, P. «Para una guía literaria de España. Fichas geográficas sobre las Islas Canarias», *EL*, número 286, febrero 29, pág. 30.

Otero Pedrayo, R. «Principios de siglo. Don Miguel de Unamuno en Orense», *FV*, 4 octubre.

Padilha, T. M. «A existência segundo Miguel de Unamuno», *Verbum*, XXI, págs. 153-74.

Palacios, Fray J. «Ideal hispánico de Unamuno», *Io*, número 14, págs. 172-82.

Paniagua, D. «Unamuno en las revistas», *Arr*, 1 octubre.

Paxton, C. «Unamuno's Indebtedness to Whitman», *W.W.*, IX, págs. 16-19.

Pemán, J. M. «La verdad de aquel día», *ABC*, 26 noviembre (por el 12 de octubre de 1936, en la Universidad de Salamanca).

Peñalver, P. «Significación filosófica de Unamuno», *NT*, 22, págs. 653-67.

Pérez-Arregui Fort, I. «Unamuno, viajero», *VEsp*, marzo.

Pérez, D. *Don Miguel de Unamuno. Ensayo acerca de su iconografía, y relación con las Bellas Artes*, prólogo de M. García Blanco. San Sebastián, Azar, 58 págs. y 75 láminas.

Reseñas:

Barros, T. *VG*, 25 septiembre.

Esteban, J. *Ins*, 224-25, julio-agosto 1965, pág. 19.

Lerena, C. *Sa*, junio-dic., págs. 51-52.

Ponce de León, L. *EL*, núms. 300-301, sept., pág. 87.

Viñuelas, A. de. *PSA*, núm. 35, págs. 231-33.

PÉREZ DEL ARCO, J. «Unamuno y Machado en la España de hoy», *Nov*, ?

PÉREZ DE URGEL, J. «Mis encuentros con Unamuno», *EL*, número 304, págs. 3-4.

PÉREZ LOZANO, J. M. «La polémica de Unamuno», *IG*, 7 oct.

Perspectivas de la Unesco. París, 28 septiembre. Homenaje:
Azaola, J. M. «Recuerdo y presencia de don Miguel de Unamuno».
Laurenza, R. J. «En el Centenario de Unamuno».

PEu, «Unamuno y Zurbarán: dos centenarios», XII, número 104, págs. 5-9.

PREDMORE, MICHAEL P. «Madariaga's Debt to Unamuno's *Vida de don Quijote y Sancho*», *H*, XLVII, páginas 288-95.

Primer Acto. Madrid. Número dedicado (58), noviembre:
Aranguren, José L. «Personalidad y religiosidad en Unamuno».
Buero Vallejo, A. Texto sobre el teatro de Unamuno.
Domenech, Ricardo. «Una representación de *El Otro*».
Fernández Santos, Angel. «El montaje de *Fedra*».
García Blanco, M. «Un boceto inédito de Unamuno» (el titulado «Ella y él»).
Monleón, José. «Unamuno y el teatro de su tiempo».
— «*Soledad* en el María Guerrero».
Narros, Miguel. «Apuntes sobre el montaje de *Fedra*».
Ortiz Alfau, Angel M. «Unamuno y Bilbao».
Salvat, Ricardo. «Unamuno en Barcelona».

Rabanal Alvarez, Manuel. «Por Santa Lucía. Unamuno y el 'camello por el ojo de la aguja'», *ABC*, 13 diciembre.

— «En busca de la persona, *San Manuel Bueno, mártir*», *An*, año III, núm. 6.

Ramires Ferro, T. «Presença de Oliveira Martins na visâo unamuniana da História de Portugal», *DNL*, 13 ag.

Revista de la Universidad de Madrid, vol. XIII, núms. 49-50, «Estudios sobre Unamuno»:

Amiama, G. «Algo sobre Unamuno y Rusia», páginas 277-95.

Collado, J. A. «Unamuno y el existencialismo de Sören Kierkegaard», págs. 145-61.

García Blanco, M. «Unamuno y el profesor francés Jacques Chevalier», págs. 7-76.

García Morejón, J. «Camilo Castelo Branco frente a Eça de Queiros. Dos actitudes unamunianas», páginas 241-95.

González Seara, L. «La relación sociedad-individuo, en Miguel de Unamuno», págs. 163-96.

Gullón, R. «Teatro del alma», págs. 197-210. (Recogido en *La invención del 98 y otros ensayos*. Madrid, Gredos, 1969, págs. 77-93. Incluido en la edición de A. Sánchez Barbudo de 1974).

Guy, Alain. «L'itineraire agonique d'Unamuno», páginas 125-44.

Meyer, F. «Unamuno et les philosophes», págs. 77-92.

París, C. «La inseguridad ontológica, clave del mundo unamuniano», págs. 93-123.

Ribbans, G. «Estructura y significado de *Niebla*», páginas 211-40 (recogido en *Niebla y Soledad*. Madrid, Gredos, 1971, págs. 108-42).

Revista de Occidente. Madrid, tomo VII (2.ª época). Homenaje, oct-nov-dic.:

Blanco Aguinaga, C. «Aspectos dialécticos de las *Tres novelas ejemplares*», págs. 51-70. Incluido en la edición de A. Sánchez Barbudo de 1974.

Epistolario Unamuno-Ortega, págs. 3-28.

Reseña:
Fernández de la Mora, G. *Pensamiento español, 1964*, páginas 195-201.

Ferrater Mora, J. «Unamuno, 1964», págs. 29-40.

Garagorri, Paulino. «El vasco Unamuno», págs. 121-129.

García Blanco, M. «Unamuno, traductor y amigo de José Lázaro», págs. 97 y ss.

Marías, J. «La -meditatio mortis- tema de nuestro tiempo», págs. 41-50. Y en *OC*, VIII, págs. 538-48.

Rof Carballo, Juan. «El erotismo en Unamuno», páginas 71-96.

Salcedo, Emilio. «Cuando las pajaritas tienen alas», páginas 134-40.

Sopeña, Federico. «Las músicas de don Miguel de Unamuno», págs. 130-33.

RIBBANS, G. «Miguel de Unamuno universitaire», *BHS*, XLI, páginas 191-222.

RICARD, ROBERT. «Miguel de Unamuno (1864-1936)», *RFE*, número 106, noviembre.

RÍO, LUCIANO DEL. «El Unamuno vivo», *DPont*, 27 sept.

Rocamador. Palencia. Número dedicado (34), octubre:
Albi, José. «Tengo un Cristo pequeño» (poema).
Carrión, Manuel. «El desterrado» (poema).
Cuadros, Juan J. «Palabras para don Miguel de Unamuno» (poema).
Fernández Nieto, José M. «Unamuno desde aquí».
Furlán, Luis R. «Versión de Unamuno» (poema).
Garcíasol, Ramón de. «Digo Bilbao, digo Unamuno, digo España» (poema).
García Velasco, Marcelino. «Por tierras de Palencia teniendo a don Miguel de Unamuno presente» (poema).
Guardiola Tomás, Lorenzo. «A Unamuno» (poema).
Herrán, Laurentino M. «Invitación al sueño» (poema).
Linage Conde, Antonio. «Para don Miguel en su Centenario vivido» (poema).

Macho, Victorio. «Unamuno» (sobre la escultura que le hizo en Hendaya en 1929).

Murciano, Antonio. «Epitafio con la voz de Unamuno» (poema).

Pacheco, Manuel. «Oda a don Miguel de Unamuno» (poema).

Porcar, Juan. «Preguntas» (poema).

Urueñá González, Carlos. «Poema a Unamuno» (poema).

Rocamora, P. «Unamuno, ensayista agnóstico y poeta teologal», *Arbor*, 59, págs. 303-18.

Rodrigo, J. «Música para un códice salmantino», conferencia reseñada en *P*, 5 nov.

Rodríguez Huéscar, A. «Unamuno y la muerte colectiva», *Con Ortega y otros escritos*. Madrid, Taurus, páginas 337-63 (repetido en 1961).

Reseña:

Guy, Alain. *BH*, LXIX, 1967, págs. 292-93.

Roig, R. «Noviembre literario, 64. Unamuno», *HD*, 40, 892-93.

— «Oración de Unamuno a Ntra. Sra. de los Sueños de Luna», *Lev*, 27 septiembre.

— «Don Miguel de Salamanca», *Ya*, 29 septiembre.

Rubio Fernández, F. «El concepto de 'vocación' en Unamuno», *Hoy*, 2 octubre.

Rudd, M. T. «Unamuno's Hunger for Inmortality», *ChC*, 81, páginas 1589-92.

Sá, Hipólito de. «En torno a Unamuno. Carta abierta a Luciano del Río», *FV*, 18 octubre.

Sáinz de Robles, F. C. «Las claves líricas de Unamuno», *PEu*, núm. 101.

Salcedo, E. *Vida de Don Miguel*. Salamanca, Anaya, 437 páginas.

Reseñas:

Alcántara Martín, M. *Ad*, 22 noviembre.
Alvarez, C. L. *ByN*, núm. 2, 5 diciembre.

Araujo, J. B. *RPF*, VI, núm. 33, pág. 196.
Bernal, D. *CG*, 29 enero 1965.
Bravo Villasante, C. *CA*, núm. 183, marzo, páginas 633-39.
Bustamante, J. F. *EL*, núm. 307, 19 diciembre.
Cajade, R. *HLS*, 28 diciembre.
Cano, J. L. *UniC*, 17 noviembre.
Crespo, J. *HLS*, 16 noviembre.
Díaz. *REPM*, núms. 141-42, 1965, págs. 269-71.
Echeverría, L. de. *GR*, 17 noviembre.
Fernández Almagro, M. *ABC*, 6 diciembre.
Fernández Molina, A. *PSA*, XXXVI, enero 1965, páginas 126-28.
Fernández Ruiz, C. *TGP*, núm. 226, enero 1965.
Izquierdo. *I*, 211, 1966.
Jiménez, F. *NCast*, 20 enero 1965.
Jiménez Lozano, J. *NCast*, 14 marzo 1965.
Marra-López, J. R. *Ins*, núms. 216-17, nov-dic.
Mínguez, A. *Au*, 21, noviembre.
Molinero, F. *Tr*, núm. 131, 5 diciembre.
Montillana, J. de. *Ad*, 21 octubre.
Mora, C. *Club*, núm. 19, diciembre.
Ortiz Alfau, A. M. *HBi*, 15 enero 1965.
Rincón, J. M. *EL*, núm. 304, 7 noviembre.
Ruiz Peña, J. *DBu*, 14 enero 1965.
Sena, E. de. *GR*, 2 enero 1965.
Tovar, A. *GI*, núm. 424, 14 noviembre.
Valencia, A. *Arr*, 22 noviembre.
Vázquez Zamora, R. *AyH*, núm. 235, noviembre.
Vigo, J. *Castellana*, núm. 11, noviembre.
Zavala, I. M. *Torre*, 54, sept-oct., 1966, págs. 197-200.
— «El coro de médicos de *Fedra*», *Fo*, año I, núm. 2, abril-mayo.
— «Una carta de Santayana a Unamuno», *HLS*, 10 febrero.
— «Unamuno y el diálogo», *CD*, núm. 12, septiembre, página 44.
— «Unamuno con cien años», *HLS*, 28 septiembre.

SALTOR, OCTAVIO. «Unamuno y Maragall», *CD*, núm. 13, octubre, págs. 25-26.

Salvador, Gregorio. «Análisis connotativo de un soneto de Unamuno», *AO*, XIV, págs. 18-39.

Samoa, Carmelo. «Miguel de Unamuno nel centenario della nascita», *TPR*, núm. 4, págs. 239-43.

Sánchez Morales, Narciso. «La Plasencia de Unamuno», *Hoy*, septiembre.

Sánchez Ruiz, José M. *Razón, mito y tragedia. Ensayo sobre la filosofía de don Miguel de Unamuno*. Zürich, Pas-Verlag, 322 págs.

Santa Cruz, Luis. «O cristianismo agónico de Miguel de Unamuno», *CB*, VI, págs. 36-46.

Santonastaso, G. «La scienza del cuore di Miguel de Unamuno», *NAR*, 99, págs. 358-68.

Santos, Dámaso. «Flores, Miguel», *Arr*, 1 octubre.

Sarrico. Bilbao. Homenaje, núms. 7 a 13, junio-dic.:
Barea Monge, Pedro M. «Unamuno desde otra perspectiva».
Batlló, José. «En un homenaje a Miguel de Unamuno» (poema).
Coloquio hecho en Salamanca sobre «Unamuno en su rincón», con la participación de Felisa Unamuno, Manuel García Blanco, César Real de la Riva y Emilio Salcedo.
Cossío, Francisco de. «Los sesenta años de don Miguel».
Echebarrieta, Javier de. «Unamuno: oratorio épico, de A. González Vergel».
Encuesta sobre «Unamuno, el poeta». Concurren: José M. Alvarez, Angela Figuera, Romano García, R. de Garcíasol, Lorenzo Gomis, María E. Lacaci, Leopoldo de Luis.
Encuesta sobre «El teatro de Unamuno». Opinan: A. Buero Vallejo, Lauro Olmo, J. M. Rodríguez Buded, J. M. Rodríguez Méndez, A. Sastre.
Encuesta sobre «Unamuno y la Universidad». Opinan: Gustavo Bueno, Juan Echevarría, Felipe Ruiz Martín, Antonio Tovar.

15

Encuesta sobre «La novela de Unamuno». Opinan: Antonio Ferres, J. A. de Zunzunegui.

Encuesta sobre «Unamuno, mañana». Aportaciones de: Javier de Echebarrieta, Joaquín Leguina, Ceferino del Olmo, José M. Ullán.

Entrevista con Alberto González Vergel, acerca del teatro de Unamuno.

Figuera, Angela. «Unamuno-Aldebarán» (poema).

Garagorri, Paulino. «La doctrina de la feliz incertidumbre».

García, Romano. «El Dios inaccesible (Unamuno a la luz del método dialéctico)».

García Blanco, M. «Unamuno y Bilbao».

Gaya Nuño, Juan A. «Unamuno; sin discípulos».

Gullón, Ricardo. «El enorme Unamuno».

Iglesia, Angel de la. «O bombo o palo».

López Sáiz, Gustavo. «Pueblo y héroe en el quijotismo de Unamuno».

Luna, Daniel. «Invocación» (poema).

Marrodán, Mario A. «Unamuno o la plenitud de la agonía» (poema).

Pinillos, Manuel. «Unamuno, voz de amor y de protesta» (poema).

— «Rastro vivo de un poeta muerto».

Ramos Orea, Tomás. «A modo de recuerdo» (poema).

Ruiz Peña, Juan. «La casa del Poeta» (poema).

San Juan, Gregorio. «Desagravio a don Miguel».

— «Don Miguel de Unamuno entre el púlpito y el confesionario».

— «In finem carminibus» (poema).

Souto Vilas, Manuel. «El existencialismo de Unamuno».

Ullán, José M. «Nada para estar despiertos» (poema).

Zuazagoitia, Joaquín de. «Bilbao y Unamuno».

Sarró, Ramón. «Analogías y diferencias: enemigos-amigos, Eugenio d'Ors y Miguel de Unamuno», *VE*, 26 septiembre.

Schürr, F. «Wir werden von Gott geträumt», *W*, 29 septiembre.

Segura, Enrique. «Unamuno», *Hoy*, 29 septiembre.

SENABRE SEMPERE, R. «Unamuno y la 'visión taurina' de la historia», *PSA*, 35, págs. 249-60.

SERRANO CASTILLA, F. *Dos palabras ocasionales sobre el Centenario de Unamuno*. La Coruña, 7 págs.
Reseña:
Ortúzar. *EstM*, 21, 1965, pág. 489.

SERRANO PONCELA, S. «Apología de Unamuno», *RNC*, número 166, oct-dic., págs. 80-97. Y en *CA*, núm. 2, marzo-abril 1965, págs. 284-99.

SIEBENMANN, G. «Miguel de Unamuno. Ein Gedenkwort zum 100. Geburtstag des spanischen Dichterphilosophen», *NZZ*, 27 septiembre.

SINNIGE, T. G. «Miguel de Unamuno. Religieus denker en strijdbaar Spanjaard», *Tijd*, 3 octubre.

SOLDEVILLA, C. «Mi don Miguel de Unamuno», *VE*, 15 noviembre.

SOMOZA, J. A. «Unamuno en Palencia», *IAL*, núms. 187-88, julio-agosto, págs. 16-17.

SOMOZA, P. G. «Unamuno y los toros», *Ruedo*, núm. 1068, 8 diciembre.

SORDO, E. «Los dramas de Unamuno», *NU*, 23 octubre.

SPINELLI, R. «Il Centenario Unamuniano», *Car*, núm. 74, nov-dic., págs. 247-50.

STEVENS, HARRIET S. «El Unamuno múltiple», *PSA*, número CII, septiembre, págs. 252-84.

STOLS, THEO. «Miguel de Unamuno mysticus of ketter?», *Volk*, 8 diciembre.

Suplemento Literario. São Paulo (Brasil). Número conmemorativo, 3 octubre:
Alonso Fueyo, Sabino. «O pensamiento de Unamuno».
Arrigucci, Davi. «Unamuno e o soneto».
García Morejón, J. «Unamuno e o sentido da Hispanidade».

Mackay, John A. «Don Miguel de Unamuno, filósofo da hembridade».

Mota, Jorge C. «As Biblias de Unamuno».

Onís, F. de. «Salamanca e Unamuno».

Prieto-Castro, Fermín. «Notas iconográficas sobre Miguel de Unamuno».

Tovar, A. «Entre o nada e o tudo».

The Times. «Educational Supplement». Londres:
«A Voyage into Tragedy», editorial del 17 mayo.
«The Week's Visitor Champion of Unamuno», 6 noviembre (por la visita a Inglaterra de don Manuel García Blanco).

Tornos, A. M. «La crisis religiosa de Unamuno», *CD*, número 12, septiembre, págs. 11-12.

Torre, G. de. «Unamuno y su teatro», *EFCh*, págs. 219-35.
— ««Don Miguel de Unamuno y su trayectoria política», *INY*, septiembre.

Torrente Ballester, G. *Literatura española contemporánea.* Madrid, Guadarrama, págs. 156-164.

Unamuno en Colombia. Instituto Colombiano de Cultura Hispánica. Bogotá, Colombia (Homenaje, 6 diciembre), 187 págs.:
Betancur, Cayetano. «Lenguaje y verdad en Unamuno», págs. 69-89.
Camp, Jean. «El Unamuno que conocía», págs. 47-66.
Gómez Martínez, F. (Ministro de Relaciones Exteriores). «Bolívar visto por Unamuno», págs. 183-87.
Gómez Valderrama, Pedro. (Ministro de Educación Nacional). «Palabras inaugurales».
Hernández de Mendoza, Cecilia. «La palabra viva de Unamuno» (algunos aspectos de su estilo), páginas 119-45.
Holguín, Andrés. «Unamuno y América», págs. 149-179.
Marquínez Argote, Germán. «Don Miguel de Unamuno y su agustinismo desesperado», págs. 119-45.
Maya, Rafael. «Unamuno considerado como poeta», páginas 15-43.

Reseña:

Rodríguez Garavito, A. *BCB*, VIII, 1965, págs. 383-84.

UNAMUNO, MIGUEL DE. *La tía Tula* (al cine) (véase *MGB*, *CCMU*, XIV-XV, pág. 211).

Reseñas:

Amo, A. del, Bello, M. A., Rupérez, J. *CD*, núm. 12, septiembre, pág. 43.

Aranda, J. F. *Ins*, núm. 214, año XIX, septiembre, página 14.

Conde, Olga. *Dig*, núm. 1.243, 29 octubre.

Corberó, Salvador. *DBa*, 30 marzo 1965 (entrevista con el director de la película, Miguel Picazo).

González Egido, L. *Ins*, núms. 216-17, nov-dic.

Marcos, Julián. *Sa*, junio-dic., pág. 51.

Marías, J. *GI*, 7 noviembre.

Martínez Tomás, A. *DBa*, 30 marzo 1965.

Núñez, Antonio. *Ins*, núms. 216-17, nov-dic.

— «Cartas a Alcides Arguedas», *C*, núm. 88, págs. 57-62.

— *Antología*, prólogo de J. L. Aranguren. México, Fondo de Cultura Económica (prólogo cuyo contenido se recoge en *SVU*).

Reseñas:

Araujo, J. B. *RPF*, VI, 1966, pág. 196.

Díaz, E. *REPM*, núms. 141-42, 1965, págs. 272-74.

Esteban, J. *Ins*, 221, 1965, pág. 9.

García, R. *CH*, 63, núms. 187-88, 1965, págs. 397-99.

Izquierdo, I. *I*, 198, julio, pág. 26.

— «Correspondencia entre Miguel de Unamuno y Silvio Julio», *LL*, 72-73, págs. 209-11.

— *El Otro*, edición especial con ocasión del Centenario. Barcelona, Aymá. Con aportaciones de:

Azpeitia, J. M. «Autocrítica de *El Otro*», y «Notas de un montaje».

Colodrón Alvarez, A. «Desesperar esperanzadamente. Apunte para una psicopatología del conflicto».

Sanchís Sinisterra, J. «Apunte cronológico», «Concepción unamuniana del arte dramático», y «Unamuno y *El Otro*».

— *Anthologie*, presentación, selección y textos y bibliografía de A. Guy. París, Sephers.

Reseña:

Gullón, R. *Ins*, págs. 216-17.

UNAMUNO LIZÁRRAGA, F. DE. «Conversaciones con don Fernando de Unamuno», *EL*, núm. 304, págs. 5-6.

Universidad de Chile. Departamento de extensión universitaria. Conmemorando el Centenario, 175 págs.:
Benavides Lillo, Ricardo. «Para la genealogía de Augusto Pérez», págs. 158-73.
Ciudad, Mario. «Soñando a Unamuno», págs. 11-38.
Goic, Cedomil. «Unamuno como método», págs. 144-157.
Huerta, Eleazar. «Unamuno, novelista», págs. 113-43.
Lefebvre, Alfredo. «En el cantar de Unamuno», páginas 76-94.
Morales, José R. «Don Miguel de Unamuno, persona dramática», págs. 39-53.
Torretti, Roberto. «Unamuno, pensador cristiano», páginas 95-112.
Uriarte, Fernando. «Lo prefilosófico en Unamuno», páginas 54-75.

Reseña del homenaje:

Basdekis. *RHM*, 32, 1966, págs. 116-17.

URMENETA, F. DE. «Unamuno, su entusiasmo por Maragall y su estética», *DBa*, 29 septiembre.

URRUTIA, L. «Una variación y un ensayo de Miguel de Unamuno», *LNL*, núms. 170-71, año 58, sept-dic., páginas 31-43.

VALBUENA BRIONES, A. *Fedra*, *EL*, 304, pág. 24.

VALDÉS, M. J. *Death in the Literature of Unamuno*. Urbana, University of Illinois Press, 173 págs.

Reseñas:

Ail. *EL*, núm. 352, 10 septiembre 1966, pág. 20.
Basdekis, D. *RHM*, XXXII, enero-abril 1966, páginas 90-91.

Bosch. *Hispano*, 30, 1967, págs. 68-69.
Caravaca. *RJ*, 18, 1967, págs. 384-86.
E. G. D. *AO*, 14, págs. 296-300.
Feldmann. *RoF*, 78, 1966, págs. 499-501.
García Blanco, M. *CCMU*, 13, págs. 100-101.
González, J. E. *Torre*, 50, mayo-agosto 1965, páginas 123-27.
Gullón, R. *Ins*, págs. 216-17.
Klibbe. *BA*, 39, 1965, pág. 348.
Morón Arroyo, C. *HR*, 38, enero 1970, págs. 104-108.
Nozick. *MLJ*, 50, 1966, págs. 167-68.
Palley, J. *Sy*, XX, otoño 1966, págs. 283-85.
Predmore. *H*, 48, 1965, pág. 939.
Ribbans, G. *BHS*, XLV, 1968, págs. 68-69.
Ruiz-Fornells. *FH*, 3, 1965, pág. 945.

VALVERDE, J. A. «Ramón de Unamuno se revela en Madrid», *DCa*, 5 septiembre.

VARGAS ALVARADO, L. «Unamuno en Guadalupe», *MG*, número 554.

VERGARA DE BIETTI, N. «Caleidoscopio español. Caminando por Salamanca», *Aut*, ?

VIÑUELAS, A. DE. «Unamuno en Canarias», *PSA*, CII, páginas 361-63.
— «Unamuno y las artes plásticas», *Ibíd.*, CIV, páginas 231-33.

VIVANCO, L. F. «La semilla que muere. Releyendo *Del sentimiento trágico de la vida*», *CD*, núm. 12, septiembre, págs. 8-10.

WEBER, R. H. «Kierkegaard and the Elaboration of Unamuno's *Niebla*», *HR*, XXXII, págs. 118-34.
Reseña:
Valderrama Andrade. *Thes*, 22, 1967, págs. 311-12.

WERRIE, P. «Un 'énergumène' de genie: Miguel de Unamuno», *EP*, págs. 102-109.

YNDURÁIN, F. «Afinidades electivas: Unamuno y Holmes», *RJ*, XV, págs. 335-54.

Young, C. D. «Los fundamentos irracionales de la existencia de Dios en don Miguel de Unamuno», *RBF*, XIII, páginas 334-44.

Young, H. T. *The Victorious Expression. A Study of Four Contemporary Spanish Poets: Unamuno, Machado, Jiménez, Lorca.* Madison, Univ. of Wisconsin Press, páginas 1-31.

Reseñas:
González, J. E. *Asom*, XXI, oct-dic., 1965, págs. 76-80.
Johnson, H. L. *H*, 49, diciembre 1966, pág. 890.
Ribbans, G. *BHS*, 43, 1966, págs. 292-93.

Zaragüeta, J. «Unamuno», *ABC*, 21 diciembre.

Zavala, I. M. «Notas sobre el entrañamiento y extrañamiento unamunianos», *BISDP*, 31, págs. 237-43.

Zeruko Argia (periódico en vascuence). San Sebastián. Homenaje, septiembre:
Arteche, José de. «Gurasea».
Etxanitzar, Nemesio. «Euskaltzalea».
Jaka, Leonardo de. «Don Juan, Unamuno, don Quijote».
Lezo, Tomás de. «Jakin-Zalea».
Santamaría, Carlos. «Mandatua».

1965

Abrams, Fred. «Dante, Unamuno and the Symbolic Treatment of Death in *La sima del secreto*», *It*, 42, número 1, marzo, págs. 175-83.

Aguado, Emiliano. «Larra, Unamuno y Ganivet», *EL*, número 317-mayo, pág. 3.

Aguilera, C. «Pensamiento educacional de don Miguel», *RCal*, núm. 44, 120 págs.

Reseñas:
Alejandro. *MisC*, 45, 1966, pág. 291.
Castellanos. *RyC*, 11, 1966, pág. 427.
Oroz. *HS*, 17, 1966, pág. 162.
Vázquez. *EstM*, 22, 1966, págs. 363-64.

ALEJANDRO, J. M. DE. «Evocación de Unamuno: humanismo, quijotismo, angustia», *HC*, 17, págs. 50-76.

ALONSO-FUEYO, S. «El tema de Dios en el pensamiento español contemporáneo», *EL*, núms. 324-25, agosto, página 213.

ALLUNTIS, FÉLIX. «Miguel de Unamuno. The Tragic Sense of Life», *Twentieth-Century Thinkers*. Nueva York, Alba House, págs. 307-29.

ANIDO-MEULENER, GASTÓN. «La polémica Unamuno-Ortega y Gasset», *DHR*, IV, págs. 91-99.

ARANA GONDRA, VÍCTOR. *Clamor ante el trono*. Madrid, A. Aguado, págs. 285-314.

ARMISTEAD, SAMUEL G., y SILVERMAN, JOSEPH H. «Miguel de Unamuno y los sefardíes», *TI*, 20 febrero, páginas 20-21.

BALBONTÍN, JOSÉ A. «Sobre el sentimiento trágico de la muerte en Unamuno», *I*, núm. 194, págs. 14-19.

BARAHONA JIMÉNEZ, L. «Unamuno e Hispanoamérica», *RFUCR*, 17, págs. 53-61.

BARRENECHEA, A. M. «Unamuno en el movimiento de renovación de la novela europea», *CSAC*, ?

BASDEKIS, DEMETRIOS. *Unamuno and Spanish Literature*. Tesis Univ. de Columbia (publicada en 1967).
— «Unamuno on Literature and 'pueblo'», *RN*, VI, páginas 96-98.
— «Unamuno y el estilo de Santa Teresa», *RHM*, XXXI, enero-oct., págs. 54-56.

BATTISTESSA, ANGEL J. «Dos centenarios», *CI*, año I, número 1, mayo, págs. 95-128 (por el de la muerte de Feijoo y el del nacimiento de Unamuno).

BÉCARUD, JEAN. *Miguel de Unamuno y la segunda República*. Madrid, Taurus, 65 págs.
Reseñas:
Díaz. *REP*, 141-42, págs. 274-77.
Fernández Figueroa, J. *I*, núm. 194, marzo, pág. 20.

Jiménez Lozano, J. *NCast*, 14 abril.

Rico, Eduardo G. *Tr*, núm. 145, 13 marzo.

Rozas, J. M. *RLit*, enero-junio, pág. 264.

Viñuelas. *PSA*, 38, págs. 94-95.

Blecua, José M. «Más confidencias de Unamuno sobre el teatro», Cartas a Federico Oliver, *HEA*, II, páginas 191-98.

Burell Mata, C. «Unamuno en el curso preuniversitario», *REM*, págs. 437-38.

Busch, Carolyn L. *Women in the Novels of Unamuno*. Tesis Univ. de Maryland.

Camapana, Pedro. «Jungla, versos y Unamuno», *EL*, número 313, pág. 29.

Camillucci, Marcello. «Ricordo di Unamuno», *Stu*, LXI, páginas 266-73.

Camón Aznar, J. «El color blanco signo del espíritu», *ABC*, 24 enero.

Careaga, Adolfo. «Unamuno y la lengua vasca», *CD*, número 27, diciembre, pág. 23.

Carelli, L. «Tre personaggi e due scrittori: Unamuno e Pirandello», *QAS*, núm. 2.

Castañeyra Schamann, R. «A la memoria de don Miguel de Unamuno en el centenario de su nacimiento», *MuC*, 26, págs. 209-12.

Castelli, Ferdinando. «Miguel de Unamuno profeta della speranza disperata», *Letture*, XX, págs. 171-93.

Castro, A. «Carta a Max Aub sobre Unamuno y Las Casas», *SeMex*, núm. 2.

Combarros, M. «El mejor Cristo de Unamuno», *PN*, número 11, págs. 6-8.

Cossío, José M. de. «Recuerdos de don Miguel», *BAE*, XLV, páginas 19-28.

CUDEIRO, V. «El método irracionalista de Miguel de Unamuno», *EF*, núm. 13, págs. 547-85, y núm. 14, páginas 55-102 y 255-82.

CHAVES, JULIO C. «Zorrilla de San Martín y Unamuno», *RNMo*, núm. 10, págs. 5-12.

DEMETRIUS, J. K. «Nikos Kazantzakis in Spain», *SHB*, páginas 224-25.

D'ENTREMONT, ELAINE M. *The «hogar» as «intrahistoria» in Unamuno's Life, Thought and Style.* Tesis Univ. de Tulane.

DEVAUX, ANDRÉ A. «Unamuno et le sens tragique de la vie», *Synt*, núms. 230-31, julio-agosto, págs. 193-202.

DÍAZ, ELÍAS. *Unamuno. Pensamiento político.* Selección de textos y estudio preliminar. Madrid, Tecnos, 891 páginas.

Reseñas:

Aramberri, Julio R. *CD*, 30, marzo 1966, págs. 40-41.
Bosch, Rafael. *Hispano*, núm. 32, enero 1968, pág. 62.
Guerrero, O. *Ins*, 240, 1966, pág. 9.
Romero Márquez, Antonio. *CH*, núm. 203, noviembre, págs. 487-92.
Valdés. *H*, 50, 1967, págs. 607-608.
Vega. *REP*, 149, 1966, págs. 175-79.

DIEGO, GERARDO. «Unamuno, poeta», *BAE*, XLV, págs. 7-17.

DÍEZ, G. «La cruz de Unamuno», *Ciervo*, núm. 132, pág. 15.

EGIDO, L. G. «Unamuno y Sartre», *Ins*, 226, septiembre, página 7 (Sartre menciona a Unamuno).

El Museo Canario. Las Palmas. «Homenaje a don Miguel de Unamuno en Fuerteventura», 26, págs. 207-30.

FAGOAGA, I. DE. «El diálogo imposible», *BRSVAP*, 21, páginas 157-63 (Unamuno y Francis Jammes).

FEHLAISEN DE IBÁÑEZ, E. *Dos ensayos: Garcilaso. Unamuno.* Paraná, Rd. Mesopotamia. (Garcilaso el Inca y *Niebla*, de Unamuno).

FERNÁNDEZ LARRAÍN, S. *Cartas inéditas de Miguel de Unamuno*, recopilación, prólogo y notas. Santiago de Chile, Zig-Zag.

Reseñas:

Fernández de la Mora. *M*, núm. 4, 1966, págs. 355-57.
García. *Ibíd.*, núms. 2-3, págs. 304-306.
García Alvarez, C. *RyC*, 11, 1966, págs. 273-77.
Mac Hale, T. P. *RIB*, 18, 1968, págs. 438-40.
Pérez Gutiérrez, F. *Tr*, año 19, núm. 635, 1974, páginas 52-53 y 55.
Ruiz-Tagle. *FinisCH*, 54, 1966, pág. 53.

FERRADA PARTARRIEU, G. «Unamuno a Baldomero Lillo: una carta inédita», *M*, núm. 1, págs. 167-68.

FONTÁN, A. «Unamuno», *TR*, núm. 207, págs. 33-45.
— «En el Centenario del nacimiento de Unamuno», *CSur*, 2, págs. 181-89.

FRAILE, M. Reseña la conferencia de C. Clavería, «Unamuno-Santayana», pronunciada en la Univ. de Southampton. *EL*, 313, marzo, pág. 23.

FRANCO, A. «Sobre el género dramático en Unamuno», *SHB*, páginas 193-203.

GALMÉS, L. «La incógnita religiosa de Unamuno», *TEV*, 9, páginas 147-62.

GARAGORRI, P. *Del pasado al porvenir: Unamuno, otros ejemplos y un homenaje.* Barcelona, EDHASA, páginas 11-106.
— «Unamuno y Ortega, frente a frente», *CH*, 190, octubre, págs. 15-32.

GARCÍA, R. «El Dios inaccesible. Unamuno a la luz del método dialéctico», *I*, 194, marzo, págs. 14-15.

GARCÍA BLANCO, M. «La pasión de Unamuno en su obra multiforme», *LEsp*, VIII, núm. 86, febrero, páginas 57-72.
— *Miguel de Unamuno. Mi bochito.* Prólogo y edición. Bilbao.

— «Unas cartas de Unamuno y de Pérez de Ayala», *PSA*, 38, septiembre, págs. 236-54.
— «Sobre la elaboración de la novela de Unamuno *Paz en la guerra*», *RHM*, XXXI, enero-oct., págs. 142-158.
— «Unamuno y la cultura inglesa», *FM*, 4, págs. 125-57.
— *Miguel de Unamuno. El espejo de la muerte y otros relatos novelescos*. Barcelona, Juventud.

Reseña:

Ribbans, G. *BHS*, XLV, 1968, págs. 69-70.

GARCÍA MOREJÓN, J. «Bibliografía unamuniana», *CI*, núm. 1, páginas 149-57.
— «La poética del *Cancionero* unamuniano», *RLSP*, 6, páginas 81-108.

GASCÓ CONTELL, E. «Notas sobre don Miguel de Unamuno», *LSMex*, núm. 24, págs. 3-11.

GÓMEZ MORIANA, A. «Über der Sinn von 'congoja' bei Unamuno», *ZPF*, 19, págs. 3-31. (Publicado el mismo año por A. Hain, Meisenheim am Glann, 90 págs.)

GONZÁLEZ CAMINERO, N. «Unamuno bifronte», *MisC*, 44, páginas 17-154.

GONZÁLEZ DE MENDOZA, J. M. «Cinco frustrados diálogos con Unamuno», *DMex*, núm. 3.

GONZÁLEZ RUANO, C. *Don Miguel de Unamuno*. Madrid, Nacional, 4.ª edición, 146 págs.

Reseña:

Earle, P. G. *H*, 50, 1967, págs. 606-607.

GONZÁLEZ SEARA, L. «Las formas de gobierno y Unamuno», *CD*, núm. 17.
— *Miguel de Unamuno*. Madrid, Doncel, 154 págs.

GRANJEL, LUIS S. «Unamuno en la revista *España*», *PSA*, 36, febrero, págs. 137-46.

GUEREÑA, JACINTO-LUIS. «Con prosa vieja de Unamuno», *PSA*, XXXVIII, págs. 9-28.

GUICHARD, A. D. «El 'otro' Unamuno. Perspectiva sacramental», *Veritas*, marzo, núms. 13-14, pág. 20.

GULLÓN, R. «Imágenes del otro», *RHM*, (*HAR*), XXXI, enero-oct., págs. 210-21. Y en *SVU*.

GUTIÉRREZ MACÍAS, V. «Cáceres en la poesía de Unamuno», *AIC*, núm. 145.

HELWIG, W. «Unamuno wieder in Sicht?», *Merk*, 19, páginas 1093-95.

HIDALGO, J. «Apuntes de *Vida de Don Quijote y Sancho*», *PNa*, núm. 11, págs. 18-19.

ILIE, PAUL. «The Structure of Personality in Unamuno», *SHB*, págs. 177-92.

IRIARTE, J. «Los tres grandes de la filosofía», *RyF*, 171, páginas 589-98 (Santayana, Unamuno y Ortega).

JUÁREZ-PAZ, R. «Unamuno: su concepción filosófica del mundo», *RFUCR*, 4, 1964-65, págs. 323-27.

LABORDETA, J. A. «Unamuno: Diario poético», *PSA*, XXXVIII, págs. 121-32.

LAÍN ENTRALGO, P. «Respuesta académica a don Miguel de Unamuno», *BAE*, XLV, págs. 29-40.

LEGAZ LACAMBRA, L. «Unamuno y el derecho», *REP*, números 141-42, págs. 5-32.
— «Miguel de Unamuno und die Möglichkeiten eines Rechtsexistentialismus», *ARS*, 51, págs. 1-18.

LEGIDO LÓPEZ, MARCELINO. «El hombre de carne y hueso. En torno a la antropología de don Miguel de Unamuno», *Ga*, enero.

LEÓN, Mª T. «El búho de papel de Miguel de Unamuno», *SeMex*, núm. 2.

LIJERÓN, HUGO. *El existencialismo en las obras de ficción de Miguel de Unamuno*. Tesis Univ. de Madrid.

LITZ, NORMAN. «Las relaciones personales y la crítica mutua entre Darío y Unamuno», *CA*, núm. 6, nov-dic., páginas 205-17.

LUCREZI, BRUNO. «Introduzione a Miguel de Unamuno (Sagezza e Follia)», *AS*, núm. 1, febrero, págs. 7-12.

MADARIAGA, SALVADOR DE. «Yo. Beim wiederlesen Unamunos», *NZZ*, 6 febrero.
— «Unamuno herlezen», *Gids*, XLIX, págs. 217-27.

Mapocho. Santiago de Chile. Homenaje con motivo del Centenario, núm. 1, enero:
Cordua, Carla. «La contradicción en Nietzsche y en Unamuno».
Ferrada Partarrieu, G. «Unamuno y *El Cristo de Velázquez*».
G. P. F. «Unamuno a Baldomero Lillo: una carta inédita».
Garagorri, Paulino. «Unamuno y la filosofía».
García, Eladio. «Don Miguel de Unamuno y Don Américo Castro».
González Rodríguez, A. «El pensamiento filosófico-religioso de Unamuno».
Uriarte, Fernando. *La tía Tula*.

MARAGALL, JORDI. «Unamuno: Diálogo interior», *CD*, número 20, mayo, págs. 39-41.

MARCILLY, C. «Unamuno et Tolstoi: De *La guerre et la paix* à *Paz en la guerra*», *BH*, LXVII, págs. 274-313.

MARICHAL, JUAN. «Aldebarán y sus poetas: Hugo, Flammarion y Unamuno», *PSA*, 37, págs. 9-22. Y en *UMex*, 19, 1964-65, núm. 9.

MARTÍN BARRIGÓS, JOSÉ. «La niña Felisa, hija de don Miguel», *Ga*, enero.

MEJÍA SÁNCHEZ, E. «Ecos mexicanos del centenario de Unamuno: un cuento desconocido», *ALMex*, 5, páginas 203-211 (es el cuento titulado «De beso a beso»).

MELO KÜJAWSKI, G. DE. «Agonía de Miguel de Unamuno», *CRJ*, 6, págs. 3-15.

MENDIZÁBAL, C. M. «El problema de Dios en Unamuno», *RJBo*, 63, núm. 317.

MEREGALLI, F. «De Clarín a Unamuno», *ACF*, IV, págs. 77-85.

MIRÓ, EMILIO. «Unamuno y nosotros», *CD*, núm. 20, mayo, página 41.

MONTERO ALONSO, JOSÉ. «Galería de artículos famosos», *GPE*, núm. 164, 15 febrero, págs. 30-39.

MONTES, E. «En el Centenario de Unamuno», *SJ*, núm. 57, páginas 37-47.

MORALEJO LASO, ABELARDO. «Don Miguel de Unamuno, profesor de griego y de Historia de la Lengua Castellana: Impresiones y recuerdos de un alumno», *HEA*, II, págs. 329-52.

MORÓN, GUILLERMO. «Por leer de nuevo a Unamuno», *C*, número 95, págs. 59-68.

MOYA REYES, A. «Presencia de Unamuno», *RUni*, 7, número 9-10, págs. 81-84.

NUEZ, SEBASTIÁN DE LA. «Cartas de Unamuno a Galdós», *PSA*, XXXVII, págs. 147-78.
— «Novela y drama de Tulio Montalbán: Comentarios a una creación de Unamuno», *OL*, 68, págs. 109-36.
— «Unamuno y sus amigos canarios», *MuC*, 26, páginas 214-30.

OCAMPO, VICTORIA. «En el día de Unamuno», *Sur*, núm. 292, enero-feb., págs. 1-3.

OLASO, EZEQUIEL DE. «Unamuno y el *Martín Fierro*», *Asom*, XXI, págs. 39-49.

ORTIZ ARMENGOL, P. «A propos d'un centenaire: Stendhal et Unamuno», *SClub*, 7, págs. 234-38.

OTERO, C. P. «Unamuno y Cavafy: 'Il gran rifiuto'», *PSA*, 36, marzo, págs. 253-94. Y versión abreviada en *RNC*, número 173, 1966, págs. 100-102.

PARÍS, CARLOS. «Unamuno y Teilhard de Chardin», *CD*, 6, enero, págs. 13-14.

Paucker, Eleanor K. *Los cuentos de Unamuno, clave de su obra*. Madrid, Minotauro, 230 págs.

Reseñas:

Browne. *BA*, 40, 1966, pág. 316.
Chicharro de León. *LNL*, 1, 1966, págs. 118-20.
Metzidakis. *H*, 50, 1967, pág. 388.
Nozick, M. *RRNY*, LVIII, 1967, págs. 154-57.
Ribbans, G. *BHS*, XLV, 1968, págs. 69-70.
Roberts. *RHM*, 32, 1966, pág. 115.
Zavala, Iris M. *MLN*, núm. 83, 1968, págs. 341-44.

Peniche Vallado, Leopoldo. «Unamuno anticervantista», *CA*, núm. 4, págs. 238-56.

Pepperdine, Warren H. *On «lucha por la vida», the Struggle for Life in Three Plays by Miguel de Unamuno*. Tesis Univ. de Minnesota.

Piñera, H. *Unamuno y Ortega y Gasset. Contraste de dos pensadores*. México, Univ. de Nuevo León, 454 págs.

Reseña:

Masino. *Aug*, 11, 1966, págs. 95-96.

Pomés, Mathilde. «Mi primera entrevista con Unamuno», *C*, núm. 92, págs. 75-77.

Ponce Ribadeneira, Gonzalo. *El ingenioso hidalgo Miguel de Unamuno*. Instituto Ecuatoriano de Cultura Hispánica. Quito, 16 págs.

Puente, Joaquín de la. «Unamuno: su cotejo Zuloaga-Sorolla (Dos Españas)», *Ins*, núm. 219, págs. 3 y 13.

Quentin-Mauroy, Dominique. «Une rencontre manquée: Unamuno et Maurice Blondel», *Cara*, núm. 39, páginas 135-77.

Quintano, A. «Unamuno y su teatro», *Io*, 16, págs. 63-74.

Rocamora, Pedro. «Unamuno o el sueño de Dios», *De Góngora a Unamuno*. Madrid, Samarán, págs. 89-180.

Robledo García, M. N. *El mundo clásico en el pensamiento español contemporáneo: Unamuno, A. Machado, Baroja y Pérez de Ayala*. Tesis Univ. de Madrid.

RODRÍGUEZ URRUTY, H. *Dos cartas sobre Unamuno y un prólogo de intenciones*. Montevideo, Alacour, ?

ROJO LEÓN, ARMANDO. «A don Miguel de Unamuno» (poema), *PEsp*, núm. 147, págs. 28-29.

ROSA, M. DE LA. «La discrepancia en concordia: Unamuno-Ortega», *Azor*, núm. 21.

ROSENBLAT, A. «Sarmiento y Unamuno ante los problemas de la lengua», *La primera visión de América*. Caracas, págs. 167-83.

RUIZ-FORNELLS, E. «América en el primer centenario del nacimiento de Unamuno», *FH*, 3, págs. 357-60.

SALCEDO, EMILIO. «El gesto de Unamuno», *Ga*, enero.

SÁNCHEZ ASTUDILLO, M. «El ser de Unamuno», *Ab*, 29, páginas 179-94.

SÁNCHEZ BARBUDO, A. «The Faith of Unamuno: His Unpublished Diary», *TQ*, III, págs. 46-66.

SANDOVAL, CARLOS. «Unamuno y Ortega», *CSS*, núm. 36, páginas 95-97.

SCUDERI, MARÍA. «Unamuno y Ortega: ¿Aquende o allende los Pirineos?», *CA*, núm. 5, págs. 128-46.

SCHNEIDER GRAZIOSI, RAFFAELE. *Umanesimo e esistenzialismo di Miguel de Unamuno*. Milán, Gestaldi, 99 páginas.

SCHÜRR, F. «El amor, problema existencial en la obra de Unamuno», *CI*, núm. 1, págs. 63-93.
Reseña:
Rüegg. *ZRPh*, 82, 1966, págs. 650-52.

SELL, HANS J. *Das Drama Unamunos. Ein Vortrag zum 100. Wiederkehr des Geburststages des Spanischen Dichters un Philosophen Miguel de Unamuno*. München, Ellermann, 41 págs.

SILVERMAN, JOSEPH H. (Véase arriba Armistead, Samuel G.)

Sopeña, Federico. *Música y antimúsica en Unamuno*. Madrid, Taurus, 48 págs.

Reseña:

Murciano. *PEsp*, núm. 165, 1966.

Toda Oliva, Eduardo. «Presencia de Unamuno en Estados Unidos», *ABC*, 19 junio.

Torga, M. «Unamuno» (poema), *Coloquio*, núm. 34, pág. 41.

Tornos, A. M. «Temas y problemas del teatro de Unamuno», *Res*, 2, págs. 65-70.

Torre, G. de. «Unamuno y su teatro», *PSA*, 36, enero, páginas 13-44.
— «Triedro de Unamuno», *La difícil universalidad española*. Madrid, Gredos, págs. 200-56 (teatro, poesía, cartas).

Torre, J. de la. «Unamuno o la filosofía de un caballero», *PNa*, núm. 11, págs. 4-6.

Tudela, José. «Unamuno agrario», *RHM* (*HAR*), enero-oct., páginas 425-30.

Unamuno, Miguel de. *Contes*, trad. de R. Lantier. París, Gallimard.

Reseñas:

Spens. *NRFP*, 13, págs. 731-32.
Tilliette. *Et*, noviembre, pág. 596.
— *Niebla*, introducción de H. S. Stevens y R. Gullón. Madrid, Taurus.
— *Poesías escogidas*, selección y prólogo de G. de Torre. Buenos Aires, Losada.

Reseña:

Aristeguieta, J. *CUC*, núm. 89, oct-dic., págs. 243-45.
— *El Otro*, representada en Barcelona por la Escuela de Arte Dramático Adriá Gual.

Reseña:

J. C. A. *PA*, 63, págs. 56-57.

Universidad de Costa Rica. Conferencias en homenaje a Unamuno. Serie Literaria y Arte, núm. 5, 85 págs.

Uribe Ferrer, R. «Don Miguel de Unamuno», *UCB*, XXVII, páginas 119-28.

Urmeneta, F. *Ors, peldaño ideológico entre Unamuno y Ortega*, Ceuta, Aula Magna, ?

Vaisman, G. O. *Un ensayo sobre Miguel de Unamuno*. Santa Fe (Argentina), Castellvi, 59 págs.

Valbuena Prat, A. «Temas de Unamuno» (El Unamuno poeta y el de *Paz en la guerra*), *La literatura española en sus relaciones con la universal*. Madrid, SAETA, págs. 512-15.

Vaz Ferreira, C. *Tres filósofos de la vida: Nietzsche, James, Unamuno*, prólogo de Francisco Romero. Buenos Aires, Losada.

Reseña:
Rüfner. *Era*, 20, 1968, págs. 454-55.

Vázquez Cuesta, P. «Carta de Espanha», *Coloquio*, núm. 35, páginas 62-64.

Viera Altamirano, N. «Unamuno y su desdén por los cientificitas», *C*, 99, págs. 88-90. Y en *BAS*, núm. 12, 1967.

Young, C. «La presencia de William James en el pensamiento de Miguel de Unamuno», *RFUCR*, 4, 1964-65, páginas 328-38.

Yrache, Luis. «Una nota al estilo poético de Unamuno», *PSA*, 36, febrero, págs. 239-40.

Zabala, Pedro J. «Unamuno, maestro del pensamiento», *I*, número 192, enero, pág. 7.

Zaragüeta, Juan. «Ciencia y creencia en Unamuno», *RFM*, 24, págs. 5-21.

Zavala, Iris M. «Hacia una teoría de 'Españoamérica': Hispanoamérica en Unamuno, ¿realidad o ficción?», *RIB*, XV, págs. 347-54.

— «Desde Unamuno a Unamuno. Seis ensayos de interpretación», *La angustia y la búsqueda del hombre en la literatura.* México, Univ. Veracruzana, páginas 87-224.

Reseñas:
BH. LXIX, núms. 1-2, 1967.
Morón Arroyo, C. *HR,* 38, 1970, págs. 331-33.
Sigüenza. *PH,* 10, 1966, págs. 530-34.

1966

ABELLÁN, J. L. «Ortega ante la presencia de Unamuno», *Ortega y Gasset en la filosofía española.* Madrid, Tecnos, págs. 91-105.

ALAZRAKI, J. «Unamuno, crítico de la literatura hispanoamericana», *H,* 49, págs. 755-63.

ALBÉRES, R. M. *Miguel de Unamuno.* Turín, Borla.
Reseñas:
D'Arcangelo. *QIA,* 5, 1966-67, págs. 110-11.
Meregalli. *VPM,* 49, págs. 494-95.

ALMEIDA, J. «Algunos impactos del existencialismo en la poesía de Miguel de Unamuno», *RLit,* núm. 29, páginas 101-10.

ALVAREZ VILLA, A. «La psicología de los personajes unamunianos», *Arbor,* 63, enero-abril, págs. 39-56.

AMORÓS, A. «Unamuno: La novela como búsqueda», *Introducción a la novela contemporánea.* Salamanca, Anaya, págs. 208-18.

ASENSIO, E. «Américo Castro, Historiador: Reflexiones sobre *La realidad histórica de España»,* *MLN,* 81, diciembre, págs. 599-600.

AUB, MAX. *Manual de Historia de la Literatura Española.* México, Pormaca, págs. 252-59.

BAQUERO, G. «Unamuno en América», *ExNY,* págs. 4-11.

BASDEKIS, D. «Menéndez Pelayo y Unamuno, notas sobre estética», *BBMP,* XLII, págs. 3-9.
— «Unamuno y Rosalía», *Grial,* 11, págs. 83-85.

Benarroch, A. Y. *Meditaciones en torno a «La tía Tula», de Unamuno.* Madrid, Tordesillas, 72 págs.

Blanco Aguinaga, C. «El socialismo de Unamuno: 1894-1897», *RO*, XIV, págs. 166-79.

Cantore, L. «El teatro en la obra de Unamuno», *HC*, 18, páginas 35-53.

Carr, R. *Spain (1808-1939).* Oxford, Clarendon Press, páginas 529-31.

Ciplijauskaite, B. «Hacia una poesía más honda», *El poeta y la poesía.* Madrid, Insula, págs. 123-75 (sobre Unamuno y A. Machado).

Comín Colomer, E. «La fe de Unamuno», *RyF*, 173, páginas 19-30.

Correa, G. «El simbolismo del mar en la poesía española del siglo XX», *RHM*, XXXII, págs. 62-86 (Unamuno, Juan Ramón, Alberti, Salinas).

Cossío, M. B. *De su jornada* (fragmentos). Madrid, Aguilar, páginas 26 y 30-31 (dos cartas de Unamuno).

Cuadernos de la Cátedra Miguel de Unamuno, XVI-XVII:
Alonso, D. «Manuel García Blanco y la obra de Unamuno», págs. 21-28.
Catalán, D. «Tres Unamunos ante un capítulo del Quijote», págs. 37-74 (repetido en *SVU*).
Cortés, L. «Unamuno y Machado», págs. 93-98.
Espino, G. «El magisterio de Unamuno», págs. 99-106.
Lapesa, R. «Manuel García Blanco», págs. 15-19.
Lázaro Carreter, F. «García Blanco, profesor», páginas 29-35.
Negre Rigol, J. «La oración de Unamuno a Jesús crucificado», págs. 135-81.
Paucker, E. K. «Kierkegardian Dread and Despair in Unamuno's *El que se enterró*», págs. 75-91.
Rivera de Ventosa, E. «La crisis religiosa de Unamuno», págs. 107-33.
Ynduráin, F. «Nuestro García Blanco», págs. 9-13.

DEVLIN, JOHN. *Spanish Anticlericalism. A Study in Modern Alienation.* Nueva York, Las Américas, páginas 113-23.

DÍEZ DE MEDINA, F. «Unamuno, venablo ardiente», *NiMex,* número 43. Incluido en *Desde la profunda soledad.* La Paz, Bolivia, Novedades, págs. 147-54.

Reseña:
Ponce, F. *EL,* 354, pág. 21.

DOMINGO, J. «Unamuno desde América», *PSA,* núm. 43, páginas 369-78.

ENGLEKIRK, J. E. «Bibliografía de Unamuno sobre literatura iberoamericana», *De lo nuestro y lo ajeno.* México-Puerto Rico, Ed. Cultura, págs. 125-30.

ENTRAMBASAGUAS, J. DE. «La posible clave de un incidente ya histórico. Unamuno y Millán Astray», *PEu,* XI.

ESCRIBANO, F. S. «Relección de los primeros párrafos de *Niebla,* de Unamuno», *HSNA,* págs. 37-47.

FERNÁNDEZ, PELAYO H. *El problema de la personalidad en Unamuno y en San Manuel Bueno.* Madrid, Mayfe, 239 págs.

Reseñas:
Fernández Turienzo, F. *HR,* 39, abril 1971, páginas 227-29.
Zernickow, O. H. *REHA,* III, núm. 1, abril 1969, páginas 166-67.

FERNÁNDEZ GALIANO, M. «Una vez más sobre Unamuno helenista», *EC,* 10, págs. 219-21.

FERNÁNDEZ TURIENZO, F. *Unamuno. Ansia de Dios y creación literaria.* Madrid, Alcalá, 225 págs.

Reseñas:
Jorge. *RyF,* 176, 1967, pág. 135.
Lentzen. *RJ,* 19, 1968, págs. 370-71.
Serra-Lima. *RHM,* 35, 1969, pág. 142.

FERNÁNDEZ Y GONZÁLEZ, A. R. «Unamuno en su espejo», *BBMP,* núm. 42, págs. 233-304.

Ferrater Mora, J. «Miguel de Unamuno», *AFLA*, núm. 41, páginas 157-69.

Filer, M. E. *Self Identity and the other Unamuno*. Tesis Brooklyn College.

Foresta, G. «Unamuno y Croce», *LBA*, núms. 76-77, páginas 175-88.
— «Unamuno cultore di Dante», *NAnt*, núm. 497, páginas 12-17.

Foster, D. W. «The 'belle dame sans merci' in the Fiction of Miguel de Unamuno», *Sy*, XX, págs. 321-28.

García López, J. «La inquietud espiritual de Unamuno», *Historia de la literatura española*. Barcelona, Vicens-Vives, págs. 550-57.

García Morejón, J. *Unamuno y el «Cancionero»: La salvación por la palabra*. São Paulo, Filosofia e Letras de Assis, 191 págs.

Reseñas:
Abellán, J. L. *Ins*, 278, 1970.
Alberich, J. *BHS*, XLIV, 1967, págs. 297-99.
Chavarri, R. *EL*, núm. 384, pág. 18.
García, L. *RLit*, núms. 57-58, págs. 260-61.
Umbral. *PEsp*, núm. 166.

Garofalo, S. B. *The Poetry of Giacomo Leopardi and Miguel de Unamuno*. Tesis Univ. de Minnesota.

Gascó Contell, E. «Unamuno redivivo y vigente», *Encuentros y despedidas*. Madrid, A. Aguado, págs. 169-84.

Glascock, J. D. *The 'héroe fracasado' in the Novels of Unamuno, Baroja and Azorín*. Tesis Univ. de Louisiana State.

Gómez Molleda, M. D. «Unamuno universitario y los caballeros andantes del krausismo», *Los reformadores de la España moderna*. Madrid, Escuela de Historia Moderna (1966), págs. 385-416.

Granjel, L. S. *La generación literaria del noventa y ocho*. Salamanca, Anaya, 270 págs.

GULLÓN, R. «Unamuno y su *Cancionero*», *Torre*, núm. 53, mayo-agosto, págs. 69-92. Y en *Unamuno a los cien años*, 1967. Y en *La invención del 98 y otros ensayos*. Madrid, Gredos, 1969, págs. 52-76.

— «*El amigo Manso*, entre Galdós y Unamuno», *MN*, número 4, octubre.

HEPBURN, L. D. *Temas y personajes en las novelas de Unamuno*. Tesis Univ. de Madrid.

IGLESIAS LAGUNA, A. «Unamuno, hombre y mito», *RLSP*, 8-9, pág. 921.

JAREÑO, E. «Francia en el *Cancionero* de Unamuno», *AFLA*, número 41, págs. 191-98.

JIMÉNEZ HERNÁNDEZ, A. «Filosofía del lenguaje en Unamuno», *Ped*, XIV, núm. 2, págs. 45-64.

LACY, A. «Censorship and *Cómo se hace una novela*», *HR*, XXXIV, págs. 317-25 (comentario de M. García Blanco, págs. 324-25).

LITZ, N. «El dualismo en Darío y Unamuno», *CA*, núm. 5, septiembre-octubre, págs. 186-204.

LUBY, B. J. *Unamuno in the Light of Contemporary Logical Empiricism*. Tesis Univ. de Nueva York.

MARCO, J. «Unamuno socialista», *Dest*, noviembre. Y en *Ejercicios literarios*. Barcelona, Taber, 1969, páginas 449-55.

MARÍAS, J. *Miguel de Unamuno*, trad. al inglés por Frances M. López-Morillas. Harvard University Press.

Reseñas:
Ribbans, G. *BHS*, XLV, 1968, pág. 258.
Rudd. *HAHR*, núm. 48, 1968, págs. 548-49.

MARRA-LÓPEZ, J. R. «Unamuno en la España de hoy», *NiMex*, núm. 41, págs. 8-9.

MARTÍNEZ NADAL, R. «Don Miguel de Unamuno», *SeMex*, número 4.

Mazo, M. del. «García Blanco, en el recuerdo» (entrevista con Fernando de Unamuno), *EL*, núm. 337, 12 febrero, pág. 8.

Miró, E. «Don Miguel de Unamuno y don Manuel García Blanco», *CH*, núm. 194, febrero, págs. 311-17.

Molina, C. A. «Juan Montalvo y Unamuno», *ABC*, 20 mayo, página 35.

Molino, J. «La contradition dans *En torno al casticismo*», *AFLA*, núm. 41, págs. 199-209.

Monleón, José. «Unamuno en el teatro español de su tiempo», *CH*, núm. 204, diciembre, págs. 715-19.

Morón-Arroyo, C. «*Niebla* en la evolución temática de Unamuno», *MLN*, 81, págs. 143-58.

Oostendorp, H. Th. «La función del presente de indicativo en la novela *Amor y Pedagogía*. Aportación al análisis estructural de la obra novelesca de Unamuno», *EFHLLI*, págs. 449-61.

Pensamiento y Letras en la España del Siglo XX, edición de G. Bleiberg y E. Inman Fox. Simposio internacional celebrado en Vanderbilt University, Nashville (Tennessee), del 3 al 7 de septiembre de 1964:
Alonso, D. «Dos cartas inéditas de Unamuno», páginas 1-11.
Alonso-Castrillo, A. «El pensamiento político en la obra de Miguel de Unamuno», págs. 13-19.
Aranguren, J. L. «Unamuno y nosotros», págs. 21-50. Inc. en la edición de A. Sánchez Barbudo de 1974.
Ayala, F. «Filosofía y novela en Unamuno», páginas 63-73.
Blanco Aguinaga, C. «De Nicodemo a Don Quijote», páginas 75-100.
Bleiberg, G. «Prefacio».
Catalán, D. «Tres Unamunos ante un capítulo del Quijote», págs. 101-41.
Earle, P. G. «Unamuno: *historia* and *intra-historia*», páginas 179-86.

Fernández, P. H. «Enfoque para una teoría unamuniana del yo y del otro», págs. 187-91.

Ferrán, J. «El diálogo con Europa de Miguel de Unamuno y Eugenio d'Ors», págs. 192-99.

Fox, E. I. «Maeztu and Unamuno: Notes on Two Spanish Intellectuals of 1898», págs. 207-17.

García Blanco, M. «Unamuno y las letras norteamericanas», págs. 219-45.

Gullón, R. «Imágenes de *El Otro*», págs. 257-69.

Kronik, J. W. «Unamuno's *Abel Sánchez* and Alas's *Benedictino:* A Thematic Parallel», págs. 287-97.

Macrí, O. «Ejemplaridad en el teatro de Unamuno», páginas 309-16. Incluido en la edición de A. Sánchez Barbudo de 1974.

Marías, J. «La orginalidad española en el pensamiento actual», págs. 317-30.

Marichal, J. «Unamuno y la recuperación liberal (1900-1914), págs. 331-44.

Moreau, J. «Diotime et Dulcinée», págs. 361-77.

Nozick, M. «Unamuno and the Second Spanish Republic», págs. 379-93.

Ribbans, G. «The Structure of Unamuno's *Niebla*», páginas 395-406.

Rodríguez-Alcalá, H. «El escenario de *San Manuel Bueno, mártir,* como *incantatio* poética», págs. 407-428 (incluido en *Sugestión e ilusión.* México, Univ. Veracruzana, págs. 17-44).

Rodríguez Puértolas, J. «La generación de 1898 frente a la juventud española de hoy», págs. 429-38.

Ruiz de Conde, J. «El presunto apoliticismo de Miguel de Unamuno», págs. 439-49.

Schraibman, J. «Galdós y Unamuno», págs. 451-82.

Ungerer, G. «Unamuno and Shakespeare», págs. 513-532.

Valbuena-Briones, A. «El teatro clásico en Unamuno», págs. 533-41 (incluido en *Ideas y palabras.* Nueva York, E. Torres, 1968, págs. 67-76).

Valdés, M. J. «La filosofía agónica de Miguel de Unamuno», págs. 543-57.

Varey, J. E. «*Maese Miguel:* Puppets as a Literary Theme in the Works of Unamuno», págs. 559-72.

Villegas, J. «*Niebla:* Una ruta para autentificar la existencia», págs. 573-84.

Ynduráin, F. «Unamuno en su poética y como poeta», págs. 585-610; recogido en *Clásicos Modernos* (*Estudios de Crítica Literaria*). Madrid, Gredos, 1969, págs. 59-125. Incluido en la edición de A. Sánchez Barbudo de 1974.

Reseñas y referencias sobre el simposio:

Arr, 3 sept. 1964.

Davis, J. E. *REHA*, I, núm. 2, nov. 1967, págs. 266-67.

Descouzis, P. *H*, LI, marzo 1968, pág. 201.

García Blanco, M. *Ins*, núms. 216-17, nov-dic., 1964.

Gómez Marín, J. A. *CH*, núm. 202, octubre, págs. 225-232.

Ins, núm. 238, sept., pág. 2.

López-Morillas, J. *BHS*, XLV, 1968, págs. 65-67.

Méndez Domínguez, L. *Ya*, 10 octubre 1964.

MH, núm. 200, nov. 1964.

Ruiz-Fornells, E. *CH*, núm. 180, dic. 1964, págs. 517-520.

Valbuena Briones, A. *EL*, núms. 300-301, sept. 1964.

Pérez de la Dehesa, R. *El pensamiento de Costa y su influencia en el 98.* Madrid, Sociedad de Estudios y Publicaciones, págs. 171-85.

Reseñas:

Díaz, E. *CD*, núm. 41, febrero 1967.

Fernández de la Mora, G. *ABC*, 5 noviembre.

Gil Novales, A. *CH*, núm. 215, págs. 440-43.

— *Política y sociedad en el primer Unamuno (1894-1904).* Madrid, Ciencia Nueva, 207 págs.

Reseñas:

Basdekis. *RHM*, 33, 1967, págs. 142-43.

Butt, J. W. *BHS*, XLV, 1968, págs. 244-45.

García C., E. *BFCh*, XXI, 1970, págs. 363-65.

Gil Novales. *CH*, 72, 1967, págs. 440-43.

Marra-López. *Ins*, 253, dic. 1967, págs. 8-9.

Mercader, J. *Arbor*, 65, dic., págs. 145-48.

Metzidakis. *H*, LI, dic. 1968, pág. 923.

Miranda, J. E. *EL*, 371, junio 1967, págs. 26-27.

Ribbans, G. «Don Manuel García Blanco (1901-1966)», *BHS*, XLIII, 1966, págs. 121-23.

Rivera Quiñones. «Poemas que Unamuno dedicó a los pueblos de España», *EG*, núm. 14, págs. 27-43.

Roberts, G. «El *Quijote*, clavo ardiente de la fe de Unamuno», *RHM*, núm. 32, págs. 17-24.

Rodríguez, A., y Rosenthal, W. M. «Una nota al *San Manuel Bueno, mártir*», *HR*, núm. 34, págs. 338-41. Y en *Classic Short Fiction*, de J. K. Bowens y R. VanDerBeets. Nueva York, 1972, págs. 243-44.

Rodríguez-Alcalá, H. «En torno al lenguaje de la última novela de Unamuno», *CALA*, págs. 105-24.

Rubia Barcia, J. «Unamuno, el hombre y sus máscaras», *CA*, núm. 2, marzo-abril, págs. 218-37.

Scuderi, M. «¿Anormalidad o enormidad de España? Unamuno frente a Ortega», *CH*, núm. 194, febrero, páginas 317-23.

Sell, H. J. «El drama de Unamuno», *HuH*, 25, págs. 26-35.

Spinelli, Aldo. «Il romanzo e il teatro di Miguel de Unamuno o il mondo come rappresentazione», *Fena*, XVIII, págs. 36-46.

Spurlock, J. C. *The Will-to-be as a theme in the Novels of Unamuno*. Tesis Univ. de Florida.

Tarín-Iglesias, J. *Unamuno y sus amigos catalanes (Historia de una amistad)*. Barcelona, Peñíscola, 193 págs.
Reseña:
EL, núm. 363, febrero 11, 1967, pág. 35.

Ugalde, M. de. *Unamuno y el vascuence*. Buenos Aires, Editorial Vasca, 219 págs.
Reseñas:
Irujo. *BIAEV*, 18, 1967, págs. 133-37.
Placer. *Ibíd.*, págs. 21-24.

Unamuno Centennial Studies. The University of Texas, Department of Romance Languages:

Blanco Aguinaga, C. «Unamuno's 'yoísmo' and its Relations to Traditional Spanish 'Individualism'», páginas 18-52.

Cantel, R. «French Reactions to the Work of Unamuno», págs. 53-72.

García Blanco, M. «Unamuno and the United States», página 73 y sigs.

Gullón, R. «Unamuno and his *Cancionero*. A poetic diary», págs. 106-29.

Martínez López, R. «Prólogo».

— «In Partibus Infidelium», págs. 9-17.

Sánchez Barbudo, A. «The Faith of Unamuno. The Unpublished Diary», págs. 130-65.

Reseñas del simposio:

Basdekis, D. ?

Domingo, J. *PSA*, 43, dic. 1966, págs. 369-78.

RHM, núm. 32, pág. 264.

UNAMUNO, MIGUEL DE. *Sus mejores páginas*, introducción y notas de P. Metzidakis. Nueva York, Prentice Hall.

Reseña:

Gallant. *H*, 50, 1967, págs. 209-10.

— *Cancionero (Antología)*, selección e introducción de A. Ramos Gascón. Madrid, Taurus.

— *Paisajes*, estudio y edición de M. Alvar. Madrid, Ed. Alcalá.

VALDÉS, M. J. «Faith and Despair: A Comparative Study of a Narrative Theme», *H*, XLIX, sept., págs. 373-79.

— «Observaciones unamunianas: Sobre la palabra del yo y del otro», *RO*, XIII, págs. 425-28 (contraste entre el *San Manuel* y *The Martyred*, de Richard Kim).

VAYA MENÉNDEZ, J. «Unamuno, filósofo existencial», *Conv*, número 21.

VENTO, ARNOLD. «*Niebla:* Laberinto intencionado a través de la estructura», *CH*, núm. 203, págs. 427-34.

ZERNICKOW, OSKAR H. *The «Cancionero» of Unamuno. A Thematic Study*. Tesis Univ. de Tulane.

Zimic, L. L. *The Collective Protagonist in the Historical Novels of Unamuno, Baroja, and Valle-Inclán.* Tesis Univ. de Duke.

Zuleta, E. de. *Historia de la crítica española contemporánea.* Madrid, Gredos, págs. 126-31.

1967

Alazraki, J. «Motivación e invención en *Niebla,* de Unamuno», *RRNY,* LVIII, págs. 241-53.

Alfonso, J. «Desde Monóvar, se habla de Unamuno visto por un Guardia Civil», *EL,* núm. 384, 2 diciembre, página 18 (juicio sobre Unamuno por el teniente que le custodió durante su destierro en Fuerteventura).

Arístides, J. «Uno y lo general en el pensamiento de Unamuno», *CRJ,* núm. 57, págs. 30-38.

Ayala, J. A. «Unamuno y el lenguaje», Univ. de Nuevo León, Centro de Estudios Humanísticos, págs. 343-56.

Barga, C. «Blasco Ibáñez y Unamuno en París, I», *Ins,* número 22, págs. 1-14.
— «Blasco Ibáñez y Unamuno en París, II», *Ibíd.,* número 250, págs. 1 y 14, 5 y 11.

Basdekis, D. *Unamuno and Spanish Literature.* Univ. of California Press, Berkeley-Los Angeles, 101 págs.
Reseñas:
Earle, P. G. *RRNY,* LXI, oct. 1970, págs. 233-34.
Rodríguez Cepeda, E. *CCMU,* XXI, 1971, págs. 59-61 (repetido en *RFEsp,* L, cuadernos 1-4, págs. 353-54).
Valdés, M. J. *H,* LII, sept. 1969, págs. 526 (y en *Hispano,* núm. 38, enero 1970, págs. 76-78).

Bengualid, S. *Las «Tres novelas ejemplares» de Unamuno.* Tesis Univ. de Columbia.

Bernárdez, F. L. «El *Cancionero* de Unamuno», «Un amigo argentino de Unamuno», «Unamuno y la poesía»,

Mundo de las Españas. Buenos Aires, Losada, páginas 48-53, 174-76, 214-18.

BINOIT, F. *Les néologismes dans l'oeuvre de Unamuno.* Tesis Univ. de París.

BOUDREAU, C. *Dialectical Elements in the Ontology of Unamuno's Fiction and Drama.* Tesis Univ. de John Hopkins.

CASTAGNI, D. *Unamuno y el Uruguay.* La Paz (Uruguay), Canelones, 37 págs.

CASTRO CASTRO, A. «Unamuno con el hilillo de una fe escondida», *EL*, núm. 386, págs. 13-14.

CÉSPEDES, E. A. *Unamuno crítico impresionista.* Tesis Univ. de Columbia.

CRO, STELIO. «Jorge Luis Borges e Miguel de Unamuno», *ACF*, núm. 6, págs. 81-90.

CÚNEO, D. *Unamuno y el gaucho Martín Fierro.* Estudio preliminar, Buenos Aires, Americalee, 49 págs.

CURLEY, D. N., y CURLEY, A. «Unamuno», *A Library of Literary Criticism. Modern Romance Literature.* Nueva York, F. Ungar.

DESCOUZIS, P. «Un conflicto del quijotismo de Unamuno», *REH*, I, núm. 2, págs. 195-208.

DÍAZ, E. «Socialismo y marxismo en el primer Unamuno: intento frustrado», *CD*, 41, págs. 39-40.

DÍAZ-PLAJA, G. *La dimensión culturalista en la poesía castellana del siglo XX.* Madrid, Real Academia Española (discurso de recepción), págs. 78-84.
— «Valle-Inclán-Unamuno», *Ramón del Valle-Inclán (1866-1966).* Univ. Nacional de La Plata, Rep. Argentina, págs. 123-26.
— «El antimodernismo de Miguel de Unamuno», *Las lecciones amigas.* Barcelona, EDHASA, págs. 43-55.
— «La ultratumba de Unamuno», *La letra y el instante.* Madrid, Ed. Nacional, págs. 140-44.

DOYAGA, E. *La mujer en los ensayos de Unamuno.* Tesis Univ. de Nueva York.

ENGUIDANOS, M. «Dos poetas paralelos: Miguel de Unamuno y Rubén Darío», *CH*, núms. 212-13, págs. 427-444.

FARRÉ, L. *Unamuno, W. James, Kierkegaard y otros ensayos.* Buenos Aires, La Aurora, págs. 17-160.
Reseñas:
Filippo. *Davar*, 115, págs. 154-56.
Haddox. *RIB*, 19, 1969, págs. 208-10.

FERNÁNDEZ CRUZ, A. *Estudio históricocultural y psicofísico de Miguel de Unamuno.* Barcelona, Publicaciones Médicas, 14 págs.

FOSTER, D. W. «Estructura poética en tres poemas de Unamuno, Machado y García Lorca», *DHR*, núm. 6, páginas 1-13 (el de Unamuno, «¿Qué es tu vida...?»).

FOX, E. I. «Ramiro de Maeztu y los intelectuales», *RO*, XVII, págs. 369-77.

GARCÍA, E. «Un caso de fecundación ideológica. Don Miguel de Unamuno y Don Américo Castro», *Lengua-Literatura-Folklore.* Estudios dedicados a Rodolfo Oroz. Santiago de Chile, Univ. de Chile, págs. 169-81.

GARCÍA BACCA, J. D. «Kierkegaard y la filosofía contemporánea española», *CA*, núm. 2, págs. 94-105 (paralelo entre Unamuno y el filósofo danés). Recogido en *Ensayos.* Barcelona, Ed. Península, 1970, págs. 166-78.

GARCÍA MOREJÓN, J. *Dos coleccionadores de angustias, Unamuno y Fidelino de Figueiredo.* Sâo Paulo, Filosofía y Letras de Assís, ?

GAUTARD, M. *El no querer morir y la esperanza en Miguel de Unamuno.* Tesis Univ. de Toulouse.

GIL CASADO, P. «Unamuno: Su visión estética de Castilla», *CH*, núm. 207, págs. 419-37.

GIL CREMADES, J. J. «Derecho y Cristianismo en Unamuno», *EstF*, núm. 16, págs. 481-510.

— 257 —

17

HAIHNERE, F. *Paysage physique et paysage de l'âme dans les oeuvres descriptives de Miguel de Unamuno.* Tesis Univ. de París.

HILARIE, S. *Unamuno devant les problèmes économiques de l'Espagne.* Tesis Univ. de París.

ILIE, PAUL. *Unamuno. An Axistential View of Self and Society.* Madison, The Univ. of Wisconsin Press, 299 págs.

Reseñas:

Aubrun, Ch. V. *BH,* LXXI, 1969, págs. 705-706 (y en *RRNY,* LX, dic. 1969, págs. 318-19).
Martin. *CompLit,* 22, 1970, págs. 87-90.
Valdés, M. J. *Sy,* XXV, otoño 1971, págs. 308-309.

KING, W. F. «Unamuno, Cervantes y *Niebla*», *RO,* XVI, páginas 219-31.

LACY, A. *Miguel de Unamuno. The Rhetoric of Existence.* La Haya (Holanda), Mouton, 289 págs.

LUCIO, F. «El primer Unamuno», *NiMex,* núm. 51, págs. 3-4.

MARIÑAS OTERO, L. «La generación del 98», *La herencia del 98. Madrid,* Ed. Nacional, págs. 49-63.

MARTIN, J. *Affinités de la pensée existentielle chez Unamuno et Camus.* Tesis Univ. de Oregón.

MARTÍNEZ FRONCE, F. M. «A vueltas con don Miguel» (poema), *Asom,* XXIII, 1967, págs. 25-26.

MATAIX, A. «El existencialismo español», *Risoo,* mayo, páginas 43-53.

MENDIZÁBAL, C. *Introducción al problema de Unamuno.* Vigo (Pontevedra), Faro de Vigo, 170 págs. (Prólogo de Alvaro Cunqueiro.)

MONTEJANO MONTERO, L. «Las ciudades de Unamuno», *NuEsp,* 10 sept., pág. 14.

MOREAU, J. «Unamuno et le Portugal», *BAGB,* págs. 116-31.

MOULY, R. *Le personnage de la femme dans le théâtre d'Unamuno.* Tesis Univ. de París.

Neira Fernández, C. «El hombre Unamuno», *RJBo*, 43, número 338.

— «¿Unamuno en la hoguera?», *Ibíd.*, 43, núm. 339.

Olivar-Bertrand, R. *Literatura y política*. Barcelona, Delos-Aymá, págs. 109-33.

Oostendorp, H. Th. «Los puntos de semejanza entre *La Guerra y la Paz* de Tolstoi y *Paz en la guerra* de Unamuno», *BH*, LXIX, págs. 85-105.

Okubo, T. «El existencialismo de Miguel de Unamuno», *Risoo*, abril, págs. 63-74.

Outumuro, M. «Sentido y perspectiva del personaje autónomo», *CH*, núm. 214, págs. 158-77 (Cervantes, Unamuno, Gide y Joaquín Gómez Bas).

Pacheco, León. «Miguel de Unamuno y la agonía», *CA*, número 5, págs. 120-40 (recogido en *Tres ensayos apasionados* (Vallejo, Unamuno, Camus). San José, Costa Rica, 1968, págs. 103-53.

Pérez Delgado, R. «Ida y vuelta a los clásicos con A. Machado y contraluz de Unamuno», *PSA*, 46, págs. 11-93.

Pérez Orona, O. *Miguel de Unamuno y la literatura norteamericana. Un ensayo de literatura comparada*. Tesis Univ. de Madrid.

Plevich, Mary. «Unamuno y Arguedas», *CH*, núm. 208, páginas 140-47.

Properzi, L. *El problema de la fe en Miguel de Unamuno*. Tesis Univ. Católica del Sagrado Corazón (Milán).

Rexach, R. «España en Unamuno y Ortega», *RHM*, número 33, págs. 262-79.

Rovetta, C. *De Unamuno a Ortega y Gasset*. Buenos Aires, La Isla, 182 págs.

Rubia Barcia, J., y Zeitlin, M. A. *Unamuno. Creator and Creation*. Berkeley-Los Angeles, The Univ. of California Press (Simposio celebrado en Los Angeles entre octubre y nov. de 1964):

Blanco Aguinaga, C. «Authenticity' and the Image», páginas 48-71.

Castro, A. «In lieu of prologue», págs. 1-3.

Ferrater Mora, J. «Unamuno today», págs. 220-33. Incluido en la edición de A. Sánchez Barbudo de 1974.

Gullón, R. «The Soul on Stage», págs. 139-55.

Ilie, P. «Moral Psychology in Unamuno», págs. 72-91. Incluido en la edición de A. Sánchez Barbudo de 1974.

Livingstone, L. «The Novel as Sel-Creation», págs. 92-115.

Meregalli, F. «Clarín and Unamuno: Parallels and divergencies», págs. 156-70.

Otero, C. P. «Unamuno and Cervantes», págs. 171-87.

Parker, A. A. «On the interpretation of *Niebla*», páginas 116-38. Incluido en la edición de A. Sánchez Barbudo de 1974.

Payne, S. «Unamuno's Politics», págs. 203-19.

Rubia Barcia, J. «Unamuno the man», págs. 4-25.

Sánchez-Reulet, A. «Unamuno's Other Spain», páginas 188-202.

Starkie, W. «Epilogue», págs. 234-41.

Stern, A. «Unamuno: Pioneer of Existentialism», páginas 26-47.

Reseñas del simposio:

Basdekis. *RHM*, 35, 1969, págs. 142-43.

Enwall. *BA*, 42, 1968, págs. 167-70.

Grant, H. F. *BHS*, XLVI, 1969, págs. 167-70.

Paucker, E. K. *H*, LII, mayo 1969, pág. 328.

Ribbans, G. *MLR*, 66, 1971, págs. 419-22.

SRLit, 10 febrero 1968.

Ruiz, Mario. *An Inquiry into the Metaphysical Process of Miguel de Unamuno*. Tesis Univ. de Stanford.

Salcedo, E. «El silencio» (30 aniversario de la muerte de Unamuno), *HLS*, 2 enero.

— «La correspondencia de Unamuno y Valle-Inclán, II», *NCast*, 26 febrero.

— «Un epistolario inédito. La correspondencia de Unamuno y Valle-Inclán, III», *Ibíd.*, 5 marzo.

SAMPEDRO, C. «Apuntes sobre el método filosófico de Unamuno», *ACal*, IX, págs. 147-62.

SÁNCHEZ, B. «Unamuno. Los unos y los otros», *Jauja*, número 4.

SÁNCHEZ EGIDO, F. *Actitud de Unamuno ante la «joie de vivre» o civilización de bienestar*. Tesis Univ. de Salamanca.

SANTOS, D. «Rubén y Unamuno, esos pilares...», *EL*, números 360-61, dic. 31, 1966, enero 14, 1967, págs. 35-36.

SAROBE, A. *Unamuno, Grau, Pirandello*. Facultad Libre de Humanidades, Buenos Aires, 8 folios.

SERRANO MOLINA, R. *Persona y sociedad en el pensamiento de Miguel de Unamuno*. Tesis Univ. de Salamanca.

SOBEJANO, G. *Nietzsche en España*. Madrid, Gredos, páginas 276-318.
Reseña:
Picard, H. R. *ASS*, 206, 1969-70, págs. 313-18.

TERMENÓN-SOLÍS, G. «Individuum und Person bei Miguel von Unamuno», *ZPF*, núm. 21, págs. 3-30.

TOMASSO, V. DE. *Il pensiero e l'opera di Miguel de Unamuno*. Boloña, Cappelli, 342 págs.
Reseña:
Antonio. *RLMC*, 22, 1969, págs. 138-42.

Unamuno a los cien años. Universidad de Salamanca, Acta Salmanticensia. Estudios y Discursos Salmantinos en su primer Centenario:
Baquero, G. «Unamuno en América» (discurso), páginas 121-28.
Benítez, J. «Homenaje puertorriqueño a Unamuno» (discurso), págs. 129-32.
Cruz Hernández, M. «El valor permanente del pensamiento filosófico de Miguel de Unamuno», páginas 59-67.
García Blanco, M. «Aspectos biográficos de Unamuno» (discurso), págs. 109-14.

Gullón, R. «Unamuno y su *Cancionero*», págs. 9-25.
Legido López, M. «El hombre de carne y hueso», páginas 29-56.
Lora Tamayo, M. «Discurso», págs. 133-34.
Moeller, Ch. «Quelques aspects de l'itineraire spirituel d'Unamuno», págs. 71-101.
Real de la Riva, C. «Fidelidad Centenaria a Unamuno» (discurso), págs. 105-108.
Zuazagoitia, J. de. «Unamuno y Bilbao» (discurso), páginas 115-19.

UNAMUNO, MIGUEL DE. *Del sentimiento trágico de la vida*, versión yugoslava por Olga Kosûtic y prólogo de S. Nikola-Milo. Belgrado, Kultura.
— *Our Lord Don Quixote. The Life of Don Quixote and Sancho with Related Essays.* Introducción de W. Starkie. Princeton Univ. Press, Bollinger Series.

Reseñas:
Butt. *MLR*, 64, 1969, págs. 913-15.
Canavaggio, J. *BH*, LXX, 1968, págs. 579-80.
Lacy. *NNY*, 206, 1968, págs. 829-30.
Ribbans, G. *BHS*, 48, 1971, págs. 76-77.
— *La agonía del cristianismo. Mi religión y otros ensayos.* Madrid, Plenitud.

Reseñas:
Alvarez Turienzo. *CD*, 180, pág. 481.
García, R. *Ibíd.*, núm. 216, págs. 671-74.
— *Amor y pedagogía. Tres novelas ejemplares y un prólogo*, presentación de J. L. Abellán. Madrid, Magisterio Español.

Unamuno y Bilbao. El Centenario del nacimiento de Unamuno. Bilbao, Publicaciones de la Junta de Cultura de Vizcaya, 255 págs.:
Azaola, J. M. de. «Bilbao y el mar en la vida y en la obra de Unamuno», págs. 139-90.
García Blanco, M. «Unamuno, poeta», págs. 201-32.
González Caminero, N. «Unamuno, vasco y castellano, filósofo y poeta», págs. 43-123.
Marías, J. «La España vasca de Unamuno: *Paz en la guerra*», págs. 193-98.

Real de la Riva, C. «Unamuno a la busca de sí mismo», págs. 235-55.

Sopeña, F. «La música en la vida y en la obra de Migue de Unamuno», págs. 129-35.

Zauzagoitia, J. de. «Discurso», págs. 33-38.

Reseña:

F.A.P. *LEsp*, XI, 1968, págs. 70-71.

VALBUENA PRAT, A. «La personalidad de don Miguel de Unamuno», *Historia general de las literaturas hispánicas*, dirigida por G. Díaz-Plaja. Barcelona, Vergara, págs. 77-98.

VARELA JÁCOME, B. «La agónica dimensión de los personajes de Unamuno», *Renovación de la novela en el siglo XX*. Barcelona, Destino, págs. 204-23.

VILLEGAS, J. «El '¡Muera Don Quijote!' de Miguel de Unamuno», *BHS*, 44, págs. 49-53.

YNDURÁIN, F. «La rima en la poesía de Unamuno», *Elementos formales en la lírica actual*. Madrid, Univ. Internacional de Santander, págs. 209-27.

ZARDOYA, C. «España en la poesía de Unamuno y Machado», ?, págs. 321-33.

1968

ADÁN, F. «A Don Miguel», *LNL*, núm. 185, págs. 67-71.

AGÜERO, E. DE. *El pensamiento filosófico-religioso de Unamuno*. Nueva York, The American Press, 129 págs.

Reseña:

Johnson, W. D. *CCMU*, XXII, 1972, págs. 190-191.

ALBORNOZ, AURORA DE. *La presencia de Unamuno en Antonio Machado*. Madrid, Gredos, 373 págs.

Reseñas:

Arce de Vázquez, Margot. *Asom*, XXV, 1969, páginas 68-69.

C. M. *EL*, núm. 396, 18 mayo, pág. 36.

Díaz, Elías. *CD*, 57-58, junio-julio, pág. 45.

González, José E. *Torre*, 65, julio-sept., 1969, páginas 135-41.

Gullón, R. *RRNY*, LXI, abril 1970, págs. 160-61.

Marty, Inés. *CF*, núm. 2, págs. 122-23.

Molina, A. F. *PSA*, 52, enero 1969, págs. 106-108. Y en *ALMex*, VIII, 1970, págs. 271-73.

Mozos, Santiago de. *CCMU*, XIX, 1969, págs. 103-104.

Ribbans, G. *BHS*, XLIX, 1972, págs. 91-93.

ALVAREZ JUNCO, J. «Unamuno: Autor y personaje», *CH*, número 223, págs. 211-23.

ALLUÉ Y MORER, F. «Unamuno y Salamanca», *MH*, número 240.

AQUÉSOLO, L. DE. «Con Unamuno fueron cinco los concursantes a la cátedra de vascuence que se adjudicó a Azkue», *BRSVAP*, 24, págs. 105-107.

BONNIN AGUILÓ, F., y BOTA TOTXO, M. *Unamuno en Pollensa*. Palma de Mallorca, 22 págs. con ilustraciones.

BORJA DE ARQUER. *La generación del 98 hoy*. Barcelona, Sopena, págs. 35-40.

Reseña:

Aguado, E. *EL*, núm. 393, abril 1968, pág. 37.

BREEN, G. M. «The Creativity of a mind in conflict: A study of the works of Miguel de Unamuno y Jugo», *Unitas*, núm. 41, págs. 537-84.

CAEIRO, OSCAR. «Reinhold Schneider y Miguel de Unamuno, su maestro español», *BEG*, VII, págs. 27-46.

CASTRO CASTRO, A. «Unamuno soplo en barro», *HD*, febrero.

COMÍN COLOMER, E. *Unamuno libelista. Sus campañas contra Alfonso XIII y la dictadura*. Madrid, 176 págs.

Reseña:

Aldana, M. R. *HyV*, núm. 46, enero 1972.

CORVALÁN, O. «Unamuno y la novela contemporánea», *CI*, III, págs. 71-88.

Costanzo, L. «L'agonica religione di Miguel de Unamuno», *AllaB*, núm. 6, págs. 34-39.

Cuadernos de la Cátedra Miguel de Unamuno, XVIII:
Blanco Aguinaga, C. «De nuevo: El socialismo de Unamuno (1894-1897)», págs. 5-48.
Castro Castro, A. «La paradoja unamuniana. 'El modo más vivo y más eficaz de transmitir la verdad a los torpes'», págs. 71-84.
Ibáñez de García Blanco, Leo. «Bibliografía unamuniana», págs. 103-111.
Luppoli, Santiago. «*Il Santo* de Fogazzaro y *San Manuel Bueno* de Unamuno», págs. 49-70.
Mastcobuono, Luciana. «Miguel de Unamuno e il suo Dio. Monumento a don Miguel de Unamuno en Salamanca», págs. 85-99.

Cúneo, D. «Aproximaciones a Unamuno», *HuMex*, 9, páginas 289-305.

Chaves, Julio C. «Diálogo entre Unamuno y Riva-Agüero», *MP*, núm. 471, enero-febrero, págs. 45-63.

D'Arcangelo, Lucio. «La religione di Miguel de Unamuno», *Pens*, núm. 4, págs. 13-20.

Dendle, Brian J. *The Spanish Novel of Religious Thesis (1876-1936)*. Madrid, Castalia, págs. 57-58.

Díaz, Elías. *Revisión de Unamuno*. (Análisis crítico de su pensamiento político). Madrid, Tecnos, 212 págs.
Reseñas:
Abellán, J. L. *Ins*, 269, 1969.
Albornoz, A. de. *CD*, 66, marzo 1969, pág. 48.
Butt, J. W. *BHS*, XLVI, 1969, págs. 256-59.
Senabre, R. *CCMU*, XIX, 1969, págs. 100-102.

Díaz-Plaja, G. «Lo libresco en los personajes de Unamuno», ?, págs. 175-80. Incluido en *Al filo del novecientos*, 1971.

Donoso, Antón. Philosophy as Autobiography: A Study of the Person of Miguel de Unamuno», *Perso*, núm. 49, páginas 183-95.

FALCÓN-BRICEÑO, MARCOS. *Cartas de Blanco Fombona a Unamuno*. Caracas, P. Venezolana.

FERNÁNDEZ Y GONZÁLEZ, A. *Estructura autobiográfica en «San Manuel Bueno, mártir»*. Univ. de Barcelona, Palma de Mallorca, 24 págs. Y en *May*, 1, págs. 3-24.

FILER, M. E. «Eduardo Mallea y Miguel de Unamuno», *CH*, número 221, págs. 369-82.

FUENTENEBRO, F. «Unamuno en Salamanca», *Retratos*, Salamanca, Gracifesa, págs. 22-30.

GARAGORRI, P. *Unamuno, Ortega, Zubiri*. Madrid, Plenitud, páginas 19-26, 170-94, 207-13.

Reseñas:
Abellán. *Ins*, núm. 264.
Rubio. *EAg*, 4, 1969, pág. 205.
Tijeras. *CH*, 76, págs. 781-84.

GARCÍA CANTÚ. «El socialismo de Unamuno», *UMex*, 22, número 4, 1967-68.

GARCÍA LORENZO, L. «Unamuno y Jacinto Grau», *Seg*, números 7-8, págs. 95-106.

GAROFALO, S. «The moon in the poetry of Leopardi and Unamuno», *It*, 45, págs. 353-64.

GAUTARD, M. *Le refus de mourir et l'espérance chez Miguel de Unamuno*. París. OPHRYS, 104 págs.

Reseña:
Rivera de Ventosa, E. *CCMU*, 1970, pág. 28.

JIMÉNEZ HERNÁNDEZ, A. «Unamuno y el siglo XIX», *Extra*, año I, núm. 2, págs. 39-52.

JOHNSON, C. B. «Unamuno and his Spanish past: *Nada menos que todo un hombre*», *KRQ*, 15, págs. 319-40.

JOHNSON, W. D. «La palabra y el origen de la conciencia reflexiva en la filosofía de Miguel de Unamuno», *PH*, número 47, julio-sept., págs. 411-23.

Kock, J. de. *Lengua y poesía en el «Cancinero» de Miguel de Unamuno.* Antwerpen, Holanda, 140 págs.
— *Introducción al «Cancionero» de Miguel de Unamuno.* Madrid, Gredos, 195 págs.

Reseñas:
Jiménez Martos, L. *EL,* núm. 414, febrero 1969, páginas 107-108.
Laffranque, M. *BH,* LXXI, 1969, págs. 423-25.
Latorre. *RoF,* 81, 1969, págs. 286-87.
Lott. *BA,* 43, 1969, págs. 230-31.
Murciano, C. *EL,* núm. 398, junio, págs. 4-5.

Lechner, J. *El compromiso en la poesía española del siglo XX.* Parte primera: De la generación de 1898 a 1939. Universitaire Pers Leiden. Holanda.

López Fernández, A. *Cristo en la poesía española contemporánea.* Tesis Univ. de Madrid. (Unamuno entre otros.)

Madariaga, S. de. «Madariaga, Unamuno, Predmore y algo más», *H,* 51, págs. 279-80.

Mainer, J. C. «Unamuno, personaje de una novela de Felipe Trigo», *CH,* núms. 224-25, págs. 675-82.

Malpique, Cruz. «Miguel de Unamuno, esfomeado de imortalidade», *ECB,* núm. 26, págs. 65-112.

Martín Panero. «Rebeldía y pasión de Miguel de Unamuno», *MeCh,* núm. 171, agosto.

Molina, A. F. *La generación del 98.* Barcelona, Labor, páginas 29-38 y 94-97 (teatro).

Reseña:
Trulock, J. C. *EL,* núm. 413, febrero 1969, pág. 98.

Olivera, M. A. de. «Mi homenaje a Don Miguel de Unamuno», *CoBA,* núm. 62, págs. 7-14.

Onieva, A. J. «Recuerdos de la Residencia», *RO,* 22, páginas 297-306 (Unamuno y Ortega).

OUIMETTE, V. *The concept of heroism in the prose works of Miguel de Unamuno*. Tesis Univ. de Yale.

PARÍS, C. *Unamuno. Estructura de su mundo intelectual.* Barcelona, 345 págs.

Reseñas:
Abellán. *Ins*, 278, 1970.
Cruz Hernández, M. *CCMU*, XX, 1970, págs. 127-28.
Muguerza. *RO*, 27, 1969, págs. 207-14.

QUINTANA, JOSÉ. *España, entre Unamuno y Maeztu*. Bilbao, Ed. CLA, págs. 15-18.

REGALADO GARCÍA, A. *El siervo y el Señor* (La dialéctica agónica de Miguel de Unamuno). Madrid, Gredos, 218 págs.

Reseñas:
Abellán. *Ins*, 278, 1970.
Basdekis. *H*, 53, sept. 1970, pág. 575.
Butt. *BHS*, 47, 1970, págs. 363-65.
Lott. *BA*, 43, 1969, págs. 570-71.
Rubio. *EAg*, 3, 1968, pág. 666.
Vázquez, F. *EL*, núm. 406, octubre, pág. 45.

RIBAS RIBAS, P. «La religión en Unamuno», *Crisis*, 15, páginas 37-53.

RIVERA VENTOSA, E. «Cultura e coesistenza in Miguel de Unamuno», *IC*, págs. 319-21.

SÁNCHEZ DURÁN, E. *El tema del hombre en Unamuno*. Tesis Univ. de Salamanca.

SEDA-RODRÍGUEZ, GLADYS. *Unamuno, Critic of Cervantes*. Tesis Univ. de Columbia.

SOSA LÓPEZ, EMILIO. «Unamuno o la pasión agónica del novelista», *CA*, núm. 163, págs. 128-36.

SPINELLI, RAFFAELE. «Filosofia e poesia nell'opera di Unamuno», *Car*, núm., 18, págs. 149-51.

TEENSMA, B. N. «Prof. Dr. G. J. Geers en Miguel de Unamuno», *FoL*, núm. 10, págs. 107-22.

THOMAS, AHRCEL P. *Tragic heroes in the works of Miguel de Unamuno: Studies in pathological disintegration.* Tesis Univ. de Virginia.

TOMASSO, V. DE. «Nuovi studi su Unamuno», *CuS*, núm. 25, páginas 81-89.

TULL, J. F., JR. «Una hipótesis sobre el desarrollo espiritual de don Manuel en *San Manuel Bueno, mártir*», *DHR*, número 7, págs. 25-28.

UNAMUNO, MIGUEL DE. *Epistolario entre Unamuno y Giner de los Ríos. RO*, núm. 25, págs. 1-18.
— *Miguel de Unamuno. Poesie,* antología italiana con un estudio preliminar de R. Paoli. Florencia, Valecchi.
   Reseñas:
   Cordié. *Paid,* 24, 1969, págs. 113-14.
   Lázaro Carreter, F. *CCMU,* XIX, 1969, págs. 95-99.

VEGA GARCÍA, F. «Unamuno y el magisterio del gesto», *PSA,* 50, págs. 5-47.

WURM, J. «Das adjectiv als stilelement in modernen Spanischen Roman», citado por J. de Kock en *Lengua y poesía...,* 1968, pág. 53 (sobre *Amor y pedagogía*).

ZARDOYA, C. «Los caminos poéticos de Miguel de Unamuno», *Poesía española del 98 y del 27.* (Estudios temáticos y estilísticos). Madrid, Gredos, págs. 22-85.
   Reseñas:
   Morales, R. *EL,* núm. 422, junio 1969, págs. 163-64.
   Murciano, C. *EL,* núm. 401, agosto, págs. 26-27.

1969

ALCALÁ, ANGEL. «El Unamuno agónico y el 'sentido de la vida'», *CH,* núm. 230, págs. 267-301.

AMORÓS, A. «Veinte cartas de Pérez de Ayala a Unamuno» (Homenaje a Menéndez Pidal, II), *RUM,* núm. 70, páginas 7-32.

BALBONTÍN, J. A. «La angustia de Unamuno» y «La protesta de Unamuno», *A la busca del Dios perdido*. Madrid, Indice, págs. 76-78 y 161-62.

BASDEKIS, D. «Cervantes in Unamuno: Toward a Clarification», *RRNY*, LX, págs. 178-85.
— *Miguel de Unamuno*. Nueva York, Columbia Univ. Press, 48 págs.

BEJARANO, V. «Unamuno lector de Lucano», *BIEH*, núm. 1, páginas 43-49.

BERNS, G. «Another Look through Unamuno's *Niebla*: Augusto Pérez, 'agonista-lector'», *RN*, núm. 11, páginas 26-29.

BUTT, J. W. «Determinism and the Inadequacies of Unamuno's Radicalism, 1886-97», *BHS*, XLVI, págs. 226-40.

CAMACHO GUIZADO, E. *La elegía funeral en la poesía española*. Madrid, Gredos, págs. 273-75 y 278-83.

CAMINO, G. G. «Unamuno descubre poéticamente a Cáceres en 1908», *REE*, 25, págs. 161-163.

CAPONIGRI, A. R. «Contemporary Spanish Philosophy», *MoA*, núm. 13, págs. 169-76.

Cuadernos de la Cátedra Miguel de Unamuno, XIX:
Gómez-Moriana, A. «Unamuno en su congoja», páginas 17-89.
Ibáñez de García Blanco, Leo. «Bibliografía unamuniana», págs. 105-107.
McBride, Ch. A. «Afinidades espirituales y estilísticas entre Unamuno y Clarín», págs. 5-15.
Olarra, J. M. B. «Guipuzcoanía de Unamuno», páginas 91-94.

CUDEIRO, V. «Filosofía y lenguaje en Miguel de Unamuno», *Lenguaje y Filosofía*. Madrid, ?

DEAMBROSIS, C. *Vidas exaltantes: Rolland, Unamuno, Vasconcelos*. México, Finisterre, 68 págs.

DESCOLA, JEAN. «Unamuno o la lucidez apasionada» y «Miguel de Unamuno, el búho de Salamanca, el águila de España», *Historia literaria de España*. Madrid, Gredos, págs. 255-315 y 261-271.

DIEGO, G. «Tres hechizados», *EL*, *núms.* 426-28, págs. 22-24 (Jovellanos, Unamuno y Chopín en Mallorca).

DOYAGA, E. «Unamuno ante la belleza femenina», *CH*, número 229, págs. 178-84.

— *Unamuno y la mujer*. Washington Irving Publications, 232 págs., con ilustraciones.

DURAND, FRANK. «Search for Reality in *Nada menos que todo un hombre*», *MLN*, núm. 84, págs. 239-47.

FREITAS, M. C. «Miguel de Unamuno o la desesperación esperanzada», *Dialéctica y dinamismo de la esperanza cristiana*. Salamanca, Ed. de L'Orante, págs. 46-52.
Reseña:
Echeverría, L. de. *CCMU*, pág. 29.

GARAGORRI, P. «La novela de Unamuno», *Españoles razonantes*. Madrid, Rev. de Occidente, págs. 242-44.

GARCÍA, E. «El trasfondo hegeliano en el pensamiento de Unamuno», *RUCR*, núm. 27, diciembre, págs. 105-15.

GONZÁLEZ CAMINERO, N. «Unamuno, Ortega y Zubiri vistos en continuidad», *Greg*, núm. 50, págs. 263-290.

GONZÁLEZ LÓPEZ, E. «La poesía de Unamuno. El relato poético *Teresa*», *Torre*, núm. 66, págs. 84-89.

GUERRERO, R. *Unamuno y Ortega frente a Don Quijote*. Venezuela, Imp. del Estado, 53 págs. (Tesis Univ. de Madrid).

HUTMAN, N. L. *Machado: A Dialogue with Time*. Albuquerque, The University of New México Press, págs. 16-22.

IGLESIAS, L. E. *Alienation and the poetic word: A Study of the poetics of Miguel de Unamuno*. Tesis Univ. de Harvard.

INGE, M. TH. «Miguel de Unamuno's *Canciones* on American Literature: Translated with Commentary», *AQ*, número 2, págs. 83-97. Y en *CCMU*, XXIII, 1973, páginas 235-46.

Josía, V. «Pirandello y Unamuno», *Pirandello. Estudio y antología*. Madrid, Cía. Bibliográfica Española, páginas 76-86.

Latorre Marín, C. *Dos prólogos (Cervantes y Unamuno)*. Barcelona, 29 págs.

Lawrence, E. T. «Le basquisme d'Unamuno», *SO*, 11, número 118.

Luby, B. J. *Unamuno. A la luz del empirismo lógico contemporáneo*. Nueva York, Las Américas, 190 págs.

Reseña:

Johnson, W. D. *CCMU*, XXI, 1971, pág. 159.

Llovis, M. «La ¿extraña? antipatía de Unamuno», *H*, LII, diciembre, págs. 852-56.

Manent, A. «Miguel de Unamuno y Josep Carner entre el 'Mito de la Espingarda'», *RO*, núm. 24, págs. 353-61.

Marartim, L. «Unamuno testigo de Dios», *Pens*, núm. 25, páginas 403-27.

Mayo, W. K. «Unamuno en Estados Unidos», *MPR*, 29 noviembre.

Mergal, A. «Comentario en torno a dos poemas de Unamuno», *EPR*, XXII, 27 diciembre, págs. 70-74.

Montaner, C. A. «Unamuno, cuentista», *Galdós humorista y otros ensayos*. Madrid, Ed. Partenón, págs. 69-74.

Morales, J. L. «Idea e imagen de la muerte de Miguel de Unamuno», *RE*, 28, págs. 196-209.

Muguerza, Javier. «En torno al irracionalismo de Unamuno», *RO*, núm. 27, págs. 207-14.

Müller Bergh, K. «Unamuno y Cuba», *CA*, núm. 166, páginas 201-11 (dos contribuciones unamunianas poco conocidas a la *Revista de Avance*).

NATELLA, A. A. JR. «Saint Theresa and Unamuno's *San Manuel Bueno, mártir*», *PLL*, núm. 5, págs. 458-64.

NAVARRETE, R. D. «Don Juan: El impulso destructor», *BC*, número 21, págs. 45-52.

NEGRE RIGOL, J. «Unamuno y Kierkegaard: Dos vías paralelas», *Ad*, 10 y 12 abril.

OLSON, P. R. «The Novelistic Logos in Unamuno's *Amor y pedagogía*», *MLN*, núm. 84, págs. 248-68.

PALMER, D. D. «Unamuno's Don Quijote and Kierkegaard's Abraham», *REHA*, núm. 3, págs. 295-312.

PREDMORE, R. L. «Unamuno and Thoreau», *CLS*, VI, marzo, páginas 33-44.

SÁNCHEZ BARBUDO, A. *Estudios sobre Unamuno y Machado.* 2.ª edición. Madrid, Guadarrama.

Reseña:

Durán, M. *HR*, 39, julio 1971, págs. 337-39.

SÁNCHEZ MORALES, N. «Unamuno en Alemania», *NT*, 31, páginas 411-31.

SERRANO-PLAJA, A. «*Náusea* y *Niebla*», *RO*, núm. 26, páginas 295-328 (Sartre y Unamuno).

SOSA LÓPEZ, E. «Unamuno o la pasión agónica del novelista», *CA*, núm. 2, marzo-abril, págs. 128-36.

STEVENS, J. R. «Unamuno's *Don Sandalio:* Two Opposed Concepts of Fiction», *RN*, núm. 11, págs. 266-71.

TARÍN-IGLESIAS, JOSÉ. *Unamuno en el alma catalana* (conferencia). Tarrasa, Caja de Ahorros, 26 págs.

TOMASSO, V. DE. «Concezione della famiglia e effetti familiari nel *Cancionero* di Miguel de Unamuno», *Dial*, número 17, págs. 201-11.

TORRE, G. DE. «El 98 y el modernismo en sus revistas», «Unamuno sobre Galdós», «Clarín y Unamuno», *Del 98 al Barroco.* Madrid, Gredos, págs. 12-70, 170-73 y 273-77.

Tull, J. F., Jr. «La 'neurastenia' de Julia en *Nada menos que todo un hombre*», *DHR*, núm. 8, págs. 9-12.

Umaña Bernal, J. «Don Miguel de Unamuno camina», *RCB*, LXIX, núm. 484, págs. 138-39.

Unamuno, Miguel de. *Niebla*, edición de M. J. Valdés. Nueva Jersey, Prentice Hall.

Reseña:
Jones, M. E. *H*, 53, 1970, págs. 357-58.

— *Relatos*, edición de E. K. Paucker. Nueva York, Appleton.

Reseña:
Carrillo. *H*, 53, 1970, págs. 355-56.

Valdés, M. J. «Twenty-five Years of Unamuno Criticism», *UTQ*, núm. 38, págs. 207-12.

Vences, S. «Unamuno sin voz», *PSA*, 53, octubre, III-IV.

Vidal, C. «Presencia y lejanía de Unamuno», *Ad*, 31 julio.

1970

Abellán, J. L. «Aportaciones unamunianas», *Ins*, núm. 25, página 15.

Aguirre, J. L. «Notas al margen de la novela de *Don Sandalio jugador de ajedrez*, de Unamuno», *BSCC*, 46, páginas 46-78.

Anderson, Robert F. *A Study of Themes in the Theater of Unamuno*. Tesis Univ. de Case Western Reserve.

Andrés, Angel. «El teatro de Unamuno y Azorín», *NMWP*, número 23, págs. 231-32.

Arroyo, V. M. «Unamuno cuentista», *Hipo*, núm. 1, páginas 23-44.

Azar, Inés. «La estructura novelesca de *Cómo se hace una novela*», *MLN*, núm. 85, págs. 184-206.

Batchelor, R. E. «Gide et Unamuno: *Sotie* ou *nivola?*», *NFS*, págs. 44-53.

Benbow, Jerry L. *Fictional Manifestations of Multiple Personality in Selected Works of Miguel de Unamuno*. Tesis Univ. de Nuevo Méjico.

Blanco Aguinaga, C. «El socialismo de Unamuno (1894-1897)» y «Paisajismo del 98. Unamuno», *Juventud del 98*. Madrid, Siglo XXI de España, págs. 41-113 y 298-306.
Reseña:
Fox, E. I. *MLN*, 88, núm. 2, 1973, págs. 478-84.

Bosch, Rafael. «De Unamuno a Baroja» y «Unamuno, de la adolescencia a su San Manuel», *La novela española del siglo XX*. Nueva York, Las Américas, páginas 129-73 y 231-42.

Burgo, J. del. *Conspiración y Guerra Civil*. Madrid-Barcelona, Alfaguara, págs. 244-45.

Camón Aznar, J. «Aquí y allá Miguel de Unamuno», *ABC*, 26 mayo.

Cobos, Pablo de A. «Cumbres del ensayo, Don Miguel de Unamuno», *Juicios y figuras*. Madrid, Ancos, páginas 13-31.

Cuadernos de la Cátedra Miguel de Unamuno, XX:
Gabriel y Galán, J. A., y Rodríguez Cepeda, E. «Más sobre Unamuno y Gabriel y Galán», págs. 5-23.
Gallego Morell, A. «Unamuno y el deporte», páginas 25-29.
Godoy, Gustavo J. «Dos mártires de la fe según Dostoyevski y Unamuno», págs. 31-40.
Gómez-Moriana, A. «Unamuno y su congoja» (II), páginas 77-126.
Johnson W. D. «La antropología filosófica de Miguel de Unamuno: La conciencia y el sentimiento trágico de la vida», págs. 41-76.
Ibáñez de García Blanco, Leo. «Bibliografía unamuniana», págs. 133-38.

Chaves, Julio C. *Unamuno y América*. 2.ª edición. Madrid, Cultura Hispánica.

Reseña:
Ashhurst. *RIb,* 36, págs. 658-59.

CHÁVEZ, P. F. «Algunas anotaciones sobre el aspecto psicológico en *La tía Tula,* de Miguel de Unamuno», *HuMex,* 11, págs. 269-82.

DECARLO, ANDREW. *The Image of Man as Portrayed in the Novels of Miguel de Unamuno.* Tesis Univ. de Case Western Reserve.

DESCOUZIS, PAUL. «Unamuno y allegados enquijotados», «Ganivet, Unamuno y Azorín, escuderos del Quijote justiciero», *Cervantes y la generación del 98: La cuarta salida de Don Quijote.* Madrid, Ed. Ibero Americana, págs. 21-102 y 134-44.

DORADO, N. «A Unamuno le debe Bilbao un monumento», *GR,* 24 mayo.

DOWNING, G. (véase abajo Inge, M. T.).

DOYAGA, E. *La mujer en los ensayos de Unamuno.* Tesis Univ. de Nueva York.

FERNÁNDEZ RETAMAR, R. «Modernismo, noventiocho, subdesarrollo», *AHMex,* págs. 350-51.

FORERO UCRÓS, C. «El deseo de inmortalidad en don Miguel de Unamuno», *BCB,* núm. 13, págs. 49-64.

FRANCO, A. *Unamuno, autor dramático.* Tesis Univ. de Nueva York.

FRANZ, T. R. *The Basis of Humor in Three Novels of Unamuno.* Tesis Univ. de Kansas.

GARCÍA-ALOS, M. «Pascal en Unamuno», *Atl,* VIII, enerofebrero, págs. 81-92.

GARCÍA PAVÓN, F. «Unamuno ante el teatro y el cine», *Textos y escenarios.* Barcelona, Plaza y Janés, págs. 227-37.

G. M. «El Cristo de Unamuno», *Ad,* octubre.

GODOY, G. J. «Bécquer en Unamuno», *DHR,* año IX, páginas 106-33.

GONZÁLEZ DE CARDENAL, O. «Don Miguel de Unamuno: Un reto a la teología española», *Meditación teológica desde España.* Salamanca, Ed. Sígueme, págs. 517-42.

GONZÁLEZ MARCOS, M. «La europeización de España en la cristianización unamunesca», *Torre,* núm. 68, páginas 115-23.

GRANDE, MARIO. «Miguel de Unamuno y Jugo, alumno de Bachillerato (1875-1880)», *ED,* XVIII, núms. 39-41, páginas 481-86.

GUANDIQUE, J. S. «Ortega contra Unamuno», *HuMex,* 11, páginas 149-62.

HURTADO, F. *Le thème de Dieu chez Miguel de Unamuno.* Tesis Univ. de Estrasburgo.

INGE, M. T. «Unamuno's Correspondence with North Americans: A Checklist», *H,* núm. 53, págs. 277-85.
— y GLORIA DOWNING. «Unamuno and Poe», *PN,* núm. 3, páginas 35-36.

IRIZARRI, E. «Sistemafobia en los relatos novelescos de Unamuno», *Languages and Linguistics Working Papers, Number I,* edición de R. J. O'Brien. Washington, D. C., Georgetown Univ. Press, págs. 33-41.

LATHROP, THOMAS A. «Greek Origin Names in *San Manuel Bueno, mártir*», *RN,* núm. 11, págs. 505-506.

LIICEANO, G. «Unamuno: Le tragique ridicule», *RRSS,* 705, páginas 87-96.

LIJERÓN, HUGO. *Unamuno y la novela existencialista.* La Paz, Los Amigos del Libro, 292 págs.
Reseña:
Hernández, J. A. *RIB,* XXIII, 1973, págs. 109-10.

LÓPEZ QUINTÁS, A. «Miguel de Unamuno, el conflicto vidarazón», *Filosofía española contemporánea.* Madrid, Biblioteca de Autores Cristianos, págs. 22-30.

LORDA ALAIZ, F. M. «Las alas más grandes que el nido: Don Miguel de Unamuno y las lenguas españolas minoritarias», *Ins,* núm. 25, págs. 12.

Lorenzo Rivero, Luis. «La realidad de la sociedad española vista por Larra y Unamuno», *DHR*, año IX, páginas 54-72.

Llorens, W. «La gloria en las obras de Erasmo, Gracián, Cervantes y Unamuno», *BAAC*, VI, págs. 5-16.

Masiá Clavel, Juan. «Unamuno y la filosofía española», *JT*, número 54, págs. 97-101.
— «Unamuno y Watsuji», *RyF*, núm. 184, págs. 483-96.

Miranda, S. «Don Miguel de Unamuno y los gitanos», *ABC*, 4 abril. Y en *Recuerdos y añoranzas*. Madrid, Prensa Española, 1972, págs. 243-46.

Morales Galán, C. *El tema maternal en la concepción unamunesca de la mujer*. Tesis Univ. de Louisiana State.

Olson, P. R. «*Amor y pedagogía* en la dialéctica interior de Unamuno», *AHMex*, págs. 649-56.

Onrubia de Mendoza, J. *Sonetos del Siglo XX*. Barcelona, Bruguera, págs. 41-82.

Orgaz, Jorge. *Unamuno en sus espejos*. Córdoba (Argentina), Ed. Librería Científica Olocco, 158 págs.

Otero, C. P. «Lingüística y literatura (a propósito de Unamuno y Ortega)», *RPh*, núm. 24, págs. 301-28.

Pardo, A. «Locus Hispanicus' y fondo medieval en *San Manuel Bueno, mártir*», *Thes*, núm. 25, págs. 349-82.

Paris, Carlos. «El mundo de Unamuno y el temple del pesimismo heroico existencial», *Hombre y Naturaleza*. Madrid, Tecnos, págs. 141-42.

Peñuelas, M. *Conversaciones con Ramón J. Sender*. Madrid, E.M.E., págs. 183-90.

Pérez de la Dehesa, R. «Unamuno, Maeztu y Bonafoux ante la polémica sobre *El País*», *El grupo «Germinal»: una clave del 98*. Madrid, Taurus, págs. 73-84.

Pérez Ferrero, M. «Miguel de Unamuno», *MH*, núm. 264, marzo, págs. 63-64.

PHILLIPS, D. Z. «Unamuno a Gelynion Athroniaeth», *Trae*, número 125, págs. 110-25.

PIZÁN, M. *El joven Unamuno (Influencia hegeliana y marxista)*. Madrid, Ayuso, 70 págs.
Reseña:
Ribas, P. *I*, núms. 290-91, 1-15 mayo, pág. 53.

PRELLWITZ, N. *Estudios estilísticos sobre sonetos de Unamuno*. Tesis Univ. de Roma.

REYNAL, V. «Del sentimiento trágico de *San Manuel Bueno, mártir*», *Torre*, núms. 70-71, págs. 331-45.

ROBERTSON, G. «El teatro de Miguel de Unamuno», *Clarín*, número 56, diciembre, págs. 10-12.

RODRÍGUEZ-LUIS, JULIO. «Una aclaración sobre el socialismo de Unamuno», *SinN*, núm. 2, págs. 75-85, y núm. 3, 1971, págs. 48-61.

SALCEDO, E. *Bibliografía completa de Miguel de Unamuno*. Madrid, Ibero Europea de Ediciones, 28 págs.

SÁNCHEZ MORALES, N. *Crisis espiritual de Unamuno y su evasión a Extremadura*. Badajoz, Publicaciones de la Diputación Provincial, 29 págs.

SANTANA, J. A. «Influencia de Antonio Trueba en la obra *San Manuel Bueno, mártir*, de Unamuno», *BRSVAP*, 26, 205-14.

SASAKI, T. «El deseo de inmortalidad, trayectoria espiritual de Miguel de Unamuno», *Seiki*, febrero, páginas 19-26.

SCHUSTER, E. J. «Existentialist Resolution of Conflicts in Unamuno», *KFLQ*, núm. 8, págs. 134-39.

SOPEÑA, JUAN L. «Corrientes del pensamiento español contemporáneo (1898-1936)», *RFLE*, V, págs. 53-93.

TABORDA DE VASCONCELOS. «Escritores estrangeiros em Portugal», *OL*, 78, págs. 97-120 (Unamuno entre otros).

Tomasso, V. de. «Unamuno e i titoli delle sue opere», *Dial*, número 18, págs. 183-88.

Tudela, José. «Textos olvidados de Antonio Machado», *Ins*, núm. 279, pág. 1.

Tull, J. F., Jr. «Alienation, Psychological and Metaphysical, in three 'Nivolas' of Unamuno», *HAB*, núm. 21, páginas 27-33 (por *Niebla, San Manuel* y *Nada menos*).

Tuñón de Lara, M. *Medio siglo de Cultura Española (1885-1936)*. Madrid, Tecnos (referencias a Unamuno en páginas 68-73, 103-31, 197-99, 271-72, 285-86).
— M. *Costa y Unamuno en la crisis de fin de siglo*. Nueva York, Las Américas, 264 págs.

Turiel, Pedro. *Unamuno: El pensador, el creyente, el hombre*. Madrid, Cía. Bibliográfica Española, 350 págs.
Reseñas:
Iturrioz. *RyF*, 183, 1971, pág. 551.
Lavedeze. *NuD*, 7 febrero 1971.
Rodríguez Ramos, L. *Atl*, tomo 8, enero-febrero, páginas 563-65.
Villalobos. *EAg*, 6, 1971, págs. 176-77.

Turner, D. G. *Unamuno's Webs of Fatality*. Tesis Univ. de Londres.

Unamuno, Miguel de. *La agonía del Cristianismo*, traducción japonesa por K. Keizo y T. Sasaki, con notas aclaratorias de J. L. Sopeña. Tokyo, Publicaciones de la Univ. de Hosei.
Reseñas:
MAA. *EL*, núm. 464, 15 marzo 1971, pág. 512.
Masiá, Juan. *CCMU*, XXI, 1971, págs. 157-58.
— *Diario íntimo*. Prólogo y estudio de Félix García. Madrid, Escelicer.
Reseñas y comentarios:
Abellán, J. L. *Ins*, 295, junio 1971, pág. 11.
Descouzis, P. *H*, LV, núm. 4, 1972, págs. 968-69.
Iturrioz. *RyF*, 183, 1971, págs. 204-208.
Ribeiro, I. *Brot*, 92, 1971, págs. 697-701.

Rivera de Ventosa, E. *CCMU*, XXI, 1971, págs. 161-163.

Rocamora, P. *Arbor*, 78, junio-abril 1971, págs. 483-88. Y en *ABC*, 29 enero 1971.

Rubio. *EAg*, 6, 1971, pág. 345.

— *Desde el mirador de la guerra* (Colaboración al periódico *La Nación*, de Buenos Aires), introducción y textos recogidos y presentados por L. Urrutia. París, Centre de Recherches Hispaniques, 491 págs.

Reseñas:

Beyrie, J. *Cara*, 18, 1972, págs. 154-56.

Ouimette, V. *BHS*, XLIX, 1972, págs. 90-91.

— *Miguel de Unamuno-Alonso Quesada*, prólogo y notas de L. Santana. Las Palmas, S. Borandón.

Villamor, M. *Unamuno*. Madrid, EPESA, 197 págs.

Reseña:

Iturrioz. *RyF*, 183, 1971, págs. 439-40.

Vinuesa, José M. *Unamuno: persona y sociedad.* Madrid, Zero, 104 págs.

Zlotescu-Cioranu, I. «Ejemplaridad de las tres novelas ejemplares de Unamuno», *AHMex*, págs. 955-60.

1971

Agostini de Del Río, A. «Recordando a Unamuno», *Torre*, 70-71, págs. 324-31.

— «De Eurípides a Unamuno», *BAAC*, 7, págs. 221-33.

Aixelá de Boras, N. «Recordando a Unamuno», *Ad*, 31 diciembre.

Alfonso, José. «Unamuno», *GR*, 25 abril.

— «Unamuno y Elda», *ABC*, 12 noviembre.

Alvar, Manuel. «Unidad y evolución en la lírica de Unamuno», «El problema de la fe en Unamuno (La anti-influencia de Richepin)», «Unamuno y el paisaje de España», «Amado Teótimo (carta de Unamuno a

Delmira Agustini)», *Estudios y ensayos de literatura contemporánea*. Madrid, Gredos, págs. 113-203.

ANDERSON, REED. *The Novels of Miguel de Unamuno: A Study of Point of View and Narrative Technique*. Tesis Univ. de Wisconsin (Madison).

BERTRAND DE MUÑOZ, M. «La actividad política de Unamuno y su colaboración en *Hojas libres*», *CA*, núm. 4, páginas 162-74.

BILBATÚA, M. «*Medea*-Séneca-Unamuno-Vergel», *CD*, 89, febrero, págs. 47-48.

CAMÓN AZNAR, J. «Idea sobre arte de Miguel de Unamuno», *RIE*, núm. 29, págs. 3-22.

CANO, J. L. «La autonomización en la poesía (Cienfuegos, Unamuno, D. Alonso, Luis Rosales), *CH*, núms. 257-258, págs. 570-83.

COUFFON, CLAUDE. «Cuando Miguel Angel Asturias se entrevistaba con Miguel de Unamuno y Vicente Blasco Ibáñez», *PSA*, 62, págs. 401-18.

COWES, H. W. «Miguel de Unamuno: Ideas para una ontología de la novela actual», *RFBo*, núm. 24, págs. 6-18.

Cuadernos de la Cátedra Miguel de Unamuno, XXI:
Foresta, Gaetano. «Miguel de Unamuno: Comentario sobre Mazzini», págs. 6-17.
Ibáñez de García Blanco, Leo. «Bibliografía unamuniana», págs. 165-71.
Johnson, William D. «¿Salvar el alma en la historia? (La doctrina espiritualista de la historia en Unamuno»), págs. 57-90.
Linage Conde, Antonio. «Unamuno y la Historia», páginas 103-56.
McGaha, Michael D. «*Abel Sánchez* y la envidia de Unamuno», págs. 91-102.
Properzi, Letizia. «Il problema della fede nel pensiero di Miguel de Unamuno», págs. 35-55.
Ribas, Pedro. «El 'Volksgeist' de Hegel y la intrahistoria de Unamuno», págs. 23-33.
Turiel, Pedro. «Lux in tenebris», págs. 19-22.

CHACEL, ROSA. *La confesión*. Barcelona, EDHASA, págs. 16-18, 53 y 89-174 (literatura de confesión en Cervantes, Galdós y Unamuno).

CHANG-RODRÍGUEZ, R. «Análisis de dos antinomias de la generación de 1898», *PSA*, 56, págs. 11-24.

CHIARENO, O. «Unamuno y dos amigos suyos italianos», *QIA*, núms. 39-40, págs. 243-47.

DÍAZ-PLAJA, G. «Filosofía y contradicción», «Sobre el esteticismo levantino», «Unamuno, Maragall y Carner», «Unamuno y Martí», «Lo libresco en los personajes de Unamuno», *Al filo del Novecientos. Estudios de Intercomunicación Hispánica*. Barcelona, Planeta, páginas 145-92.

FEAL-DEIBE, C. «Símbolos de renacimiento en la obra de Unamuno (La 'Oda a Salamanca')», *HR*, núm. 39, páginas 395-414.

FERNÁNDEZ DE LA MOSQUERA, R. «Los encasillamientos», *ABC*, 28 octubre.

FERNÁNDEZ MURGA, F. «Benedetto Croce y España», *FM*, XI, número 42, 1971, págs. 197-200.

FIGUERUELO, A. «El ejemplo de don Miguel», *NU*, 22 mayo.

FORESTA, G. «Mazzini nella vita e nella poesia di Unamuno», *BDM*, 17, págs. 58-72.

FRANCO, A. *El teatro de Unamuno*. Madrid, Insula, 346 páginas.

Reseñas:
Fernández Santos, A. *Ins*, núm. 316, 1973, pág. 15.
García Lorenzo, L. *Seg*, núms. 7-8, págs. 297-300.
Johnson, W. D. *CCMU*, XXII, 1972, págs. 193-94.
Quimette, V. *BHS*, LI, 1974, págs. 308-309.
Shaw, D. L. *MLR*, 69, núms. 1-2, 1974, pág. 206.

FRANZ, T. R. «Ancient Rites and the Structure of Unamuno's *Amor y pedagogía*», *RN*, núm. 13, págs. 217-20.

FUSTER, JOAN. «El caso de don Miguel», *VE*, 21 mayo.

García Morejón, J. *Unamuno y Portugal*, 2.ª edición, con prólogo de Dámaso Alonso. Madrid, Gredos.

Gascó Contell, E. «Unamuno y Blasco Ibáñez, novelista de Bilbao», *ABC*, 23 octubre.

González López, E. «Unamuno y la novela existencialista: *Paz en la guerra*», *Ins*, núm. 298, págs. 12-13.

González Echevarría, R. «*La muerte de Artemio Cruz* y Unamuno, una fuente de Fuentes», *CA*, núm. 4, páginas 197-207.

GR, «Hace treinta y cinco años», 31 diciembre.

Gullón, Germán. «Juego de ficción: Juego de palabras», *Ins*, núm. 293, págs. 3-4 (sobre *Niebla*).

Hannan, D. G. «Unamuno: *La tía Tula* como expresión novelesca del ensayo 'Sobre la soberbia'», *RN*, núm. 12, páginas 296-301.

Inge, M. T. «Unamuno's Reading in American Literature», *H*, núm. 54, págs. 149-54.

Jiménez Lozano, J. «Cartas de un cristiano impaciente: sobre Unamuno y Baroja», *Dest*, núm. 1740, febrero.
— «La ortodoxia actual de Don Miguel de Unamuno», *Ibíd.*, núm. 1770, septiembre.

Lasso de la Vega, J. «*Fedra*, de Unamuno», *De Sófocles a Brecht*. Barcelona, Planeta, págs. 205-48.

Lawrence, E. T. «El vasquismo de Unamuno y las lenguas peninsulares», *CD*, XXVI, julio, págs. 15-19.

López-Morillas, J. «Unamuno: la tradición como videncia», *HWF*, págs. 469-77.

Lucero de Padrón, D. M. «Escolio al Unamuno contemplativo», *Proh*, 2, 111-16.

Masiá-Clavel, J. «Una obra problemática de Unamuno: *La agonía del Cristianismo*», *RFLE*, núm. 1, págs. 41-52.

McClintock, Robert. *Man and his circumstances. Ortega as educator*. Nueva York, Teachers College Press,

Columbia University, págs. 61-64, 69-72, 502-509, 512-513.

MERCADO, J. JR. «Unamuno el heterodoxo», *UA*, núm. 180, páginas 109-16.

MONTERO PADILLA, J. «Segovia pensada y sentida por Unamuno», *MisS*, págs. 153-59.

MONTEZUMA CARVALHO, J. «O teatro pobre de Jerzy Grotoski ou a volta de Unamuno», *TLM*, 29 enero.
— «A Essência Eterna do teatro», *Ibíd.*, 30 marzo.
— «Tolstoy y Unamuno», *NMex*, ?
— «El mensaje de Don Quijote de la Mancha (Unamuno y Giovanni Papini)», *Ibíd.*, ?

MOTA, JORGE C. «A presença do Corâo no *Cancionero* de Miguel de Unamuno», *RHSP*, 86, págs. 351-72.

NOZICK, M. *Miguel de Unamuno*. Nueva York, Twayne, 238 páginas.

Reseñas:
Butt, J. W. *BHS*, L, 1973, págs. 405-407.
Franz, T. R. *H*, LVII, núm. 4, 1974, pág. 1014.
Johnson, W. D. *CCMU*, XXIII, 1973, págs. 233-35.
Shaw, D. L. *MLR*, 69, núms. 1-2, 1974, págs. 443-45.

OLSON, PAUL R. «Unamuno's lacquered boxes: *Cómo se hace una novela* and the ontology of writing», *RHM*, XXXVI, 1970-71, págs. 186-99.

PALMER, D. D. «Unamuno, Freud and the Case of Alonso Quijano», *H*, 54, págs. 243-49.

PASTRAS, P. «Unamuno's Romantic Tragedy», *Fe*, págs. 179-190.

PIKE, F. B. *Hispanismo, 1898-1936*. (Spanish Conservatives and Liberals and Their Relations with Spanish America). Indiana, Univ. of Notre Dame Press, págs. 59-60, 129-30, 185-86, 311-12.

RABANAL ALVAREZ, M. «Los *idiotas* de Grecia y Unamuno», *ABC*, 21 diciembre.

RIBERA, A. «Los gitanos en un texto inédito de Miguel de Unamuno», *HoM*, núm. 14, febrero.

RIBBANS, G. *Niebla y Soledad.* (Aspectos de Unamuno y Machado). Madrid, Gredos, págs. 17-142 y 289-322 (colección de artículos revisados aparecidos anteriormente).

Reseñas:

Cano, J. L. *Ins*, núm. 304, 1972, págs. 8-9.
López-Morillas, J. *MLR*, 69, núms. 1-2, 1974, págs. 206-208.
Shaw, D. L. *BHS*, L, 1973, págs. 100-101.

RICO DE ESTASEN, J. «Don Miguel de Unamuno», *P*, 31 diciembre.
— ««Cuando Unamuno estuvo en el pueblo de Chinchilla», *MH*, núm. 275.

ROCHA, B. DA. «A Oraçao de Unamuno», *Li*, núm. 848, 20 febrero.

RUIZ RAMÓN, F. «Unamuno y sus dramas esquemáticos», *Historia del teatro español. Siglo XX*. Madrid, Alianza Editorial, págs. 80-98.

SÁNCHEZ DE PALACIOS, M. «Unamuno y Valle-Inclán», *ABC*, 17 junio.

SASAKI, T. «Unamuno y *En torno al casticismo*», *RFLE*, número 19, diciembre, págs. 27-36.

SCIACCA, M. F. *Il Chisciottismo tragico di Unamuno*. Milán, Marzorati, 271 págs.

Reseña:

Guerrieri-Crocetti, C. *Paid*, 26, págs. 247-51.
— «Ultima uscita di Don Chisciotte», *TR*, 30 abril, página 3.

THOMPSON, B. B. «Byron's *Caín* and Unamuno's *Abel Sánchez*: Two Faces of Heroic Anguish», *Fe*, págs. 215-20.

TORRE, G. DE. «Unamuno y América», *EL*, núm. 460, 15 enero, págs. 4-6.

Unamuno, Miguel de. *Tres nivolas,* edición de D. Basdekis. Nueva Jersey, Prentice Hall.

Reseñas:

Díaz, J. W. *Hispano,* 51, pág. 73.
Franz, T. R. *MLJ,* 56, 1972, núm. 6, págs. 401-402.
Schwitzer. *H,* 54, págs. 983-84.
— *En torno al casticismo,* estudio y edición de F. Fernández Turienzo. Madrid, Alcalá.

Reseña:

I. E. *LDeu,* II, enero-junio 1972, págs. 205-206.
— *Epistolario y escritos complementarios. Unamuno-Maragall,* prólogo de P. Laín Entralgo. Madrid, Seminarios y Ediciones.

Reseñas:

Azancot, L. *EL,* núm. 480, págs. 757.
Cano, J. L. *Ins,* núm. 27, págs. 8-9.
Macías, V. *ABC,* 15 abril.

Valdés, M. J. «Archetype and Recreation: A Comparative Study of William Blake and Miguel de Unamuno», *UTQ,* núm. 40, págs. 58-72.

Valente, J. A. «Notas para un Centenario» (el de Unamuno), *Las palabras de la tribu.* Madrid, Siglo XXI de España, págs. 228-36.

Valverde, J. M. *Azorín.* Barcelona, Planeta, págs. 71-74, 281-84 y 302-303.

Vilá San Juan, P. «Los monodiálogos de Unamuno», *ABC,* 23 noviembre.

1972

Abellán, J. L. «Claves del 98», *CA,* 183, núm. 4, págs. 140-63. Recogido en *Sociología del 98.* Barcelona, Península, 1973.

Alvar, M. «Noventayocho y novela de posguerra», *REH,* 1-4, págs. 101-28.

ALLUÉ Y MORER, F. «Dos sonetos de Unamuno», *PEsp*, número 239, noviembre, págs. 7-8. (Por «Al 46 aniversario de su nacimiento», en *Rosario de sonetos líricos*, y «Al cumplir mis setenta y dos años», en *Cancionero*).

APONTE, B. B. *Alfonso Reyes and Spain: His dialogue with Unamuno, Valle-Inclán, Ortega y Gasset, Jiménez, and Gómez de la Serna.* Austin, Univ. of Texas Press.

Reseñas:
Rasi, H. M. *MLJ*, 58, núms. 1-2, 1974, pág. 75.
Robb, J. W. *HR*, 42, núm. 4, 1974, págs. 473-74.
Salgado, M. A. *Hispano*, 52, septiembre 1974, páginas 74-76.

ARÍSTIDES, J. *Unamuno, dialéctica de la tragedia existencial.* Santa Fe (Argentina), Colmegna, 220 págs.

AVELLO. «Unamuno y la jarra», *NuEsp*, 21 enero.

BATCHELOR, R. E. «Form and Content in Unamuno's *Niebla*», *FMLS*, núm. 8, págs. 197-214.
— *Unamuno Novelist: A Eurepean Perspective.* Oxford, Dolphin, 324 págs.

Reseñas:
Cobb, C. H. *CCMU*, XXIII, 1973, págs. 129-30.
López-Morillas, J. *MLR*, 69, núms. 3-4, 1974, págs. 682-683.
Round, N. G. *BHS*, LII, 1975, págs. 179-85.

BERGAMÍN, J. «Fantasmas del 98. Madrid, 1960-1963», y «Unamuno: El hereje», *De una España peregrina.* Madrid, Al-Borak, págs. 79-85.

BROWN, G. G. *A Literary History of Spain. The Twentieth Century.* Londres, E. Benn Ltd., págs. 14-23, 82-84 y 123.

BUTT, J. W. «Unamuno's idea of 'intrahistoria'; its origins and significance», *SMSLA*, págs. 13-24.

CARRUTHERS, K. «Apuntes para un estudio de la mujer y

el problema de la personalidad en Unamuno», *Ref*, número 1, mayo-agosto, págs. 105-15.

CLOSE, A. J. «*Don Quixote* and Unamuno's philosophy of art», *SMSLA*, págs. 25-44.

Cuadernos de la Cátedra Miguel de Unamuno, XXII:
Cobb, Christopher H. «Sobre la elaboración de *Abel Sánchez*», págs. 127-47.
Chaves, Marcia C. «Unamuno: Existencialista cristiano», págs. 61-80.
Fernández de la Cera, Manuel. «El epistolario Unamuno-Ortega», págs. 83-97.
Ibáñez de García Blanco, Leo. «Bibliografía unamuniana», págs. 207-13.
Linage Conde, Antonio. «Unamuno y la historiografía», págs. 149-84.
Masiá Clavel, Juan. «Cotidianidad y eternidad. (Releyendo a Unamuno en Japón)», págs. 6-11.
Navarro González, Alberto. «De las noches serenas y melancólicas de Fray Luis, a las noches angustiosas y esperanzadoras de Unamuno», págs. 33-59.
Rivera de Ventosa, E. «Henri Bergson y Miguel de Unamuno. (Dos filósofos de la vida)», págs. 100-25.
Sandru Olteanu, Tudora. «Unamuno en Rumania», páginas 13-21. (Contiene bibliografía.)
Semprun Donahue, Moraima de. «El amor como tema de la eternidad en las rimas de *Teresa*, de Unamuno», págs. 23-32.

DÍAZ-PETERSON, R. «Unamuno: ¿Creación o encarnación?», *RIB*, núm. 22, págs. 390-403.

EL, «Homenaje a Unamuno y fallo del premio Alamo», número 502, 15 octubre, pág. 51 (inauguración de un nuevo busto de Unamuno, obra del escultor salmantino Agustín Casillas).

FEAL DEIBE, C. «Unamuno y Don Juan», *Sy*, XXVI, páginas 293-313.

FERNÁNDEZ, PELAYO H. *Estilística*. Madrid, Porrúa Turanzas, páginas 11-16.

19

Fox, A. A. *La novela de Unamuno y el modo dramático.* Tesis Univ. de Minnesota.

Fraile, G. *Historia de la filosofía española.* Madrid, Biblioteca de Autores Cristianos, págs. 193-228.

Francolí, E. «El tema de Caín y Abel en Unamuno y Buero Vallejo», *RN*, núm. 14, págs. 244-51.

Gallego Morell, A. «El Cristo de Unamuno», *Diez ensayos sobre literatura española.* Madrid, Revista de Occidente, págs. 79-96.

García Lorenzo, L. «De Clarín y Unamuno», *Proh*, III, páginas 467-72.

Garofalo, S. B. «The tragic sense in the poetry of Leopardi and Unamuno», *Sy*, XXVI, págs. 197-211.

Kerrigan, A. «Borges-Unamuno», *TriQ*, 25, págs. 294-311.

Klein, L. B. «Ideas de Unamuno sobre temas americanos», *CA*, núm. 5, págs. 151-69.

Kourím, Zdenek. «Le thème de la mort et le théâtre de Miguel de Unamuno», *Pensée Ibérique et finitude.* Toulouse, Publications de l'Université de Toulouse-Le Mirail, págs. 77-91.

Lázaro Carreter, F. «*Fedra* de don Miguel de Unamuno», *GI*, núm. 826, 6 agosto.

López-Morillas, J. «Unamuno y sus 'costras': Apostillas a una metáfora», *PQ*, LI, págs. 313-20.

Lorenzo-Rivero, Luis. «Unamuno y Larra frente al problema de España», *Hispano*, núm. 46, págs. 41-50.

MacCarthy, C. «Unamuno and the Need for Struggle», *WP*, 21 enero, pág. A-22.

Manrique de Lara, G. «La tertulia de Unamuno en París», *ABC*, 3 junio.

Maragall y Unamuno hablan de España, introducción de José García Nieto. Madrid, Enebro.

MARÍAS, J. «Unamuno circunstanciado», *GI*, núm. 801, 13 febrero.

MASIÁ CLAVEL, J. «El uso unamuniano de 'esencia' y 'meollo' visto desde el japonés. Nota filosófica del lenguaje», *RAF*, núm. 1, págs. 4-12.
— «El acondicionamiento ambiental y la libertad humana en Watsuji Tetsuro y Miguel de Unamuno», *Ibíd.*, 2, págs. 19-38.

MATILLA RENGEL, F. «Ultimos datos de Unamuno creyente», *Ad*, 21 febrero.

MENDIZÁBAL, CRUZ. «La sinceridad en Unamuno», *CSur*, número 11, págs. 175-93.

MIRET MAGDALENA, E. «¿Hereje Unamuno?», *Tr*, núm. 490, febrero.

MOLINA, IDA. «Note on the Dialectics of the Search for Truth in *El Otro* and in *El tragaluz*», *RN*, núm. 14, páginas 23-26.

MORALES, C. «Unamuno's Concept of Woman», *FJS*, 5, páginas 91-100.

MORÓN ARROYO, C. «Unamuno y Hegel», *Crisis*, XIX, ? Incluido en la edición de A. Sánchez Barbudo de 1974.

PAGÉS LARRAYA, A. «Unamuno y la valoración crítica del *Martín Fierro*», *Logos*, núm. 12, págs. 13-30. Repetido en *CH*, núm. 270, págs. 423-40.

RAMOS GASCÓN, A. «Clarín y el primer Unamuno», *CH*, números 263-64, págs. 489-95.

RIDRUEJO, D. «Sombras y bultos (Machado, Unamuno, Maeztu)», *Dest*, núm. 1793, 12 febrero.

RÍOS RUIZ, M. «Homenaje a Unamuno», *ABC*, 6 marzo.

SEQUEROS, A. *Con el 98 y su proyección literaria*. Almoradí, Edijar, págs. 95-104.

SHERGOLD, N. D. «Unamuno's novelistic technique in *San Manuel Bueno, mártir*», *SMSLA*, págs. 163-80.

Reseña:
Fox, E. I. *MLR*, 68, núms. 3-4, 1973, págs. 917-18.

Smith, G. «Unamuno, Ortega, and the 'otro'», *REHA*, número 6, págs. 373-85.

Sugiyama, T. «La búsqueda del ser en *Niebla*», *RUAy*, número 12, págs. 89-95.

Unamuno, Miguel de. *Miguel de Unamuno y Luis de Zulueta: Cartas (1903-1933)*. Madrid, Aguilar. Recopilación, prólogo y notas de Carmen de Zulueta.

Reseñas:
Azancot, L. *EL*, núm. 496, pág. 1011.
Johnson, W. D. *CCMU*, XXIII, 1973, págs. 231-32.
Pérez, J. *BH*, 76, 1974, núms. 1-2, págs. 240-46.
— *The Tragic Sense of Life in Men and Nations*, trad. inglesa de A. Kerrigan; edición anotada de A. Kerrigan y M. Nozick. Princeton, Bollinger Series.

Reseña:
Olson, P. R. *MLN*, 89, núm. 2, 1974, págs. 338-41.
— *Saint Manuel, le Bon Martyr*, prefacio, traducción y notas de J. Rieunaud. Toulouse, E. Privot.

Valdés, M. J. «Metaphysics and the Novel in Unamuno's Last Decade: 1926-1936», *Hispano*, núm. 44, páginas 33-44.

1973

Abellán, J. L. «El mito de Cristo en Unamuno», *Rio*, núm 3, septiembre. Recogido en *Sociología del 98*. Barcelona, Península, 1973, págs. 247-68.
— ««Notas para una interpretación sociológica de Unamuno», *Sistema*, núm. 3, octubre. Recogido en *Sociología del 98*. Barcelona, Península, 1973, págs. 209-23.

Alvar, M. «Unamuno en sí mismo: 'Para después de mi muerte'», *El comentario de textos*. Madrid, Castalia, páginas 240-70.

Basdekis, D. «Unamuno and Zola: Notes on the Novel», *MLN*, 88, págs. 366-74.

Bustos Tovar, E. de. «Unamuno: 'Avila de los Caballeros'», *El comentario de textos.* Madrid, Castalia, págs. 214-239.

Cancela, G. *El sentimiento religioso de Unamuno.* Madrid, Plaza Mayor, 124 págs.
Reseña:
Díaz, J. W. *Hispano*, 54, mayo 1975, págs. 82-84.

Carr, Duane R. «St. George and the Snapdragons: The Influence of Unamuno on *Who's Afraid of Virginia Wolf?*», *ArQ*, 29, págs. 5-13.

Castillo-Elejabeitia, D. de. «Unamuno y el arca» (poema), *PSA*, 71, octubre, págs. 59-60.

Confield, Rose E. *Unamunesque elements in the Theater of Antonio Buero Vallejo.* Tesis Univ. de Colorado.

Cortina, Rodolfo, y Rodríguez, Alfredo. «Canes y filósofos: Baroja, Unamuno y Schopenhauer», *Ab*, 37, páginas 103-109.

Cuadernos de la Cátedra Miguel de Unamuno, XXIII:
Alvar, Manuel. «Símbolo y mito en la oda *Salamanca*», págs. 49-70.
Bustos Tovar, E. de. «Miguel de Unamuno, 'poeta de dentro a fuera'», págs. 71-137.
Franz, T. R. «El sentido de humor y adquisición de autoconciencia en *Niebla*», págs. 5-25.
Ibáñez de García Blanco, L. «Bibliografía unamuniana», págs. 247-52.
Lavoie, Ch.-A. «Dostoyevski et Unamuno», págs. 221-227.
Linage Conde, A. «Unamuno y la historia española», páginas 149-209.
Litvak, L. «Ruskin y el sentimiento de la naturaleza en las obras de Unamuno», págs. 211-20.
Rubio Latorre, R. «Unamuno, educador», págs. 27-47.

Tovar Llorente, A. «El sentimiento trágico de Unamuno y la actual situación del mundo de nuestra lengua», págs. 139-47.

Chavous, Quentin, y Rodríguez, Alfredo. «Una nota al *Abel Sánchez*», *PLL*, 8, págs. 88-90.

Díaz, Janet W. «Socio-Religious Context for a Poem of Unamuno», *RN*, 15, págs. 18-24.

Díaz-Plaja, F. *Francófilos y germanófilos. Los españoles en la guerra europea*. Barcelona, Dopesa.

Dobson, A. «Unamuno's *Abel Sánchez:* An Interpretation», *MLL*, 54, págs. 62-67.

Domingo, José. «La novela ideológica personal de Miguel de Unamuno», *La novela española del siglo XX*. Barcelona, Ed. Labor, págs. 12-23.

Febres, Eleodoro J. «La fe como inquietud en Miguel de Unamuno», *RyF*, 904, págs. 449-59.

Foresta, Gaetano. «Unamuno interventista», *NAnt*, 518, páginas 71-90.
— «Pirandello e Unamuno», *NQM*, 11, págs. 15-33.

Foster, David W. *Unamuno and the Novel as Expresionistic Conceit*. Hato Rey, Puerto Rico, Inter American University Press, 52 págs.

Franz, Thomas R. «Menéndez y Pelayo as Antolín S Paparrigópulos of Unamuno's *Niebla*», *PLL*, 9, págs. 84-88.

García Viñó, Manuel. «La *Fedra* de Unamuno», *Arbor*, 85, julio-agosto, págs. 111-19.

González del Valle, Luis T. *La tragedia en el teatro de Unamuno, Valle-Inclán y García Lorca*. Tesis Univ. de Massachusetts.

González López, E. «Benavente, punto y contrapunto de la generación del 98», *CH*, núm. 279, págs. 454-65.

Inge, H. Thomas. *Unamuno's Moby-Dick*. Tesis Univ. de Pennsylvania.

JIMÉNEZ, MARÍA DEL CARMEN. «Poesía y religión en Unamuno», *Ab*, 37, págs. 58-76.

JIMÉNEZ HERNÁNDEZ, A. *Unamuno y la filosofía del lenguaje.* Río Piedras, Puerto Rico, Edit. San Juan, 199 págs.

LORENZO-RIVERO, LUIS. «El suicidio: una obsesión de Unamuno», *CA*, 5, págs. 227-39.

MARICHAL, J. «Unamuno, Ortega y Américo Castro: tres grandes náufragos del siglo XX», *Sistema*, núm. 1.

MARRERO, CARMEN. *Oyendo a Pedro Salinas.* San Juan de Puerto Rico, Ed. Cordillera, págs. 30-82 (apuntes de clase tomados por la autora en los cursos de P. Salinas).

MARTÍN, JOSÉ L. «Hispanoamérica en el pensamiento de Unamuno», *SinN*, IV, págs. 72-80.

MEJÍA VALERA, MANUEL. «¿Un gazapo de Unamuno?», ? páginas 405-408.

MONTES HUIDOBRO, M. «Unamuno: las palabras. Don Juan Manuel: el aislamiento frente a la voz», *Azor*, número 50, págs. 1-2.

MONTULL CALVO, T. *La tragedia íntima de Don Miguel de Unamuno.* Tesis Univ. de Madrid.

NEWBERRY, W. *The Pirandellian Mode in Spanish Literature from Cervantes to Sastre.* State University of New York Press, págs. 73-93.

NONOYAMA, MINAKO. «La personalidad en los dramas de Buero Vallejo y de Unamuno», *Hispano*, 49, septiembre, págs. 69-78.

PALOMO, M. DEL PILAR. «Símbolo y mito en el teatro de Unamuno», *El teatro y su crítica* (Reunión de Málaga de 1973). Instituto de Cultura Hispánica de la Diputación Provincial de Málaga, págs. 227-43.

PIZÁN, M. *Los hegelianos en España y otras notas críticas.* Madrid, Cuadernos para el Diálogo, págs. 29-30.

Prado, A. *La literatura del casticismo.* Madrid, Ed. Moneda y Crédito, págs. 29-36 y 80-82.

Ribbans, G. W. «Unamuno and Jacob Burckhardt», *SIHF*, páginas 529-38.

Río, E. del. *La idea de Dios en la generación del 98.* Madrid, Studium, págs. 31-49.

Rodríguez, A. (véase arriba Cortina, R.)
— (Véase arriba Chavous, Q.)

Rojas, C. *Diez figuras ante la guerra civil.* Barcelona, Nauta, páginas 589-647.

Siebenmann, G. *Los estilos poéticos en España desde 1900.* Madrid, Gredos, págs. 107-108, 163-69, 289-90.

Trías Mercant, S. «Encuentros filosóficos de la teoría del lenguaje de Unamuno», *PSA*, 70, julio, págs. 37-59.

Unamuno, Miguel de. *Ver con los ojos y otros relatos novelescos.* Madrid, Espasa-Calpe.

Reseña:

Torres Nebrera, G. *EL*, 531, enero 1974, pág. 1572.
— *San Manuel Bueno, mártir,* edición inglesa anotada de M. J. Valdés y M. E. Valdés. Chapel Hill, N. C., Estudios de Hispanófila.

Valderrey, Carmen. «El problema del amor en los ensayos de Miguel de Unamuno», *Arbor*, 325, págs. 55-64.

Valdés, M. J., y Valdés, M. E. *An Unamuno Source Book.* Toronto (Canadá), Univ. of Toronto Press, 305 págs. (La biblioteca particular de Unamuno.)

Reseñas:

Butt, J. W. *MLR*, 70, núm. 3, 1975, págs. 677-78.
Pérez, J. *BH*, 76, 1974, núms. 1-2, págs. 238.

Villegas, Juan. *La estructura mítica del héroe en la novela del siglo XX.* Barcelona, Planeta, págs. 13, 87, 128.

Weber, F. W. «Unamuno's *Niebla:* From Novel to Dream», *PMLA*, 88, págs. 209-18.

1974

ABELLÁN, J. L. «El mito de Cristo en Unamuno», *Rio*, 3-4, sept-marzo 1973-74, págs. 77-94.

AMALRIC, ANNE. «Vie et inmortalité chez Miguel de Unamuno aux chapitres III, IV, V, VI du *Sentiment tragique de la vie*», *Penseurs hétérodoxes du monde hispanique.* Université de Toulouse-Le Mirail, págs. 213-21.

ANDERSON, R. «The narrative voice in Unamuno's *San Manuel Bueno, mártir*», *Hispano*, 50, enero, págs. 67-76.

ASH HURST, A. W. «Miguel de Unamuno y Rubén Darío», *CA*, 3, mayo-junio, págs. 225-44.

AYALA, F. *La novela: Galdós y Unamuno.* Barcelona, Seix Barral.

Reseña:
Díez Borque, J. M. *EL*, 541, junio, pág. 1737.

BRETZ, M. L. «El humor y la comicidad en Unamuno», *CH*, 286, abril, págs. 149-61.

CAMBRIA, ROSARIO. «Miguel de Unamuno: '¡Que no hablen tanto sobre toros!'», *Los toros. Tema polémico en el ensayo español del siglo XX.* Madrid, Gredos, páginas 59-84.

CAPUANO, I. *El desdoblamiento del «yo» en la poesía de Martí, Unamuno, A. Machado, Juan Ramón Jiménez.* Tesis Univ. de Nueva York.

DÍAZ, C. «Unamuno y el individualismo hispánico», *Arbor*, 87, abril, págs. 57-64.

DÍAZ-PETERSON, R. «*Abel Sánchez*, de Unamuno, un conflicto entre la vida y la escolástica», *Arbor*, 87, mayo-agosto, págs. 85-96.
— «Leyendo *San Manuel Bueno, mártir*. La montaña que se convierte en lago», *CH*, 289-90, julio-agosto, páginas 383-91.

DÍEZ, R. *El desarrollo estético de la novela de Unamuno.* Tesis Univ. de Nueva York.

FEDERICI, M. *La imagen del hombre en la poesía de Unamuno*. Madrid, Ed. Fragua, 135 págs.

FIDDIAN, R. W. «Unamuno-Bergson: A Reconsideration», *MLR*, 69, julio, págs. 787-95.

GIL, I. M. «La muerte personal en la poesía de Miguel de Unamuno», *CH*, 291, septiembre, págs. 598-613.

LAHR-WELL, A. M. *Unamuno and his contribution to the Don Juan and feminist myths*. Tesis Univ. de Saint Louis.

MADARIAGA, S. DE. *Memorias (1921-1936)*. Madrid, Espasa-Calpe, págs. 215-23.

MATURE, A. P. «El ente de ficción liberado en el teatro de Miguel de Unamuno», *Hispano*, 50, enero, págs. 1-8.

McCARGAR, W. K. *The Poetry of Miguel de Unamuno*. Tesis Univ. de Wisconsin.

MOLINA, IDA. «Truth versus myth in *En la ardiente oscuridad* and in *San Manuel Bueno, mártir*», *Hispano*, 52, septiembre, págs. 45-49.

OUIMETTE, V. *Reason Aflame. Unamuno and the Heroic Will*. New Haven-London, Yale Univ. Press, 237 págs.
Reseñas:
Butt, J. W. *MLR*, 70, núm. 3, 1975, págs. 676-77.
Metzidakis, P. *MLQ*, 36, núm. 1, 1975, págs. 94-96.
Predmore, R. L. *H*, 58, núm. 3, 1975, pág. 575.

POYLO, ANNE. «Valery Larbaud et Miguel de Unamuno ou la critique passionnée», *LNP*, sept-oct., págs. 160-73.

PERSIN, M. H. *A structural and thematic study of Miguel de Unamuno's «El Cristo de Velázquez»*. Tesis Univ. de Indiana.

REXACH, R. «La temporalidad en tres dimensiones poéticas: Unamuno, Guillén y José Hierro», *CH*, 289-90, julio-agosto, págs. 286-119.

ROUND, N. G. *Unamuno: Abel Sánchez*. Londres, Grant & Cutler Ltd., 99 págs.

Rubio Latorre, R. *Educación y educador en el pensamiento de Unamuno*. Salamanca, Instituto Pontificio San Pío X, 156 págs.

Sánchez Barbudo, A. *Miguel de Unamuno*, breve introducción y selección de artículos anteriormente aparecidos. Madrid, Taurus.

Reseña:
Cano, J. L. *Ins*, núm. 339, febrero 1975, págs. 8-9.

Slade, C. «Unamuno's *Abel Sánchez:* 'l'ombre dolenti nelle ghiaccia'», *Sy*, 28, págs. 356-65.

Trives, E. R. «Praxis metalingüística e hipóstasis semiofónica. (A propósito de un soneto de Miguel de Unamuno)», *Estudios literarios dedicados al profesor Mariano Baquero Goyanes*. Murcia (el soneto es el que comienza «¡Miguel! ¡Miguel! Aquí, Señor, desnudo», *OC*, VI, pág. 721).

Tuñón de Lara, M. *Costa y Unamuno en la crisis de fin de siglo*. Madrid, Cuadernos para el Diálogo, 264 págs.

Turner, D. G. *Unamunos's Webs of Fatality*. Londres, Tamesis Books Ltd., 170 págs.

— *Cancionero (Antología)*, introducción de A. Ramos Gascón. Madrid, Taurus.

Unamuno, Miguel de. *The Last Poemas of Miguel de Unamuno*, edición de Más-López, E. Cranbury, Nueva Jersey, Associated University Press.

Reseña:
Benbow, J. L. *MLJ*, 59, núm. 1, 1975, pág. 66.

Willis, K. E. *Miguel de Unamuno's «El Cristo de Velázquez»*. Tesis Univ. de Washington.

1975

Basdekis, D. «El populismo de Unamuno», *CFS*, págs. 242-251.

Díaz-Peterson, R. *Unamuno: el personaje en busca de sí mismo*. Madrid, Col. Nova Scholar, 142 págs.

GALBIS, I. R. M. *Unamuno. Tres personajes existencialistas.* Barcelona, Ed. Hispam, 105 págs.

GARCÍA VIÑÓ, M. «Relectura de *La tía Tula*», *Arbor*, 90, número 349, págs. 127-33.

LACY, A. «Unamuno: an important, neglected voice for American philosophy», *ChHE*, 11, núm. 9, 10 noviembre, pág. 11.

LITVAK, LILY. *A Dream of Arcadia. Anti-Industrialism in Spanish Literature, 1895-1905.* Austin-Londres, Univ. of Texas Press, págs. 27-32, 71-79, 115-28, 159-67, 204-207.

LÓPEZ-MORILLAS, J. «Unamuno y Costa: esquema de una 'transustanciación'», *CFS*, págs. 223-41.

MAINER, JOSÉ-CARLOS. *La edad de plata.* Barcelona, Los Libros de la Frontera, págs. 51-55, 146, 169-70.

MARTÍNEZ LAÍNEZ, F. «Unamuno visto por su hijo», *Tr*, número 665, 28 junio, págs. 44-45 (se refiere a don Fernando).

MONLEÓN, JOSÉ. *El teatro del 98 frente a la sociedad española.* Madrid, Ed. Cátedra, págs. 15-53.

PALOMO, M. DEL P. «El proceso comunicativo de *La Esfinge*», *semiología del teatro.* Barcelona, Planeta, págs. 147-166.

RIBAS, P. «Unamuno y el problema agrario», *CFS*, páginas 252-72.

RICHARDS, K. C. «A Cultural Note to Unamuno's *La tía Tula, H*, 58, núm. 2, mayo, págs. 315-16.

SCOTT, N. M. «Unamuno and Painting», *Hispano*, núm. 55, septiembre, págs. 57-66.

UNAMUNO, MIGUEL DE. *El Otro*, en el libro de A. Zahareas y B. Mújica, *Readings in Spanish Literature*, comentario de C. Morón-Arroyo, págs. 242-46. Nueva York, Oxford University Press.

— *La tía Tula,* edición de E. D'Entremont. Englewood Cliffs, Prentice Hall.

Reseña:

Kaminar de Mújica, B. *H,* 58, núm. 3, septiembre, páginas 589-90.

— *The Agony of Christianity and Essays on Faith,* traducción inglesa de A. Kerrigan, edición y notas de A. Kerrigan y M. Nozick.

— *Novela/Nivola,* traducción inglesa de A. Kerrigan, introducción y notas de A. Kerrigan y M. Nozick, con prólogo de Jean Cassou.

— *Ficciones. Four Stories and A Play,* traducción inglesa de A. Kerrigan, introducción y notas de M. Nozick.

INDICE ONOMASTICO

A

A.: 1954.
A. A. M.: 1943 (dos), 1944, 1947.
ABC: 1930, 1931, 1954, 1957 (dos), 1964 (homenaje).
Abeledo, Amaranto A.: 1951.
Abellán García, José Luis: 1960, 1961 (cuatro), 1964 (dos), 1966, 1967, 1968 (tres), 1970 (dos), 1972, 1973 (dos), 1974.
Abizanda Ballabriga, Manuel: 1952.
Abrams, Fred: 1963, 1965.
Abranches: 1955.
Abreu Gómez, E.: 1949, 1954.
Abrial, Geneviéve: 1957.
Academia Paraguaya: 1956.
Acquaroni, José L.: 1964.
Adams, M.: 1945.
Adams, Nicholson B.: 1949.
Adan, F.: 1968.
A. del T.: 1964.
Adell, Alberto: 1961.
Adrio, Manuel: 1964.
Adsuara, Eduardo: 1964.
AFP: 1921.
A. F. S.: 1957.
Agacir: 1964.
Agorio, Adolfo: 1955.
Agosti: 1955.
Agostini de Del Río, Amelia: 1947, 1954, 1959 (dos), 1971 (dos).
Agrait, G.: 1935.
Agramonte, Roberto: 1961.
Aguado, Emiliano: 1945, 1964 (dos), 1965, 1968.
Aguado, Lola: 1964.
Agud Querol, M.: 1964.

Agüero, Eduardo de: 1968.
Aguilar, Mario: 1916.
Aguilera, César: 1964, 1965.
Aguirre, J. L.: 1970.
Aguirre Ibáñez, Rufino: 1934, 1948, 1949, 1950, 1952, 1953 (dos).
Aguirre Prado, Tomás: 1960.
AH: 1953.
Ail: 1964 (tres).
Aixelá de Boras, Natalia: 1964, 1971.
AJ: 1921.
Aja, Pedro V.: 1951, 1961.
A. L.: 1927, 1963.
Alamo (Homenaje): 1964.
Alarco, Luis F.: 1950.
Alarcos Llorach, Emilio: 1941, 1948, 1952, 1964.
Alas, Leopoldo («Clarín»): 1900, 1957.
Alas Argüelles, Leopoldo: 1934.
Alazraki, Jaime: 1966, 1967.
Alba, Pedro de: 1938.
Albérèrs, René Marill: 1952, 1955, 1966.
Alberich, José: 1956, 1957, 1958 (dos), 1959 (tres), 1960 (tres), 1964 (dos), 1966.
Alberich, Juan H.: 1964.
Alberti, Rafael: 1930, 1945.
Albertos, J. L.: 1960 (dos).
Albi, José: 1964.
Albornoz, Alvaro de: 1954.
Albornoz, Aurora de: 1959, 1961 (dos), 1964, 1968 (dos).
Alcalá, Angel: 1969.
Alcalá, Manuel: 1963, 1964.
Alcalá Galiano, A.: 1930.
Alcántara, F.: 1930.

Alcántara Gusat, M.: 1926.
Alcántara Martín, Manuel: 1964 (dos).
Alcorta, J. Ignacio: 1953.
Aldana, Manuel R. de: 1971.
Alegría, Ciro: 1961.
Aleixandre, Vicente: 1955.
Alejandro, J. M.: 1953, 1965 (dos).
Alemán, José M.: 1949.
Alemán Sáinz, Francisco: 1964.
Alfonso, José: 1964, 1967, 1971 (dos).
Alfonso Moreno, P.: 1964.
Alig, Wallace B.: 1943.
Almagro, Martín: 1937.
Almagro San Martín, Melchor de: 1943.
Almeida, José: 1966.
Alonso, Dámaso: 1951, 1952, 1966 (dos), 1971.
Alonso, María de: 1943.
Alonso, Salvio: 1964.
Alonso-Castrillo, Alvaro: 1966.
Alonso-Fueyo, Sabino: 1949, 1953, 1963 (dos), 1964, 1965.
Alonso Montero, Jesús: 1957, 1958, 1961 (dos), 1962, 1963, 1964.
Alpern, Ralph: 1928.
Altamira, Rafael: 1930.
Altolaguirre, Manuel: 1940.
Alvajar, César: 1954, 1955.
Alvar, Manuel: 1952, 1960 (dos), 1961, 1964, 1966, 1971, 1972, 1973 (dos).
Alvarez, Carlos L.: 1959, 1960, 1964 (dos).
Alvarez, Dictino: 1964.
Alvarez, José M.: 1964.
Alvarez Angulo, Tomás: 1963.
Alvarez de Miranda, Angel: 1950, 1952, 1959.
Alvarez del Vayo, Julio: 1930.
Alvarez Fernández, P.: 1957.
Alvarez Junco, José: 1968.
Alvarez Rodríguez, José: 1961.
Alvarez Turienzo, Saturnino: 1953, 1958, 1961, 1962 (cuatro), 1964, 1967.
Alvarez Villa, Alfonso: 1966.
Allares, Pedro: 1964.
Allison Peers, E.: 1949, 1952.

Allué y Morer, Fernando: 1956, 1962, 1964 (dos), 1968, 1972.
Alluntis, Félix: 1955, 1965.
A. M.: 1957 (dos).
Amador Sánchez, Luis: 1951.
Amalric, Anne: 1974.
Amarilla, Lidia: 1951.
Amiama, Gabriel: 1964.
Amo, A. del: 1964.
Amorós, Andrés: 1966, 1969.
Anabitarte Pertegas, J.: 1964.
Anderson, Reed: 1971, 1974.
Anderson, Robert F.: 1970.
Anderson-Imbert, Enrique: 1937, 1943, 1954.
Andrade, R.: 1964.
Andrés, Angel: 1970.
Angeles, José: 1964 (dos).
Angulo, Julio: 1964.
Anido-Meulener, Gastón: 1965.
Ansede, Cándido: 1961.
Ansón, Luis M.: 1959.
Antón, Francisco: 1907, 1908, 1960, 1973.
Antonio, Claudio G.: 1967.
Antunes, M.: 1954, 1957.
Antuña, José: 1928.
Aparicio, Juan: 1930, 1940, 1964 (dos).
Aponte, Bárbara B.: 1972.
Appleyard, José Luis: 1964.
Apráiz, Angel de: 1946.
Aquésolo, L. de: 1968.
A. R.: 1964.
Arr: 1966.
Araéz, Josefina G.: 1955.
Aragonés, Juan E.: 1962, 1964.
Aramberri, Julio R.: 1965.
Aramburo, Mariano: 1928.
Aramburu, Javier de: 1964.
Arana, José R.: 1957.
Arana Goiri, Gabino: 1888.
Arana Gondra, Víctor: 1965.
Aranda, Joaquín F.: 1964.
Aranguren, José Luis: 1948, 1952, 1953 (dos), 1954 (dos), 1955 (dos), 1960, 1961, 1962 (dos), 1964 (tres), 1966.
Araquistáin, Luis de: 1914, 1917, 1922 (dos), 1926, 1930, 1958 (dos), 1962.

Araújo, J. B. de: 1964 (dos).
Araújo-Costa, Luis: 1945.
Arbó, Sebastián Juan: 1963, 1964.
Arbor (Homenaje): 1948.
Arce de Vázquez, Margot: 1968.
Arciniega, Rosa: 1938.
Arciniegas, Germán: 1953.
Arco y Garay, Ricardo del: 1932, 1944.
Arconada, César M.: 1930.
Ardao, Arturo: 1953, 1961.
Areílza, José M. de: 1944, 1964 (dos).
Ares Montes: 1953.
Argente, Baldomero: 1909.
Arguedas, Alcides: 1937.
Arias, Augusto: 1954, 1956.
Aristarco: 1933.
Aristeguieta, Jean: 1965.
Arístides, Julio: 1941, 1949, 1955, 1959, 1961 (dos), 1967, 1972.
Ariztimuño, José de: 1931.
Arjona, Davis King de: 1928.
Armas Ayala, Alfonso de: 1952, 1954, 1958, 1959 (dos), 1960, 1962, 1963.
Armas Medina, Gabriel de: 1958.
Armistead, Samuel G.: 1965.
Arnau, R.: 1946.
Arocena: 1964.
Arratia, Alejandro: 1930.
Arriba (Homenaje): 1964.
Arrigucci, David: 1964.
Arriluce de Ybarra, Marqués de: 1964.
Arroyo, V. M.: 1970.
Arrufat, A.: 1952.
Arteche, José de: 1958, 1964.
Artero, José: 1942.
Artiles, Jenaro: 1930.
Artur, E.: 1933.
Arzadún, Juan: 1944, 1945.
Asensio, Eugenio: 1966.
Ashhurst, Ana W.: 1964, 1970, 1974.
Asomante (Homenaje, 25 aniversario): 1961.
A. S. M.: 1953.
Assunto, Rosario: 1947.
Atenea (Homenaje): 1964.
Athayde, Tristâo de: 1941.

Aub, Max: 1941, 1948, 1961, 1964, 1966.
Aubrun, Charles V.: 1949, 1955, 1959, 1967.
Aug: 1957.
Avello: 1972.
Aventino, Rafael: 1935.
A. W.: 1955.
Ayala, Francisco: 1958, 1961, 1966, 1974.
Ayala, Juan Antonio: 1953, 1959, 1960 (dos), 1967.
Ayalde: 1964.
Ayestarán, José A.: 1963.
Ayllón, Cándido: 1963.
Ayres, C. E.: 1927.
Azancot, Leopoldo: 1971, 1972 (dos).
Azaña, Manuel: 1930.
Azaola, José Miguel de: 1943, 1945, 1946, 1947, 1948 (cinco), 1951 (dos), 1953, 1957, 1959, 1964 (dos), 1967.
Azar, Inés: 1970.
Azcoaga, Enrique: 1959.
Azpeitia, José M.: 1960, 1964.
Azorín (José Martínez Ruiz): 1896, 1897, 1898, 1906 (dos), 1910 (dos), 1913, 1914, 1922, 1924 (dos), 1926, 1928, 1929, 1930, 1941, 1943, 1947, 1948, 1962.

B

BA: 1952.
Babelon, Jean: 1949, 1959.
Babín, María T.: 1953, 1961.
Badanelli, Pedro: 1962.
Badosa, Enrique: 1964.
Baelen, J.: 1925.
Báez, Jorge: 1962.
Baeza, Ricardo: 1930.
Bahr, Hermann: 1926 (dos).
Bajona Olivares: 1959.
Baker, Clifford H.: 1961.
Balbino Marcos, P.: 1964.
Balbontín, José A.: 1926, 1965, 1969.
Balseiro, José A.: 1925, 1928, 1934, 1949, 1961, 1963.
Ballester Segura, L.: 1964.

Baquerizo Moreno, A.: 1937, 1940.
Baquero, Arcadio: 1962.
Baquero, Gastón: 1940, 1964 (dos), 1966, 1967.
Baquero Goyanes, Mariano: 1957.
Barahona Jiménez, L.: 1965.
Baráibar, Carlos de: 1950 (dos).
Barboana, J.: 1953.
Barce: 1962.
Bardi, Ubaldo: 1962, 1964.
Barea, Arturo: 1952.
Barea Monge, Pedro M.: 1964.
Barga, Corpus: 1923, 1967 (dos).
Barja, César: 1927, 1928, 1935.
Barnett, Pat: 1952.
Baroja, Pío: 1940, 1941, 1944, 1945, 1947, 1948.
Barral, Carlos: 1964.
Barrenechea, Ana M.: 1965.
Barret, William: 1958.
Barroetaveña, F. A.: 1920.
Barros, T.: 1964.
Barrows y Sheldon, Ch.: 1954.
Basave Fernández, Agustín: 1948 (tres), 1949, 1950, 1958 (tres), 1964.
Basdekis, Demetrios: 1960 (dos), 1961, 1964 (dos), 1965 (tres), 1966 (cuatro), 1967 (tres), 1968, 1969 (dos), 1971, 1973, 1975.
Basterra, Ramón: 1908.
Bataillon, Marcel: 1923, 1949, 1950.
Batchelor, Ronald E.: 1963, 1970, 1972 (dos).
Bates, Margaret J.: 1951.
Batistessa, Angel J.: 1930, 1965.
Batlló, José: 1964.
Bay, E.: 1923.
Bayón, Damián C.: 1961.
Bayona Posada, N.: 1953.
Bazán, Armando: 1935, 1936.
Beals, C.: 1963.
Beardsley, W. A.: 1925 (cuatro), 1932.
Bécarud, Jean: 1965.
Beccari, Gilberto: 1914, 1922 (tres), 1947, 1953, 1954.
Becerro de Bengoa, R.: 1951.
Becher, H.: 1931.
Bédaride, H.: 1937.

Beerman: 1960.
Bejarano, V.: 1969.
Belmás, Antonio O.: 1960.
Bell, Aubrey F. G.: 1925, 1930.
Bellincioni, Gino: 1914.
Bellini, Giuseppe: 1961.
Bello, Luis: 1935.
Bello, M. A.: 1964.
Bellón, J.: 1937.
Benardete, Maír José: 1928, 1934 (dos) 1939, 1946.
Benarroch, A. Y.: 1966.
Benavente, Jacinto: 1930.
Benavides Lillo, Ricardo: 1964.
Benbow, Jerry L.: 1970, 1974.
Benco, Silvio: 1925.
Bengualid, Sylvia: 1967.
Benítez, Hernán: 1933, 1948 (dos), 1949 (tres), 1950, 1951, 1953 (dos).
Benítez, Jaime: 1964, 1967.
Benítez Claros, R.: 1964.
Benito, José de: 1947.
Benito y Durán, Angel: 1949 (dos), 1953.
Benlliure y Tuero, M.: 1916.
Bennassar Oliver, Isabel: 1961.
Benumeya, Gil: 1930.
Beonio-Brocchieri, V.: 1954.
Berg, Melvin L.: 1947.
Bergamín, José: 1930, 1936, 1937, 1940, 1941, 1943, 1953, 1964 (dos), 1972.
Berkowitz, H. Ch.: 1940.
Bernabeau, Adnita P.: 1942.
Bernal, Diego: 1964.
Bernárdez, Francisco Luis: 1953, 1955, 1960, 1961 (dos), 1967.
Bernat y Durán, J.: 1926, 1957.
Berns, Gabriel: 1969.
Berry, Frances L.: 1949.
Bertini, G. M.: 1932, 1941.
Bertrán, Fernando: 1923.
Bertrand, J. A.: 1948.
Bertrand de Muñoz, Maryse: 1971.
Beser, Sergi: 1963.
Betancur, Cayetano: 1964.
Beuer: 1955.
Beyrie, Jacques: 1970.
Beysterveldt, A. van: 1960.

BH: 1931, 1965.
Bianchi, Alfredo A.: 1925.
Bieghler, E. W.: 1927.
Bilbao, E.: 1912 (dos).
Bilbao, Jon: 1955.
Bilbao Arístegui, Pablo: 1944.
Bilbatúa, Miguel: 1971.
Binoit, Francine: 1967.
Biot, Fernande: 1947.
Blanco Aguinaga, Carlos: 1952 (dos), 1953 (tres), 1954 (dos), 1956, 1959, 1960, 1961, 1962, 1964 (tres), 1966 (tres), 1967, 1968, 1970.
Blanco-Fombona, Rufino: 1904, 1930 (dos).
Blanco Torres, R.: 1913.
Blecua, José M.: 1964, 1965.
Bleiberg, Germán: 1948, 1949, 1966 (dos).
Bleznick, Donald: 1959, 1960, 1964.
Bo, Carlo: 1940, 1949, 1952, 1953, 1957.
Bobadilla, Emilio: 1908.
Bodart, Roger: 1955.
Boehm, A.: 1930.
Bolaño e Isla, Amancio: 1961.
Bonnin Aguiló, Francisco: 1968.
Borbón y Parma, María T.: 1962.
Borel, Jean-Paul: 1963.
Borgers, O.: 1959, 1960.
Borges, Jorge Luis: 1923, 1925, 1937.
Borges, Vicente: 1956.
Borja de Arquer: 1968.
Bosch, Rafael: 1964, 1965, 1970.
Boschiero, Gabriele: 1964.
Boselli, Carlo: 1924.
Bota Totyo, Miguel: 1968.
Botín Polanco, A.: 1955.
Boudreau, Cleophas: 1967.
Bousoño, Carlos: 1951.
Boveda, X.: 1937.
Bowens, J. K.: 1966.
Boyd, Ernest: 1921, 1925, 1928.
Boyer, Mildred V.: 1952.
B. P. P.: 1955.
BPost: 1921.
Bravo, Francisco: 1935, 1939, 1943, 1944, 1955, 1961.

Bravo Villasante, Carmen: 1964.
Breen, Gerald M.: 1968.
Brenes, Edwin: 1929.
Brenes Jiménez, Víctor: 1949, 1959.
Brennan, Gerald: 1951.
Brenner, Edin: 1931.
Bretz, Mary L.: 1974.
Brey, María L.: 1964.
Brion, Marcel: 1925 (tres), 1950.
Britz, Miguel A.: 1953.
Bromberger, Merry: 1936.
Brooks, Bárbara: 1951.
Brouwer, Johan: 1962.
Brower, J.: 1937.
Brown, Donald F.: 1959.
Brown, G. G.: 1972.
Browne, J. R.: 1958, 1965.
Brújula (Homenaje): 1937.
Brummer, Rudolf: 1955.
BT: 1927.
Buckner, James R.: 1925.
Buek, Otto: 1927, 1928, 1933.
Bueno, Gustavo: 1964.
Bueno, Javier: 1961.
Bueno, Manuel: 1918, 1932.
Bueno, S.: 1956.
Buero Vallejo, A.: 1964 (dos).
Bugella, José M.: 1964.
Bunge, Carlos O.: 1902.
Buonaiuti, Ernesto: 1925.
Burell Mata, C.: 1965.
Burgo, Jaime de: 1970.
Burrows, Herb J.: 1944.
Busch, Carolyn L.: 1965.
Bustamante, Juby F.: 1964.
Bustos Tovar, Eugenio de: 1973 (dos).
Butt, J. W.: 1966, 1967, 1968 (dos), 1969, 1971, 1972, 1973, 1974.
Buzzoni, M. P.: 1932.
ByN: 1930.

C

C: 1957.
Cabaleiro Goas, M.: 1951.
Cabezas, F. A.: 1959.
Cabezas, Juan A.: 1962, 1964 (dos).
Cáceres, Esther de: 1953, 1961.

Cadilla de Martínez, María: 1934.
Caeiro, Oscar: 1968.
Caillois, Carmen: 1958.
Cajade, Ramón: 1962, 1964.
Caltofen, R.: 1954.
Calvetti, Carla: 1955, 1957.
Calza, Arturo: 1923.
Calzada, Jerónimo de la: 1952.
Calzada, Julio de la: 1952, 1953
(tres), 1954 (dos).
Calle Iturrino, Esteban: 1949,
1952, 1964.
Camacho Guizado, E.: 1969.
Camapana, Pedro: 1965.
Cambón Suárez, S.: 1955.
Cambria, Rosario: 1974.
Camillucci, Marcello: 1965.
Camino, G. G.: 1969.
Camino, Jaime: 1964.
Camino, Juan del: 1933.
Camón Aznar, José: 1934, 1935
(dos), 1951, 1953, 1962, 1964,
1965, 1970, 1971.
Camp, Jean: 1964.
Campmany, Jaime: 1956.
Campos, Agosthino de: 1935.
Campos, Jorge: 1964 (tres).
Campoy, Antonio M.: 1964.
Canavagio, Jean: 1967.
Cancela, Gilberto: 1973.
Candamo, Bernadó G. de: 1942.
Candela Ortells, V.: 1922.
Cándida, María: 1962.
Canito, E.: 1959.
Cannon, William Calvin: 1958,
1960, 1961, 1963.
Cano, José Luis: 1951 (tres), 1953
(cuatro), 1954 (dos), 1957 (cua-
tro), 1958, 1959, 1960 (dos), 1961
(dos), 1964 (tres), 1971 (tres),
1974.
Cansinos-Asséns, Rafael: 1925,
1936.
Cantell, Raymond: 1966.
Cantore, Liliana: 1963, 1966.
Cañas Palacios, J. M.: 1947.
Caño, Carlos del: 1959.
CapeT: 1921.
Caponigri, A. Robert: 1969.
Caporali, Renato: 1954.
Capri, A.: 1928.

Capuano, Isaac: 1974.
Car: 1956, 1957, 1964.
Caravaca: 1964.
Caravia, Pedro: 1942.
Carayon, Marcel: 1923, 1924.
Carballo Picazo, Alfredo: 1954
(dos).
Carbonell, Reyes: 1951, 1962.
Cardenal de Iracheta, M.: 1949,
1964.
Cardinali, Vittorio: 1923.
Cardis, Marianne: 1951, 1953.
Cardona, Rafael: 1936.
Cardona Peña, Alfredo: 1948,
1961.
Careaga, Adolfo: 1965.
Carelli, L.: 1965.
Carlesi, F.: 1922 (dos).
Carmona Nenclares, F.: 1935
(dos).
Carner, José: 1916.
Carpintero Capell, H.: 1964 (dos).
Carpio, Adolfo P.: 1953, 1961.
Carr, Duane R.: 1973.
Carr, Raymond: 1966.
Carramolino, R.: 1964.
Carranza, Carlos P.: 1943, 1954
(dos).
Carrasco, Cástulo: 1950, 1960.
Carrasquer, Francisco: 1962, 1964.
Carreras, José: 1964.
Carrillo: 1969.
Carrión, Benjamín: 1954 (dos),
1957, 1959.
Carrión, Manuel: 1964.
Carruthers, Kathie: 1972.
Carvalho, Joaquim de: 1952,
1957.
Casalduero, Joaquín: 1930.
Casanova, Francisco: 1961.
Casanovas, Domingo: 1949.
Casares, Julio: 1917, 1920, 1944.
Cassou, Jean: 1920, 1921, 1924
(dos), 1925 (dos), 1926, 1929,
1930, 1937 (dos), 1954, 1961, 1964,
1975.
Castagni, Daniel: 1967.
Castañeyra Schamann, R.: 1965.
Castañón, José M.: 1954.
Castellano, José: 1963.
Castellanos, Luis A.: 1952.

Castellanos, Nicolás: 1965.
Castellet, José M.: 1961.
Castelli, Ferdinando: 1965.
Castiella, Miguel A.: 1951.
Castillo, A.: 1964.
Castillo, Carmen: 1950.
Castillo, Fernando: 1974.
Castillo, Manuel: 1934.
Castillo-Elejabeitia, D. de: 1973.
Castillo-Puche, J. L.: 1962.
Castillón, H.: 1964.
Castro, Américo: 1924, 1937 (dos), 1951, 1961, 1965, 1967.
Castro, Carmen: 1964.
Castro Castro, Antonio: 1961, 1963, 1964, 1967, 1968 (dos).
Castro y Calvo, J. M.: 1964 (dos).
Catalán, Diego: 1953, 1959, 1966 (dos).
Catalán, Ignacio: 1964.
CBN: 1921.
CC: 1954, 1955.
CCV: 1907.
Cejada, Ramón: 1962.
Cejador y Frauca, Julio: 1918, 1919, 1928.
Cela, Camilo J.: 1943, 1961.
Centeno, Félix: 1934.
Ceñal, Ramón-Cepeda, J. A.: 1925.
Cepeda Calzada, Pablo: 1964.
Cernuda, Luis: 1948, 1957.
Cerutti, F.: 1955.
Cervesato, Arnaldo: 1924.
Céspedes, E. A.: 1967.
C. G.: 1933.
Ciarda y Lachiondo, José M.: 1946.
Ciplijauskaite, Birute: 1961, 1962, 1966.
CIR: 1952.
Cirot, G.: 1902.
Cirre, José F.: 1956, 1958.
Cisneros, J. L.: 1954.
Ciudad, Mario: 1964.
Civera i Sormaní, Joaquim: 1928.
C. L.: 1959.
Clariana, Bernardo: 1953.
Clarós, C. N. de: 1949.
Clavería, Carlos: 1949 (dos), 1950 (dos), 1952, 1953 (dos), 1959.
Clemente, José: 1961.

Clendenin, Martha J.: 1934, 1954.
Cline, Audrey R.: 1949.
Clocchiati, Emilio: 1941.
Close, A. J.: 1972.
Clouard, Emma H.: 1939.
C. L. S. S.: 1953.
Clyne, Anthony: 1924.
C. M.: 1927, 1968.
C. M. A.: 1964.
Cobb, Carl W.: 1964.
Cobb, Christopher H.: 1972, 1973.
Cobos, A. de los: 1954.
Cobos, Pablo de A.: 1970.
Codrgnani, Giancarla: 1964.
Cohen, J. M.: 1961.
Colao, Alberto: 1961.
Colin, E.: 1921.
Colodrón Alvarez, A.: 1964.
Coloma González, F.: 1964.
Colón, A.: 1951.
Collado Millán, Jesús A.: 1956, 1962, 1964.
Collantes de Terán: 1964.
Combarros, M.: 1965.
Combé, Hendrick A.: 1954, 1962.
Comín Colomer, Eduardo: 1957, 1966, 1968.
ComL: 1907.
Conde, Carmen: 1962.
Conde, Olga: 1964.
Conde de Motrico: 1964.
Conde Gargallo, Enrique: 1964 (dos).
Confield, Rose A.: 1973.
Conradi, Gustav A.: 1961, 1962.
Consc: 1922.
Conte, R.: 1960.
Contreras Pazos, F.: 1964.
Copeland, John G.: 1951.
Corberó, Salvador: 1964.
Cordié, Carlo: 1954, 1955, 1968.
Cordua, Carla: 1965.
Corominas, Juan: 1959.
Corominas, Pedro: 1938, 1951, 1959, 1962.
Correa, Carlos R.: 1944.
Correa, Gustavo: 1966.
Correa Calderón, E.: 1948.
Corredor, José M.: 1951, 1959.
Cortés, Luis: 1966.
Corthis, André: 1924.

Delano, Luis Enrique: 1934.
Deleito y Piñuela, J.: 1926.
Delgado, F.: 1964.
Delgado, Jaime: 1964.
Delgado, Juan: 1964.
Del Greco, Arnold: 1952.
Delogu, F. M.: 1948.
Demerson, Georges: 1964.
Demetrius, James K.: 1965.
Dendle, Brian J.: 1968.
Denis, F.: 1925.
Dentone, A.: 1959.
D'Entremont, Elaine M.: 1965, 1975.
Descola, Jean: 1969.
Descouzis, Paul M.: 1963, 1966, 1967, 1970 (dos).
DEsp: 1934.
Deutsche Miguel de Unamuno Gesellschaft: 1960.
Devaux, André A.: 1965.
Devlin, John: 1966.
Devoto, D.: 1954.
Diario Popular (Homenaje): 1964.
Díaz, Carlos: 1974.
Díaz, Elías: 1957, 1962, 1963, 1964 (cinco), 1965 (dos), 1966, 1967, 1968 (dos).
Díaz, Janet W.: 1971, 1972, 1973.
Díaz Doin, Guillermo: 1946, 1958.
Díaz Montero, E.: 1903.
Díaz-Peterson, Rosendo: 1972, 1974 (dos), 1975.
Díaz-Plaja, Fernado: 1973.
Díaz-Plaja, Guillermo: 1937, 1939, 1951, 1953, 1955, 1956, 1964 (dos), 1967 (cuatro), 1968, 1971.
Diederich, B.: 1937.
Diego, Gerardo: 1923, 1932, 1943, 1948, 1949, 1953, 1962, 1964, 1965, 1969.
Díez, G.: 1965.
Díez, Ricardo: 1974.
Díez Borque, José M.: 1974.
Díez-Canedo, Enrique: 1911, 1924, 1925, 1930 (tres), 1932 (dos).
Díez Crespo, Manuel: 1962.
Díez de Medina, Fernando: 1961, 1964, 1966.
Díez Mateo, Félix: 1953.
Díez Taboada, Juan M.: 1962.

Dobson, A.: 1973.
Dokhelar, B.: 1955.
Dolc, Miguel: 1953.
Dollo, Corrado: 1953.
Domenchina, Juan J.: 1934, 1945, 1948.
Domenech, Ricardo: 1960, 1962, 1964.
Domingo, José: 1966 (dos), 1973.
Domínguez Marroquín, X.: 1964.
Donoso, Antón: 1968.
Donoso, Armando: 1914, 1924, 1925.
Dorado, Nicolás: 1964, 1970.
Doreste, Ventura: 1957, 1958, 1959.
Dos Passos, John: 1922.
Downing, Goria: 1970.
Doyaga, Emilia: 1967, 1969 (dos), 1970.
DP: 1909.
DSP: 1955.
Duhamel, G.: 1948, 1952.
Dujovne, León: 1952.
Dumas, Claude: 1964.
Dumont: 1955.
Duque, Aquilino: 1964.
Durán, Manuel: 1955, 1957, 1959 (tres), 1964, 1969.
Durán Ache, J.: 1959.
Durán Sanpere, A.: 1955.
Durand, Frank: 1969.
Durand, René L.: 1955.
DV: 1964.

E

Earle, P. G.: 1927.
Earle, Peter G.: 1956, 1957, 1958, 1959 (dos), 1960, 1961, 1964 (dos), 1965, 1966, 1967.
Ec: 1951.
Echánove Guzmán, Jaime: 1964.
Echávarri, Luis: 1928 (tres), 1929 (dos).
Echebarrieta, Javier de: 1964 (dos).
Echévarri Mejía, Oscar: 1961.
Echevarría, Juan: 1964.
Echevarría, Lamberto de: 1962, 1964, 1969.
Edwards Bello, J.: 1924.
Efros, Abram: 1929.

Egan: 1951.
Egan, Maurice: 1921.
E. G. D.: 1964.
Egido, L. G.: 1964, 1965.
Ehrembourg, Ylya: 1934 (dos), 1936, 1962.
E. J. M.: 1957.
Ekman, Jarl: 1964.
EL: 1957, 1962, 1963, 1966, 1972.
El Adelanto (Homenaje): 1961, 1964 (homenaje).
El Espectador (Homenaje): 1964.
Elguera, A.: 1961.
Elizalde, J.: 1949.
Elmore, Edwin: 1922, 1923.
El Museo Canario (Homenaje): 1965.
El Noticiero Universal (Homenaje): 1964.
El Tiempo (Homenaje): 1964.
El Trujumán del Retablo: 1964 (dos).
Elliot, Spencer H.: 1921.
Ellis, Havelock: 1908, 1928.
Emmanuel, Pierre: 1956.
Endériz, Ezequiel: 1920.
Englekirk, John E.: 1940, 1941, 1959 (dos), 1960 (dos), 1966.
Enguídanos, Miguel: 1961, 1967.
Enjuto, Jorge: 1961, 1964.
Entrambasaguas, Joaquín de: 1941, 1949, 1955, 1957, 1966.
Enwall: 1967.
Eoff, Sherman H.: 1961.
E. P. E.: 1957.
Epistolario Unamuno - Ortega: 1964.
Ergoyen, Antonio de: 1944 (tres).
Erkiaguirre: 1952.
Ero: 1964.
Erro, Carlos A.: 1936, 1937 (dos), 1938, 1964 (dos).
Esclasans, Agustín de: 1941, 1944, 1947.
Escobar, María del Prado: 1956, 1961.
Escribano, F. S.: 1966.
ESP: 1959.
Esp: 1918.
EspC: 1956.
Esperabé de Arteaga, E.: 1930.

Espina, Antonio: 1932, 1964.
Espinás, José M.: 1964.
Espino, Gabriel: 1966.
Espiral (Homenaje): 1964.
Esplá Rizo, Carlos: 1940, 1961.
EspM: 1957.
Esprit (Homenaje): 1964.
EspT: 1951.
Esquer Torres, Ramón: 1958, 1959, 1963 (dos).
Esquivias, César: 1964 (dos).
Esteban, José: 1964.
Esterlich, Joan: 1925, 1930.
Estrella-Gutiérrez, Fermín: 1964.
Etxanitzar, Nemesio: 1964.
EvA: 1921.
EvS: 1921.
ExT: 1921.

F

F.: 1932.
Fabián, Donald L.: 1958.
Fabietti, E.: 1947.
Fadda, Paola: 1951, 1955.
Fafe, José F.: 1964.
Fagoaga, Isidoro de: 1950, 1952, 1959, 1963, 1964 (dos), 1965.
Fagoaga, Miguel: 1964.
Falcón-Briceño, Marcos: 1968.
Falcone, Pompeo: 1952.
Falconieri, John V.: 1963, 1964.
Falero, Jesús M.: 1964.
Falgairolle, Adolphe de: 1939.
Fantasio: 1911.
F. A. P.: 1967.
«Farfarello»: 1906, 1908.
Farinelli, A.: 1927, 1947.
Farré, Luis: 1954, 1961, 1964, 1967.
Fasel, Oscar A.: 1945, 1955 (dos), 1957, 1963.
Faure-Beaulieu, M.: 1917.
Fauroni, Renato: 1958.
Feal-Deibe, Carlos: 1971, 1972.
Febres, Eleodoro J.: 1973.
Febus: 1930.
Federici, Mario: 1974.
Fehlaisen de Ibáñez, E.: 1965.
Feldmann: 1964.
Fenu, Eduardo: 1964.
Ferdinandy, Miguel de: 1951, 1961.

Fernandes Leys, A.: 1961.
Fernández, Miguel: 1938, 1962.
Fernández, Pelayo Hipólito: 1961 (dos), 1963, 1966 (dos), 1972.
Fernández Almagro, Melchor: 1925, 1930, 1933, 1934, 1947, 1948, 1950 (dos), 1951 (tres), 1952, 1953, 154 (cuatro), 1959 (cuatro), 1960, 1961, 1962, 1963, 1964 (cuatro).
Fernández Ardavín, L.: 1964.
Fernández Clérigo, Luis: 1944.
Fernández Cruz, Arturo: 1967.
Fernández de la Cera, Manuel: 1972.
Fernández de la Mora, G.: 1961, 1962, 1963, 1964 (ocho), 1965, 1966.
Fernández de la Mosquera, Ramón: 1971.
Fernández Figueroa, J.: 1965.
Fernández Flórez, Wenceslao: 1932.
Fernández Galiano, M.: 1966.
Fernández García, A.: 1907.
Fernández Larraín, Sergio: 1964, 1965.
Fernández Molina, A.: 1964.
Fernández Murga, Félix: 1971.
Fernández Nieto, José M.: 1964.
Fernández Retamar, Roberto: 1970.
Fernández Ruiz, César: 1964.
Fernández Santos, Angel: 1957, 1964, 1971.
Fernández Turienzo, Francisco: 1966 (dos), 1971.
Fernández Villegas, F. («Zeda»): 1902, 1903, 1905.
Fernández y González, Angel R.: 1966, 1968.
Ferrada Partarrieu, G.: 1965 (dos).
Ferrán, Jaime: 1966.
Ferrándiz Alborz, F.: 1948.
Ferrater Mora, José: 1941 (dos), 1944, 1956 (dos), 1957, 1958, 1960, 1961, 1962, 1966, 1967.
Ferré, Luis: 1954.
Ferrer Soto, R.: 1959.

Ferreres, Rafael: 1942, 1954, 1955, 1956, 1960, 1964 (tres).
Ferrero: 1960.
Ferres, Antonio: 1964.
Ferris, Muriel: 1934.
Ferro, Antônio: 1933, 1964.
F. F.: 1951.
Fiddian, R. W.: 1974.
Figarola, Carlos K.: 1928.
Figueira, Gastón: 1959, 1961.
Figueiredo, Fidelino de: 1932, 1941.
Figuera, Angela: 1964 (dos).
Figueruelo, Antonio: 1964, 1971.
Filer, Malva E.: 1966, 1968.
Filippo, Luigi di: 1949, 1963, 1967.
Fite, Warner: 1925, 1934.
Flaquer, José A.: 1964.
Fletcher, J. G.: 1923.
Florence, Jean: 1914.
Flores del Romeral, Angel: 1931, 1951.
Flores Kaperotxipi, M.: 1952.
Flórez, Ramiro: 1961, 1962, 1964.
F. M.: 1966.
Fole, Angel: 1951.
Fontán, Antonio: 1949, 1952, 1957, 1964, 1965 (dos).
Forero Ucrós, Clemencia: 1970.
Foresta, Gaetano: 1966 (dos), 1971 (dos), 1973 (dos).
Fornells-Plá, F., y Mamano, J.: 1961.
Forst de Bataglia, O.: 1930.
Fortín Gajardo, C.: 1964.
Foster, David W.: 1964, 1966, 1967, 1973.
Fox, Arturo A.: 1972.
Fox, E. Inman: 1961, 1966 (dos), 1967, 1970, 1972.
Fraile, Guillermo: 1959, 1972.
Fraile, Medardo: 1962, 1964, 1965.
Frak, Francisco: 1955.
Franck, R.: 1949.
Franck, Waldo: 1926.
Franco, Andrés: 1965, 1970 (dos), 1971.
Franco, Dolores: 1944.
Franco, Enrique: 1953.
Francolí, Eduardo: 1972.
Francovich, G.: 1958.

Franulic, Lenka: 1939.
Franz, Thomas R.: 1970, 1971 (tres), 1973 (dos).
Frazzi, V.: 1952.
Freitas, María C.: 1969.
Frénal, Simone: 1953, 1954.
Fridholm, Reigin: 1927.
Frieiro, Eduardo: 1957, 1959.
Friese, Robert: 1925.
Frutos Cortés, Eugenio: 1961, 1964.
F. S. R.: 1946.
Fuentenebro, Francisco: 1968.
Furlán, Luis R.: 1964.
Fuster, Joan: 1951 (dos), 1962, 1964, 1971.
F. V.: 1934.
F. W.: 1921.

G

Gabriel y Galán, J. A.: 1970.
Gache, Alberto: 1958.
Galbis, Ignacio R. M.: 1975.
Galmés, L.: 1965.
Gálvez, Manuel: 1928.
Gálvez, Pedro Luis de: 1909.
Gallant, Clifford J.: 1959, 1966.
Gallego Morell, Antonio: 1948 (dos), 1970, 1972.
Gallegos Valdés, Luis: 1964.
Gallo, J. P.: 1951.
Gamallo Fierros, Dionisio: 1952, 1964 (dos).
Gaos, José: 1946, 1958.
Gaos, Vicente: 1960 (dos).
Garagorri, Paulino: 1962 (dos), 1964 (tres), 1965 (tres), 1968, 1969.
Garamonda, Claude: 1927.
Garasa, Delfín L.: 1964.
Gárate, Justo: 1948, 1954, 1958, 1961.
Garcés, Tomás: 1937.
García, Eladio: 1965 (dos), 1966, 1967, 1969.
García, Félix: 1964 (dos), 1970.
García, Romano: 1962, 1964 (tres), 1965, 1967.
García-Alos, Martín: 1970.
García Alvarez, C.: 1965.

García Astrada, Arturo: 1956.
García Bacca, Juan D.: 1946, 1947, 1951, 1964, 1967.
García Blanco, Manuel: 1930, 1942, 1944 (dos), 1947 (dos), 1948, 1949 (dos), 1950 (dos), 1951 (cinco), 1952 (siete), 1953 (doce), 1954 (doce), 1955 (seis), 1956 (siete), 1957 (siete), 1958 (siete), 1959 (once), 1960 (diez), 1961 (diez), 1962 (cinco), 1963 (cinco), 1964 (veintiuna), 1965 (seis), 1966 (tres), 1967 (dos).
García Boiza, Antonio: 1924.
García Calderón, Ventura: 1921, 1925.
García Camino V., Gerardo: 1949, 1951, 1957.
García Cantú: 1968.
García de Diego, Vicente: 1961.
García Escudero, José M.: 1942.
García Estrada, Juan A.: 1959.
García Ezpeleta, F.: 1964.
García Girón, E.: 1954.
García López, José: 1966.
García Lorca, Federico: 1934, 1961.
García Lorenzo, Luciano: 1968, 1971, 1972.
García Luengo, Eusebio: 1953 (dos), 1957, 1962, 1964.
García Martí, Victoriano: 1952, 1964.
García Mercadal, J.: 1908, 1922.
García Morejón, Julio: 1953, 1956, 1957, 1960 (dos), 1961 (tres), 1962 (cuatro), 1963 (dos), 1964 (cinco), 1965 (dos), 1966, 1967 (dos), 1971.
García Morente, M.: 1906.
García Nieto, José: 1964, 1972.
García Pavón, Francisco: 1956, 1962 (dos), 1970.
García Roso, Luis: 1933.
García Setién, Emeterio: 1950.
García Vega, Lorenzo: 1943.
García Velasco, Marcelino: 1960.
García Venero, M.: 1945.
García Viñó, Manuel: 1973, 1975.
García Yebra, V.: 1960.
García y García Castro, R.: 1925.

Garciasol, Ramón de: 1951, 1957, 1964 (tres).
Garofalo, Silvano B.: 1966, 1968, 1972.
Garriga, Francisco J.: 1911.
Garrote Fernández, Virgilio: 1944.
Gascó Contell, Emilio: 1960 (dos), 1961, 1962 (dos), 1965, 1966, 1971.
Gasparetti, Antonio: 1948.
Gautard, Marcel: 1967, 1968.
Gavel, Henri: 1951.
Gaya Nuño, Juan A.: 1952, 1964.
Geers, G. L.: 1924, 1925, 1928, 1934, 1962.
Gerchunoff, A.: 1927.
Gerritsen, T. J. C.: 1927.
Getino, Luis A.: 1942.
GH: 1921.
Ghiraldo, Alberto: 1930, 1945.
Giberstein, R. L. K.: 1953.
Gicovate, Bernard: 1960, 1964.
Gil, Ildefonso-Manuel: 1964 (dos), 1974.
Gil Casado, Pablo: 1963, 1967.
Gil Cremades, Juan J.: 1967.
Gil Novales, Alberto: 1955, 1966 (dos).
Gillet, Joseph E.: 1956.
Giménez, N.: 1964.
Giménez Caballero, Ernesto: 1932, 1949, 1955.
Giménez Hernández, Adolfo: 1966.
Giménez Igualada, Miguel: 1962.
Gimferrer, Pedro: 1964.
Giusso, Lorenzo: 1937, 1954.
Giusti, R. F.: 1911.
Glascock, Janice D.: 1966.
Gleaves, Edwin S.: 1964.
Glendinning, Nigel: 1959.
Globo: 1954.
G. M.: 1970.
Godoy, Gustavo J.: 1970.
Goic, Cedomil: 1964.
Goll, Ivan: 1924, 1925.
Gomá, E. G.: 1953.
Gómez Carrillo, Enrique: 1904 (dos).

Gómez de Baquero, Eduardo («Andrenio)»: 1902, 1903, 1907, 1909, 1911, 1918, 1924 (dos), 1925, 1926, 1927, 1929, 1930.
Gómez de Ortega, R.: 1923.
Gómez de la Serna, Ramón: 1922, 1941, 1945, 1950, 1951, 1952, 1953 (tres).
Gómez de Silva, Manola: 1951.
Gómez Galán: 1959.
Gómez Marín, José A.: 1966.
Gómez Martínez, F.: 1964.
Gómez Molleda, M. Dolores: 1966.
Gómez Moriana, Antonio: 1965, 1969, 1970.
Gómez Valderrama, Pedro: 1964.
Gomila, Santiago: 1899.
Gomis, Lorenzo: 1954, 1964.
González, Antonio: 1961, 1962.
González, Beatrice E.: 1956.
González, Genaro M.: 1963.
González, José Emilio: 1961 (tres), 1962, 1963, 1964 (dos), 1968.
González, Rafael A.: 1957.
González Alegre, R.: 1961.
González Alonso, M.: 1964.
González Alvarez, Angel: 1941, 1943 (dos).
González Arrili, Bernardo: 1929, 1960.
González-Blanco, Andrés: 1906, 1907, 1909.
González Blanco, Pedro: 1907.
González Caminero, Nemesio: 1946, 1947 (dos), 1948 (dos), 1948 (dos), 1949 (dos), 1952 (dos), 1960, 1965, 1967, 1969.
González de Cardenal, Olegario: 1970.
González de la Calle, Pedro U.: 1941.
González del Valle, Luis T.: 1973.
González Deliz, A.: 1963.
González de Mendoza, J. M.: 1965.
González Díaz, F.: 1909.
González Echevarría, Roberto: 1971.
González Egido, L.: 1964.
González Garcés, Miguel: 1964.

González García, T.: 1919.
González Garci-Martín, F. M.: 1964.
González Lanuza, Eduardo: 1944.
González López, Emilio: 1947, 1949, 1969, 1971, 1973.
González Marcos, Máximo: 1970.
González Menéndez - Reigada, Fray Albino: 1954 (dos).
González Oliveros, Wenceslao: 1935, 1937, 1943, 1962.
González Pacheco, Arévalo: 1964.
González Rodríguez, A.: 1957, 1965.
González Ruano, César: 1930, 1934, 1946, 1949, 1951, 1955, 1962, 1964, 1965.
González Ruiz, Nicolás: 1943, 1957, 1962.
González Seara, Luis: 1960, 1964, 1965 (dos).
González Vergel, Alberto: 1964.
González Vicén, Felipe: 1938, 1943.
Gorkin, J.: 1924.
Gosselin: 1959.
Goti, Leo: 1952.
Gottfurcht, Fritz: 1927.
Gourmont, Remy de: 1904.
Goyanes Capdevilla, José: 1953, 1954.
Goytisolo, Juan A.: 1961.
G. P. F.: 1965.
GR: 1952, 1956, 1971.
Granados, Juana: 1964.
Grande Ramos, Mario: 1950, 1970.
Grandmontagne, Francisco: 1921.
Granjel, Luis S.: 1946, 1953, 1954, 1957, 1959, 1960, 1964, 1965, 1966.
Grant, Helen F.: 1967.
Grass, Roland: 1964.
Grau, Jacinto: 1940, 1943, 1946, 1952.
Grau Santos, J.: 1964.
Gray, Richard W.: 1949.
Gray, Rockwell, 1964.
Gregersen, H.: 1936.
Grigson, Geoffery: 1963.
Grillo, Max: 1907 (dos), 1945, 1949.

Gringoire, P.: 1964.
Gross, S.: 1949.
Groult, P.: 1953, 1961.
G. S.: 1963.
Gu: 1921.
Guandique, J. S.: 1970.
Guardia Celedón, G.: 1964.
Guardiola Tomás, Lorenzo: 1964.
Guereña, Jacinto-Luis: 1947, 1954, 1965.
Guerra, María L.: 1964.
Guerra Flores, J. A.: 1949.
Guerra Iñíguez, D.: 1954.
Guerrero, E.: 1941 (dos), 1943 (dos).
Guerrero, O.: 1965.
Guerrero, Roberto: 1969.
Guerrero Zamora, Juan: 1962 (dos), 1964).
Guerrieri Crocetti, Camilo: 1962, 1971.
Guevara, William: 1928.
Guibourg, Edmundo: 1934.
Guichard, A. D.: 1965.
Guillén, Fedro: 1956.
Guillén, Jorge [Pedro Villa]: 1924, 1955.
Guinard, Paul: 1956.
Gullón, Germán: 1971.
Gullón, Ricardo: 1950, 1957, 1958, 1961 (cuatro), 1962, 1963 (tres), 1964 (ocho), 1965 (dos), 1966 (cuatro), 1967 (dos), 1968.
Günther, A.: 1928.
Gurméndez, Carlos: 1952, 1955, 1962.
Gúrpide Beope, Pablo: 1964.
Gurvitch, G.: 1930.
Gutiérrez Abascal, R.: 1908.
Gutiérrez Arechabala, S.: 1964.
Gutiérrez Girardot, R.: 1953.
Gutiérrez Macías, V.: 1964, 1965.
Gutiérrez-Ravé, J.: 1964 (tres).
Guy, Alain: 1948, 1956, 1960, 1962, 1964.
Guzmán, Martín Luis: 1962, 1928.

H

Haddox: 1967.
Haggard-Villasana, Juan: 1932.

Haihnère, Françoise: 1967.
H. A. M.: 1963.
Hamalian, Leo: 1963.
Hammit, Gene M.: 1962.
Hannan, Dennis G.: 1971.
Hansenstein, Wilhelm: 1928.
Harris, Mary T.: 1952.
Hartsook: 1961.
Harwood, H. C.: 1921.
Hay, Marion J.: 1933.
HBA: 1956.
Heidegger, Martin: 1943.
Helman, F.: 1949.
Helwig, W.: 1965.
Henríquez Ureña, Max: 1954.
Henríquez Ureña, Pedro: 1907, 1957.
Hepburn, Lincoln D.: 1966.
Heraldo de Aragón (Homenaje): 1964.
Herbert, E.: 1961.
Hermenegildo, Alfredo: 1960.
Hernández, José M.: 1964.
Hernández, Juana Amelia: 1970.
Hernández de Mendoza, Cecilia: 1964.
Hernández Rivadulla, V.: 1951, 1952.
Herrán, Laurentino M.: 1964.
Herrera, E.: 1964.
Herrero, Miguel A.: 1911.
Hesse, Hermann: 1926.
Hidalgo, J.: 1965.
Hierro (Homenaje): 1964.
Hilarie, Sylvie: 1967.
Hilton, R.: 1937.
H. J. S.: 1960.
Hodge, H. S. V.: 1932.
Hodson, J. R.: 1934.
Holguín, Andrés: 1964.
Holt, E.: 1931.
Hommel, H.: 1930.
Hope, T. E.: 1954.
Hornedo, R. de: 1942.
Horno Liria, Luis: 1962, 1964.
Horrent, Jules: 1954, 1956.
Horst, K. G.: 1950.
Hortelano, Juan G.: 1961.
Housman, John E.: 1947.
Hoyo, Arturo del: 1964.
Hoyos, Julio de: 1925.

Hoyos Ruiz, Antonio: 1956, 1958.
Huarte Morton, Fernando: 1950, 1951, 1952, 1953 (dos), 1954 (dos), 1955.
Huerta, Eleazar: 1964.
Huertas Jourdá, José: 1963.
Huerto y Sarralde, Luis: 1956.
Hurtado, Francisco: 1970.
Hutman, Norma L.: 1969.
H. V.: 1964.
Hyslop, T.: 1938.
Hytier, J.: 1923.

I

I: 1963 (tres).
Ibáñez de García Blanco, Leo: 1968, 1969, 1970, 1971, 1972, 1973.
Ibarra, Jaime: 1943.
Ibarra, Luis: 1957.
Ibérico, Mariano: 1929.
ICh: 1921.
Iduarte, Andrés: 1951, 1964 (dos).
I. E.: 1971.
IEA: 1918.
Iglesia, Angel de la: 1964.
Iglesia, Ramón: 1947.
Iglesias, Ignacio: 1947, 1953, 1957, 1958, 1961.
Iglesias, Luis E.: 1969.
Iglesias Laguna, Antonio: 1962, 1963, 1964 (tres), 1966.
Iglesias Ramírez, M.: 1957.
IHE: 1954 (dos), 1957, 1958.
IL: 1933 (dos), 1934.
Ilie, Paul: 1961, 1964, 1965, 1967 (dos).
Imaz, Eugenio: 1943, 1944.
I. M. G.: 1964 (dos).
Inciarte, E.: 1954.
Indice de Artes y Letras (Homenaje): 1962, 1964 (Homenaje).
Inf: 1957.
Inge, M. Thomas: 1969, 1970 (dos), 1971, 1973.
Ins: 1958, 1966.
Insúa, Alberto: 1924, 1939 (tres), 1957, 1962.
Insúa Rodríguez, R.: 1947.
Insula (Homenaje): 1961, 1964 (Homenaje).

Kessel, J.: 1937.
Keyserling, Conde de: 1926, 1930, 1951.
Kilbrick, León: 1924.
King, Willard F.: 1967.
Kinney, Arthur F.: 1964.
Kirby, Kenneth N.: 1953.
Kirón: 1964.
Kirsner, Robert: 1950, 1953, 1954, 1960.
Klein, L. B.: 1972.
Klibbe, L. H.: 1955, 1960, 1961, 1964.
Kock, Josse de: 1954, 1955, 1959, 1962, 1964 (dos), 1968 (dos).
Kohler, Eugene: 1937.
Kosûtic, Olga: 1967.
Kourím, Zdenek: 1964 (dos), 1972.
Kraus, Fritz: 1949.
Kraus, Werner: 1947.
Krause, Anna: 1956.
Kress, Frederick: 1947.
Kronik, John W.: 1966.
Kubitz, O.: 1953.

L

LA: 1924 (tres), 1931.
Labor: 1964.
Labordeta, J. A.: 1965.
Labrador Ruiz, E.: 1954.
Lacaci, María E.: 1964.
Lacalle, Angel: 1964.
Lacey, David A.: 1962.
Lacy, Allen: 1966, 1967 (dos), 1975.
La Estafeta Literaria (Homenaje): 1930, 1964 (Homenaje).
Laffranque, Mario: 1964, 1968.
Lafitte, A.: 1901.
Lafuente Ferrari, Enrique: 1951.
La Gaceta Literaria (Homenaje): 1930.
La Gaceta Regional (Homenaje): 1961, 1964 (Homenaje).
Lago de Lapesa, Pilar: 1962.
La Hoja del Lunes (Homenaje): 1962.
Lahr-Well, Almeda M.: 1974.
Laiglesia, Marcial de: 1935.

Laín Entralgo, Pedro: 1945, 1947 (dos), 1948 (dos), 1953, 1954, 1957, 1961, 1962 (dos), 1964 (dos), 1965, 1971.
Laín Martínez, Milagro: 1957, 1959, 1964.
Lamb, M. A.: 1926.
Lamm, Virginia L.: 1938.
Lamo, Luis de: 1964.
Lamprecht, S. P.: 1928.
Landa, Rubén: 1953.
Landa Camblor, Jesús: 1956, 1959.
Landeuer, Gustav: 1897.
Landínez, Luis B.: 1951, 1957.
Landsberg, P. L.: 1935, 1940 (dos).
Langer, Susanne K.: 1953.
Lanquist, John: 1927.
Lantier, R.: 1916, 1918.
Lapesa, Rafael: 1966.
Lapi, Fernando de: 1924.
La Prensa (Homenaje): 1964.
Laranjeira, Manuel: 1943, 1952.
Larrea, Arcadio de: 1963.
Larrieu, Robert: 1953.
Lasala, María E.: 1963.
Láscaris, Constantino: 1953 (dos).
Las Provincias (Homenaje): 1964.
La Souchére, E. de: 1954.
Lasser, Alejandro: 1952.
Lasso de la Vega, José: 1971.
Latcham, R. A.: 1937.
Lathrop, Thomas A.: 1970.
Latorre, Mario Carlos: 1968, 1969.
La Torre (Homenaje): 1961.
Laurenza, Roque J.: 1964.
La Vanguardia Española (Homenaje): 1964.
Lavedeze: 1970.
Lavoie, Charles-Auguste: 1973.
Lawrence, E. T.: 1969, 1971.
Lázaro, Angel: 1924, 1934, 1963, 1964.
Lázaro Carreter, Fernando: 1955, 1956, 1966, 1968, 1972.
Lázaro de Almeida, Antonio: 1963.
Lázaro Ros, Amando: 1952.
Lázaro Uriarte, L.: 1964.
L. B.: 1932.
L. de C.: 1964.
Leal, L.: 1952, 1957.

Leâo, Cunha: 1964.
L. B.: 1962 (dos).
Lebois, A.: 1937, 1949, 1960.
Lechner, J.: 1964, 1968.
Lederer, Helga: 1959.
Ledesma Criado, J.: 1964.
Ledesma Miranda, Ramón: 1940, 1942, 1944, 1948.
Ledesma Ramos, Ramiro: 1930, 1931.
Leenhardt, Roger: 1964.
L. F. V.: 1951.
Lefebvre, Alfredo: 1964.
Leffler, Dorothy: 1934.
Legarra: 1963.
Legaz Lacambra, L.: 1965 (dos).
Legendre, Maurice: 1918 (dos), 1922, 1925, 1937, 1944, 1948.
Legido López, Marcelino: 1965, 1967.
Leguina, Joaquín: 1964.
Lemaître, Arlette: 1956.
Lentzen: 1966.
León, María T.: 1964, 1965.
León Ordóñez, Zoilo: 1954, 1962.
Lerena, Carlos: 1964.
Lev: 1960.
Levi, A. W.: 1956.
Levi, Ezio: 1921, 1922, 1932.
Lezo, Tomás de: 1964.
LiberM: 1924.
Liiceano, Gabriel: 1970.
Lijerón, Hugo: 1965, 1970.
Lilli, Furio: 1952.
Linage Conde, Antonio: 1964, 1971, 1972, 1973.
Linares Cagigas, Francisco: 1961.
Lindley Cintra, Luis F.: 1964.
Lippmann, Hans L.: 1964.
Lisarrague, Salvador: 1943.
Litvak, Lily: 1973, 1975.
Litz, Norman: 1965, 1966.
Livingstone, Leon: 1941, 1958, 1967.
Lizalde, E.: 1953.
Lizcano, Manuel: 1954.
L. L.: 1954.
López, Matilde-E.: 1954.
López Caballero, Alberto: 1964.
López Fernández, Angel: 1968.
López-Montenegro, F.: 1960.

López-Morillas, Juan: 1948, 1950, 1953, 1954, 1961, 1962, 1966, 1971 (dos), 1972 (dos), 1975.
López Prudencio, José: 1933, 1934.
López Quintás, Alfonso: 1970.
López Sáiz, Gustavo: 1964.
Lora Tamayo, Manuel: 1967.
Lorda Alaiz, F. M.: 1970.
Lorén, Santiago: 1964.
Lorenzana, Salvador: 1951.
Lorenzo, Leocadio: 1920.
Lorenzo, Pedro de: 1943, 1964.
Lorenzo Rivero, Luis: 1970, 1972, 1973.
Losada, Gonzalo: 1961.
Lott: 1968 (dos).
Lousada, Antonio: 1961.
Loveluck, Juan: 1961.
Loving, P.: 1928.
L. P. L.: 1957.
L. S.: 1961.
Luby, Barry J.: 1966, 1969.
Luca, A. A.: 1930.
Luca, G. de: 1931.
Lucero de Padrón, D. M.: 1971.
Lucio, Francisco: 1967.
Lucrezi, Bruno: 1965.
Lucha: 1924.
Luelmo, José M.: 1930.
Lugo Suárez, A.: 1956.
Luis, Leopoldo de: 1964.
Luján, Salvador: 1936.
Luna, Daniel: 1964.
Luna, G. de: 1932, 1934, 1937.
Luppoli, Santiago: 1968.
Luque, Luis de Fátima: 1943, 1954, 1961.
Luz León, J. de la: 1929.

LL

Llande, Pierre: 1937.
Llano Gorostiza, Manuel: 1957.
Llinarés, Armando: 1964.
Llinas Vilanova, M.: 1931.
Llopis, Arturo: 1955.
Llorca, Francisco de: 1911, 1913.
Llorens, Washington: 170.
Llosent, Eduardo: 1950.
Llovera, M.: 1957.

Llovet, Enrique: 1962 (dos).
Llovis, Manuel: 1969.

M

M. A.: 1954.
MAA: 1970.
Maccari, César: 1925.
MacCarthy, Coleman: 1972.
Mace, Carroll E.: 1952.
Mac Gregor, Joaquín: 1951.
Mac Hale, Tomás P.: 1966.
Macías, Víctor: 1971.
Macías Casanova, M.: 1909.
Mackay, John A.: 1918, 1919, 1952, 1956, 1964.
Macquarrie, John: 1963.
Macrí, Oreste: 1952, 1956, 1964 (dos), 1966.
Machado, Antonio: 1904, 1905, 1912 (dos), 1913, 1922, 1930, 1935, 1937 (dos), 1938.
Machado Lima: 1964.
Machari: 1953.
Macho, Victorio: 1962, 1964.
Madariaga, Salvador de: 1921, 1922, 1923, 1924, 1925, 1930 (dos), 1935, 1937, 1955, 1957, 1960, 1961, 1965 (dos), 1968, 1974.
Madrid, Francisco: 1926, 1930, 1943 (dos).
Madruga, Esteban: 1964.
Maeztu, María: 1940, 1943.
Maeztu, Ramiro de: 1899, 1901, 1907 (siete), 1908, 1909 (dos), 1910 (tres), 1913 (tres), 1922 (tres), 1924 (tres), 1936.
Magdaleno, M.: 1938.
Magnat, G. E.: 1925.
Maia, Joâo: 1960, 1964.
Maillefert, A.: 1937.
Mainer, José C.: 1968, 1975.
Maiorana, María T.: 1964.
Majolo, Renato: 1956.
Malavassi, Guillermo: 1954, 1957, 1959, 1961.
Maldonado de Guevara, Francisco: 1923, 1941, 1943, 1953, 1955.
Maldonado de Hostos, C.: 1935.
Maldonado Ocampo, Luis: 1925, 1928.

Maloney, Raymond L.: 1945.
Malpique, Cruz: 1964, 1968.
Malraux, André: 1937.
Mallo, Jerónimo: 1945.
Mamano, J.: 1961.
Manegat, Julio G.: 1964 (dos).
Manegat, Luis G.: 1924.
Manent, Albert: 1964, 1969.
Mann, Heinrich: 1926.
Manrique de Lara, G.: 1972.
Manyá, Joan B.: 1960 (dos).
Mapocho (Homenaje): 1965.
Mar, Florentina del: 1944.
Maragall, Jordi: 1965.
Maragall, Juan A.: 1964.
Marañón, Gregorio: 1930, 1931, 1937, 1938, 1941, 1954, 1955.
Marartim, Luis: 1960, 1969.
Maravall, José A.: 1931, 1944.
Marcial Dorado, J.: 1937.
Marcilli, C.: 1965.
Marco, Joaquín: 1966.
Marcori, A.: 1937.
Marcos, Julián: 1964.
Marcos López, F.: 1952.
Marcus, Carl D.: 1926.
Marcuse, Ludwig: 1930, 1956.
Marfil, Mariano: 1907, 1911.
Mariano, Eduardo A.: 1951.
Marías, Julián: 1938 (dos), 1943, 1946, 1949, 1950 (dos), 1953 (tres), 1954 (tres), 1955 (cuatro), 1957, 1958, 1959, 1960, 1961 (dos), 1964 (cuatro), 1966 (dos), 1967, 1972.
Mariátegui, J. C.: 1940.
Marichal, Juan: 1953 (tres), 1954, 1957, 1960, 1961, 1963, 1965, 1966, 1973.
Marichal, R. A.: 1940.
Marichalar, Antonio: 1930, 1937 (dos).
Marín, Abel: 1911.
Marinello, Juan: 1937.
Mariñas Otero, Luis: 1967.
Marqueríe, Alfredo: 1933, 1941, 1957, 1960, 1962.
Márquez Sterling, M.: 1905.
Marquina, Eduardo: 1930.
Marquina, Rafael: 1930.

Marquínez Argote, Germán: 1964 (dos).
Marra-López, José R.: 1958, 1959, 1960 (dos), 1961, 1962, 1963, 1964 (cuatro), 1966 (dos).
Marrast, Robert: 1963.
Marrero, Carmen: 1973.
Marrero, Vicente: 1955, 1956, 1957, 1960.
Marrodán, Mario A.: 1964.
Marsal, Juan F.: 1951, 1952.
Marshall, Enrique L.: 1924, 1953.
Martel, Emile: 1964.
Martí y Sabat, J.: 1911.
Martín, F. R.: 1944.
Martín, Jacqueline: 1967 (dos).
Martín Alcalde, A.: 1934.
Martín Alonso, N.: 1936.
Martín Barrigós, José: 1965.
Martín de Prados, Antonio: 1963.
Martín du Gard, Maurice: 1928.
Martín García, Manuel F.: 1956.
Martín Iglesias, José L.: 1951, 1956, 1965, 1973.
Martín Panero: 1968.
Martín Santos, Luis: 1963.
Martín Sarmiento, Angel: 1962.
Martinengo, Alessandro: 1961.
Martínez, M. V.: 1954.
Martínez Blasco, Angel: 1961.
Martínez Fronce, Félix M.: 1967.
Martínez Laínez, Fernando: 1975.
Martínez López, R.: 1966 (dos).
Martínez Nadal, R.: 1966.
Martínez Palacio: 1963.
Martínez Sierra, Gregorio: 1907.
Martínez Tomás, A.: 1964.
Martini, Fausto: 1923.
Martini, Raymond: 1953 (dos).
Marty, Inés: 1968.
Marvaud, A.: 1937.
Más y Pí, Juan: 1907, 1908.
Masiá Clavel, Juan: 1970 (tres), 1971, 1972 (dos).
Masila, Henry: 1950.
Masini, Ferruccio: 1955, 1958.
Masino: 1965.
Más-López, Edita: 1974.
Masoliver, Juan R.: 1964.
Massa, Pedro: 1964.
Mastcobuono, Luciana: 1968.

Masur, Gerhard: 1955.
Mata, Pedro: 1932.
Mata, Ramiro W.: 1947.
Mataix, A.: 1961, 1964, 1967.
Mateo, José V.: 1960.
Matilla Rengel, F.: 1972.
Mature, A. P.: 1974.
Maurín, Joaquín: 1951.
Maurina, Zenta: 1936.
Maurois, André: 1962.
Mavrakis de Fiore, Beatriz: 1963.
Maxwell, William: 1909.
Maya, Rafael: 1964.
Mayer, Gerhart: 1961.
Mayo, W. K.: 1969.
Mazo, Mariano del: 1966.
McBride, Charles A.: 1969.
McCargar, Wanda K.: 1974.
McClintock, Robert: 1971.
McElroy, Amanda P.: 1927.
McGaha, Michael D.: 1971.
Mediano Flores, E.: 1958.
Medina, José R.: 1950.
Mejía, Delly: 1964.
Mejía Nieto, A.: 1940.
Mejía Sánchez, Ernesto: 1964 (tres), 1965.
Majía Valera, Manuel: 1973.
Melo Küjawski, G. de: 1965.
Mena de Graham, Anna R.: 1954, 1959, 1960.
Méndez Benítez, Elio: 1953.
Méndez Domínguez, L.: 1966.
Mendizábal, Cruz M.: 1965, 1967, 1972.
Menéndez Arranz, Juan: 1957.
Menéndez Pidal, Ramón: 1930, 1951.
Mengod, Vicente: 1964.
Meola, Rosalie C.: 1952, 1954.
Mercader, Juan: 1966.
Mercado, J., Jr.: 1971.
Meregalli, Franco: 1947, 1956, 1965, 1966, 1967.
Mergal, Angel: 1969.
Mérimée, Ernest: 1902, 1905, 1911.
Mesa, Enrique: 1929.
Mesnard, Pierre: 1946, 1962, 1964.
MethR: 1921.
Metzidakis, Philip: 1959, 1960, 1961, 1965, 1966 (dos), 1974.

Meyer, François: 1953, 1954, 1955 (dos), 1962 (dos), 1964 (dos).
MH: 1966.
M.H.R.: 1953.
Michel, Raoul P.: 1953, 1954.
Miguel, Julio: 1964.
Míguez, José A.: 1964.
Milner, Z.: 1955.
Mínguez, Alberto: 1962 (dos), 1964.
Miomandre, Francis de: 1939.
Mirabal: 1928.
Miranda, Julio E.: 1966.
Miranda, Sebastián: 1970.
Miret Magdalena, Enrique: 1972.
Mirlas, León: 1934, 1956.
Miró, Emilio: 1964, 1965, 1966.
Miró, Gabriel: 1930.
Miró, Rodrigo: 1946.
Mistral, Gabriela: 1927, 1935.
Mitxelena, Eneco: 1952.
M.L.: 1964.
MLF: 1934.
M.L.F.: 1934.
M.M.: 1932.
MOb: 1936.
Moeller, Charles: 1960, 1961, 1967.
Molas, Joaquín: 1957, 1964.
Molina, Antonio F.: 1968 (dos).
Molina, Carlos A.: 1966.
Molina, Ida: 1972, 1974.
Moliná, Roberto A.: 1949, 1951.
Molina Vedia de Bastianini, Delfina: 1948.
Molinero, Fernando: 1964.
Molino, J.: 1966.
Moloney, Raymond L.: 1945, 1954.
Moncy, Agnes: 1963, 1964.
Monguió, Luis: 1961.
Monleón, José: 1962 (dos), 1964 (tres), 1966, 1975.
Monner Sans, José M.: 1961, 1964.
Montaner, Carlos A.: 1969.
Monteiro, Domingo: 1955, 1964.
Montejano Montero, Isabel: 1967.
Montenegro, Ernesto: 1924, 1954, 1964.
Monterde, Francisco: 1955.
Montero, Lázaro: 1944.
Montero Alonso, José: 1957, 1965.

Montero Bustamante, R.: 1954.
Montero Galvache: 1945.
Montero Padilla, José: 1971.
Montes, Eugenio: 1930, 1931, 1943, 1945, 1964 (tres), 1965.
Montes, Hugo: 1956.
Montes Huidobro, Matías: 1973.
Montesinos, José F.: 1927, 1937.
Montezuma de Carvalho, Joaquín: 1956 (dos), 1957, 1961 (tres), 1962, 1971 (cuatro).
Month: 1921.
Montilla, José Abel: 1934.
Montillana, Javier de: 1961, 1964 (tres).
Montoro, Antonio: 1925, 1949.
Montull Calvo, Tomás: 1964 (tres), 1973.
Moore, S. H.: 1937.
Mora, César: 1964.
Moracchini, P.: 1956.
Moralejo Laso, Abelardo: 1965.
Morales, Antonio: 1954.
Morales, José L.: 1969.
Morales, José R.: 1964, 1965.
Morales, Leoncio: 1954.
Morales, Rafael: 1945, 1964, 1968.
Morales, Tomás: 1909.
Morales Galán, Carmen: 1970, 1972.
Moreau, Joseph: 1954, 1956, 1966, 1967.
Morellini, Antonio: 1964.
Moreno, A.: 1934.
Moreno, D.: 1954, 1963.
Moreno Villa, J.: 1951.
Morey: 1959.
Mori, Arturo: 1924.
Morinigo, Marcos: 1928.
Morón, Guillermo: 1953 (dos), 1955, 1956, 1964, 1965.
Morón Arroyo, Ciriaco: 1963, 1964 (tres), 1965, 1966, 1972, 1975.
Morote, Luis: 1908.
Morris, Gwynn: 1961.
Mostaza, Bartolomé: 1953.
Mota, Francisco: 1950.
Mota, Jorge C.: 1964, 1971.
Mouly, Rosine: 1967.
Mourlane Michelena, Pedro: 1907, 1930, 1934, 1943, 1945.

Onieva, Antonio G.: 1964, 1968.
Onís, Federico de: 1932, 1934 (dos), 1937, 1949, 1951, 1952, 1953, 1961 (tres), 1962, 1963, 1964.
Ontañón, Eduardo de: 142, 1946.
Onrubia de Mendoza, José: 1970.
Oostendorp, H. Th.: 1966, 1967.
Orgaz, Jorge: 1970.
Ormaechea, Nicolás: 1955.
Oromí, Miguel: 1938, 1943, 1953, 1957, 1964.
Oroz: 1965.
Ors, Eugenio d': 1914, 1944, 1948, 1950, 1951, 1954.
Ortega, J. B.: 1937.
Ortega, Teófilo: 1933.
Ortega y Gasset, Eduardo: 1955, 1956, 1958.
Ortega y Gasset, José: 1908, 1909, 1914, 1937 (dos), 1964.
Ortí Bordas, José M.: 1964.
Ortiz Alfau, Angel M.: 1964.
Ortiz Armengol, Pedro: 1964, 1965.
Orts González, J.: 1935.
Ortúzar, M.: 1964.
Osorio, Fernando: 1964.
Osorio de Oliveira, J.: 1955, 1958.
Otero, C. P.: 1964, 1965, 1967, 1970.
Otero Pedrayo, Ramón: 1964.
Otero Seco, Antonio: 1964.
Ouimette, Víctor: 1968, 1970, 1971, 1974.
Outumuro, María: 1967.
Ovejero, Andrés: 1900.
Oz de Urtarán, F.: 1957.

P

Pablo, Luis de: 1961.
Pabón, Jesús: 1952.
Pacios López, Antonio: 1956 (dos).
Pacheco, León: 1967.
Pacheco, Manuel: 1964.
Padilha, Tarcisio M.: 1964.
Padín, J.: 1928.
Padrós, E.: 1964.
Pagés Larraya, Antonio: 1942, 1958, 1972.

PaisMo: 1953, 1957.
Palacios, Fray Javier: 1964.
Palacios y Olmedo, M.: 1903.
Paláu, G.: 1922.
Palencia, Ceferino: 1947.
Palmer, Donald D.: 1969, 1971.
Palomo, María del Pilar: 1975.
Palley, Julián: 1961, 1964.
Panero Torbado, Leopoldo: 1931, 1942, 1959.
Paniagua, Domingo: 1964.
Pánico, Maríe J.: 1963.
Paoli, Roberto: 1968.
Papini, Giovanni: 1906, 1916, 1922, 1930, 1932, 1937.
Papst, W.: 1933.
Par, Alfonso: 1935.
Pardo, Aristóbulo: 1970.
Pardo Bazán, Emilia: 1904, 1910.
Parelo, Arcadio: 1949.
París Amador, Carlos: 1952 (dos), 1964, 1965, 1968, 1970.
Parker, Alexander A.: 1967.
Parker, K. M.: 1954 (dos).
Pasamar, Sol: 1962.
Pascual Rodríguez, Carmen: 1955.
Paseyro, Ricardo: 1953.
Paso, Alfonso: 1962.
Passeri Pignoni: 1955.
Pastor, José F.: 1929, 1930 (dos).
Pastor Benítez, Justo: 1944.
Pastras, Philip: 1971.
Paucker, Eleanor K.: 1952, 1954, 1956 (tres), 1961, 1965, 1966, 1967, 1969.
Pavoni, Giácomo: 1952.
Paxton, Claire: 1964.
Payne, Stanley: 1967.
Paz, Octavio: 1942, 1956.
Pedreira, Antonio S.: 1928, 1931.
Pedro, Valentín de: 1962, 1964.
Pemán, José M.: 1949, 1960, 1964.
Pemartín, José: 1953.
Peniche Vallado, Leopoldo: 1965.
Penmican: 1934.
Penna, Ruy de: 1944.
Penrith, H.: 1930.
Pensamiento y Letras en la España del Siglo XX (Homenaje): 1966.

Peñalver, P.: 1964.
Peñasco, S. Alejandro: 1938.
Peñuelas, Marcelino: 1970.
Pepperdine, Warren H.: 1965.
Peralta, Jaime: 1964.
Pereira, C.: 1932.
Pereira Rodríguez, J.: 1953.
Pérez, Dionisio: 1905, 1955, 1964.
Pérez, Galo René: 1962.
Pérez, Joseph: 1957, 1974 (dos).
Pérez, Quintín: 1934, 1946, 1947.
Pérez-Arregui Fort, I.: 1964.
Pérez Corral, J.: 1954.
Pérez de Ayala, Ramón: 1915, 1918, 1920, 1924, 1930 (dos), 1944, 1957, 1959, 1961, 1962.
Pérez de la Dehesa, Rafael: 1966 (dos), 1970.
Pérez del Arco, José: 1964.
Pérez Delgado, Rafael: 1967.
Pérez de Urgel, Justo: 1964.
Pérez Ferrero, Miguel: 1946, 1953, 1970.
Pérez Goyena, A.: 1916.
Pérez Gutiérrez, Francisco: 1965.
Pérez Lozano, José M.: 1964.
Pérez Martos, Miguel: 1930.
Pérez Minik, Domingo: 1953, 1961.
Pérez Navarro, Francisco: 1957 (F. Segura), 1961.
Pérez Orona, Oscar: 1967.
Pérez Petit, Eugenio: 1936.
Pérez Piedra, Pedro: 1962.
Pérez Senac, Román: 1957.
Perlado, J. J.: 1960.
Persin, Margaret H.: 1974.
Perspectivas de la Unesco (Homenaje): 1964.
Petit, Georges: 1926.
Petit de Murat, Ulyses: 1954.
PEu: 1964.
Pezzoni, Enrique: 1958.
Pfandl, Ludwig: 1925.
Phillips, Dewi Z.: 1970.
Picard, Hans Rudolf: 1967.
Picazo, Miguel: 1964.
Piccolo, Francesco: 1957.
Picchianti, Giovanni: 1923.
Pieczara, Stefan: 1964.
Pike, Fredrick B.: 1971.

Pildain y Zapiain, A.: 1953.
Pillement, Georges: 1948.
Pillepich, P.: 1953.
Pina, Francisco: 1930.
Pinillos, José L.: 1948.
Pinillos, Manuel: 1961, 1964 (dos).
Pinta Llorente, Miguel de la: 1942, 1958.
Pinto, M.: 1925.
Pinto de Carvalho, Alvaro: 1944, 1955.
Piñera, Humberto: 1960, 1965.
Piper, Anson C.: 1963.
Piquer, Constantino: 1908.
Pita Romero, L.: 1938.
Pitollet, Camille: 1917, 1920, 1921, 1923 (tres), 1933 (dos), 1937, 1952 (dos), 1953, 1956, 1957 (dos).
Pittaluga, Gustavo: 1930.
Pizán, Manuel: 1970, 1973.
Plá, José: 1959.
Placer, Eloy L.: 1955, 1966.
Plevich, Mary: 1967.
Pomé, Mathilde: 1922, 1924, 1925, 1938, 1947, 1948, 1957, 1965.
Ponce, Fernando: 1966.
Ponce de León, Luis: 1964 (cuatro).
Ponce Ribadeneira, Gonzalo: 1965.
Porcar, Juan: 1964.
Porras Cruz, J. L.: 1935.
Porqueras-Mayo, Alberto, 1962.
Portillo, Luis: 1953, 1957.
Pott, M.: 1953.
Potter, Edith G.: 1954.
Poýlo, Anne: 1974.
P.P.: 1963.
Praag - Chantraine, Jacqueline van: 1958, 1960, 1962 (dos).
Pradel, León: 1937.
Prado, Angeles: 1973.
Prat, José: 1939, 1964.
Prats Ramírez, Consuelo: 1947.
Predmore, Richard L.: 1953, 1955, 1964 (tres), 1969, 1974.
Prego, Adolfo: 1962.
Prellwitz, Norbert: 1970.
Prieto, Indalecio: 1924, 1943, 1959.
Prieto-Castro, Fermín: 1964.

Prieto Coelho, M. Isabel: 1956.
Primer Acto (Homenaje): 1964.
Primo de Rivera, José A.: 1934.
Princi, P.: 1957.
Proaño: 1962.
Prog: 1964.
Properzi, Letizia: 1967, 1971.
PSA: 1957.
Puccini, Mario: 1924 (dos), 1938, 1954, 1955.
Puente, Joaquín de la: 1965.
Pulpeiro, José M.: 1934.
Pupil: 1908.
Purver, A. E.: 1961.
Putnam, Samuel: 1934, 1935.

Q

QIA: 1960.
Quadra, Fernando: 1946.
Quadros, A.: 1964.
Queiroz, José: 1947.
Quentin - Mauroy, Dominique: 1965.
Quijano, Carlos: 1924.
Quintana, José: 1968.
Quintano, A.: 1965.
Quinto, J. M. de: 1961.
Quiroga Plá, José M.: 1938, 1964.
Quispel, G.: 1962.

R

RaBA: 1934.
Rabanal Alvarez, Manuel: 1944, 1962, 1964 (dos), 1971.
Rabassa, Gregory: 1944, 1946, 1947, 1951, 1956, 1961 (dos).
Raditsa, Bogdan: 1929, 1959 (dos).
Rama, Angel: 1957.
Rama, Carlos M.: 1960.
Rambousek, Jan: 1927.
Ramires, Alfonso F.: 1957.
Ramires Ferro, T.: 1960, 1964.
Ramírez-López, R.: 1936.
Ramis Alonso, Miguel: 1953, 1957.
Ramón y Cajal, S.: 1930.
Ramos, Humberto da Silva, 1952.
Ramos, M. G.: 1950.
Ramos Gascón, Antonio: 1966, 1972, 1974.

Ramos Gil, C.: 1962.
Ramos Loscertales, José M.: 1937.
Ramos Orea, Tomás: 1964.
Ranch, E.: 1951.
Rasi, Humberto M.: 1972.
Rato, Antonio: 1955, 1957.
Ratto: 1960.
Raurecil: 1926.
R.B.: 1930.
Real de Azúa, C.: 1957.
Real de la Riva, César: 1964 (dos), 1967 (dos).
Rebollo Peña: 1962.
Reding, Katherine: 1936.
Redondo de Felman, S.: 1958.
Regalado García, Antonio: 1968.
Reid, J. T.: 1938.
Reid, Kenneth S.: 1952, 1953.
Reinhardt, Edda: 1930.
Reinhardt, Kurt F.: 1960.
Reis, María M. Alonso dos: 1952.
Rejano, Juan: 1946.
Relton, Maurice: 1921.
Renjel, J. H.: 1954.
Rentas Lucas, E.: 1951.
Revilla, Angel: 1957.
Revilla, Antonio: 1956.
Revista de la Universidad de Madrid (Homenaje): 1964.
Revista de Occidente (Homenaje): 1964.
Rexach, Rosario: 1967, 1974.
Rexroth, Kenneth: 1951.
Rey, Agapito: 1959.
Reyes, Alfonso: 1921, 1923, 1926, 1945, 1954, 1955.
Reyes, Fernando: 1955.
Reynal, Vicente: 1970.
Rezzo de Heriksen, Elvira: 1920, 1941.
R.G.: 1958, 1960, 1964.
R.G.C.: 1943.
RHM: 1952, 1966.
Rial, J. A.: 1958.
Riaño Jauma, R.: 1941.
Ribas Ribas, Pedro: 1968, 1970, 1971, 1975.
Ribbans, Geoffrey W.: 1951 (dos), 1952 (dos), 1953, 1954 (dos), 1957 (cuatro), 1958, 1959, 1960

(dos), 1962 (cuatro), 1964 (cuatro), 1965, 1966 (tres), 1967 (dos), 1968, 1971, 1973.
Ribeiro, Isidro: 1970.
Ribera, Antonio: 1971.
Ricard, Robert: 1946, 1953, 1955 (dos), 1956, 1957 (dos), 1958, 1959 (dos), 1964 (dos).
Rico, Eduardo G.: 1965.
Rico, Víctor: 1946.
Rico de Estasen, José: 1971 (dos).
Richards, Katharine C.: 1975.
Ridruejo, Dionisio: 1952, 1972.
Rieder: 1925.
Rieunaud, J.: 1972.
Rimet, Danielle: 1963.
Rincón, José M.: 1964.
Río, Angel del: 1928, 1934 (dos), 1945, 1946, 1947, 1948, 1956, 1959, 1960.
Río, Emilio del: 1973.
Río, Luciano del: 1964.
Riopérez y Milá, Santiago: 1962.
Río Sanz, José: 1964.
Ríos, Fray Jesús: 1964.
Ríos Ruiz, Manuel: 1972.
Riquelme García, B.: 1963.
Riquer, Martín de: 1953 (dos).
Rivas Cherif, Cipriano: 1920.
Rivera de Ventosa, Enrique: 1964, 1966, 1968 (dos), 1970, 1972.
Rivera Quiñones: 1966.
Rivera Vega, Herminia: 1946.
RNMo: 1957.
Robb, James W.: 1972.
Roberge, Daniele: 1963.
Roberts, Gemma B.: 1951, 1965, 1966.
Robertson, Graham: 1970.
Robin, M.: 1926.
Robinson, Philip: 1933.
Robledo García, María N.: 1965.
Roca, A.: 1960.
Rocamador (Homenaje): 1964.
Rocamora Valls, Pedro: 1952, 1960, 1962, 1964 (tres), 1965, 1970.
Rocas Lloret, C.: 1928.
Rocha, Barata da: 1971.
Rocha Lima, S.: 1941.

Rodela: 1955.
Rodó, José E.: 1950.
Rodrigo, Joaquín: 1953, 1964.
Rodríguez, Alfredo: 1966, 1973 (dos).
Rodríguez-Alcalá, Hugo: 1949, 1957, 1958, 1966 (dos).
Rodríguez Aranda, Luis: 1962.
Rodríguez Buded, J. M.: 1964.
Rodríguez Cepeda, Enrique: 1967, 1970.
Rodríguez Codolá, M.: 1926.
Rodríguez Demoziri, E.: 1955.
Rodríguez de Rivas, Mariano: 1953, 1955.
Rodríguez Fornos, Fernando: 1934.
Rodríguez Huéscar, Antonio: 1961, 1964.
Rodríguez-Luis, Julio: 1970.
Rodríguez Méndez, J. M.: 1964 (dos).
Rodríguez Molas, R.: 1958.
Rodríguez Monegal, Emir: 1951, 1957.
Rodríguez Moñino, Antonio: 1951.
Rodríguez Puértolas, J.: 1966.
Rodríguez Ramos, Luis: 1970.
Rodríguez Rubio, Carlos: 1964.
Rodríguez Urruty, H.: 1954, 1965.
Rof Carballo, J.: 1958, 1964.
Roig, Rosendo: 1964 (tres).
Roig Gironella, Juan: 1944, 1950, 1951.
Rojas, Carlos: 1973.
Rojas, Ricardo: 1908, 1935, 1948, 1955.
Rojas Jiménez, Adolfo: 1927.
Rojo León, Armando: 1965.
Roldán: 1964.
Romano, Julio: 1932.
Romanones, Conde de: 1948.
Romera, Antonio R.: 1941, 1947, 1956 (dos).
Romera-Navarro, Miguel: 1927, 1928 (dos), 1938.
Romero, Leonardo: 1959.
Romero-Flores, H. R.: 1930, 1933, 1941.
Romero Márquez, Antonio: 1965.

Romero-Muñoz, C.: 1962, 1964.
Roques, Eric: 1956.
Rosa, M. de la: 1965.
Rosales, Luis: 1959.
Rosa-Nieves, Cesáreo: 1934.
Rosca, Dimitri: 1943.
Rosembaum, Sidonia C.: 1934.
Rosenblat, Angel: 1944, 1965.
Rosende Gigirey, L.: 1924.
Rosenthal, William M.: 1966.
Ross, Waldo: 1952, 1953.
Ross Mújica, Luis: 1908, 1961.
Rossel: 1964.
Rossi, Giuseppe C.: 1950, 1952, 1953, 1954 (dos), 1955, 1956, 1957, 1959 (dos), 1962 (tres).
Rossini, Flaviarosa: 1954 (dos), 1955, 1956 (dos), 1957.
Round, Nicholas G.: 1972, 1974.
Roussillion, Esther E.: 1959.
Rovetta, C.: 1967.
Rozas, Juan M.: 1965, 1969.
R.P.: 1951.
RPLP: 1922.
R.P.R.: 1925.
Rúa, E.: 1962.
Rubens, Erwin F.: 1964.
Rubia Barcia, J.: 1960, 1966, 1967 (dos).
Rubio, Adolfo: 1907.
Rubio Fernández, F.: 1964, 1968 (dos), 1970.
Rubio Latorre, Rafael: 1973, 1974.
Rudd, Margaret T.: 1963, 1964, 1966.
Rueda, Salvador: 1899.
Rüegg, Augusto: 1954, 1959, 1965.
Ruffini, Mario: 1956.
Rüfner: 1965.
Ruiz, Mario: 1967.
Ruiz Añibarso, V.: 1963.
Ruiz Contreras, Luis: 1943, 1950.
Ruiz de Conde, Justina: 1966.
Ruiz-Fornells, E.: 1964, 1965, 1966.
Ruiz Jiménez, Joaquín: 1964.
Ruiz Martín, Felipe: 1964.
Ruiz Ramón, Francisco: 1959, 1971.
Ruiz-Tagle: 1965.
Runcini, Rómulo: 1953, 1956.

Rupérez, J.: 1964.
Rusconi, Alberto: 1962.
R.V.: 1959.

S

Sá, Hipólito de: 1964.
Sabater, Jean B.: 1957.
Sacristán, José M.: 1951.
Sackville, Lady M.: 1954.
Sáenz Hayes, Ricardo: 1927, 1929.
Sáez Gómez, Trinidad: 1960.
Sagrario, I. del: 1932.
Sáinz de Robles, Federico C.: 1946, 1953, 1957, 1964.
Sáinz Rodríguez, Pedro: 1964.
Sáiz Valdivieso, A. C.: 1964.
Salado, José L.: 1925, 1935.
Salas Viu, V.: 1940.
Salaverría, José M.: 1914, 1917, 1926, 1930 (dos).
Salazar y Chapela, Esteban: 1925, 1930, 1959, 1961.
Salcedo, Emilio: 1952, 1953 (cuatro), 1955, 1956 (dos), 1957, 1958, 1959 (dos), 1960, 1961, 1962 (dos), 1963 (cuatro), 1964 (once), 1965, 1967 (tres), 1970.
Salcedo, Silio: 1944.
Saldaña, Quintiliano: 1918, 1919.
Salgado, María A.: 1972.
Salido Orcillo, Rubén: 1954.
Salinas, Pedro: 1932, 1933, 1934 (dos), 1941, 1951, 1958.
Salmerón: 1951.
Saltor, Octavio: 1964.
Salvador, Gregorio: 1964.
Salvat, Ricardo: 1964.
Samoà, Carmelo: 1964.
Sampedro, Ceferino: 1967.
Sámperiz Janin, J.: 1935.
Sánchez, B.: 1967.
Sánchez, Luis A.: 1951.
Sánchez, Rita: 1935.
Sánchez-Albornoz, Claudio: 1958.
Sánchez Arjona, A.: 1958, 1960.
Sánchez Astudillo, M.: 1965.
Sánchez Barbudo, Antonio: 1941, 1942, 1949 (tres), 1950 (dos), 1951 (dos), 1955, 1959, 1964, 1965, 1966, 1969, 1974.

Sánchez de Ocaña, Rafael: 1953.
Sánchez de Palacios, Mariano: 1962, 1971.
Sánchez Durán, Emilio: 1968.
Sánchez Egido, Felipe: 1967.
Sánchez Gómez, J.: 1921.
Sánchez Marín, Faustino: 1957.
Sánchez Mazas, Rafael: 1948.
Sánchez Morales, Narciso: 1962, 1964 (nueve), 1969, 1970.
Sánchez Ocaña, Vicente: 1938.
Sánchez Reulet, Aníbal: 1934, 1967.
Sánchez Rivera, J.: 1932.
Sánchez Rojas, José: 1907 (dos), 1909, 1916, 1918, 1924.
Sánchez-Ruiz, José M.: 1960, 1962 (tres), 1964.
Sánchez Trincado, J. L.: 1937, 1938, 1939, 1940 (dos).
Sánchez Villaseñor, José: 1943.
Sanchís Sinisterra, J.: 1964.
Sandoval, Carlos: 1965.
Sandru Olteanu, Tudora: 1972.
San Juan, Gregorio: 1964 (tres).
San Juan, José M.: 1952.
Sanjuán, Pilar: 1954.
Sanmiguel, M.: 1950, 1951.
Santa Cruz, Luis: 1964.
Santamaría, Carlos: 1949, 1964.
Santa María, Teófilo R. de: 1964.
Santana, J. A.: 1970.
Santana, Lázaro: 1970.
Sant'Anna, Dionisio: 1964.
Santonastaso, G.: 1964.
Santos, Dámaso: 1964 (cuatro), 1967.
Santos Torroella, Rafael: 1945, 1954, 1964 (tres).
Santullano, L. A.: 1947.
Saravia, Cora: 1963.
Sarmiento, Edward: 1942, 1943 (dos), 1945, 1954, 1955 (dos), 1959, 1964.
Sarobe, Angélica: 1967.
Sarrico (Homenaje): 1964.
Sarró, Ramón: 1964.
Sartori: 1955.
Sasaki, Takashi: 1970, 1971.
Sassone, H.: 1958.
Sastre, Alfonso: 1961, 1964.

Sayers, R. S.: 1951.
Scalero, Liliana: 1953.
Scanlon, Charles: 1925.
Scarpa, R. E.: 1939.
Sciacca, Michele F.: 1945, 1955, 1957, 1963, 1971 (dos).
Scoles, Emma: 1957.
Scot: 1921.
Scott, Nina M.: 1961, 1975.
Scuderi, María: 1965, 1966.
Schade, George D.: 1961.
Schmidl, Gregor: 1955.
Schneider Graziosi, Raffaele: 1934, 1965.
Schoenemann, Juana M.: 1938, 1939, 1941.
Schram, Edmund: 1955.
Schraibman, José: 1966.
Schultz de Mantovani, Fryda: 1947, 1954, 1955.
Schürr, Friedrich: 1958 (dos), 1960, 1962, 1963, 1964, 1965.
Schuster, Edward J.: 1961, 1970.
Schwartz, Kessel: 1962.
Schwitzer: 1971.
Sebastiá, Enrique: 1964.
Seda-Rodríguez, Gladys A.: 1957, 1960, 1968.
Sedwick, Franck: 1955, 1956 (dos), 1957, 1958 (dos), 1960 (dos), 1963.
Sée, H.: 1931.
Seeleman, Rosa: 1936.
Segura, Enrique: 1964.
Segura, Francisco (seudónimo de Francisco Pérez Navarro), 1957.
Seiderman, Marris: 1952.
Seldon, Ch. B.: 1954.
Sell, Hans J.: 1958, 1965, 1966.
Semprun Donahue, Moraima de: 1972.
Sena, Enrique de: 1962, 1964.
Senabre Sempere, Ricardo: 1963, 1964, 1968.
Sender, Ramón J.: 1953, 1955.
Sequeira, Diego M.: 1962.
Sequeros, Antonio: 1972.
Serna, José S.: 1962.
Serna, Víctor de la: 1935, 1946.
Serra, Lima: 1966.
Serrano, Eugenia: 1964.

Serrano, Pedro: 1931, 1932.
Serrano Castilla, Francisco: 1964.
Serrano Molina, Rafael: 1967.
Serrano-Plaja, Arturo: 1969.
Serrano Poncela, Segundo: 1947, 1950, 1951 (dos), 1953 (dos), 1957, 1958, 1959 (dos), 1961, 1962, 1964.
Sevilla Benito, Francisco: 1950, 1952, 1953, 1954, 1955 (tres), 1956, 1957, 1960, 1963.
S.G.: 1923.
Shaw, Donald L.: 1958, 1964, 1971 (tres).
Sheldon, Ch. B.: 1954.
Shergold, N. D.: 1972.
Siebenmann, Gustav: 1964, 1973.
Signan, M.: 1944.
Sigüenza: 1965.
Sil: 1923.
Silva, Emilio: 1964.
Silva Castro, Raúl: 1926.
Silveira Bueno: 1954.
Silverman, J. H.: 1954, 1965.
Silvestroni: 1963.
Simôes de Paula: 1962.
Simón Díaz, José: 1948.
Sinnige, Theo G.: 1959, 1961, 1962, 1964.
Slade, Carlos: 1974.
SLP: 1954.
Smid, Zd.: 1934.
Smith, Gilbert: 1972.
Smith, T. V.: 1943.
Smith, William J.: 1952.
Smither, William J.: 1940.
Sobejano, Gonzalo: 1960, 1962, 1963, 1967.
Sobrino, José A. de: 1957.
Sobrinto, Leónidas: 1964.
Soc: 1936.
Soerensen Silva, Elsa: 1953.
Soiza Reilly, J. J.: 1908, 1929.
Sol: 1931.
Solá, Francisco: 1957.
Solano Salvatierra, Nerina: 1953.
Soldevilla, Carlos: 1951, 1954 (dos), 1964.
Soler Guillén, Angeles: 1962.
Solórzano, C.: 1944.
Somoza, José A.: 1964.

Somoza, Pedro G.: 1964.
Somoza Silva, Lázaro: 1933.
Sopeña, Juan L.: 1970.
Sopeña Ibáñez, Federico: 1960, 1963, 1964, 1965, 1967.
Sordo, Enrique: 1951, 1958, 1959, 1964.
Sorel, Julián [Modesto Pérez]: 1917.
Soria: 1955.
Soriano: 1964.
Sosa López, Emilio: 1968, 1969.
Sotiello: 1962.
Soto Vergés, Rafael: 1958.
Souto Vilas, Manuel: 1964.
Spens, Willy: 1965.
Spinelli, Raffaele: 1957, 1959 (dos), 1960, 1961, 1962, 1964, 1966, 1968.
Spurlock, Judith C.: 1966.
S.R.: 1957.
SRLit: 1967.
SSNY: 1924.
Stamm, James R.: 1961.
Stanley, William: 1939.
Starkie, Walter F.: 1929, 1967.
Stern, Alfred: 1954, 1967.
Stevens, Harriet S.: 1961 (dos), 1964, 1965.
Stevens, James R.: 1969.
Stevens, Rosemary H.: 1953.
Stewart: 1964.
Stinglhamber, Louis: 1953.
Stols, Theo: 1964.
Suárez Caso, Manuel: 1942.
Suárez Vega, H.: 1959.
Sugiyama, Takeru: 1972.
Suplemento Literario (Homenaje): 1964.
Suprema Congregación del Santo Oficio: 1957.
Sureda, Guillermo: 1956.
Sylvio, Julio: 1926.

T

Tab: 1921.
Tabernero Hernández, A.: 1957.
Taborda de Vasconcelos: 1970.
Taire, Juan O.: 1948, 1955, 1958.
Tallendeau, J.: 1925.

Tarín-Iglesias, José: 1966, 1969.
Tarragó, Alejandro: 1946, 1961.
Teensma, B. N.: 1968.
Teixeira, Novais: 1930.
Teixeira de Pascoaes: 1911.
Tejada Sánchez, F.: 1964.
Tejera, María J.: 1962.
Tenreiro, Ramón M.: 1931.
Terán, Luis de: 1908, 1911.
Termenón-Solís, Guillermo: 1967.
Tesouro, David: 1960.
Testa, Cesario: 1913.
Tharaud, Jerome y Jean: 1937 (tres).
The Times: 1964.
Thezevant, Fred H.: 1952.
Thomas, Ahrcel P.: 1968.
Thomas, Lucien-Paul: 1937 (dos).
Thompson, B. Busell: 1971.
Thorgilsson, Jorge T.: 1937.
Tijeras, E.: 1959, 1968.
Tilgher, Adriano: 1922, 1923 (dos), 1925, 1932.
Tilliete: 1955, 1965.
Tintorer, Emilio: 1926.
Titta Rosa, G.: 1924.
TL: 1921, 1953 (dos), 1957, 1963.
TNY: 1956 (dos), 1963.
Toda Oliva, Eduardo: 1965.
Todolí, José: 1964.
Toledo: J. A.: 1938.
Tomasso, Vincenzo de: 1960, 1967, 1968, 1969, 1970.
Torga, Miguel: 1952, 1965.
Tornos, Andrés M.: 1960, 1962, 1963, 1964, 1965.
Toro, M. de: 1937, 1964.
Torraca, F.: 1924.
Torre, Guillermo de: 1928, 1933, 1934 (dos), 1937, 1941 (dos), 1943, 1948 (dos), 1950, 1951, 1953 (tres), 1954 (tres), 1955, 1956 (dos), 1957, 1958, 1959, 1961 (tres), 1964 (cinco), 1965 (dos), 1969, 1971.
Torre, J. de la: 1965.
Torrente Ballester, G.: 1948, 1949, 1956, 1957 (dos), 1964.
Torres, E.: 1961.
Torres Nebrera, Gregorio: 1973.
Torres Ríoseco, Arturo: 1963.

Torretti, Roberto: 1964.
Tosell, Wally: 1947.
Tovar Llorente, Antonio: 1944, 1946, 1947, 1949, 1951, 1954, 1956, 1957, 1958, 1962, 1964 (cinco), 1973.
Trabazo, Luis: 1964.
Trapnell, Emily A.: 1953.
Trend, J. B.: 1920, 1926, 1952, 1956.
Trías Mercant, Sebastián: 1973.
Trífilo, S.: 1949, 1957.
Trigueros de León: 1952.
Trillas, Gabriel: 1948.
Tristán la Rosa: 1951.
Trives, Estanislao R.: 1974.
Trulock, Jorge Cela: 1968.
Tsanoff, Radoslav A.: 1924.
Tucci, R.: 1957 (tres).
Tudela, José: 1930, 1961, 1964 (dos), 1965, 1970.
Tull, John F.: 1961, 1968, 1969, 1970.
Tuñón de Lara, Manuel: 1957, 1964, 1970 (dos), 1974.
Turín, Ivvone: 1962, 1963.
Turiel, Mariano: 1964.
Turiel, Pedro: 1970, 1971.
Turnbull, Eleanor L.: 1951, 1952.
Turnbull, Phyllis: 1963.
Turner, David G.: 1970, 1974.

U

Ugalde, Martín de: 1966.
Ugarte, Francisco: 1951.
Ullán, José-Miguel: 1962, 1964 (dos).
Umaña Bernal, José: 1964, 1969.
Umbral, Francisco: 1964, 1966.
Unamuno a los cien años (Homenaje): 1967.
Unamuno Centennial Studies (Homenaje): 1966.
Unamuno en Colombia (Homenaje): 1964.
Unamuno, Miguel de: 1897 a 1975 (casi consecutivamente).
Unamuno Lizárraga, Felisa de: 1964.
Unamuno Lizárraga, Fernando de: 1951, 1964 (dos).

Vilanova, Antonio: 1954 (dos), 1958.
Villa, Pedro (Jorge Guillén): 1924.
Villalobos Pisano, Delia L.: 1960, 1962, 1963, 1970.
Villamañán, César: 1964.
Villamor, Manuel: 1970.
Villa Pastur, J.: 1955, 1956, 1959 (dos), 1961 (dos).
Villar, Arturo del: 1964.
Villarrazo, Bernardo: 1959.
Villarrubia, Santiago: 1964.
Villegas, Juan: 1966, 1967, 1973.
Vinardell, Santiago: 1923.
Vinuesa, José M.: 1970.
Viñuelas, Antonio de: 1963, 1964 (seis), 1965.
Viola, Raffaelo: 1947.
Visca, Arturo S.: 1955.
Vivanco, Luis Felipe: 1942, 1949, 1957, 1960, 1961, 1964 (dos).
Vivas, E.: 1925 (dos), 1927 (dos).
Vivero, Augusto: 1907.
Vogel, E.: 1925.
Voltes Bou, Pedro M.: 1944.
Vossler, Karl: 1940.
Voz: 1932.
VozG: 1908.

W

Walgrave, J. H.: 1961.
Walker, Leslie: 1921.
Wardropper, B. W.: 1944.
Weber, Frances W.: 1973.
Weber, Ruth H.: 1964.
Weinrich, H.: 1953, 1954.
Weltmann, Lutz: 1963.
Werrie, Paul: 1964.
Willard, Ruth F.: 1926.
Willis, Kathleen E.: 1974.
Wills, Arthur: 1938.
W.L.C.: 1948.
Wurm, I.: 1968.

X

X.: 1937, 1949, 1955, 1961.
Xiarcas: 1903.
Xirau, Ramón: 1954, 1959.

Y

Ya: 1957.
Yagüe: 1962 (dos).
Yahni, Roberto: 1959.
Yamuni, Vera: 1951.
Ybarra, T. R.: 1923, 1930.
Yerro Belmonte, M.: 1959.
Ynduráin, Francisco: 1944, 1954, 1957, 1958, 1964, 1966 (dos), 1967.
Young, Claudio D.: 1963, 1964, 1965.
Young, Howard T.: 1964.
Yrache, Luis: 1965.

Z

Zabala, Pedro J.: 1952, 1965.
Zamacois, Concha: 1955.
Zamacois, Eduardo: 1934.
Zambrano, María: 1932, 1938, 1940, 1943, 1961, 1963.
Zamora Vicente, Alonso: 1943, 1958.
Zanete, E.: 1941.
Zaragüeta, Juan: 1964, 1965.
Zárate Vergara, H.: 1957.
Zarco, F.: 1960.
Zardoya, Concha: 1949, 1955, 1961, 1967, 1968.
Zavala, Iris M.: 1959 (dos), 1962, 1963 (tres), 1964 (tres), 1965 (tres).
Zeitlin, M. A.: 1967.
Zernickow, Oskar H.: 1966 (dos).
Zeruko Argia (Homenaje): 1964.
Zimic, Lesley L.: 1966.
Zini, Zino: 1922.
Zlotescu-Cioranu, Ioanna: 1970.
Zuazagoitia, Joaquín de: 1922, 1926, 1930, 1964, 1967 (dos).
Zubillaga Perera, C.: 1950, 1953.
Zubizarreta, Armando F.: 1957 (dos), 1958 (dos), 1959 (dos), 1960 (cuatro).
Zugazagoitia, Julián: 1930, 1932.
Zulen, P. S.: 1923.
Zuleta, Emilia de: 1964.
Zulueta, Carmen de: 1972.
Zulueta, Luis de: 1908, 1925, 1930.
Zunzunegui, Juan A. de: 1943, 1964 (dos).

SE TERMINÓ DE IMPRIMIR EN
LA CIUDAD DE MADRID EL MES
DE SEPTIEMBRE DE 1976.